童眞著

童真自選集之六

寒江雪

文史哲出版社印行

國家圖書館出版品預行編目資料

寒江雪 / 童真著. -- 初版. -- 臺北市：文史哲，
民 94
頁； 公分. --（童真自選集；6）
ISBN 957-549-631-0 (全七冊平裝) -- ISBN
957-549-637-X (平裝)

857.7

童真自選集 6

寒江雪

著 者：童 真
出版者：文史哲出版社
http://www.lapen.com.tw
登記證字號：行政院新聞局版臺業字五三三七號
發行人：彭正雄
發行所：文史哲出版社
印刷者：文史哲出版社
臺北市羅斯福路一段七十二巷四號
郵政劃撥帳號：一六一八〇一七五
電話886-2-23511028・傳真886-2-23965656
實價新臺幣四五〇元
中華民國九十四年（2005）十一月一版

ISBN 957-549-637-X

一九九三年冬，是陳森和我在美國過的第一個冬天，外面大雪紛紛，室內爐火熊熊。

一九九六年盛夏，童眞剛過六十八歲生日，在美國新澤西州自宅後院留影。

一九五五年冬（民國四十四年）初春，童眞獲香港祖國周刊短篇小說徵文李白金像獎。合影留念。

一九六一年童貞與她的四個稚齡兒女留影於高雄橋頭。

一九八三年攝於台中亞哥花園。

一九八七年初冬，童貞與夫婿陳森初訪紐約，在世貿大廈最高層留影。現世貿雙塔已毀，背景已不能再得。

約在一九六〇年新春，童眞、陳森與姜貴及司馬中原夫婦在高雄橋頭糖廠宿舍區合影。

一九六四年初春，右起張秀亞、童眞、聶華苓、陳曉薔在大度山東海大學校園內合影。

陳森、童眞、公孫嬿艾雯、朱介凡夫婦、依風露夫婦在台北朱介凡兄住屋前合影。

一九八八年春，童眞與長子、長孫、次子夫婦合影於潭子老宅門前。

一九九六年炎夏八月，童眞與夫婿陳森及四個兒女攝於新澤西州女兒家後院。

一九九八年秋，童眞與么兒一家攝於新澤西州自宅後院。

二〇〇三年初秋，童眞與兄、嫂、姊攝於上海。

二〇〇三年秋，童眞與長子在上海魯迅紀念館魯迅銅像前留影。

二〇〇一年秋，合家在新澤州自家客廳合影。

二〇〇三年十月，童眞在上海城隍廟先祖創業的童涵春堂門前，與分別五十六年之久的姐姐合影。

二〇〇四年夏，童眞在美國著名總統山前留影。

二〇〇四年八月童眞與長媳同遊加拿大哥倫比亞冰川。

民國五十六年（一九六七）五月四日，童眞獲文藝協會頒發的文學小說創作獎。爲今，時隔近四十年，老年童眞首次與此獎合影，並把照片收進「自選集」裡，這表示感謝，同時也給自己過去的努力留下一個紀念。

二〇〇五年五月，童眞與么兒一家留影於寓所。

二〇〇五年八月，童眞與長孫及外孫在屋前草坪上合影。

二〇〇三年秋，童真由美返台，與幾十年的老友艾雯聚晤。她家客廳雅致清麗，兩人並肩而坐，彷彿時光倒流，兩人都回到往昔的年輕歲月裡。

二〇〇五年九月，童真由美返台，與老友司馬中原夫婦合攝於台北。

童真自選集

寒江雪

目次

前言

歲月的飛輪不息地奔馳，在悠邈的時間大漠中激起一串細碎清越的鈴聲；記憶卻總是似風似雲，無聲追趕，輕輕拂撫。多少年了，總是忘不了年輕歲月裡炎夏與寒夜的苦寫，瘦弱的我，內心裡卻澎湃著對小說藝術的欲燃的熱情，恍惚中總切盼著，跨上的是匹千里馬，揮鞭響處，馳騁萬里！然而，卻忽略了自己不過是個跛腿的勇士，在夕照下，只映繪出踽踽獨行的孤影！

近十幾年來，我寄身異國，「漂流」兩字，常灼痛我的雙眼，想起在我小小的小說世界中，出現的，也多是一些在「異鄉」「漂流」的人群，而我自己當然也是其中之一個。正因如此，他們的喜悅與悲痛、堅忍與落寞、尊嚴與憤抑、驕傲與偏見、迷惘與失落……曾深深地滲透了我的心；我塑立了他們，也就是想鐫錄下我曾經貼身生活過的那塊土地、那個時代裡的人物與情景。

我是在一九四七年秋，跟隨外子陳森離開上海，來到台灣，至今已有五十八個年頭。陳森在二零零二年秋以九十高齡在美去世，而當年正青春年華的我，今日也早已成爲一個白髮閃閃的老媼。歲月無情，我們這一代人，正逐漸地，更多地、走入歷史。因之，此時此刻，在我仍健朗未凋之際，緊繫在我心頭的，不是我那些早已成家立業的兒女們，而是我的另類兒女—我的小說兒女們。猶憶他們誕生的當時，也曾贏得過不少的掌聲；而今，我勇敢地再次把他們推陳在讀者之前，讓眾多的目光檢視他們：經歷了三、四十年的風風霜霜，他們到底還留存幾許丰姿！

童　真　寫於新澤西寓所

二零零五年八月

一

這一年的初冬，俞家顯得特別陰冷。狹長璃窗的外面是兩隻但有枝葉、不見花朶的棚架。一株有着牛皮紙般的樹皮的大樹有氣無力地站在屋後。屋子裏，隆冬時節供人取暖的炭缽還未升起。客廳裏，揷在冰紋的淡青古花瓶裡的，不是冷艷的紫色大理花，就是蒼白纖小的麥桿菊。四把嵌着大理石的紅木太師椅，雖然上面舖着紅絲絨的坐墊，但看來也仍冷硬似冰。

那天清晨，俞克任早早就醒來了。他的臥室跟這座屋子的其他房間一樣，塗滿暗鬱的色調。此刻，外面正洒落着早上的陽光，而這兒却依舊是迷糊混沌的灰色。對牠，他以前曾否厭惡過，他已不復記得。現在，他訓練有素的雙眼，能够清晰地分辨出室內的每一樣東西——事實上，也沒有多少東西好值得他注意的。床頭櫥上的一隻淡紫水晶小貓正向他凝視，牆壁上兩幅山水畫帶給他以田野的寧靜與遼濶。一架舊書……哦，他不是什麼熱中於書本的人，好幾次，他曾打算把那些舊書統統賣掉，只是由於對於往日生活的依戀，又使他躭延下來。

他懶懶地躺着，說這是樂趣也好，說這是逃避也好。對這幾年來都市大街的驚人繁華，他已感受到一種無法呼吸的窒悶。他老想像着自己正擎着雙臂在支撐他周遭逐漸縮小的空間。晚上，當他做着這樣的夢時，他總會大喊一聲，醒了過來。但不管白日或夜晚，有一件事却是十分澄澈的：做過民政廳長的父親所建立起來的那份光榮與財勢，已然隨波而去。這個家正趨式微中。

外面傳來了幾下寥落的汽車喇叭聲——誰這麼早就奔波起來？難道他白天還忙得不够？晚上還忙得不够？還是那個人害了急病？都市的早晨，應該只有那些年輕的學生在忙碌，從家裏到車站，從車站到學校。如今，他是非到七點一刻不起身。他簡直不相信在唸高中以及大學的那幾年中，自己怎會有清晨五時起床的毅力。而今，獲得了知識，獲得了文憑，便感到知識跟文憑，也不過爾爾；牠們只使他弄到了一個能生活下去的小職位，却沒有如他父母所希望的，導引他踩上一條通往廳長的道路。

房間仍然很暗濛，好像房間本身蒸發着一股霧氣。在七點一刻，他起來穿衣服。他確不定外面是冷是熱，所以不知道穿什麼才合適。開始，他在襯衫外面套上一件羊毛背心，在房間裏走了幾步，就感到寒意直向雙臂竄襲；於是，他打開橱門，披上一件夾克；但剛在窗口站下，却又想起屋外的冬陽正麗，便又改穿羊毛衫。一早上就更了三次衣，連自已也覺得好笑。再回頭一看，床舖上被褥凌亂，桌椅上衣服狼藉，活像一個單身漢的房間。

當然，他不必爲這些煩心，卽使他不動手，但下班回家時，房間却又整潔如常了。母親會替他收拾，還有，讀大學夜間部的妹妹也會替他整理。他忽然覺得自已把責任推給母親和妹妹，實在不像話，便把被褥理好，把衣服團成一堆，塞到橱子裏。噢，但願媽會發覺：他也會得照顧自已了。然後，他整理公文皮包。他還是沒有開燈。半明半暗的光線使他恍若置身於幻夢與現實的界線上。雙手在正確地活動，而兩耳却像聽到父親在客廳裏的咳嗽聲、談話聲、嘆息聲。逝去的並非永遠逝去？可是，倘若他竟光只攫住這麼一點兒的感覺，就想衝到客廳裏去求證，那他準會連這一點兒也失落的。畢竟父親已經過世，他自己才是這個快要傾圮的家的主人。

「克任，早飯已經擺在桌上了。」母親在門外喚他。

「好，我馬上就來。」他回答。

那是七點半。他用不着看錶，母親總是在規定的時間喚他，而且總是用她那種滿含歉意的慈愛音調，彷彿她不該這麼早就吵擾他。他推門出去，看到她正坐在客廳的太師椅上，喝她一天當中的第一杯濃茶。後院裏傳來了洗衣婦的嘩嘩的放水聲。這時候，他對母親的罪疚，恒常勝過她對他的歉意。五十二歲的母親小時候是閨閣千金，長大後是官家奶奶；來臺灣後的父親雖然一直閒着，却始終給母親僱了一個女佣，然而在父親死後兩年的今天，家裏却只用了一個洗衣服的女人。他不忍纖弱的母親在年老時再學習家務，母親却說，她怕胖，做做也好，閒着、閒着，人就報廢了。他無法反對，而且，反對有什麼用？他每月的收入，不敷家用，因而，每隔半年，總要把父親帶出來的黃金兌掉一、二兩。他偷偷地做這件事，是怕母親傷心，也怕妹妹自卑。他深深地體會到父親晚年時的感傷，空等了十多年，失去了這個以及那個機會。眼看他的雄心孤傲地聳立着，日復一日地。有時候，他禁不住想，晚年的父親，要是給他做個廳裏或處理的科長什麼的，他會不會接受？他不敢問父親。他只知道，剛來臺灣的那一年，父親去謀事，朋友給他安排了一個科長的職位，他一氣，竟跟那個朋友絕了交——我俞某幹過民政廳長，代省主席判過行，肯再委屈去聽處長、局長的支使？哦，哦，人情冷暖哪。想當年，我跟他平起平坐，現在翻臉不認人。說什麼人浮於事，說什麼今不如昔，一派官腔；難道我還不清楚官場上那些調調兒？啊，啊，算我瞎了眼，錯交了這樣的朋友——父親一不痛快，就要把這件事抖出來。他要抓住一個目標來發洩。牢騷過後，心情也就開朗了。這時，他就偎近去。於是父親趁機收拾殘局，拉着他說：「跟你媽去說一聲，我們逛街去。」

有的是時間，他就跟着父親去逛舊書店，去逛古玩店。他童年的許多閒暇都是跟父親一起消磨的。頭幾年裏，舊書店裏大都是日文書，他們去的次數多了，心裏過意不去，也就隨便買幾本漢和大字典、英和大字典回來，插在書架上裝門面；而古玩店呢，也只美其名而已，事實上，出售的不過是歸國日人賣出來的一些小擺設：精美的玻璃果盆，雅致的陶瓷罐兒，各式的花器和茶具。父親也買了幾樣，洗得乾乾淨淨的，在紅木長几上放上幾天，總覺得跟大陸帶來的僅有的幾件古玩擺在一起，不很相配，便用報紙包紮包紮，轉手送給了友人。他們常在沒有收穫之中，收獲了些，而在既經收獲之後，又自動地把牠放棄，但父親却因此跟那些店舖的老板做了朋友。一看到他們，店老板就說：俞老，請坐，請坐，先喝一杯茶。他不明白那些老板怎麼知道父親做過不算小的官兒；或許是父親自己透露出來的。而他呢，也就跟他們的孩子做起朋友來，而且發覺有兩個還是他的同班同學呢。有一天，一個叫程貴良的對他說，他父親收進了一隻紫水晶貓，等着他們去看。當夜，他們就去了，淡紫水晶雕成的一隻五寸大的小貓，精緻絕倫。喜歡古董的父親第一眼就愛上了牠，便用一兩黃金把牠買下來。

「俞老，」程老板說。他是一個四十來歲的北方人，三十五、六年間在上海與臺灣之間跑跑單幫，後來買進了這麼一家小店舖，定居下來。「俞老，我想跟您說幾句眞心話。」

「你說呀。這店堂沒有別人。這幾年，我的老朋友、好朋友，全各奔東西，難得有幾個在這裏的，看到我沒有了權勢，也就提不起勁兒來走動了。你說呀！」

雖然這麼說，但程老板還是結結巴巴的：

「俞老，您是做過大事情的，有的是見識，如果我今天說得不妥當，還請您多多包涵。」

「你這樣客氣幹嗎？」父親撫摸着水晶貓，但畢竟他是上過大場面的，說話、舉動，到底跟一般的不同。

「在商言商，您老閒着也無聊，何妨在大街上買間門面，開個古董店。您老財力雄厚，再加府上本就有點收藏，開起張來，那才眞能像個樣呢。至於我這種三不像的舖子，倘如放在家鄉，怕不給人笑掉大牙？」

父親倒的確沉思了一下。「你說得一點不錯，但是要我經營店舖——即使是古董店，我怕也沒那份能耐。何況，臺灣是個小地方，眞能有多少古董？就算有吧，在這亂世，又有多少人能出高價收買？我想，我這個人，就如火腿草繩，現在是一無用處了。」父親說完，打了幾聲哈哈，來冲淡一下昇起來的感觸。

不過，談話並沒結束。程老板又旁敲側擊地勸告父親最好做點事業，不要光啃老本。「俞老，辦個農場吧，市郊有的是田地，買上兩三甲，種果樹也好，種花卉也好，養鷄什麼的也好。」父親回說這個計劃確是不錯，但誰能做？誰能點督呢？他嗎？還是他年幼的兒子？程老板忽然說：「我替您管，俞老。」

父親隨口說：「程老板，你有決心丟下這爿店，我也有決心買幾甲田。我絕不黃牛，憑這隻水晶貓作證。」

不料程老板果眞丟下了這爿用木板搭成的小店……

俞克任在餐桌邊已經坐了很久，稀飯也已吃下了大半碗。他忽然發覺母親正捧着茶杯，坐在飯桌的另一邊。她靜靜地望着他。她一定是想問他：你在想什麼啊？但她沒有開口。縱使她問了，他也無法把他此刻龐雜飄忽的思想告訴她。有一次，母親說她不了解業已成長的兒子，這話倒是眞的，因爲她沒能走進他的思想領域裏去。就連他自已，也常驚異於自已的思想恰似變幻不停的沙丘。昨天早上，他就一個勁兒地追憶着上大學的第一天的種種情形；最後，爲了要竭力相信自已已經長大了，就力勸陪他南下的父親第二天趕搭早車回家：「爸，媽媽在家裏等着你呢。家裏一下子走了兩個人，她一定冷淸極了。」他撒謊嗎？在說這話的當時，他根本就不知道自已在撒謊。現在，如果他回答：媽，我並沒有在想什麼，他也不承認自已在撒謊。

母親喝着茶，期待地望着他。他不希望她用這種目光看他。期待對他已經成了一種壓力，一種痛苦，因爲，他相信自已已不是期待的對象。幾年前的有一天，他們家裏來了一個父親的鄉友。父親喝了一些酒，氣色很好，那位先生說：「俞老，您紅光滿面，精神充沛，我看你的相，還要走幾年晚運，不久，您準會東山再起的。」父親發出一陣朗笑。「我嘛，老了，早死了這條心，以後，要看克任的了。」母親也在一旁說：「可不是？要靠兒子來接手了，幸虧克任很聽話。」儘管父親跟母親對於別些事情的看法並不太一致，但在這件事上，却是志同道合的。他讀大學時，父親還打算着：等兒子畢業後，他還得老着臉皮，再一次地托托朋友看，看他們能不能替兒子找個較好的職業。父親老認爲他只有這麼一個兒子，總不能委曲他。

「克任，」母親終於說話了：「我看你最近很少說話，那邊的工作怎麼樣？」

「還過得去，還過得去。」他急急地回答。「雖然不是什麼重要的工作，但却很輕鬆、很單純，反正我抱定主意，騎馬尋馬。」他說完，就走到盥洗室裏去梳洗。鏡中的他，是個嘴角略帶嘲弄意味的二十六、七歲的淸秀青年，眼睛很亮、很銳，彷彿經常在找尋什麼，又在逃避什麼。他對鏡子裏的自已說：新的機會眞的會來嗎？我做了一年多的工作，幹的盡是些瑣瑣碎碎的事情，厭透了，我渴望換個工作試試看。如果只我一個人，我可以什麼都不顧慮，辭掉再說。如今，我總得闖一下，我不能老死在那樣的小機構裏。我有好些同學已到外國去了，每次讀了他們的來信，不知道該為那些同學可憐，還是該為自己可憐。看來，眞正滿足與快樂的人並不多。有，也得向老祖母那一輩人裏去找。

「克任，今天是不是回家吃中飯？」他出來時，母親問。

「媽，我看還是在外面吃客經濟便飯的好，省得你忙。」看着母親忙那忙這，自已就不安起來。有一天，母親在煎魚，一大粒滾油猝然爆進她的眼裏，害得左眼和左邊的鼻孔直淌水，連半邊的臉孔都紅了，但母親却仍若無其事地說不要緊。

「今天是星期六呢，你下午出去走走吧，去看看梅小珍也好，去看看程貴良也好；老在房間裏坐着、躺着，有什麼意思？」

「他們都很忙，誰有空陪我閒撩？」

「那也不見得，總有一點兒空的。梅小珍的媽那天在教堂裏跟我說，她希望你去玩，還有貴良的爹程老板，在市場裏碰到我也對我說：太太，叫少爺來果園玩啊。」

「好的，讓我考慮、考慮。」

他拎着公文皮包，跑了出來。公路車正停在對街不遠的招呼站邊。他跟在人們後面上了車。滿滿一車廂的乘客，臉孔好像都是木雕泥塑的，很難找到一兩個帶着笑容的人。他皺皺眉：擠車是件倒胃口的事，看搭車人把生活的沉悶和苦惱繪刻在臉上也同樣是件倒胃口的事；假如大家都容光煥發的，那他自已也可能因受到感染而把心中的灰暗抖落一會。而現在，他又怎麼知道別人不是懷着同樣的心情，期望在他的臉上接到明燦的陽光？但話又說回來，如果他這會兒竟衝着滿車的人微笑，別人又怎會不以爲他是在發神經？

車上的乘客多半携帶着公文皮包。這班車子簡直可以稱爲公務員專車。他老是懷念着讀小學一、二年級時趁着爸爸的座車上學的那副威風勁兒。同學們老遠就嚷着：「俞克任來了！俞克任來了！」當差的把他的書包背到教室裏。上班的第一天，他也特地坐了計程車去，心裏有種糢糊的慾望：想顯示一下他那與衆不同的身世，指盼同事們從今會像他小學時代的同學那樣地歡迎他、尊敬他，給他一個比普通職員高一點的地位，甚至希望有人問他：你父親是做什麼的？現在想來，這眞是一個愚蠢的想法，致使自已在踏入社會的第一天就惹來了一身嘲諷與尷尬，那天，一進門，一個尖刻的瘦個子同事就在他的背後扮鬼臉：「啊呀，不得了，我們局裏來了一個花花公子，你看那副氣派，哪像是來做小職員的，簡直是來參加宴會嘛！他該自已開一家公司，當總經理的，那時候，不僅可以趁計程車，還可以趁小轎車哩。」另一個比較老實的便說：「老兄，你可不能這樣說，我看過他的自傳，他父親是做過廳長的，那樣的人家講究慣了舒適和排場，哪像你老兄跟我，全靠薪水養活一家大小五、六口，上下班連公路車也捨不得搭，寧可騎着老爺脚踏車，吱吱地趕路。」瘦個子仍不放鬆：「還不是窮裝濶？如果他家還有點財勢，他就不會到這個小機構來了。我最瞧不起那些綉花枕頭，雖說是大學畢業生，以後做起公文來，保管你糊塗一塲！」於是，第二天，他就再也不敢叫計程車了，趕着公車去上班，却又在大門口跟那兩個同事撞上了。瘦個子瞅了他一眼，說：「老弟，當心你的新西裝呀，不要被擠皺了啊！」他說：「有什麼關係？反正以後總要舊的。」日子久了，雖知道那兩個同事秉性都不壞，但總無法跟他們接近起來。事實上，他也不喜歡那個愛挑眼兒的組長，以及那個有着一副撲克臉孔的局長。套一句父親的說法：他們有啥了不起？要是在從前，爸的眼裏哪有他們的影子？說得透澈點，卽使他以後昇爲這個局裏的局長，但跟爸的廳長相比，却還有一大截路哩。

車子循着一定的路線駛過去。以前的舊書店、古玩店，早已不復存在了。以前程老板的那家小店鋪，已給改爲新樓，變成了百貨店。畢竟大家都有了錢，以前擠在湫隘的陋屋裏的，如今却都擁有了貼着各色小磁磚的洋房；兩相對照，他家的老屋就更顯得寒酸而陳舊了。

車子駛過了幾條大街，停了下來。他跳下車，劈面就是一家機車行。黑色、紅色……的機車英武地排着隊，似乎隨時可以挺身而出，去衝鋒，去陷陣。對剛遭受過擠車之苦的人來說，這確是一種體貼的誘惑。每次下車，他總不免多瞧牠們兩眼，心中隨之昇起一個意念：以後我也要買一輛騎騎看。然後，當他朝着辦公地點走去時，他已把牠推出了心外；而到他下班候車時，牠却又會浮現一次。

他在辦公室裏坐下來，一邊喝茶，一邊看報，雖然明知無望，但每天仍不忘對「求才欄」細看一遍；徵求的全是電機、化工方面的人才，就沒人要經濟、政治的。唸高中時，他本來也想選讀自然組，但却被父親否決了——克任，你不要人家鑽那一科系，你就也向那一科系鑽。讀政治、法律有什麼不好？以後你做了什麼市長、廳長或者部長，那些讀理工的，還不都得受你的指揮？你知道，我是希望家裏再出一個廳長或者部長的。當然，另一個原因是，唸理工太苦，日以繼夜，也不是他的體力所能勝任的。

瘦個子同事走到他的面前：「小俞，週末有什麼節目？」

「節目？說得倒容易，薪水還沒發，口袋裏空空的。」

瘦個子笑了起來：「你裝窮幹嗎？我又沒有敲你竹槓。如果你有空，我替你介紹一個女朋友，我的姨妹，怎麼樣？」

他急忙揮揮手。「謝謝你的好意，只是我已經有了一個，下午我正打算去看她。」

看着那個同事知難而退，他很爲自己這一即興的謊言而欣喜。他自己才二十六、七歲，正有閒情拉着婚姻的韁繩馳騁於草原之上。笑話，他的姨妹？我是什麼出身的，肯娶一個小雜貨店老板的女兒？還有那瘦個子同事的太太，我也見過一面，一副小家子氣；大街上、公車上，旁若無人地拉開衣襟餵孩子的奶，像什麼話？那種女人的妹妹，會有教養？

他開始辦公，而且開始決定下午去看梅小珍。他要同事們相信，像他這樣一個男人，畢竟要比他們優越得多；只要他願意，他是能夠很容易地交上一個女孩子的。而那個女孩，說她平凡嗎，她至少也是一個大學生呢！

二

俞克任知道，他這一次去梅家，對梅小珍來說，是一種小小的侮辱——他不是自動去看她的。他之去看她，只是爲了要逃避母親的盤問、瘦個子同事的糾纏；一句話，梅小珍只是一塊被他用來抵擋他們的盾牌。要是給梅小珍知道了，她將永遠不會再理他。當然，他不會這樣愚蠢。既然要去，就得裝成他是誠誠心心地去看她的，好讓她暫時滿足一下自尊心（啊，自尊，我對你了解得太深了，他想。）；同時，也希望這一次的探訪不要撲空。他不大能够忍受「乘興而去，敗興而歸」的空虛。他平日最不能寬恕朋友的失約，那是一種目中無「他」的行爲，而在一扇關着的大門上，他也總能很容易地讀出主人不重視他以及不歡迎他的話語。

既然這樣，他就得揀個梅小珍一定在家的時刻去：下午兩點之前。從妹妹佩任那兒，他知道，有一張娃娃臉的梅小珍之不肯放棄週末的午睡，就如有些時髦女人之不肯放棄聖誕夜的狂歡舞會。不過，挑那個時刻去，當然也有一個缺點：他非得跟她那個喜歡問這問那的父親碰面不可，而她父親在下午兩點之後，照例是要去植物園散步的。至於梅小珍的母親，不是去教堂，就是拿出她的鈎針和線團，鈎織她的窗帘、桌布、杯墊……他敢打賭。

他用一種恰如其份的大方，敲開了梅家的門——記着，對女孩子可不要太熱情，否則她就要施展野貓的本性，把你放在利爪下恣意玩弄——梅小珍醒來似乎還不到五分鐘，兩隻睡意未散的眼睛，一看到他，就睜得很大。他開了一句玩笑：「你不認得我了？」她說：「不是，我想不到是你；從你工作以後，好久沒來我家了。」於是，她把門開得很大、很大，彷彿他是一個很胖、很胖的人。還沒關上門，梅小珍的父親梅卓然便在客廳裏問：「小珍，是誰呀？」「俞克任。」「請他來客廳坐。」那是廢話；難道叫他立在院子裏？他又不是什麼來歷不明的人。當年，是他母親在教堂裏先認識了梅伯母，然後是佩任跟梅小珍成了朋友，再然後，他也跟梅小珍熟悉了，而由於這重關係，父親跟梅老伯之間也建立了感情。父親跟梅老伯有個共同點，就是：兩個人在大陸都做過不算太小的官兒，到了臺灣之後，就休閒下來。他們不同的是：梅老伯很早就認淸了情況，面對了現實。在這個冠蓋雲集的常綠島上，別說做過處長、縣長、廳長的人很多，就是做過省主席、部長、上將的人也有一把呢。僧多粥少，明白了這一點，他也就趁早自找了活路。他目前是在一個挺大的私人機構裏當人事主管，但即使這樣，他仍是棖觸萬千。以前，父親跟梅老伯談話的內容大多屬於當年的一些輝煌事蹟。父親說：「克任，記着，以後，告訴你的孩子們，他們的爺爺曾經是個風雲際會的人物！」

「我爸正希望有人跟他聊聊天。你來得正好。他正在看「聊齋誌異」。前幾天，他却沉醉在金聖歎的軼事中。」

一。

「他不出去散步了？」糟糕！他又陷在泥淖裏了。或許他之害怕來找梅小珍，這也是原因之

「現在還不到兩點。爸爸是很重視時間的。」

難道這是梅老伯辦理人事的心得？現在，他倒願意在院子裏多待一會。他不想去忍受拘束。梅老伯喜歡彬彬有禮的年輕人，如果他稍一隨便，梅老伯就會在背後批評：那個年輕人多沒禮貌。可是，如果他竟裝出一副樂於聽他談話的神情，那末，他的話題就會作多方的投射。於是，他談話、抽煙、談話、喝茶；再次地談話、抽煙、談話、喝茶……最後，梅老伯豐富的話題就變成了一塊爛泥，貼在他的腦門上，使他不再關心梅老伯在說什麼，而只想着自己的事。

果然，他一進去，就被梅老伯的話套住了。你怎麼好久不來了？工作很忙嗎？是什麼樣的工作？薪水多少？主管是誰？等等，等等；今天的話題倒是完全關於克任的。

說起來，克任，你的工作並不理想——他的結論是這樣。

有多少工作是眞正理想的？眞正能發揮年輕人的才能的？我只是有一個工作，沒有在閒蕩，如此而已。我在等待機會；梅老伯，你相信命運嗎？

命運？哈哈，你這麼年輕，就談起命運來，未免太早了。聽你的語氣，像有什麼不稱心的，希望梅老伯幫得上忙。譬如，給你找個比較好一點的工作。我雖然沒有給自己找到一個，但或許能夠替你找到一個，因爲年輕人比我們有活力、有潛力。

兩點出弯，梅卓然開始去作週末的例行散步。克任輕鬆下來。

「小珍，你以爲我眞的這麼一本正經，我只是怕梅老伯背後說我沒有教養。你說是不？」

梅小珍笑了起來。「剛才你是最佳的演員；其實，爸在背後倒是挺稱讚你的。」

「梅老伯在懷念我爸。」克任黯然地回答。

他們談了一會大學裏的事情。梅小珍感慨地說，愈往上唸，人就愈苦惱。在讀高三時，還有一股幹勁，因爲想越過高高的柵欄，進入大學的園地裏去，可是現在，連這股衝勁都沒有了。到底這十幾年來，是爲了「什麼」在讀書呢？想想似乎在爲分數讀書。有些女同學進入大學之後，就改變作風，老是在談化妝呀，衣着呀，髮型呀，郊遊呀，舞會呀。她們說，反正女人遲早總要結婚的，男人注意的是女孩子的美不美，根本就不問她功課好不好。她的一個女同學，讀大二的時候，到歌廳裏去客串唱歌，結果發覺唱歌的確要比讀書輕鬆，不但賺錢容易，而且成名也容易，於是就乾脆正式下了海。

梅小珍說：「雖然這是少數中的少數，但還是給了我很大的刺激。我本來是很同情歌女、舞女的，認爲她們是出於無奈，現在我才知道她們是甘心墮落，墮落還不自知，反而譏笑別人是傻瓜。以後，我發誓再也不看那些描寫歌女、舞女的悲慘生活的小說或電影，因爲牠們全是一派胡言。」梅小珍說完，給自己倒了一杯冷開水，一口氣喝了下去，來壓壓心中的激動。「你不相信像我這種人也會發牢騷吧。」

「我想，誰都有些牢騷的，只是有人發得對，有人發得不對吧了。不過今天，我們難得碰面，總不能老坐在客廳裏說這種洩氣話。這一星期中，我辦過公了，你讀過書了，此刻何妨去郊外走走。我們去逛程家的果園好不好？這時候，橘子正成熟了。」

聽說逛果園，梅小珍的雙眼充滿了驚喜。收穫時節的果園幾乎跟花圃一樣美，却又比花圃美得充實。她知道俞家早先買下了一個佔地三甲的果園，後來又因無意經營而以原價售給管理果園的程老板。她一直爲這可惜。一個果園就像一個世外桃源，當一個人厭倦了都市生活的煩囂時，去那裏住上一陣，該有多好！如果十多年之前他們兩家就認識的話，或許她的父親就會把牠買過來。

克任的心靈跟眼睛同樣敏銳，他說：「你是不是在想，我們不該把果園賣掉的？」

「是的。」

「我也常常這麼想。可是我們家沒有一個人是從農的料，只知道坐享其成，不知道脚踏實地去做，那怎麼行？」

果園離市區大約有三刻鐘的路程，克任叫了一輛計程車。兩人一出市郊，都市人的煩惱就被丟到車窗外，隨風飄散了。車子向前馳去，田野的遼濶就撲入他們的懷中，經過了好幾座大小不同的橋，於是他們看到一座橋，像半環似地扣着溪的兩岸，而在橋的彼岸不遠，一個以翠竹爲圍牆的大果園，是最令人注目的地方。車子就在這果園的門前停了下來。

「就在這兒！」克任對梅小珍說。兩個人走下車來。果園雖大，園門却仍是粗陋的鉛皮木框的，旁邊懸着一塊牌子，上寫「樂天果園」。克任推門進去，還未開口叫喚，就招來了一陣兇猛的犬吠聲。兩隻狼狗繫在紅磚小屋的前面。克任在吠聲的吵擾下仍不斷地高聲叫嚷：「程老板！程老板！貴良！貴良！」聽聽沒有囘音，克任囘頭對梅小珍說：「他們一定是到果園那一端去工作了。不過，狗叫聲既然告訴他們有人來了，等一會他們就會走過來的。我們就在這裏等吧。」

梅小珍的大眼睛裏全是樹的影子。綠色的、褐色的以及橘紅色的，全投入她的眼中，然後成爲她的多姿的喜悅。雖然克任在未來之前已經爲她描摹了果園的輪廓，但那一大片果樹還是令她驚異不置。橘樹、桃樹、李樹、楊桃……夾雜地種植着，站到樹叢中往上看，只見碎紙片似的藍天，往下看，則是露珠似的、流動不已的光點。無數條半尺深的灌溉溝平行地向前伸展。這裏的寧靜不是都市夜晚的死寂，而是欣欣向榮的孕育。「嗬，我眞愛牠！」梅小珍說。「如果牠是我的，暑假裏，我準要來這裏度假。」

「程老板有個女兒秀玉，一個很懂事的女孩，等會我介紹你們認識。以後你可以來找她。」

梅小珍走近一株桃樹，摟住牠低低的椏枝，眼睛則望着隔鄰那株結着金色果實的橘樹。「我老希望自己能種兩三株樹，但是那個院子却是這麼小。爸只擺了幾隻盆景，還是經過仔細的安排的，哪會想到擁有這麼一大片樹木？我想，那個秀玉一定生活得很快樂，是不？」

「那也不見得。說不定她也正在羨慕像你那樣的生活呢。」

樹叢裏傳來了沙沙的脚步聲，很急促，也很沉實。狼犬再度吠了起來。克任又喚：「貴良！貴良！」這一次有了回音。有個男人在用謙恭的聲音答應：「俞少爺，我來了！」

只一下子，程貴良就從菓林裏走了出來，推着一輛單車，後座上擱着一隻大籮筐。他笑着：「眞不好意思，要你們兩位久等。我一聽到狗叫就走了過來。俞少爺，今天我們開始收橘子。這些是剛摘下來的，你嚐嚐看。今年雨水少，好像比往年還甜。」棕黑的臉上全是謙順的笑意。他穿着一件芝蔴色的厚粗布舊襯衫，一條滿是漬子的黃卡琪長褲，看到梅小珍時，眼睛就不由自主地低了下去，瞧瞧自己那雙破球鞋，而臉也就有些紅了。

「想不到剛巧趕上，眞是好口福！」克任幫着貴良支穩單車，把籮筐卸下來。籮筐裏全是金黃的大橘。貴良選了一隻最大的遞給克任，克任又把牠遞到梅小珍的手中。

「俞少爺，假如你今天不來，爹明後天也要把橘子送到府上去。爹說，飲水思源，我們受俞老爺的恩太多了。」他口齒伶俐，動作敏捷，邊說邊搬來兩隻櫈子，請他們歇歇，然後他回到屋裏去，換了一件襯衫和一雙鞋子，再走出來，坐在他們的對面：「俞少爺，梅小姐，你們請吃，別客氣。今天，你們來這兒，我眞高興。平日，我住在果園裏，見不到一個外人，活像是住在深山的古廟裏。我老在想，這裏離市區雖然不過三、四十公里，但却是兩個完全不同的世界。市裏，什麼都有，好穿的，好吃的，好看的，好玩的，多熱鬧；這兒呢？這兒走走，是樹，那兒走走，也是樹。每天不是鋤草，就是施肥、鬆土、噴藥、修枝、疏果、包果、灌溉。有時，累得手臂都提不起來。那種苦啊，你們哪兒想得到？」

梅小珍不曾做過粗事的手慢慢地剝着橘子，而兩眼則細細地打量着那一大片在初冬的風中輕擺着的果樹，那神情就像一個畫家要把他心愛的風景繪到他的畫布上去。「哈，我倒認爲這兒是福地哩。苦雖然苦，但精神上不知有多痛快。你不知道市區有多吵、多亂！看到的，不是人，就是車，讓人的心始終無法寧靜下來。不管怎樣，我是喜歡這兒的。」

貴良謙順地笑笑，對梅小珍的話沒有提出任何異議來。他沒忘記他現在的地位：不論在出身上，學問上，甚至家境上，他都比不上他們兩個，但他心裏却不服貼。什麼是美？什麼是不美？那些少爺小姐只會唱高調，難得到鄉下來，見到樹就說樹美，見到山就說山美，甚至見到草屋，也會說草屋美。如果有一天眞叫他們住到山邊樹林中的草屋裏來，保證不到三天，就嚷着要回都市去了。我不會唱高調，說什麼精神痛快不痛快，我只知道住在這兒並不快樂。我是農校畢業的，今年二十七歲，前前後後摸了十幾年的泥土。我眞是厭煩透了。每天，除了工作，連什麼娛樂都沒有；倘若只是爲了賺錢，那我爲什麼不到都市裏去賺？

雙方的想法不同，談話也就無法熱烈起來，因此，克任問了一句：「秀玉呢？梅小珍倒希望能認識她。」

「秀玉在幫爹摘橘子，我這就去叫她。」貴良也感到沉悶壓迫着他們，便站起來，乘機想溜。

梅小珍說：「你也不必去喚她了，我們也想逛逛果園，慢慢兒地走過去，總能碰到程老板和秀玉的。你正忙着，我們也不就誤你了。」

這倒是好辦法。他們就跟貴良分道揚鑣了。他們兩個緩步朝着菓林的深處走去。在濃蔭中，他們常常被一些樹枝牽住、使牠們不致竄得太高的、糾來纏去的鐵絲所絆住；在濃蔭中，克任也常常被一些搖幌而閃爍的記憶所困擾。十二歲那年的夏天，他閒得到處亂闖，跑遍了整個的臺北市，甚至還坐着公車，到離市區老遠的一條溪畔去釣魚。那一次，他用石頭壓住釣桿，自己就走過水泥橋，到溪的彼岸去，跑到那片低陷的、鋪展着青綠色蕃薯藤的半荒涼的土地上，發現那兒正豎着一塊用紅漆書寫的「廉價出售」的牌子。那時，他或許只想以後每天來這溪邊釣魚，或許只想以後有一大片樹林讓他悠游其間。他回到家裏，就慫恿他父親去看，並慫恿他把牠買下來，因爲牠便宜得像塊山坡地。以後，他還幫同父親計劃着應該種些什麼：橘樹、桃樹、李樹、梅樹。程老板在南邊砌起了小屋，但兩年後，所有的樹苗竟死得精光；於是，再重新開始……

梅小珍突然問：「秀玉像不像貴良？」

「可以說像，也可以說不像，兩個人都長得高大、結實，只是在臉型上，秀玉似乎比貴良要俏麗一點。」

菓園很大，綠色的枝葉間躲着無數青中透黃的果實。克任感到，那種豐茂的景象把當年田地的荒蕪樣兒全掩住了。三甲地，兩千來棵樹。在未種樹前，只感到面積廣大，而一旦樹木成林時，却又覺得無窮無盡了。前年冬天，父親來過這兒，畢竟他也無法完全忘情。他巡視着每一株樹

——彷彿不只是兩千來株，而是兩萬來株。回家，他就病了。病床邊雖然堆滿了程老板送來的橘子、送來的桃子，但父親却沒嘗過一口。他趕回家時，父親的臉在水綠綢面的襯映下像只枯黃的橘子。

再走過去，就聽到程老板在喚他：「俞少爺！俞少爺！」原來程老板就在前面一株橘樹的旁邊。他戴着白色粗紗手套，手中握着一把剪子。「俞少爺！俞少爺！」喊聲恭順而親切，還是十六、七年前的喊聲，站在古玩店的門前，他看到他們的衣服，就喊了起來：「俞老爺！俞少爺！」最近幾年來，他自已難得上一次果園。每次到來，程老板總是走得近近的，細細地看他，輕輕地在他的肩上搭一下，有時還加上一句：「俞少爺，想起你跟俞老爺第一次來小店時，你還只十來歲，眞快呀。我跟俞老爺也相交十幾年了。」程老板沒有什麼別的朋友，克任知道，他一直珍惜地供奉着父親給予他的友誼。今天，對他細細看了之後，說：「俞少爺，你怎麼還是這麼瘦瘦弱弱的？跟小時候一個樣兒。不要太用功啊，身體要緊。」

克任很想告訴他：自己最近根本很少看書，但却說不出口；他不願一句話毁了程老板心目中的塑像。他又想告訴他：貴良心中很不快樂，但他們畢竟是父子，何必要他外人去管閒事呢！因此，他臉上雖露着笑，却不知道說些什麼好——什麼是他想說，而且又是適宜於此時此地的？幸而這時梅小珍插了進來，用她那圓潤脆亮的語音，表示她對果園的衷心的讚賞，而且，最後還說，聽克任說起，秀玉是個很能幹的女孩，她希望今天能够看到她。

程老板的笑聲像林間的一股淸風，這麽自然而淸朗。他說：「梅小姐，是你說得好。鄉下地方嘛，好處是空氣新鮮；鄉下姑娘嘛，好處是會幹粗活。她就在附近摘橘子。我喚她過來。」程老板還未說完，秀玉已經從樹叢中鑽出來，站在他的背後，還扮着鬼臉哩。程老板一轉身，發現了她，又說：「你們看，她這麽大了，還是像孩子那樣調皮；有時候，還跟我在菓園裏捉迷藏，讓我找不到她。」

「爹，如我不跟你玩兒，誰跟你玩兒呢？」十八歲的秀玉確是個頑皮的女孩。她霎霎眼，幌幌髮辮。雖然長年累月生活在菓園裏，羞澀却不是她的特性。她毫不膽怯地走近梅小珍，梅小珍也就很快地伸出手，握住了她的。

「秀玉，你好嗎？我叫梅小珍。我眞喜歡你家的果園，今天幫着你採橘子，好嗎？」

「當然好，摘果子實在是挺好玩的。你看，那些橘子長在樹上，不挺美嗎？」她的手臂伸展出去，劃了一個很大的半圓，表示她很大的快樂。

梅小珍想：一切的快樂，都源自內心的充實。程老板跟秀玉該是世界上最富裕的人。瞧他們滿足的眼神，瞧他們飽載笑意的臉，瞧他們粗厚的有力的雙手。當他們的眼光掠過那些果樹時，好像那不是果樹，而是金樹：果子是純黃的金，葉子是翠碧的金，還有那夾着沙礫的土地則是赭褐色的金。他們是這個小王國裏的國王與公主。

然而，同樣在這個環境裏生長的貴良呢？……

三

俞克任從果園囘來，不僅帶囘來程老板送給他的兩筐橘子（程老板也送了一筐橘子給梅小珍），而且還帶囘來一個不必要的問題：

到底做一個都市人快樂，還是做一個村野人快樂？

這是一個始終被人們討論着、思考着的問題。他現在隱約地意會到當年父親在購買那片土地時，或許也有歸眞返璞的意圖。權勢和金錢，他曾擁有過，然而却隨歲月而雲消煙散，慾望旣已遭到了挫折，心靈也就自然而然地傾向於寧靜、淡泊。錯誤的，是他們所添置的那片土地太貧瘠了，致使工作一開始就遭受到一連串的困難。他現在依然記得很清楚：有一年夏天，他們全家去果園的小屋裏住了一個月。說是避暑，其實，那年夏天可一點兒也不熱，傍晚老下一陣小雨，把暑氣冲去了大半。父親畢竟是個老成的人，口裏縱沒有大叫大嚷，心裏却一定早在盤算：假如果樹種得順利的話，就在小屋旁邊再添一座寬敞的磚屋，定居下來，但樹苗却毫不留情地逐漸枯萎，終至死去。他看到父親攀折枯枝時，手指微顫。啊，天，多可惜！他喃喃着。於是他們重又搬囘市區來。前年冬天，父親病倒，看來彷彿是在果園裡過分勞累了，但實際上，却是十幾年來失意、蟄居所帶給他的心靈上的壓力。不過，有一點，他始終存着懷疑：倘使他如今生活在菓園裏，會不會快樂？除了那些渴想把塵世推得遠遠的老年人之外，年輕人的心，哪裏是囿得住的？貴良跟他一樣，都不是肯被局限於一個小圈子裏的。程老板很想爲貴良娶媳婦，藉此來安定貴良的心，但貴良的苦悶却並非在這一點上。

他的推測沒有錯，過年之後，秀玉到他的家裏來，說是她的哥哥跟父親鬪了嘴。哥哥說，這一季的橘子已經收獲了，他決定不再留在果園裏，要到大都市裏來。「我要過文明人的生活，」貴良的理由是這樣。克任覺得這個理由很可笑。多少人說，現代文明斲傷了人的心智。可是，繼而一想，這又怎能責怪貴良？人要是不貪方便，不圖享受，又何必創造便利品和舒適品來？如果年輕人的心不燃燒着希望之火，那麼，這個世界不就變得冰冷冷的？就說他自己，倘若他自認這個局裏的小職位可以終身厮守，那他不就完了？不錯，有些人的不快樂就是因爲希望太強烈。有一天，他把他的不快樂告訴了妹妹佩任。粗心大意的佩任就說：「我總覺得假如我能快樂的話，你就不該不快樂。你比我吃得好，比我穿得講究，比我更深得媽的愛，而且家裏也不急着等你每個月拿更多的薪水來派用場。」他說：「佩任，話可不能這麼說，我是男人，是父親的繼承人，我負着振興家門的重荷。要是我有一個哥哥的話，我就不會老是感到責任重大。」佩任說：「等我會賺錢的時候，我來奉養媽，哥哥，你放心。」佩任的話越來越不對頭了。他一氣，坐到床上。「瞧你，二十歲出頭的人了，說話却一點不用腦筋。我如果是一個意圖推卸責任的人，那我心裏就不會有這麼多的苦惱。你這話要是讓媽聽見了，還以爲我現在就嫌她呢，這罪名我怎麼擔得起？你呀，我看你比貴良的妹妹還不如。」

佩任是一向唯哥哥之命是從的，所以也就垂下眼皮，一聲不響了。過了好一會，她才輕輕說：「哥哥，我也只是想盡一份做女兒的心，並沒有別的用意。媽是希望你快快樂樂的，我也是，還有別人。」

「什麼別人？」

「梅小珍。」

「梅小珍怎麼知道我不快樂？你跟她說的？」

「我才沒有。我是從來不敢在別人面前說你的，惟恐你罵我多事。我問她，我哥哥對你說了，她說：才不是，只是看他的眼神並不開朗，笑的時候，瞳仁也總是陰陰的。她說，這完全是因爲你的工作不如意，所以她每天催着她爸爸替你找事。你看，她是不是很關心你？」

克任這次却細細緻緻地笑了。暗淡的臥室內，由於窗外投進來一些璀熠的小金片，使氣氛也似乎溫和了些。

佩任又說：「哥哥，我想，你老認爲自己不重要而覺得難過，其實，除了你的幾個同事之外，大家都很看重你。你覺不覺得，今天秀玉來談她家裏的事，原是希望你去勸勸貴良，大家都知道，只有你最有資格去勸貴良，只有你從小跟他是朋友，現在也比別人了解他。」

克任沒有立即回答。他無法否認秀玉今天來的目的正如佩任所說的。剛才秀玉說話時，一雙眼睛只望着他，好像把他當作是惟一可以替他們解決問題的人。他本來可以說：秀玉，你告訴我的，我已清楚，隔天，我去找貴良談談看，但他沒有說。他只說了這麼一句話：「那天，我就知道他並不快樂。」秀玉帶着悲慼，又說：「如果哥哥堅持要在市區工作，果園怎麼辦呢？爹怎麼辦呢？他沒有想到果園和爹是少不了他的呀！但大都市裏少了他這麼一個人又有什麼關係呢？他爲什麼不想想這一點？我想，那晚，爹和哥哥原可以對這件事心平氣和地談一談的。不料哥哥一開口，爹就劈面送去一巴掌，事情就鬧僵了。我簡直不知道怎麼辦才好？」而他只冷靜地重複着這句話：「那天，我就知道他並不快樂。」好像再也想不出別的什麼話來，把秀玉給他的信任全部推了回去。秀玉的兩眼刹那間變得淚汪汪的。他感到很抱歉，但他却仍不願有所表示。不是他無情，只是他明白，即使他去勸說貴良，也未必有效。貴良尊敬他，但貴良却是外柔而內剛；對某件事不肯讓步時，就是不肯讓步。他何必去自討沒趣。貴良像一個思凡的尼姑，是打定主意要投身於都市的洪流中了。他曾幻想過兩人的一段對話。如果他去勸說貴良，那麼，他的開場白將是：「貴良，你認爲你離開果園就會快樂嗎？」

「是的，因爲我厭倦了這種生活。」

「那麼，你爹怎麼辦呢？你是很愛他的。」

「那跟愛不愛沒有關係。我是不願過他的那種生活。」

「那種生活有什麼不好？古時候，不是有個採菊東籬下的陶淵明嗎？你沒注意那些到過你果園的人，都在羨慕你。」

「那麼，俞少爺，你也羨慕我嗎？要不，你怎會說出這種話來？但你也一定比別人更淸楚：這些年來，我們經營這個菓園，吃過多少苦。爹是在農業社會裏長大的人，他依戀這種生活，但我却不。事實上，眞要你來幹我這份工作，我相信你連一天也幹不下去的。」

就是這樣。他那驕傲的性格使他不願去作註定失敗的事。

佩任又說：「哥哥，你眞的不願意幫程老板的忙？他們會說你漠不關心。即使你到程老板那兒去一次也好，至少可以安慰安慰他。」

克任搖搖頭：「你也好久沒去果園了。還是你去吧。我的看法是：貴良不久就會自動回去的。在都市裏闖天下，也不簡單，何況貴良也沒有什麼專長。他能做的也不過是擺販啦，跑腿的工友啦，菜館裏的堂倌啦。吃過苦，碰過壁，幹幾個月，他就會死了這條心。這種讓他親自去領悟的方法，最恰當，以後，也就不會抱怨誰了。佩任，不是我推着不管，只是這樣才一勞永逸。你等着瞧，就知道我的話對不對？這個社會，我闖不出，他能闖得出？」

克任說完，就走到院子裏去。前院本就不大，一個棚架佔去了二分之一，就更沒有空地了。院子裏也是綠蔭蔭的冷。他深深地感覺到自己的生活，本質上也是冷颼颼的。且說貴良吧，不管他的想法和行動合不合理，至少他是在作一種改變生活的嘗試。而自己呢，雖然一直在埋怨，却也一直沒行動，猶如一幅被圖釘釘在牆壁上的圖畫，就沒想到把牠重新安置過。他是父親的兒子，在這點上，簡直是「克紹箕裘」，有點保守。父親常說，剛在臺灣住下來的那幾年，早知那些官職沒有他的份，他就應該把他的財產投資到實業上去。紡織廠、水泥廠、電機廠、塑膠廠……哪方面都可以，但他沒有眼光，也沒有魄力，只怕連老本都丢了，以後一家人如何度這漫漫的歲月？深夜裏，他曾多次聽到父親在客廳裏踱步的聲音；早上起來，他問父親時，父親却說：「是啊，我昨夜多吃了些，胃有點脹悶悶的，所以就起來走走。」其實，他是在考慮：應該放膽前進，還是固守着老陣地？而現在，却輪到他做兒子的來趦趄了。他心中有許多個自己，走向許多條不同的路。譬如，去做中學的文史教員，去做市政府裏的科員，或者合作社、合會裏的職員，一個不大不小的商業機構裏的門市部主任……這些工作是他可能找得到的，然而，這些職位跟眼前的又有什麼不同？全是一些窄狹的、無法通往大街的小巷。他總是走得既倦又厭，就重又回到老路上來。佩任說，梅小珍催着梅伯父替他找份好的工作，他感激她，但却不抱太大的希望。在目前這個工業社會裏，一翻開報紙，報上的小廣告裏，他看到的永遠是些月薪三、四千徵求大專電機、化工科系畢業的學生的啓事！

有一次，他在局裏對工作抱怨了幾句，兩三天後，科長就借題發揮，說是現在大學生不值錢啦，多如過江之鲫啦，某個機關需用一個文書，就有一大堆人去排隊應徵啦。如果有人還以三、四十年前的尺度來評估自己，那麼，他最好回到家中享福去。他那天很想寫一張辭呈離開算了。

大不了去教書！可是，教書就保險不受氣嗎？文史教員在數理教員的眼裏算什麼？在立志要讀理工的學生的眼中又算什麼？好多優秀的學生在國文課本的掩護下孜孜地啃數理呢！他的一個在中學裏教書的同學就告訴過他這件事。他問：這對你是一種侮辱，你怎樣處理這種事呢？那個同學苦笑了一下：大勢如此，我能怎樣？以前，我一直認爲上課不聽講的是壞學生，可是目下好學生也是這樣。我忍心處罰他們？他們說：老師，你老師常說教書的生活太苦，你總不願我們步你的後塵吧。老實說，我妒嫉他們，妒嫉他們有個比我更遠大的前程。文史課老師算什麼，老弟！除非有一天，大家不把金錢放在第一位。哈哈！

內心裏，走過許多曲曲折折的路，就摸不出一條康莊大道來。有一次，他想租一間門面來做生意。母親說，這主意倒不錯，只是你別厭煩那種五元、十元的小買賣。這句話，又把他吓住了，他是什麼出身的，能被這一點點錢奴役？在這方面，貴良完全跟他不同。貴良從懂事時起，就知道把一塊錢當作兩塊錢看待的。

星期天，他或許應該去看一場電影；悶在家裏，儘想這些，可眞無聊。如果一直想下去，晚飯桌上，看來又只能吃一碗飯。母親會擔心地問他：克任，你哪兒不舒服了？他會答不上來。他不能再叫母親傷心。

他裝得高高興興地進去拿皮夾，然後去母親的房間裏彎了一彎。「媽，今天有張好片子，我想去看，你也一起去看好不好？」他說。他知道母親不會去的。他這麼說，倒不是假慇懃，而是只想表示一下他無能爲力的孝心。畢竟，父親死了之後，感到眞正寂寞的，是母親。以前，他跟佩任去看外國片，父親和母親則去看古裝片以及以民初社會爲背景的影片。我們看電影，只是在懷念一些永不囘來的事物，父親說。那是眞的，他們那一輩人，許多事物都失去得太快了。每當爸媽看了電影囘來，他們就談着他們自己的祖父母、父母，談着他們童年的情景。那些故事比影片還要精彩，他們常常一再重複着。而現在，誰跟母親談這些？

「我不去。」俞老太太說。「看電影好累，還不如待在家裏舒服。看電影是你們年輕人的專利了。」

克任轉身想走，俞老太太喚住他：「你怎麼不問一聲佩任？」

「她不是要去看程老板嗎？」

「她也不去了。我說菓園早已不屬於我們了，還是少參加意見的好，尤其是你爸已經過世，我們的話，份量也不够重。我們當然同情程老板，但貴良年輕，他有他的計劃，只要他不是來市裏遊手好閒，你能阻止他？」

「媽，想不到你也——」

「想不到我這個軟心腸的人，也會袖手旁觀？唉，你以爲媽是糊塗人，其實，媽嘴裏不說，心裏倒是雪亮的。譬如說，你近來……噢，現在不談這個，你去問問佩任看，她要不要看電影？」

克任還沒喚，佩任已從自己的房裏走過來。「我不去，我陪媽。」佩任往俞老太太的身邊一靠。「你要一個伴兒，幹嗎不打個電話去找梅小珍？」

俞老太太也附和着：「對啦，克任，去找梅小珍吧。」

克任說：「怎麼你們彷彿商量好了的，催着我去看梅小珍。上次我去看過她，這次該輪到她來看我才對。」嘴裏雖然這麼說，心裏却也覺得母親和妹妹的提議也不錯。自從那次陪梅小珍去了果園之後，自己對她也逐漸有了好感，或許是因爲知道梅小珍也正關懷着他。

打個電話吧。家裏的那具電話機好久沒用了，看上去正像這四張紅木太師椅似的，不該屬於這個式微了的家庭。早知這樣，十幾年前，就不必裝置這具電話，可是既然裝了，他們就不想把牠拆掉。當年父親做廳長的那一陣，家裏的電話鈴老是響個不停，吵得母親幾乎患了神經衰弱。母親說，我不出去，也有這許多人來向我嘰哩咕嚕；我傷風咳嗽，想靜養一天也不成；電話機裝到你的書房裏去。而今，她坐在客廳裏，對着那終日不語的電話機常會望上老半天，那神情就如一個過時的運動選手在闃無一人的運動場上憑吊往昔；然後，她走過去，撥了號碼，說：

「與泰米店嗎，送兩斗蓬萊米到俞公館來！」

他自己原有好些中學裏的朋友住在這個市區裏，有電話的也有好幾家，全是開設舖子的，他們都把電話裝在店堂裏，讓人有種喪失聊天自由的感覺。他喜歡那種舒舒暢暢、高高雅雅的氣氛，因此他乾脆不打那種斷命電話。惟有梅家是例外。不過此刻，當他拿起話筒時，却也擔心來接的是梅小珍的父母。

「梅公舘嗎？我是俞克任。佩任說——」畢竟還是把佩任抬了出來；不知道為什麼要這樣，是自己怕受大驚小怪的盤問？

「嗨，克任，是你！」梅小珍的爽脆的聲音眞如新鮮的綠色棗子。「我還沒向你道謝，那天，逛了菓園，吃了菓子，回來還帶了這麼一大筐橘子。媽說我好貪心。」她笑得像個十五、六歲的小姑娘，聽起來，她眞像從菓園裏摘來了許多的快樂。

「謝我幹嗎？還不是程老板為人週到、體貼。五月裏，桃子成熟時，我們再一同去。」

「連吃帶拿的，還好意思再去？我正在考慮要不要買塊衣料送給秀玉。」

「這幾天可不要去。程家亂得很。」

「什麼事？」

「回頭再對你說，我馬上來看你，還想請你看電影哩。」

克任推出那輛男女兩用的單車，順着大街，向梅家騎去，順便在幾家電影院的門口看，哪家上映的片子比較好。當他上高一時，他對電影最着迷，每星期要看兩三場，誰要阻止，他就對誰發脾氣；而他的有些同學則沉醉在武俠小說中。大家都認為不趁高一時痛快地玩，高二高三就別想了。那時，家，由父親一個人頂着，他什麼都不用擔心。他甚至想，眼前的家境已經比許多人的好，那麼，等他做了事，掙了錢，生活就不知該有多舒服。在一個十五、六歲男孩的眼中，每月兩三千塊可以做許多事、買許多東西，用不完似的，然而，當他成爲家的經濟的主要來源時，才知根本不是這麼一回子事。

「克任！」有人在喧鬧聲中喚他。是同學嗎？此刻，他不想碰見什麼同學，即使是幾分鐘的晤談也會叫梅小珍等得不耐煩。「克任！」他往排隊的人羣裏找尋熟悉的臉，回轉頭來却看到貴良在他後面叫他。在人多的場合，貴良是以平等的稱呼喚他的。

他們倆退到人羣較疏的一邊去，

「俞少爺，」貴良低聲說：「你知道我的事情了吧？」

「只知道一半。」

貴良皺皺眉。「秀玉沒有全部告訴你。」

「不是這個。我是說，我知道你離家之前的事情，但却不知道你離家之後的事情。」

「做小店員。你瞧，這電影院對面，有家糖菓店，我就在那裏幫忙。」

「你本領不小，倒馬上有工作了。朋友介紹的？」

「這也要朋友介紹？美芳糖菓店的老板娘，是二十來年前我爹開古玩店時的老街坊。我跟她一說，她就答應了。她店裏人手不够，我一上午就替她送貨，學校福利社的，近郊點心店的，晚上給單身漢跟寄宿生送麵包，空下來時，管管店堂。管吃、住，一個月一千二，舒服多了。以後跟電影院的收票小姐混熟了，說不定還可以白看電影，哈哈！」

「貴良，」克任鄭重地說：「我沒有資格說你這樣做是對，還是不對。我只想問你幾句話。你打算在市裏長住下去？」

「當然。住在市裏有許多好處。我既然有了工作，就不想再回菓園去了。那老板娘還說，我以後可以自己租間店面開店。俞少爺，你是不是有空上糖菓店坐一會？」

「隔天再來。貴良，你一走，你爹怎麼辦？」

「有秀玉在陪爹。」

「如果有一天秀玉結婚了呢？」

「這很簡單，爹會替她選個能夠照顧菓園的男人。他們結婚後，可以同住在菓園裏工作。」

貴良，你很自私，克任想說，但他忍住了。「以後，我碰到你爹時，我會勸他的。」他說。他只能這麼說，別的話全不合適。現在，貴良被都市迷住了，正如他以前被電影迷住了一樣。有一天，他會從耀目的昏暈中醒來，只是不知道要到哪年哪月。

今天，這家電影院放映的片子不錯，克任本想上去買票的，但他現在決定換一家，免得再碰上貴良。而別家呢，不是武俠片，就是西部片。他不喜歡看武俠片和西部片，因爲他不喜歡看那些衣飾、髮型都帶着濃重的日本味兒的中國俠客以及赤着膊、頭上縛着羽毛的紅蕃。這下可糟了，跟梅小珍說好看電影的，挑來挑去卻盡是一些三流貨！

乾脆不看算了。他又騎着單車回家，準備打個電話對梅小珍解釋一下；如果她竟因此而生氣，那麼——吹了就吹了，他不在乎。

院子裏停着一輛女用單車。他走進屋去。梅小珍正在客廳裏。佩任說：

「哥哥，你怎麼啦？走了老半天，現在倒讓梅小珍找上門來。你買了票沒有？」

「沒有。今天的片子全不好，我不想看。」

「但你是請梅小珍看的呀。」

「我知道，她也不喜歡看，因爲她不願叫我爲難。」

大家全笑了。梅小珍笑得最響亮，她的快樂是毫不保留的。她說：「幸虧沒有買票。我現在的確不想看。爸剛從朋友那兒回來，有好消息奉告哩。」她眨眨眼睛。「他替克任找到了一個工作。什麼工作，我想你們一定猜不到。」

「猜不到才是好工作。」佩任跳了起來，去摟梅小珍。「不過，讓哥哥猜猜看，看他是不是够聰明？」

克任又悒悒起來：「聰明的人，還會痲煩老伯辛辛苦苦地爲他托人。唉，小珍，你快說出來吧，不要找到的那份好差使是我的能力所够不到的。」

「爸哪裏會這麼冒失？他有一個朋友在負責一家旅行社，需要一個會講英語、儀表瀟洒的導遊，不正適合你嗎？」

克任考慮了一下。「我現在很現實。一個月多少薪水？」

「四千。」

「那我可以答應。說得好聽一點，這樣的工作，也可以算是獻身於國民外交，說得難聽一點，啊，這不過是個高級服務生！」他大笑幾聲，然後在別人的驚愕中，他走過去，握握梅小珍的手。「我非常謝謝老伯。我很抱歉，你不介意我剛才所說的話吧。」

梅小珍笑笑。「我希望你快樂。我們只是想，這是一個不太刻板的工作，或許可以使你的生活改變一下。」

克任點點頭。是的，能改變一下總是好的。許多人都想改變一下生活，貴良、他、以及其他許多年輕人。或許是他們的年輕的心裏裝滿了浮躁與苦悶，或許是他們的年輕的心裏含有征服世界的活力。

不管怎樣，總是一個新的開始吧。當疲倦和黑夜掩覆着他全身的時候，他是渴望明晨的清新的！

四

這並不是一個十分理想的工作，克任認爲，因爲這是要他降低自尊心去奉承別人的。但，哪個場所會需要一個如在大學校苑裏昂首走路的大學生那樣的年輕人呢？除非自己是那個機構裏的老板。想透了這一點，他就可以怡然地去幹旅行社嚮導這一差使了。

至少，他因此推開了那個辦公室的枯燥與窄狹，擺脫了那幾張看厭了的臉孔。他以前雖然靜着不動，但潛意識裏却在恐懼自己會在那個局裏獃上五年、十年，甚至更多年，變得跟那兩個騎着破舊單車上班、看到發下一二百元加班費也會高興得臉紅的半老的同事一樣。他看得出，以前，在他們的眼神中，他們肯定他是不會走的，肯定他會慢慢兒地落到他們的模子裏去，甚至，在婚姻上，他們都想拖着他走他們的路；什麼姨妹、堂妹的，在他看來，別說她們不如梅小珍，怕還不如秀玉哩。

在正式上班之前，他去梅伯父那兒道謝，而且還帶了禮物去：兩罐可可，兩條「長壽」，那是母親預先安排的。他覺得那樣很俗氣，而且也太急於「報答」了，但母親却說，那是不可或缺的禮貌。「空口白話」總難表示誠意。他不把牠們帶走，佩任也會送去的。這是眞的，因此，他就只得把牠們包得好好的，紮在車後的書包架上。以前去梅家的時候，較爲隨便，因爲誰也不欠誰的情，而且爸在大陸上的職位又比梅伯父的高。那天，他却突的發覺並不是那麼一回事，而是梅伯父猝然站在他家之上了。如果他說話稍不謹愼，梅伯父怕就會想：我以爲他……原來也是……所以還未進門，就感到這次拜訪很不自在。施比受快樂，倒是很適用於這種場合的。

梅伯母不在，梅小珍正在飯桌上裁花衣服。他悄悄地把那包東西放在飯桌脚邊，梅小珍嚷了起來：

「爸，你看，克任把我們看成了外人，還送禮物來！」

梅伯父當然也看到了，玩笑地說：「克任，早知你會送禮，我早就替你托人了。這不像話，你拿回去吧。」

「只是一些香煙之類的東西，拿回去也沒用。媽買的。老伯，你別客氣吧。」

「我倒寧可你送的是水果。」梅卓然今天很風趣。「那次，程老板送給小珍的橘子眞好，我吃完以後，一直念着牠。小珍說，爸，你退休後，也買一塊田地種果樹吧。你想，世上事，哪有這麼簡單?別說我沒有兒子，就像程老板，總算有個兒子了吧，但這個兒子在菓園裏住了這麼多年，現在竟出來了。別的還說什麼！」

對貴良的事，克任沒加任何的按語。現在的情況是：貴良有退路，有片廣大的果園做後盾，而他，不過有張大學文憑。這樣一想，他就非得在以後的日子裏努力不可了。

「克任，你對新工作，心理上有一點準備沒有？」梅老伯把煙噴得一圈一圈的，眼睛瞅着女兒。「幸虧你今天來，小珍還在替你擔心，因爲我們都知道你是看不得別人的臉色的。」

「老伯，你看，我今天不是已經有了一點準備？」

梅卓然仔細地端詳他。驀然，他發覺克任穿着一套淡茶色的新西裝、一雙烏亮亮的皮鞋，他已經理過髮，而且，他也已經驅走了眼神中的那抹憂悒。他已具備了那一行業的從業員所應具備的風度與儀表。單看他那隱含在唇邊的笑意，每一個人都會被他所吸引，那些觀光客會是這樣，他女兒小珍看來又何嘗不會是這樣呢？

「很好。你畢竟是聰明人，無師自通，你很快就會成爲那一行業裏的佼佼者。那種工作的特色是：非叫你活躍起來不可。你正需要這一點。我很怕你消沉下去呢。」他走進書房裏去，有意讓他們兩個年輕人談談。

「老伯對我好像很信任。」克任走過去，用手摸摸那塊花布，眼睛望着梅小珍說：「我想，我這次在未上班之前就對工作充滿了信心，這完全是老伯和你給我的。」

「別把我拉進去，好不好？」梅小珍把裁好的衣料捲起來。

「你才是大功臣哩！」他只說了這麼一句；一句已經足夠，誰在幕後策動，梅小珍當然比他更清楚。「那天，你說你希望我快樂，今天，你看我是不是在往這條路上邁？」

「看來似乎是這樣。克任，我喜歡你恢復本來的面目。我老認爲你應該是這樣：洒脫、風趣、高雅與挺括。爲什麼我會這樣想呢？或許我聽多了俞老伯跟父親的談話，那種英俊年少、得意於政壇的軼事。你應該保持一點他的傳統。而俞伯母呢，在我看來，年輕時，也一定是個大美人。」

「可不是？我也一直在打算，當我的收入好轉時，我馬上要給母親僱一個佣人。我們家從來是僱佣人的，想這也是傳統的一種吧。」他看到梅小珍把花布放在縫紉機上，突然說：「小珍，你做的這件洋裝，花色似乎太鮮艷了。」

「我是送給秀玉的。她在菓園裏穿得鮮艷一點才好看。我打算下個星期天去她那兒。我知道，你是不會有空陪我去的。」

「可以跟佩任一起去，我叫佩任也去買一件衣料什麼的。」他笑了笑，那幾乎是一個男明星的笑。「以後，我有空會來看你的。卽使我有很多朋友時，我也不會忘記你這個朋友。」

克任帶着這種微笑走了出去，同時，他也帶着這種微笑走進旅行社去。他知道自己跟以前不同，但他還是瞞住了許多人，因爲他不如他們所看到的那樣快樂。在以後的日子中，他要不斷地告訴自己：旅行社的嚮導是高尙而且被人尊敬的，他一定得事先肯定這一工作的價値與地位，這樣，他的快樂才能算是確實而豐滿。旅行社的李經理是個說話很快、而且經常用各種表情和手勢來表達他話語意義的五十多歲的男人，有點禿頭，却也有一個童稚般的可愛的下頷。他對任何人都很和善——那種不摻雜感情的和善。他能夠跟僅只一面之緣的人馬上成爲朋友，但也永遠止於那種朋友。對他，雖有梅老伯那重關係，情況却仍沒變。「克任，歡迎你到我們社裏來。」李經理緊緊地握了一下他的手，他那炯利的目光和友善的笑容同時工作。「卓然兄已經把社裏的業務告訴你了？」「是的。」「我知道你一定能够勝任愉快。這是一種很有意義的工作。」他表情倏然嚴肅，夾着雪茄的手指在不斷地扭動。克任眨了眨眼睛，有意義？他正要知道這工作的眞正意義。除金錢而外，還有一些什麼別的價值？李經理說：「你很快就會自己感覺到的。我們的工作夥伴，全是一些年輕的大專學生。全是一些幹練的人。他們都喜歡活動空間的遼濶，他們都熱愛他們服務的對象。哈哈，不是誇口，有觀光客的地方就有我們，我們是觀光事業的靈魂！你先跟小李學習幾天。噢，對啦，你有沒有一個英文名字？」

「英文名字？李經理，你是說，我應該有個英文名字。那麼，隨便取個好了。羅勃好吧？怎麼，小李就是羅勃李；那麼，我叫威爾遜，怎樣？我馬上去印名片。」他們又重重地握了一下手。

四海旅行社設在南京東路一座四樓洋房的底層和二樓，規模也不算小。除了響導之外，社裏的職員也有十來個，專門代辦各國輪船、飛機客票，包裝運輸及報關，出入境手續，還有編排旅程計劃，提供旅行資料等。俞克任站起身來時，李經理已藉對講電話叫羅勃李進來。羅勃李拍着他的肩頭，熱情洋溢地對他說了兩句 How do you do？彷彿他也是外來的觀光客。他一時好窘逼。不知道回答英語的好，還是國語的好，結果只微笑着，什麼也沒說。但他還是感激羅勃李的親熱勁兒；比起他前年初到那個局裏去、聽到那兩個同事的諷刺話時，不知要高興上多少倍。「哈囉，威爾遜，我們到休息室去坐一會。」羅勃李拉着他的胳臂，走到隔壁的房間裏去。

休息室裏放着幾種牌子的洋煙。羅勃李很自然地彈出兩支 Kent 來，一支遞給克任。他看克任有遲疑的神色，便說：「抽抽看，幹我們這一行的，總得學會煙和酒。其實，你也太老實了，我是讀高三那年就學會的。聯考前兩三個月，心裏煩得要命，乾脆買了香煙來，一邊讀書，一邊抽煙。當然，我是寄宿在外面的，等考完回家，兩根手指頭就給燻得黃黃的。母親說我書沒讀好，倒變成太保了，我自己也以爲眞的要變成太保了。那一陣，在家裏，根本悶得歎不住，不是想去撞球，就是想去借朋友的機車來騎，騎得越快越好，撞死了也無所謂。那種心情，不知道你有過不？」羅勃李的友善跟李經理的友善不同，許是因爲他年輕，所以他的友善是出於肺腑。他很會說話，毫不掩瞞地把自己托出來。

克任把煙吸進去，又馬上噴出來，還咳了兩下。「我也記不得了，我想一定有過幾次想抽煙的衝動，只是爸管得嚴，怕回家查問，不敢嘗試罷了。」

羅勃李笑了幾聲。「你一定是個乖兒子。我呢，從小就調皮。這兒跑跑，那兒鑽鑽。現在這個工作，倒挺合我的個性。你猜不到吧，我到這兒是毛遂自荐的。有一天，我送一個同學上飛機，回來後，閒得在大街上亂逛。經過這家旅行社門口，就彎進來找經理談談。我在大學裏做過社團的主持人，幹幹連絡、接待的工作，也可算是老手了。所以，我跟李經理一拍卽合。」羅勃李架起一條腿，抖動了兩下。「天下事，有時就有這麼湊巧。要是我不送同學，那天我就回南部鄉下的老家去了。我爹是退休的小公務員。」

「你在這兒幹了幾年了？」

「四年。加上在這兒讀了四年大學，所以在臺北總共住了八年。我生性就愛動，閒來無事，這兒那兒走走瞧瞧，簡直成了一個臺北通。以前，是爲了好玩，後來，竟帶給我工作上的許多方便。」他又拍拍克任的肩：「你別以爲我說話油腔滑調，不大可靠，其實，我最愛朋友。」

「李兄熱誠過人，」克任說。「以後，我要請教你的地方多得很。李兄，依你看來，幹我們這項工作的訣竅是什麼？」

「訣竅？呵，見人行事。這完全是一門應付人的學問。說難不難，說容易也不容易。觀光客形形色色，不管他是誰，他都希望有種賓至如歸的舒適。如果是異國人士，他們更喜歡看些中國風的東西，在這兒度一個眞正中國風的假期。十點半有一班從日本來的飛機降落，我們一起坐車去機場吧。」

羅勃李戴着一副近視眼鏡，下頷略尖，有一口很整齊的細牙齒。在他說話時，克任只看到那副細白的牙齒不斷地閃露在兩唇之間，又不斷地躲藏在兩唇之內。他並不十分英俊，但他的那副活力，却讓人一下子被吸了過去。

克任一直認爲自己比別人能幹，但現在他却發覺羅勃李是個比他強的對手，這倒使他有了一個努力的目標。梅老伯說得不錯，這是一個使人不得不活躍起來的工作。那一天他精神不佳，意興闌珊，那一天他就會失去很多。旅行社裏有好幾輛接送客人的汽車，猜想大多是從回國的美僑那兒買來的。他們十點一刻就坐上了車子。羅勃李嘴裏嚼着口香糖，話語仍如裝在破口袋裏的米粒那樣漏出來：

「嘿，威爾遜，幹我們這份差使，在我個人看來，簡直是樂趣無窮；譬如說，在我們社裏，有些苦守寫字檯的同事，待遇雖跟我們差不多，但我們就比他們舒服得多。不僅如此，還有玩、有看、有吃，認識的人也比他們的多。你別看我無名小卒，我到那些觀光飯店去，哪一個服務臺的小姐不知道我叫羅勃李。要不是經過我的推荐，那些財神爺怎會一下子就知道臺北有哪些個飯店？還有，那些娛樂場所，平日我們去玩玩，打一個招呼就可以進去了，爲的是什麼，也就是希望我們以後把那些財神爺帶到他們那兒去。你別看輕自己是個小人物，有時候却實實在在可以操縱大局呢。」羅勃李忽然凑近克任的耳朶，故作神秘地說：「而且好處還不止此。有時候，你運氣好的話，還能因此而結交上一兩個大亨……」

車子向前駛去。這是精彩的第一課。克任感到這麼多年來自己好像並不是住在臺北那樣。臺北是隻旋轉不已的棱角球。以前，他只接觸到其中的一面，他是把自己禁圉在有限的範圍裏了。

「威爾遜，」羅勃李極其自然地喚他，彷彿這個名字從他出生之日起一直跟隨着他。他倒有點惶惶然，有時，甚至以爲車內還有另外一個人；當他顧左右而去找尋時，却猛悟到威爾遜原來就是他自己。一個西化的中國人，這就是近代的文明。「威爾遜，」羅勃李又說：「以前，如果你對這一工作沒有興趣的話，以後，我保證你會慢慢感到興趣；而如果你本來就感到興趣的話，那麼，以後，我保證你會像愛上一個女人那樣地熱戀着牠。臺北有多少魅力，臺灣有多少魅力，我們這一工作也就有多少魅力；我們絕對輸不了。讓我跟你握手，互相祝賀：在這兒，觀光事業正如旭日之初昇，而我們這一行，又何嘗不如此呢？」

街道上全是五彩的車流；且把這街道當作萬里的長江吧，雖然沒有巫山十二峯和三峽，雖然沒有墨綠的林木和哀感的猿啼，但兩岸多的是大廈形成的削壁、房屋形成的山林，牠們用不着夕陽的照映，就自呈瑰皇與璀燦。驟疾的兩車相擦而過，驚險處猶如船過急灘。喇叭聲的此起彼落，也宛若猿啼聲的你呼我應。只要你愛牠，你就覺得牠美，牠有魅力；你儘可以把牠想像成這樣，想像成那樣。

克任像個被催眠了的人。他第一次用羅勃李的目光去看四周的景象。一切都罩上了新的色彩和氣氛。前幾天，陰雨不停，今天意外地放晴了。車外的陽光也是很輕、很亮、很飄逸，像金粉似地在馬路的上空飛飛揚揚。克任把最後一撮憂悒丟出車外，猶如把一片落葉拋入長江，希望牠永不回頭。現在，他目光前注，停在他工作的目標上。他不必去徘徊、去左張右望了。

松山機場，他也曾去過幾次，並不是不熟悉。不過，前此，完全是爲送同學的行而去的，每次心裏不僅澆滿了黯然的離愁，同時又感慨着自己在學問上又將落後一步。也曾想隨着潮流，踩上飛機，駕雲而去，但父親的溘然長逝，寡母和妹妹的無依無靠，終於使他打消了這一計劃。何況，二十來年，蠶食着這一份產業，他家的境況，或許也只剩下葉子中間的那根主脈了。可是今天，前去機場，他却不必負載這種不快的情緒；內心的輕鬆使他容光煥發。側臉再看看羅勃李，他仍不停地嚼着口香糖，從鏡片後面射出來的目光自信而滿足。他忽然有個奇怪的念頭：如果羅勃李嚼的是檳榔，人家對他又會怎樣想法呢？一口赭色的牙齒，一張未開化人的嘴，啊！

羅勃李用一張小紙片裹住口香糖的殘渣，丟進紙屑筒裏。機場車多人多，但畢竟沒有火車站那樣雜亂。當然，如果碰到影迷爭睹明星的時候，那是比什麼都亂、都糟的。那些女孩子們——他發覺不論是爭看女明星或男明星，大多都是一些女孩子。她們有編織愛情和夢的專長——擠着、跳着、銳叫着、狂笑着、把機場搞成一池混水。當然，今天沒有這種情形。飛機遲降十分鐘，他們在候機室裏也悠閒地多坐了一會。即使在這空檔裏，羅勃李還是跟他碰面的幾個機場工作人員打了招呼。有時，他雖只這麼一揚手，但也畫出了他們之間的融洽。

「威爾遜！」

「叫我小俞吧，」克任說。

羅勃李看他一眼。「威爾遜，你沒感到緊張吧？」

克任搖搖頭：「只感到像要從事一樁冒險那樣，有點兒興奮吧了。」

羅勃李一拍他的肩胛：「哈，那好極了。從事任何事業，總要帶點冒險精神。現在飛機降落了，他們很快就要走出關口來。我們就懷着迎接企待已久的親友那樣的心情，去迎接那些觀光客去。人生以服務爲目的。哈哈！」

憑着羅勃李伶俐的口齒、敏捷的動作以及親切的笑容，那天接受他們安排住宿、旅程的有六個人。羅勃李臨時又叫了一輛計程車，兩車一前一後，往百樂門觀光飯店馳去。那六個客人是一對中年美籍夫婦，帶着兩個十幾歲的兒女，以及一對五十多歲的旅日華僑夫婦。羅勃李陪着那四個外國人坐在社方的旅行車內，克任則陪着那兩位華僑夫婦坐在計程車內。他對他們很恰當地作了一番自我介紹，一路上又對大街兩旁的景物作着娓娓動聽的敍描。

「威爾遜，」他們從觀光飯店出來，羅勃李的一隻手又搭在他的肩上了。「你第一次的表現就很不錯。劉老夫婦倆對你的印象很好。」

「呵，我不知道。我並沒有太賣力呀。」

「外國人喜歡熱情洋溢，中國人喜歡溫柔、親切，尤其是老年的華僑，他們喜歡那種文質彬彬的青年。威爾遜，這門行業，的確是前途似錦呢。」

克任笑着。他好久沒有這樣高興了。車子又沿着大街馳去。他半閉着眼睛。剛才他彷佛看了一場佈景堂皇的宮闈片，看得太入神了，以致自己也不知不覺地走進影片裏去了。啊，當他陪着華僑夫婦進入貴賓套房時，他的感覺就是這樣。那種古典式的豪華與富麗，幾使他昏暈。紅絲絨的沙發，翠綠色的地毯，紫羅蘭的窗帘。那邊是孔雀藍的臥室，這邊是淡咖啡的會議室……那些色彩如晚霞那樣舖呈着，並且向他輝耀着牠們的驕傲……。

五

「媽，有時，我想，我們所擁有的，彷彿只有那四把紅木太師椅和那幾件古董了。」

俞老太太望着克任。她一下子還聽不懂兒子的話。

克任曲起兩指，在桌沿上敲出一陣嗒嗒聲來。「媽，我是說，以前的歲月留給我們的驕傲，就只有這麼些了。那是不够的。」

俞老太太微笑着，那是把名和利看得很淡很淡的笑，「經過這二十來年的清淡生活，我倒已經不太在乎這個了。當然，你年輕，你是不該同我一樣想法的。」

克任站起來，從客廳走到臥室，又從臥室走到飯廳、浴間。這幢在日據時代就建築起來的房屋，確已到了日薄崦嵫的地步。以前，他一直覺得牠陰黯，現在，他才認定陰黯是那寒酸的一部份。從前門開始，在小院裏，那條短短的甬道是用紅磚砌成的，而且好些部份已經覆着青苔；廊簷下的電線銜着蛛網和灰塵；屋子裏，天花板上點綴着濃淡不一的水漬；就說那些窗帘吧，印着山水的厚粗布，十幾年前就掛上了，那亙綿的巓上一如罩上了暮靄，灰蒼蒼的。他以前之染上幽黯的心情，難道牠們就沒有一點推波助瀾的責任？

他走回來時，母親又在喝她的濃茶了，一雙眼睛正望着他。

「媽，我想把窗帘統統換過。」

「爲什麼陡然興起這個念頭來？」

「或許過幾天會有朋友到我家來。我不願我家讓他看起來像個破落戶。媽，我多麼希望把應該屬於我家的驕傲都掙回來。當然，就目前來說，那根本不可能，但我們至少能夠先裝璜一下表面。媽，你可以叫佩任到裝璜店裏去買一些流行的窗帘布來。」

「我也不是不要家裏光彩，只是二十來年都這麼過去了，你這會兒又何必這麼心急呢？」俞老太太仍是悠然地。「我不是不知道你對家的一份心意，但許多事都得穩紮穩打，慢慢兒來。」

「媽，你也不是說過，我們這些年來就是吃了穩紮穩打的虧？剛來臺灣的時候，我們比大部份的人都有錢，要不是顧慮這樣、顧慮那樣，做什麼事業都可以弄到近千萬了，哪會落得現在這樣？現在眼看別人越攀越高，我們也就越來越低。媽，人確是要活絡一點的。我們以前是太古板了。我要先從改變家庭的氣氛上着手——先把窗帘換新，因爲客人一坐下來，他第一眼看到的便是窗帘。」

「好吧，不過佩任最近功課很多。」俞老太太沉吟着：「你那位要來的朋友，是誰？」

「羅勃李，一位很熱心的朋友，我希望給他一個很好的印象。媽，既然佩任沒有空，那就請你到裝璜店去走一趟吧，反正他們會替我們做好的。」

「我想，你要快，還是你自己去，反正你這會兒有空，就上一次街好了。」

克任沒有想到母親對於這件事的反應竟會這麼淡漠，她不啻對他驀地燃燒起來的烈火潑了一盆冷水；不過火太猛，水太少，他還是禁不住自己上了街。他思索着母親爲什麼在這一點上跟他意見不一致？可能是老年人已經不太熱切於接受新的東西，他們總感到老的東西上沾有一份感情，不願隨意丟却。他們不像年輕人，一味喜愛新鮮。小時候，在大陸，不是看到年老的祖母堅決地不肯把細格子的木窗換成明亮的玻窗？老年人有種不可言喻的執着，新的東西越多，彷彿越是把他們趕到老境裏去。但，今天，自己也太激烈了點，好似一拳要把古老的家打掉，而自己却又沒有能力與建起一座華屋來。剛才對母親說羅勃李要來，也是假的。羅勃李有一天可能會來，但不知道是哪一天。他自己在幾天前倒是去過羅勃李的住處。他邀他去喝咖啡。他事先曾對羅勃李的居所架構了一個輪廓。羅勃李一個人在臺北，大概是向人租了一間四坪大的臥室，裏面除桌、椅、床舖外，有些書，有只電晶體收音機，有架照相機，衣服也像他的那樣，有些掛在衣橱裏，有些堆在椅子上，但到了那兒，却全不是那麼一囘事。他租的是兩房兩廳的公寓房子，陳設全是高級美式的。羅勃李把咖啡端給他時，說：「威爾遜，我每月化一千兩百元的房租，看來是高了些，但吃我們這一行飯的，結交的全是一些有身份的人，有時候，朋友要到我家裏來坐坐，如果我住的地方像個鴿籠，又怎好意思讓他進來？再說，今天，我請你來坐坐，要是我房子又小又髒，你心裏或許會想：羅勃李在外面挺挺括括的，原來也只有這麼一身衣着而已；無形中也就把我看矮了一截。」「我哪裏會這樣想？」他說。事實上，他却無法確保自己不會這樣想。羅勃李說：「人總是人嘌，有多少人不愛舒適的？我有一個同學，以前是看不起我的。我有一天邀他來我這兒坐坐，他瞧見我有這能力租下這房子，就服了我，因爲他自己至今還住在木柵的小房子裏。」羅勃李說話沒有保留，這原是優點，但也無意中提醒了他對自己屋子的注意。萬一羅勃李有一天要來他家呢？

窗子的大小，他完全清楚；窗子的數目，他也完全清楚。在一家裝潢店裏，他一口氣連浴室、厨房的窗帘都訂做了。這樣，媽雖不高興，但也僅此一次而　。回來時，他彎到一家糖菓店買些點心：給母親買幾塊綠豆糕，給妹妹買一小盒葡萄乾，自己呢，還是不買吧。他要讓媽知道，他不是一個浪費的人，卽使他做了窗帘。

「俞少爺，」貴良從店堂後面走出來。他穿了一件嶄新的香港衫、窄褲管的西裝褲，頭髮也給搽得亮亮黏黏的，跟果園裏的貴良完全是兩個人了，「你可是出來看電影啊？」

「不是，買些小東西。」或許是他最近都在忙着自己的事，他幾乎忘了貴良就在這家店裏當夥計。

「以後，你要買什麼，儘管打電話來，我抽空會替你送去的。」貴良說着，沒有必要地去整理一下那排盛着蜜餞的瓶子，然後輕輕地：「俞少爺，你有沒有上菓園看我的爹？」

「這應該是由我來問你的！你有沒有回去過？也快一個月了。」

「我去了四、五封信，爹連一個字也沒回。我知道他氣翻了。如果我回去看他，不用說，又得挨他幾下巴掌。我們從小沒了娘，我也不是眞的把爹忘了。俞少爺，我這兒有一千塊錢，請你有便代我寄給爹，好嗎？」

「爲什麼你自己不送去？」

「還不是要你替我說幾句好話？你信寫得好，婉婉轉轉地向爹解釋一番，說不定爹非但原諒了我，還認爲我的打算着實不錯呢。俞少爺，憑良心說，我這打算錯了嗎？假如我在菓園裏獃一輩子，我就一輩子是土裏土氣的人，也許還得打一輩子的光棍。在這兒就不同。我意思是，不管賺錢也好，別的也好，都市裏的機會總比較多。俞少爺，你說對不對？」

克任不願回答這個對不對的問題，他只說：「貴良，這樣好不好？我替你把錢寄去，你要向你爹說的，我也替你轉達，至於勸說，因爲程老板跟你都各執一辭，很難拉攏，所以我也不想做調人了。有一天，你在這兒混得很好，你爹當然會覺得你選得對。事實勝於雄辯，貴良，你自己知道就好；最要緊的，就是不要受人家的騙、上人家的當。」

「這個我知道，俞少爺，讓我送你一程。這會兒，我正有空，等一會，我就要送麵包到單身漢和學生那兒去。」

「不必了。你既然在這裏工作，就要誠誠懇懇地做，不要以爲你跟老板娘熟悉，就可以馬馬虎虎。」克任說完，趕忙走了出來。在貴良面前，他雖然可以過過「高人一等」的癮，但也正是這種觀念使他在不知不覺中揷進去一些敎條。他越來越懷疑：自己究竟有什麼資格可以告訴他，做人應該這樣，或者應該那樣？

他是帶着門匙出來的。回去時，母親已經睡了，他把點心放在客廳裏，悄悄地走到自己的臥室去。他站在房中央，打量着。以後，如果換上了新窗帘，臥室應該作怎樣的調整？他首先覺得那架舊書應該忍痛丟棄；其實，說是忍痛，也未免太重了些，因爲他早已不喜歡牠們。除了抽出幾本字典之外，他也懶得選擇，就從屋後簷下拿來一隻大紙箱，把書統統扔到裏面去。明天，他可以把書架移到佩任的房裏。那塊空出來的地方，便可擺上一隻漂亮的落地燈了。

佩任從學校回來時，他已經坐在椅上休息。她看到他的一只空書架和一批搬了家的書，便詫異地問：「哥哥，你怎麼啦？」

「我在改善家庭的氣氛。」他謹愼地笑着，然後討好地拉着佩任的手坐下。「你總得支持我這一點。你瞧，二十來年了，我們家裏的陳設就沒變動過一下。外面的世界變動得這麼快，而我們的小環境却永遠是這副老樣子。我們不成了老古董了？佩任，你如果從你同學家裏回來，是不是覺得這個家像個博物館？」

佩任搖搖頭。「或許我遲鈍，我從來沒有這樣想過。當然，有些同學的家裏很有氣派，但比我家寒傖的也多的是。我只覺得我們的家寬寬敞敞的，一進來就叫人滿身舒服，所以，我很少上街去逛；倘若我要去哪兒玩，我寧可上程老板的菓園。」她停下來，看看哥哥的神色。「你今天還有一些什麼事？」

「我今天在裝潢店裏訂做了窗帘；你臥室的窗帘，我選了湖綠色的，你喜歡不？」

「那一定很漂亮！那眞太好了，你怎麼想到的？」佩任邊嚷邊跳了起來。

「你看，你嘴上說不喜歡，心裏還是喜歡，可知你並不是不喜歡家裏有什麼改變，只是認爲你沒有能力去改變牠，也就自暴自棄了。菓園只是一個可以偶而涉足的地方，而家却是要長久住下去的。我還有一個計劃，等我眞的有了能力，我要把這座屋子賣掉，另外去買一層豪華的公寓。」

「哥哥，你在旅行社裡做事還不到一個月，怎麼就有這許多計劃？」

「哈，別人比我還多呢。你要是到一個接觸面很廣的機關裏去做事，你每天就可以聽見許多新鮮事兒。當你發現別人都在奔跑時，你一個人想走是不行的。佩任，等你自己踏進了社會，你就會明白。」

佩任婉順地：「哥哥，我家是個老式的家庭，你還是慢慢地走的好。」

正因爲牠太老了，我才想跑呀，克任想。於是，他催促着佩任，幫他把一個大紙箱的舊書拖拖拉拉地搬到飯廳的一角。他叫佩任看看，假如有她需要的書，她可以收起來；可是，那一天，連佩任都倦了，翻都不想翻。

新窗帘幾天後就被送來了，不再應用老式的銅環和鐵絲，而是換上裏面嵌着繩子的鋁條，這樣，開、合就方便多了。下班囘家，克任覺得家裏霍地一亮，狹長的窗戶也似乎寬濶了許多，再看看，古花瓶裏的花，也給換上了繽紛的康乃馨，把陰冷的氣氛全趕跑了。他想，早該把牠們更換的，要是順着母親的意，不知道還得多久呢。

晚飯後，他正陶陶然地坐在紅木的太師椅上欣賞，電話鈴却響了起來。他以爲是梅小珍；說不定是沉不住氣的佩任剛把這件事告訴了她，但打電話來的，却是社裏的李經理。

「小俞，今晚上你有空嗎？」

「有，當然有。」他立即囘答。雖然已經下班，但他們的工作既是服務性質，因此，也就是全天候的。一個電話打過來，像急診一樣，縱使是晚上十一、二點，也得趕到顧客那兒去。「李經理，不知道有什麼事？」

「你認得劉老先生吧？」

「是的。這一個月裏，他兩次囘國。第一次是同他的太太一起來的。今天上午，眞沒想到，我又在機場碰到他。他拍拍我的肩，說：小夥子，我又來了，又碰到你了，眞是有緣。」

「就是這句話。他對你有緣，今天指定要你陪他逛街。他說，他想買幾件古董。」

「好，我馬上去。」

克任本來已經鬆開領帶，脫了上衣，換上拖鞋，現在就以極快的速度把自己穿着整齊，正想轉身離去時，猝然瞥見那隻安歇在床頭橱上的水晶貓。他停下來，找出一塊綢布，把牠包起來，塞到公文包裏。或許正用得上牠。

到了百樂門觀光飯店。那服務臺的小姐像認識羅勃李一樣，也認識他了。看見他，就甩出一堆似眞似假的笑容。反正這兒的笑容都是這一型式的。他也笑笑，在臺邊一站。那個小姐說：

「你來看劉老先生的？」

「是的，不知道這個時候，他是不是出去吃飯了？」

「他正一個人在房間裏吃。剛才他打電話下來，說是如果是你來了，就請你馬上上去；如果是別人，就說是他出去了。」

這幾句話給予他以一股震撼性的狂喜。那老人已經把他從嚮導提昇爲朋友了。劉老先生很含蓄，來臺兩次，他只知道他姓劉名守愚。他在日本到底是做什麼生意的？他前來臺灣，除了觀光之外，可還有別的什麼目的？他一概不會透露過。但他住的却是貴賓套房，出手濶綽，說話待人，也頗有紳士風度，看來絕不會是個小角色；而在短時期內，接連兩次來臺，更可以證明他不光來玩的。

那老人是以靜來觀察別人的動，以有意來試探別人的無意；他要弄淸楚這一點，才能把握事情的關鍵。

電梯上昇着，他自己的命運也在往前拓。他一再叮囑自己：在這以後，他要走得更有分有寸。

他叩了叩門，老人應了一聲。他推門進去，老人正坐在一隻可以摺疊起來的柚木長方桌邊悠然獨酌。桌上放着四菜一冷盆，還有一瓶白蘭地。

克任在遠離餐桌的一邊坐下，不好意思地說：

「劉老先生，我來得太早了點，你慢慢兒吃，我今晚沒有別的事。」

劉老先生說：「來，來，坐到我這裏來。我不愛到餐廳裏去吃，因此就把酒、菜叫到房間裏來，但一個人吃也冷清，所以正希望你早來，好陪陪我。剛才，一時興起，就打個電話找你，或許害得你飯都沒有好好地吃。我看，俞先生，你就在這裏再吃一點，怎麼樣？」劉老先生的仁慈不僅顯現在他的臉容上，而且，還閃爍在他的語音中。「我看你文文弱弱的，長得並不結實。不要爲了我一點小事，害你今晚半餓着肚子。我本就叫他們多拿了一副碗筷來。」

克任推辭了一下，但劉老先生還是慈祥地望着他。克任感到如果堅持得過份了，不免辜負了對方的一番誠意，所以就溫順地在劉老先生的對面坐下來。「我陪劉老聊聊，吃點小菜。」他的不凡的家世使他的儀態不亢不卑。「我確實不挺結實，幸而精神滿好。事實上，像幹我們這一行業的人，每天都要碰到各地來的新朋友，甚至還可能碰到幾位老朋友；在我個人來說，我眞正體驗到四海一家的快樂。因此，我從來不覺得厭煩、疲倦。」

他吃了一塊蠔油牛肉，細嚼緩嚥地；當然，眞正的滋味並不在於食物上。

劉老先生笑得眉兒彎彎的，他的右眉上有兩根長長的灰色壽眉，鶴立鷄羣地彎垂到眼皮上來。「四海一家的快樂。」他低低地重複了一句。「呵，你們年輕人好會說話呵！」

劉老先生只喝了一小杯酒，就按鈴要來了飯，侍者同時端上來一碗冒着熱氣的黃魚羹，克任又舀了半飯碗羹，兩人相對吃着，場面和諧而親切。飯後侍者又送上來兩碟梨片。

「劉老。」克任說，「你今晚想去古玩店看看，是想買件東西做紀念的？還是想買貨眞價實的珍品？」

「還不一定，先去看看再說。中意的，就多買幾件，只是體積不要太大，携帶起來方便點，譬如瓷器、玉器一類的……當然，我也不是非買不可，沒稱心的，也就算了。我想，我多半是買來做紀念的，日後一看到牠，就會叫我記起某年某月在某地、我有過一次愉快的旅行。」劉老先生起身去盥洗室洗臉，出來時，在沙發上坐下，剛想去拿煙斗，却發現玻璃面的矮几上多了一隻紫水晶的小貓，大約是五寸長，兩寸多高，蹲臥在閃着暗紅光澤的紅木托座上，英姿栩然。他驚異得宛如一只眞正的貓從藏身的地方蹦躍出來的一樣，身子往後仰了仰。

「劉老，」坐在一邊的克任這時說話了，「你看看，你覺得牠還可以嗎？」

劉老先生這才把水晶貓拿在左手上，用右手的食指撫摸着那貓背上的細紋，因爲光的折射，貓的毛色看來是淺深不定的紫，紫色中透着極淡極淡的藍；貓嘴微張，彷彿可以聽到輕輕的咪嗚聲。一角淡紫色的記憶握在掌心之中。年輕時候，在老家，也有一隻茶色水晶的牛，躺在父親的書桌上，旁邊是白水晶的筆架、紫砂筆筒、白銅鎮紙、鐫着綠字的白銅墨盒、淡紅色的歙硯；現在，在古玩店裏，怕這些也算是古物了。

劉老先生說：「好，雕得好，看那紫水晶透着一點微藍，應該是韓國出產的，但雕刻却完全是中國的。誰的？你的？要價多少？講妥了，今晚我們就不必出去了。」劉老先生把水晶貓放回到托座上，手中換上了一根煙斗，左手的兩隻手指習慣地去捻那兩根長長的壽眉，等待的眼神精明地熠爍着。

克任搓着手，忽然羞澀起來。「那是先父的遺物，非賣品。」

「那你是拿來給我瞧瞧的？啊呀，我看了，倒有點愛上牠了，原來你是跟我開開玩笑的！」他又用手去撫弄他那嬰兒般的圓圓的下頷。

「雖是非賣品，却可以作爲贈品。」克任停止搓手，却把牠們穩穩地按在兩腿上。「我跟劉老兩次相逢於機場，緣份不小。倘若你不嫌這隻水晶貓粗陋，就帶回去，做個紀念吧。」

劉老先生的圓圓的可愛的下頷顫抖了兩下。他又去看几上的那隻水晶貓。在幻覺中，牠如一小堆殷紅透明的焰火，呈耀着牠的鮮麗，也輻射出牠的暖熱。他說：

「別再跟我老年人開玩笑了。你快收起來，否則，我眞要給牠迷住了。」

「劉老，我不是開玩笑，我帶了來，就是要送給你。你不要問我爲什麼？因爲有時候，一個人對某個人的感情並不是完全可以用理智來分析清楚的。我只覺得我們有緣，你的慈祥和藹給我太深的感動。在天涯海角，有一天，你要是記起在這兒曾有一個年輕人跟你有過一段純粹的友誼，那就是我的收穫了。」

劉老先生說：「只這一點嘛，我可沒有別的東西回禮啲。」

「希望回禮，我就不會送給你了。」克任說，「劉老，如果你不去逛古玩店，那我就告辭了。」

劉老先生站起來，攔阻他：「何必這麼急？我不累，陪我再聊一陣吧。你是我遇到過的眞正富有人情味的嚮導。我很明白，各地的嚮導都很和氣，但也很現實。朋友們甚至叮囑我不要太信任嚮導，怕上他們的當，他們表面上好意地陪你去古玩店，事實上却跟店老板說好了要抽佣金；但我今天却碰到了像你這麼一位有君子之風的人，眞太難得了。」

「劉老，你過獎了。我從小受了家庭的薰陶，是絕對不願做這種對不起人的事的。我希望我們四海旅行社的員工都是這樣。」他看了看那只已經不屬於他的水晶貓，想起十六、七年前他跟父親兩人從程老板的古玩店裏把牠買回來放在家裏，就一直是件被人喜愛的擺設；現在，他却不惜用牠去冒險。紫光流麗，那兒有他的幻想，有他未來的輝皇。他再也不願生活在四面都是大厦的沼澤地上，讓別人遮去他的陽光，拋給他以陰暗與湫隘。他又笑了。今晚他倒眞有足够的時間陪着劉老先生聊天呢。

六

晚上七點以後，觀光飯店內的夜總會所特有的那種燦麗的情調，正若夏夜的一羣繁星在幽藍的天際逐漸顯現，那麼熱情地訴說着牠們那迷人的美。「你要上我們高空來玩嗎？」在夏夜裏，或許有很多乘涼的人聽見過星星的絮語。現在，夜總會也在對人們說：「你要上我們這兒來享受夜晚的歡樂嗎？這兒比空靈的夜更奇妙。這兒是天上，也是人間。」

俞克任在九點半的時候從劉老先生的房間裏出來。他本來是想直接回家的，但夜總會裏的飛揚的音符和同樣飛揚的色彩，却推着他走過去。進場後，他轉了一轉，發覺今晚的節目不錯——還有一套中國的老戲法呢——因此，他就在檯子邊坐下，要了一杯咖啡。前面右方的一個座位上坐着一個女孩子，側面很像梅小珍。他忽然感到自己的確好久沒去看梅小珍了。在工作上，他忙於奔波；在內心裏，他又忙於奔波在多重的幻想與計劃的巷里中。梅小珍的身影不是沒有在他間隔的空間中出現過，但却像窗外疏疏淡淡的樹影，那麼輕盈地漾曳了幾下，現實的窗帘一經拉上，牠就被擋在一邊了。有時，她那纖俏的身影猶然抵不過一套精緻的燙金描花的咖啡器皿，或者鮮嫩草地般的松綠地毯。然而，他對自己說，這並不是他對她的感情的萎縮，或是對梅伯父的恩惠的淡忘，而是他要用另一種方式——要用這些具體的華麗來映現出梅伯父給了他多少以及他以後能給予梅小珍多少？他以後的一切，包括那逐日逐日找回來的驕傲在內，不也就是梅小珍的？梅小珍可能還天眞得不知道這些，正在怪他不去看她呢，因爲有一天，佩任曾經說，梅小珍當面問她：你哥哥是否眞的忙得像隻蜜蜂？

他忽然站起來，走到電話間裏，打了一個電話給梅小珍，說他正在百樂門觀光飯店的貴妃廳等她；梅小珍大概正在溫習功課，聽了他的話，沒有馬上答應，但她一下淸脆的「啊」却充分表示出她少女的驚喜。在停歇的空檔中，他又說：「你或許還沒到過這種娛樂場所，但有我在這兒，來玩一次，有什麼不好呢？」梅小珍終於應許了，但她却說得很輕、很輕；於是，他才想起來：不是她自己有所躊躕，而是她生怕遭受信教的母親的反對。從這一點上，他驀地憬悟到他自己的母親爲什麼對他的新作風不予熱烈支持的原因來。

重又回到檯子邊，坐下沒多久，就有一隻手搭在他的肩頭上，「哈囉，威爾遜！」渾圓滾燙的聲音，一聽就知道那是屬於羅勃李的；掉過臉去，羅勃李向他睞睞眼，「怎麼，是陪客人來坐的，還是自掏腰包來欣賞的？」

「獨個兒來的。事實上，剛陪劉老在他的套房裏聊了一會天，出來時，彎過來看看，發覺今晚的節目倒還新鮮，所以就坐下來了。嗨，你老兄在這兒該算是常客了吧？」

羅勃李笑笑，聳聳肩。他的許多動作都在刻意模仿外國人，而且又是這麼從容自在；「劉老先生簡直有點兒古怪，明明說是來這兒觀光的，但據服務臺小姐告訴我，他有時甚至整天都足不出戶，杜門謝客。那麼，到這兒來幹嗎？人老了，想法就跟我們的不同；他有錢又有閒，不趁機玩玩，不是太不值得了？就說這會兒吧，到這兒來坐，喝喝飲料，看看表演，不比坐在房間裏寫意多了？」

克任一方面是因爲自己把賭注押在劉老先生的身上，一方面又從劉老穩沉和藹的談吐中察知他絕不是一個古怪的人，所以，便急急地替他分辯了一句：「也許他是在房間裏靜思他的計劃。」

「計劃？你說得倒好聽。要在這兒創辦一些什麼，也該跟有關機構保持連繫，但他却幾乎成天關在房間裏，這算什麼？說不定他是一輩子只積下這麼一筆錢，再來這兒享幾天清福的。」羅勃李的話一下子變得刻薄尖利。他一向認定金錢是衡量人的價值的標準，而把這種標準豎立在交織着各種光與色的夜總會中，尤其會贏得多數人的贊同。

克任感到臉兒熱辣辣的，好似羅勃李的針鋒正逼在他的皮膚上。他想，要是把水晶貓這件事說給羅勃李聽，看來羅勃李準會伸出食指來，譏他是他們這一行業中的傻瓜！他入世未深，第一次的冒險或許就被波濤吞沒了。

「劉老沒有告訴你他要到哪兒去玩玩？沒有要你陪他同去，替他服務一下？」羅勃李吐着煙圈。「我明天要陪一對擁有五百公頃的大農場的巴西籍夫婦去梨山觀光。那男的說，羅勃李啊，看你這麼熱誠，有一天，如果你有興趣去巴西的話，我義務做你的嚮導；如果你有興趣去巴西定居的話，我就無條件地送你十公頃地。你看，他多有氣派！」

「巴西的土地不值錢，而且，你是不是想用你的嘴去耕作？」克任乘機反擊了他一句。

「不管怎樣，聽聽就够舒服。要是這十公頃地擺在臺北市邊緣的話，那有多棒！你想，我會用牠來作爲耕地嗎，我呀，要使牠成爲這兒的一個狄斯耐樂園！」羅勃李的計劃原來也是滿天飛的。「威爾遜，你有沒有聽說這兒附近的一個鄉鎮，不久的將來或許會給開闢成一個工業區？」

「我根本沒去注意這些。老實說，我對工業也根本不感興趣，否則的話，也該拚命嘗試着去讀理工了。」

羅勃李哈哈大笑。「看你是一表人材，但在這方面幾乎可以說是頭腦簡單！誰要你去建廠或者做工程師什麼的——當然我們也沒有這能力，但我們却有比這種實際工作更能賺錢的方法：我們可以對土地投資。」

「唷，我沒有想到，而且，我也沒有興趣。」克任懶懶地回答，看看手錶。已經過去了半點鐘，梅小珍該快來了。他站起身，向門口張望了一下。「我今晚約了女友來這兒坐坐。我跟你提起過梅小珍沒有？」

「沒有。你的那位密斯是不是很漂亮？」

「很可愛。我們已經認識很多年了。梅伯父是我們李經理的老朋友，我該說，他們待我可眞好。羅勃李，你要不要把你叫的東西移到我的檯子上來？」

羅勃李作了一個無可奈何的手勢：「那怎麼行？你們兩位難得敍敍，我能來作電燈泡？我今天來這兒，事實上也在等一個朋友，是開貿易行的。我們回頭見！」

羅勃李有副游魚那樣靈活的身手，明明才離開，待克任再抬起頭來時，他却已浮現在十幾碼遠的一隻檯子邊了。表演臺上，節目進行得很闒猛，剛才是史東兄妹的特技，現在則是古色古香的扇舞。以前在××局裏，他看到的全是一些爲生活而忙碌的人，他們的慾望以及生活範圍都很小、很狹，而這兒，他所看到的，好些都是爲享樂而忙碌的人。他們瀏覽名勝、欣賞表演、吃最美味的、穿最都麗的。當然，他們好多是外來客，但也不乏這兒的人。

梅小珍還沒來。難道是找不出一身可以穿到這兒來的服裝？還是要先去美容院裏做一下頭髮？在打電話時，他應該問問她的。等待使節目變得乏味起來。等他再把視線拋向羅勃李的那張檯邊時，那兒已然多了一個三十多歲的女人，髮髻高聳，一臉精靈。現在畢竟男女平等，能幹的女人是越來越多了。

他又走到門邊去張望。這次倒去得正是時候，他看到梅小珍正拉着一個比她高大的女孩，傻里傻氣地這兒看看，那兒瞧瞧。他喊了一聲：「梅小珍！」她倆一看見他，便跑了過來。克任這才看清楚梅小珍的女友原來是貴良的妹妹秀玉。她穿的正是梅小珍爲她剪裁的那身大花洋裝，因爲胸前加添了一個白緞的花結，在這個色彩世界中，倒恰好托出了她的野性的美——濃密的長髮、淡棕的鵝蛋臉、熱情的大眼以及豐滿結實的胴體。她使他想起了「河孃淚」中的粗獷的蘇菲亞羅蘭。他甚至相信在果園中工作的她，在雨天，也可能會穿上一雙長統的膠靴！

「啊，歡迎，歡迎。我沒想到秀玉也會一起來，是不是上市區來看你哥哥貴良的？快到裏面坐。」他瞟了一眼梅小珍。儘管秀玉在此時此地看起來並不土、不俗、不醜，但他仍然不願意梅小珍把她帶了來。梅小珍是個老好人，只要她喜歡上誰，她對誰就獻上一片赤誠。然而，她怎不想到多了一個秀玉，他倆的歡晤的氣氛就全被破壞了？他本來可以對她解釋一下他這些日子來的奔波以及對未來的構架，而現在，却不得不把話題重新安排過，多洩氣！

大家坐到檯子邊，克任叫好了冷飲之後，正想問問她們怎麼會碰在一起的，梅小珍却先開口了：

「克任，你猜猜看，秀玉跟我怎麼會合在一起的？」

「那當然是秀玉先去看貴良，貴良工作的那家糖果店在大街上，然後你們就在店門口碰上了。」

「才不是呢。」秀玉說。「今天，我爹叮囑我去水果行裏催討帳款。我說，梅小姐來看過我，如果我辦好了事，我得到梅小姐的家裏去玩玩。爹說，你去梅小姐那兒，或者去俞小姐那兒，我都不管，只是你不能去看你的哥哥。」

「唉，程老板也太固執了。」克任記起那次受貴良之托，給程老板寫了信，並滙去貴良托寄的一千塊錢，可是，程老板的回信却是給他母親的；信中說：他當年受了俞老爺的恩典，才能從都市的一方牢籠中脫身出來，遨遊於廣濶的田園中，想不到長大了的兒子現在竟又違反他的原意，投身到都市的濁流中去。他很痛心。一千塊錢，他收下了；他不是一個見錢就眉開眼笑的父親，他把一千塊錢留着，他還不是一個非靠兒子的錢不能活命的老人。程老板當年雖僅受過初中教育，一封白話信倒是寫得通通順順的。從單幫、古玩店老板到果園主人，他是一直在往寧靜的境界行進。今天，如果程老板看到他們三個在這兒，恐怕又要感慨起來了。「秀玉，這樣說來，你就聽了你爹的話，對貴良的事，一概不問不聞了？」

梅小珍輕笑了一下。「克任，你別看秀玉整天對付樹呀、草呀的，她的腦筋可比你的靈活哩。她知道佩任在讀夜校，所以就一心找到我這兒來，一方面來看我，一方面想順便探聽一下貴良的近況。我接到你的電話後，就拉着她一起走。她還不肯來，怕她這副模樣會坍你和我的臺；你看，事實上，她不是很漂亮嗎？」

「漂亮得出乎我的意外。秀玉，要是你會歌唱，這會兒走上臺去，人家準會認定你是夏威夷的名歌星咧。」

秀玉轉了一下眼珠，仍然是一副俏皮相：「眞的嗎？那眞要大大地謝謝梅小姐了。告訴你：我脚上穿的那雙白皮鞋，是我們剛才路過鞋店時，她給我買的。她又陪我去美容院吹了一下頭髮。我本來怎麼好意思來？我們鄉下女孩子，一輩子也夢想不到會上這兒來。」

克任說：「難得來一次，見識見識也是值得的。旣然有這麼多人肯花錢上這兒來，也總有牠吸引人的地方。你爹對這或許不贊成，那你回去就不提好了。你爹是好人，但時代在變，他一個人想拖住時代，那怎麼成？上一代人有上一代人的理想，這一代年輕人有這一代年輕人的理想，你爹跟你哥，追求的目標不同，這是無法勉強他們一致的。在這一點上，你爹就是不肯遷就，以致鬧得父子不能見面，眞是何苦來！」

「對呀，」梅小珍也附和着，「貴良的確沒有亂花錢，只是他的興趣在都市，那有什麼辦法！」

臺上出現了一個邊彈邊唱的三人合唱團，唱的是熱門的阿哥哥，三個人扭呀、抖的，好像要把全身的骨頭扭攏又抖散似的。那個主唱的女孩，一身低胸的紅色洋裝，像一堆呼喊着的火。梅小珍皺皺眉，說：

「現在，好些男女孩子都在跳阿哥哥舞了，可是我不喜歡。或許因爲我是生長在比較保守的家庭裏。克任，我說幾句老實話，你別介意：除非基於職業上的必需，你也還是少來這種地方的好。來的次數多了，還眞以爲只有夜總會這一類地方才够刺激呢。」

克任尷尬地笑笑。他原是一身傲氣的人，要是在一、兩個月之前，他聽了梅小珍這一段話，或許就會生氣，但這一陣來，表面上，他確是順和多了。他說：「可不是，沒事上這兒來幹嗎？我今天完全是爲了你。哈，哈，秀玉，你沒想到梅小珍也正跟你一樣，還是第一次上這種地方來！我吶，明天就要陪一位老華僑去各處玩兩天。我意思是說，我們這一行的業務，不僅是在這種豪華場所裏，而且還在山水之間；在這兒披上一身塵俗，再去溪澗中洗滌乾淨。不過這次，我們倒不是去阿里山、日月潭、橫貫公路、墾丁公園那一類著名的遊玩地，因爲那位劉老先生上次已經去過了。這回，他給我出了一個難題，要我陪他去鄉下地方看看。臺北市附近啦，臺中市附近啦，高雄市附近啦……我剛才正在打算：當然，臺灣的鄉村，處處綠樹紅瓦，風景幽美，但遊玩而沒有一個重點，不就像一篇小說之沒有一個主題一樣，看了，哪會有深刻的印象？總要找個……秀玉，你說對不對？」

秀玉只機伶地微笑而不回答。她淸楚自己學識淺、見聞少，除了自家的事情外，她很少發表什麼意見，惟恐說錯了，惹來別人的嘲笑。在自己那綠蔭叢叢的果園裏，她自信自己是強者，卽使是個讀農的大專女學生，怕也沒能如她那樣，從鬆土、施肥、噴藥以及採摘、包裝、運送，件件來得的。所以果園裏的她，雖然穿得粗陋，却是眞正的她，她能在那兒工作，也能在那兒狂笑、奔跑。而在這兒，她却非得裝出一副與她的生活方式截然不同的姿態不可；她得讓自己扮成一個淑女，而不是一個村姑。雖然俞克任剛才提到的是關於鄉村的，但觀光客心中所需要的鄉村，又是怎樣的呢？

梅小珍說：「克任，我倒替你想出一個主意來了，你要爲明天的遊玩找個主題；那麼，爲什麼不上秀玉家的果園去呢？這一陣，果園裏，李子、桃子都相繼成熟了，不僅可以觀賞，還可以招待貴賓嚐嚐新。你怎麼知道那位華僑老先生心裏不想買果園，等日後回到祖國，以牠作爲一個頤養天年的地方？」

「爹是不肯把果園賣掉的！」秀玉馬上搶着說。

「噯，秀玉，我不是說，他想買下你們這一片，我是說，如果他有意，附近有的是土地，他不怕買不到。」

臺上開始表演中國的戲法：一個穿玄色長袍的老者，飄然地走到臺前來，手中的道具是一大塊像從暴風雨的夜空上剪下來的黑布。喧鬧的樂聲和營營的話聲突然如潮水般地退去了。大家全把注意力集中在老者的身上，只見黑布每給翻動一次，在牠遮掩下的那個小小空間便成了一座難以預測的寶藏，只消用手向牠裏面探索，總有令人驚嘆的收穫。一大盤壽桃，一大碗染色蛋，哈，一隻紅燒鴨子……最後是一罈滿得溢到外面來的酒。掌聲像春節早上的小鞭炮，陡然爆裂開來，把整個大廳炸成一片聲音的煙霧。那掌聲裏有驚嘆，有歡悅，甚至有那份被勾引起來的慾望：要是眞有這樣一塊魔布，能夠予求予取，那該多好！煙霧散去了，夢在飄浮起來的樂曲中遠去了，但克任還緊緊地抓住夢的流蘇沉思着：當然，這是一套魔術，但在眞實的人生中，到處不也有人在耍魔術？明天的導遊雖是一次難以預測的探索，但又怎知不會爆出一味珍品來？要是劉老想買一個果園，他來做個介紹人，白賺幾萬塊的介紹費，又有什麼不好？剛才他瞧見羅勃李跟那位開貿易行的中年女人詳談很久，從皺眉到爽然而笑，看來他的業務已不僅僅限於旅行社嚮導這一行了。

克任終於說：「小珍說得對，我們這次出遊的主題旣是田園樂，那就先拿程老板的果園來作示範吧。秀玉，你明天最遲幾點回家去？」

「上午七點。我們總得事先準備一下。如果你們在九點半以後來，那我們就能像樣地招待你們了。」

要看的節目已盡，要說的話語已完，三個人默默地互看了一下；大家都有離座的意向。克任招呼侍者結了帳，却沒想到羅勃李又如一個大水泡似地冒現在眼前。

「兩位密斯好！還早呢，不多坐一會？」微微地向前傾了傾上身，竭力裝得高雅，但笑容和語音裏却仍油膩未脫，看來依然是個半吊子紳士。

「咦，羅勃李，你剛才不是已經走了？」

「又回來了。這個地方我太熟，一天裏，有時進進出出好幾次。要不是穿着這身西裝，別人還以爲我也是這裏的侍者哩。哈哈，兩位密斯，請別見怪，我這個人說話就喜歡嘻嘻哈哈的。人生幾何，我爲別人找尋快樂，也爲自己製造快樂；樂人樂己，眞是不亦快哉！我有一個朋友甚至還喚我『快活李』呢！」

梅小珍的座位正對着羅勃李，她剛才看到的這個假紳士，此刻竟在聳肩、皺鼻、裝手勢，活像一個擺攤子的江湖郞中。她眞的忍不住笑了起來，雖馬上勒住，却又使眉梢眼角的笑波益發盪漾得深而且遠。

站着的羅勃李猛地伸手到檯面的中央，整條手臂就像一支槳，槳尖正指向梅小珍。他說：「我想，你就是威爾遜的女友！」

梅小珍愕了一愕。威爾遜？威爾遜？噢，對了，威爾遜就是克任！可是聽起來，好彆扭呵，好像她另外又有一個要好的洋朋友似的。遲疑中，她也不得不伸出手，握了握對方那支堅決地指向她的槳，並且作着一種純粹禮貌上的自我介紹：「我叫梅小珍，她叫程秀玉，我們兩個都是克任的朋友。」

「啊，嗨！」羅勃李說，「友誼萬歲！所有的友誼，人與人之間的，國與國之間的，地球與其他星球之間的！」羅勃李把他的那支槳舉起來，搖了搖，侍者誤會了他的意思，跑過來。羅勃李順水推舟地說：「威爾遜，我看還只十一點，再請兩位密斯吃點宵夜，怎樣？我請客！」

「家裏的人正惦着她們哩。我想，今晚免了。大家旣然都是朋友，以後有的是機會。」克任知道，如果梅小珍這時還不回家，梅伯母就會打電話給他家裏：兩位基督徒的母親在電話中邊談、邊猜，最後，還以爲他邀她們去了什麼邪惡的地方，因爲她們總是認定每一個夜總會裏都有表演脫衣舞的。

「那麼，威爾遜，我們先送她們上車，然後再回到這兒來坐一會。」羅勃李的鏡片後面的眼睛突然嚴肅起來，因此，他的那張丑角的臉也就一點不動人了。

克任馬上領會到羅勃李是有話想跟他說。那是一些什麼話，他不知道，但他却深信牠的重要性。因此，克任點了點頭。他們陪着梅小珍和秀玉走出觀光飯店的雪亮的玻璃門，也走出了冷氣機控制下的那片清涼地帶。五月的夜晚，街道上滾動着嘈雜與擁擠。假如沒有鐘錶爲證，誰相信這時已是深夜十一點。各色的汽車在飯店的門前分裂成兩條五彩的飄帶，一輛殷紅計程車從燈光下馳近他們，又在燈光下載着她們離去。兩個男人的輕鬆驀地消失，互相用眼色傳遞了一下心意，又並肩回進觀光飯店的大門，站在底層的電梯前等待。羅勃李低沉的聲音碰到光滑的電梯門，給彈了回來：「威爾遜，我自以爲目光最利，但這次我竟失眼了。」

「這話怎麼講？」克任說得很隨便。他正在瞟着上面移動着的紅亮的數字，這會兒，羅勃李指的當然是梅小珍囉。一個旣現代又傳統的女孩子，純潔得猶如一塊白餐巾，有時却機敏得像隻小貓咪——7、6、5——他自己出身名門，哪會像羅勃李那樣去交上一個太妹型的女孩——4、3、2，馬上到了——聽說那女孩有時就住在羅勃李那兒，這樣的年紀怕就在吃避孕藥了。

電梯的門開了，出來的是兩對中年夫婦，進去的却只有他們兩個。羅勃李的聲音像黏滿灰沙那樣，在方型的、纖塵不染的籠子裏顯得格外突出：「我剛才從開貿易行的沙女士那兒得到一個消息，她曾在某一場合上，見過劉守愚先生——」

「噢，」克任仍然沒有去看羅勃李，他不願再跟羅勃李談到劉老。相左的意見會使談話變得很不愉快。羅勃李是個好逞能的人，他不外乎是想用沙女士的話來證實他自己看法的正確。他故意把話題轉到岔路上去：「你所說的沙女士，就是剛才跟你說話的那個三十多歲的女人吧？」

「是呀，她是大通貿易行的老板，經銷好些外國著名廠商的貨品。她因爲業務的關係，經常去國外，所以，在日本，她跟劉老曾有一面之緣。她說：這位劉老怪就怪在不露聲色上，沉着、含蓄。要是單看他的爲人，那是一點也看不出來的——他是一位擁有億萬財產的實業家。」

「嗯，你就是爲了要告訴我這一件事？」他們走出電梯，克任問他，現在他有權利冷冷地問這一句話了。

「難道這還不重要？想起來，我以前待他實在不够週到。」

「謝謝你。現在我既然知道了，那麼，就讓電梯再把我們帶到下面去吧。」克任的無動於衷的語氣犀利地刺戳着羅勃李，但却安全地護住了他內心的那份以幾何倍數增加的懽欣。

七

五月的鄉村的清晨，是一支童歌，輕快、甜美，尾音裏拖着長長的希望；那希望植在稚童的心上，也同樣繞在業經老去的農夫的心上。

程老爹是早已以果農自居了，他的那個「程老板」的頭銜是只合於俞氏一家稱呼的。每天，他五點鐘起床，他不但不以為苦，反而認為這是一天歡愉生活的開始。打開木板門，就有一股泥土、草木組成的清香隨着涼泉般的晨風送到他的臉前來，把他兩眼裏的一點夢意都冲走了——如果有夢意的話。屋子裏倒是備着鬧鐘的，還是那隻西德製的黑面綠針的 Wehrle，民國四十年間買的，但他却很少用牠來叫醒他，因為習慣原是一隻標準鐘。他走出門，接連叫了兩聲「來福」，「來吉」，於是兩隻棕黑色的大狼狗便簌簌簌地從果樹叢中竄了出來，繞着他轉。他用手拍拍牠們，感謝牠們一晚上的辛苦的守望。碗櫥裏還有昨晚留下來的肉汁與小魚，等會兒可以用來拌飯給牠們吃。秀玉昨天下午在去臺北之前，曾為他煮了一大鍋飯，又燒了好幾隻菜；女孩兒到底比較細心一點，但他却也從這些小事情上，測知她晚上是不準備回家了，他不必為這焦慮或擔心，因為秀玉在臺北不怕找不到宿處：不去俞家，定去梅家。

他帶着兩隻狼狗向果林中走去。今年，春末夏初的雨水不多，灌溉溝裏乾巴巴的，他就乾脆踩着溝底走路。天色還不太亮，黎明在果園裏潑下的灰白，只使果樹顯出一蓬一蓬模糊的輪廓。雨水少，野草也長得慢；這樣也好。以前，他們父、子、女三人協力除草時就像理髮師理髮那樣，從外到內一層一層地往裏推，推到最裏面，最外面的却又長得差不多了；在這當兒，還得抽出時間來施肥、噴藥、疏果……貴良一走，就少了一個有力的幫手，從而使他對於除草，少不得也馬虎了些。自己畢竟老了，總不能把所有的力氣全豁出去，換來晚上的腰酸背痛，出生於北方的農村，他本是一個道地的農夫的兒子。然而，在戰亂的歲月裏，他當過兵，做過工，也經過商，而這些年來，却又走回頭路，把汗水滴在土地上。只有在田園裏，他才能找到眞正的歡樂、眞正的憩息和眞正的家。他對土地的那份熱愛，乃是一種與生俱來的本性，正因爲這樣，他跟土地的結合，也就不是別的力量所能拆散了。

今晨，他不想除草，只想到處走走瞧瞧。天色漸漸明亮了，枝葉叢中，各種水果向他展呈牠們本身嬌艷的色澤。長着絨毛的桃子，綠裏泛紅了，已經到了採摘的時候。今天等秀玉回家之後，他要叫她到左近去約幾個農家的婦女來幫一天工，然後再把牠們裝在籮筐裏，送到市區的水果行裏。倘若貴良在家的話，那麼，這些事情就可以由貴良去做。貴良之離開果園，的確很傷他的心，卽使貴良賺了很多錢回家，也不會比貴良留在果園裏使他高興，因爲在本質上，貴良已走出了他的理想，不復是他眞正的兒子了。他的枕頭底下還放着他的幾封來信。他沒答覆，這表示他對他的未能或恕。上蒼賜給他們以一大片土地，他們還有什麼好不滿足的？年輕的貴良以年輕人的貪婪企圖追求更好的，認爲長期跟泥土爲伍，畢竟是太單調，也太辛勞了。可是，從他自己深長的經驗中，他却體認到任何由追求而來的收穫，都是把生命的精華作賭注的結果；一到收穫與空虛同時來臨的老年，人們幾乎無不渴望一方淨土，讓疲累的自己在那兒休歇與工作，讓空空的心再次溢滿了從樹葉、青草以及各種植物上所滴下來的靈水。這是人世間無法解釋的現象：最華璀的恒最短暫，最不引人的常最持久。他不知道自己的兒子以後將成爲一個怎樣的人；目前，他的能力已然及不到他的身上了。

他早在南邊闢了一塊小菜園，在那兒種了三畦蔬菜；這會兒，他順便摘了一些豌豆苗，等會炒來佐早膳。秀玉在八點之前大概可以趕回家來，因爲以前她曾是這樣。他很清楚果園裏的工作是永遠做不完的，今天一拖延，明天就得加倍做。秀玉是個聰慧的女孩，母親的早死反而把她磨練成更像一個小主婦。現在，他只有希望秀玉不要再往外面的世界闖了。

彷彿籬外有什麼聲音，來福和來吉都驀地叫了起來，隨又亢奮地朝大門的方向奔去。程老爹檢起豆苗，也跟着往外走，因爲他猜想那兩位狗朋友已經辨出秀玉的脚步聲了。

「秀玉！」程老爹喊，心裏倒是在想：現在才六點出零，秀玉是搭什麼車子來的？

「是我，程老伯。」站在園門外的一個青年說。

「噢，明順，我來開門。」程老爹把果園門上的鐵桿拉出來，打開了門。明順是鄰近蔡家的一個兒子。蔡家的人口多，土地少，他需要僱工時，總少不了明順的份兒。明順做活勤快，從不偷懶，對別人家裏的事跟對自己家裏的事，一視同仁。程老爹特別喜歡他這一點。這小伙子為人忠厚，他常這麼說。

明順走進來，向程老爹彎彎腰，他穿的服裝跟以前貴良穿的差不多：一件暗色的香港衫，一條褪了色的黃卡琪褲，身子精壯，黧黑的長方臉上這會兒泛着歉疚的笑。兩條狼狗在他身邊搖着尾巴。他是個常來的熟客。「程老伯，你早！我也沒有什麼事，只是從外面走過，看見你們的桃子成熟了，不知道你打算哪一天採，我好來幫忙。」

「呀，眞有你的，我剛才也在這麼想呢！」程老爹一高興起來，就不由得在大腿上猛拍了一下；老去的臉在逐漸轉藍的晨空下自有牠可愛的澄爽。在某種角度下，他猶如給山澗泉水滌淨了的銅像，安祥而堅定，呈露出一種不變的信心。「來，我們到裏面去看看。」他把兩隻大狼狗拴在屋簷下，兩個人就朝着桃樹較多的方向走去。新春時，滿樹都是俏美的粉紅色小花，而今，翠綠叢中却垂吊着湖綠滲紅的果實。那是一種經由大自然的協助而得到的豐滿的美的收穫。「明順，你喜歡果林嗎？」現在，他們幾乎是肩並肩地在枝葉下鑽進鑽出，然後就在一大批桃樹的前面站下來。

「我喜歡，非常的喜歡。」明順的目光撫摸着那些果子。他不是一個饞嘴，但他的目光却是貪婪得緊。「如果，我以後有了錢，我也要……」

「買一個果園，還是一家店舖？」

「當然是果園！店舖對我有什麼用？我又不能看到衣服、鞋子……日長夜大起來。我們摸慣了泥土的人，總喜歡有生命的東西。」他半仰起憨戇的臉，笑影、光影與樹影在牠上面追逐、嬉戲。「呵，有一件事，我一生也不會忘記。小時候，我在屋外空地上隨便埋下了兩段竹根，後來竟冒出筍頭來。我當初並沒存心種竹，但現在那兒却成了一片小竹林；每年，我們總在那裏掘得很多的筍，而且，每年我們也總在那裏砍下很多竹子來修補猪欄和雞舍……」他搖了一下頭，一如那些影子搔癢了他的臉。「我沒有想到會這樣。所以，我爹老說，土地是我們的大恩人，牠給我們的總是很多很多、讓我們在牠上面長滿了希望。」他低下頭，把笑影撒在泥土上。

程老爹點點頭。跟貴良一樣，這小伙子也是高農畢業的。在陌生人的面前，他說話或許有點期期艾艾，可是在熟人面前，他倒的確很能表達自己的意見和思想。同樣是農校畢業的，爲什麼貴良就沒有他那種想法？自己老跟貴良說，這果園是他紮根的地方，看到那兩千來株的樹嗎？不要去學別的，就學那些樹吧：看牠們搖曳在田野上，多自在；看牠們結了果，多光彩！他常把樹木看得很神聖、很有靈性。在果園裏除草的長長的上午和長長的下午，他會跟那些他一手培植起來的果樹攀談。那是一種有趣的聊天。他和牠們之間有着默契：儘談快樂的事。於是，果樹們、、、地笑了，而他自己的喜悅也如一隻輕捷的蜻蜓，在那寧謐的林中低掠着、廻旋着，然後歇落在水草豐美的地方。這種經驗，原可以不必傳授，而由自己去體會，但貴良却不能。明明是一個眞正的世外桃源，但在貴良看來，却是一片死海，那豈是他所想像得到的？他摘下兩個桃子，把其中一個遞給了明順。

「嚐嚐看，甜不甜？我看，明天可以採了，要不，一陣風雨打來，不知又要落下多少？」

「是啊，是啊！」明順好脾氣地應着。兩個人把兩隻桃子往衣服上擦了又擦，然後仔細地把皮啃掉，吃着淡黃色的果肉。

「很甜。」程老爹說。「那麼，明順，我們決定明天收摘，連你在內，我要四個人幫忙。我本來是想等秀玉回家，叫她來約你們的，現在，你旣然來了，那就痲煩你代我再找三個人幫忙吧。」

「那還有什麼問題？反正我騎着單車，到那幾家通知一聲就行。」明順把啃光了果肉的果核隨便一拋，用手掌抹了抹嘴。「秀玉是不是上臺北去看貴良哥？」

「不是，現在是忙月，哪有閒情去看他？」程老爹的語氣是沉澱過的冷靜。他的眼睛望着那環繞着他的樹。牠們層層排列，把他裹在遠離市囂的靜謐裏。在淸晨的朦朧與薄暮的昏暗中，他常感到這兒猶似整個的世界——無邊無涯。有時候：認爲自己就是在這兒生長的，多少年來的紛雜的記憶都被擯棄在那細竹圍籬的外面，只剩下一顆如同泥土一樣單純的心。都市裏的多樣的光、多樣的色、多樣的聲音以及多樣的追逐都與他無關，他只要守住他的世界，就不啻守住了和平。現在，卽使貴良成了叛徒，但這世界的和平依然存在。

兩個人開始往回走，程老爹又說：「我叫秀玉上臺北，是去辦事的。有兩家水果行欠的尾款要討；桃子每百斤的行市多少，也要向水果行探問一下。在以前，這些事全由貴良一手包辦，今年我本來是想自己去走一趟，只是再一細想，秀玉原在臺北住過，後來又跟我去過幾次，雖是女孩兒家，但辦起事來，倒也謹謹愼愼，落門落檻，所以這次就讓她去，好叫她學學。以前，我不免有些重男輕女，這回我却明白過來了：女兒跟兒子完全一樣，兒子不能靠，就乾脆靠女兒。幸而，秀玉以前讀的是商職，家裏進出的帳目本就由她來掌管，所以，到外面去，也不至於吃人家的虧。我倒放心得下。」

「是啊，媽也常說秀玉好能幹，會洗衣燒飯，又會照料果園，簡直是一個人幹兩個人的活；程老伯，你好福氣呀。」

程老爹嗯了一聲，看是喜悅，忽而又轉爲憮喟：「福氣！眞也苦了她。就因爲她早年喪娘，十歲上就幫着我洗衣、燒飯，還只這麼矮，就成了小管家婆，想來也够可憐的；現在，我一說她可憐，她還嘟着嘴生氣哩。啊，不談也罷！」

把那又是懽悅又是憭慄的餘音丟在果林裏吧。他們兩個走了出來，回頭一看，陽光就在頃刻之間替無數綠綠的梢頭加上了冕，側耳細聽，似乎可以聽見露水遁颺以及果子膨脹的聲音。

「來，坐一會。」程老爹從屋簷下拉過來一條板櫈。

「程老伯，我不再打擾你了。明天一早，我們準定來採桃子。」明順很有禮貌地告辭出去。

程老爹走到屋裏，按下了電鍋的開關，然後又回到外面，在板櫈上坐下來。坐着，掏出一隻揉皺了的紙烟殼子，裏面是兩支皺得像剛蛻了皮的春蠶似的香烟，他抽出一支，拉直了，然後擦亮火柴，抽了起來。他根本沒有煙癮，這純然是種消閒。面對廣廓的自然，猶如面對電影院裏的大銀幕，他永遠不會厭煩。酷愛自然的他，在大自然的闃寂中欣賞着牠那永無止息的變動。誰說自然是單調的？每一棵樹本身就有牠自己的故事。兩千來棵樹，兩千來個故事，他如有空，他可以坐在這兒，聽牠們訴說，看牠們活動。他不會感到煢孑，因爲牠們都在他的心中。

現在，太陽昇得更高了，那些綠樹在陽光下顯得更靜、更美、更豐滿。生命似從大地的心臟漸漸湧出，流佈各處。他的內心佈滿了感恩與活力。他先爲兩條狼犬拌好飯，然後自己再到厨房裏用膳。厨房隔壁是貯放籮筐和果子的屋子。飯後，他打開門，計算一下疊得高高的籮筐。

程老爹聽見狗叫出來時，秀玉正推開園門進來。「爹，你正在等我吧？你要我辦的事，我統統辦好了；一些尾款也收回來了，我說，我們收穫時要付工人的工錢。」秀玉說得很伶俐。

「說得有理。我知道你從小會說話。你辦事的能力決不比你哥哥差。秀玉，我們決定明天收桃子，剛才明順來過，我已托他代僱幾個人。你等會上菜場買些魚、肉來。」

父女倆走進屋子裏，掩上門。秀玉把收回來的錢交給了父親，然後說：「俞少爺九點多要陪一個華僑老先生來看果園，他一再關照我，要我們準備、準備。」

「噢，但怎麼準備呢？果園就是果園呀，又不能掛燈結采紮牌樓！」

「我看，他意思是叫我們收拾得乾淨一點。他好像很敬重那位客人。」

「這個麼，秀玉，你瞧，不論我們的果園也好、屋子也好，平常不就是乾乾淨淨的？俞少爺對這不會不淸楚。他可能是希望我們準備兩三樣點心，好留住那位客人多坐一會。好，就這樣吧，我們乾脆端出一點果園的特產來。譬如：糖漬青梅、橘餅、木瓜糖，還有剛從樹上摘下來的鮮桃，再加一碟炸蕃薯片，這樣不就可以湊付過去了？秀玉，你看好不好？說不定他們還會大大地誇獎你一番！」

「我才不希罕他們的誇獎！」秀玉滿不在乎地把她右邊的辮子甩到背後去——昨夜，她那頭長髮看來還像一匹黑色的瀑布哩。脚上的白皮鞋也已換了帆布鞋。就氣質上看來，昨夜的她跟今晨的她完全不同。昨夜她有一份粗獷的浪漫，今晨，却有一份爽朗的樸眞。這是因爲她有兩個「我」？還是氣質、背景、色調左右了她？「爹，老實說，我並不喜歡俞少爺的一些朋友？」

「爲什麼？他們把你看成了土包子？那又算得了什麼？我們本來就是鄉下人嘛。我們到都市裏去，只是土氣了些，但他們到鄉下來，那才眞是一無用處呢。」

「爹，我是說，我不喜歡俞少爺的那一個朋友，叫什麼羅勃李的。那個人油腔滑調，說起話來，不中不西；一會兒皺眉，一會兒聳肩；看起女人來，眼珠子像彈子；實在叫人惱火。梅小姐告訴我，他跟俞小爺一樣，也是大學畢業生哩。」

「噯呀，秀玉，說你能幹，看來還是一個糊塗孩子。有些大學畢業生也是吊兒郞當的，而且，他們的煩惱多，倒不如我們鄉下人，一年到頭，辛勤工作，有吃有穿，日子過得挺快活。尤其是住在都市裏的人，煩惱更多，所以我不贊成你哥哥往那兒鑽，即使他賺了十萬、二十萬，又怎麼樣？唉，他就是不肯聽我的話；如果他能囘心轉意，我是比什麼都高興。」

「爹，我知道你的意思。」秀玉說完，替父親倒了一杯茶。她已經可以斷定她的哥哥不可能再囘到鄉下來。在那個銀色的都市裏，不僅有許多都市青年在咖啡室裏喝他們的彷徨，而且還有無數的農村青年男女也在好奇心和虛榮心的雙重驅使下投向牠們的懷抱。除非全然失敗，他們是不屑也不願重返儉樸來的。她盼望她哥哥失敗嗎？就感情上來說，她是不願意的，而事實上，她哥哥並沒有失敗，所以也就不可能囘來。一種錯誤最好不要開始，一旦開始，好像牠本身就具有生命，叫你無法使牠就範，同時，她也看出：俞克任正跟她的哥哥一樣，追求的乃是生活上的光彩，只是所走的路線不同而已。她自己對這位俞家少爺從小就有一份欽遲之情，那是因爲父親經常提到他而引起的。每次看到他，她總興起一份暗暗的喜悅以及一份暗暗的痛苦，因爲對她，他是青青的遠山，她無法把他攫住。她爲自己的那份感情生氣。他什麼時候會把她當作一個已經成長了的女孩那樣，鄭重地注意過她一會？沒有。她相信，她的身影甚至不會在他的囘憶裏出現過，那麼，她何必把感情作無謂的拋擲？昨夜，她似乎使他驚奇了一下。他不會相信一個鄉下姑娘在夜總會裏竟沒有被華侈喬麗所吓倒、所壓倒，不過，他眞正的注意力似仍集中在梅小珍的身上，這是她在未去之前就料到的，但她畢竟已經使他驚奇了一下，這就够了。只是，昨晚由梅小珍帶着她土夜總會，這倒確是一件意外，然而，遺憾的，意外的收穫竟不是驚嘆而是失望。以前，夜總會這個艷紅色的球，也曾在她的心中昇起過、懸吊過，幻想中，牠比神話裏的仙宮還美。但，當她一經看到了牠、接觸過牠，五彩的夢境就破裂了。她竟感不到牠有什麼迷人的美。吵鬧刺激的音樂，令人目炫的奇裝異服，變換不停的燈光以及進進出出的客人、侍者，使人耳朵、眼睛和心靈沒有一刻能安息下來；如果她把她對牠的厭惡告訴別人，別人準會說她到底是個鄉巴佬。現在，她甚至領悟到：保有着一份鄉下人的本色並不壞，鄉村才是一個穩定的世界，鄉村人的雙足才是堅實地站在泥土上；何況，她自己又太像父親，強壯、刻苦、耐勞，喜愛無窮的綠與無盡的靜。遊歷過都市的塔尖，今晨，她重又回到果園的濃蔭中來，更實感到這兒煥發的淡遠與蓊勃的清幽。

雖然父女倆都認爲不必整理什麼，但秀玉還是把客廳和屋簷下打掃了一下，把兩把籐椅放在屋子對面的樹蔭下。秀玉忽然想起來，說了一句：「爹，昨天，他們猜測着，那位華僑老先生要到鄉下看看，是不是也想買片果園來作養老的地方？」

程老爹正把兩條狗牽到屋子的另一端，準備扣起來，一聽這話，便大聲響應着：「那可好哪！那位老先生如果存着這個心，以後我們倒可以做個朋友呢。」

「不過，爹，我想，人家要買果園，照理說，也該到中部、南部去買；那兒的氣候好，果色多，而且土地便宜。」

「這兒也不貴呀，當年，我從俞老爺手裏……」

「爹，那是十幾年前的事了，你怎麼可以拿牠來比？你這些年來都在果園裏，除了果子的行情以外，什麼也不打聽，什麼也不淸楚，好像在年前，我就聽到別人談起，靠馬路邊的土地，一甲就要六、七十萬哩。」

「胡扯！鄉下土地，哪有這麼貴的？人家隨便說說，你就把牠當作了眞話。那個傻瓜肯出這樣的價錢來買這種土地？不論種稻子也好，種果樹也好，非蝕老本不可。」

「爹，這是眞的呢。你出去看看，就可見到到處都在建廠；今天早上，我坐車回家，就聽見有人在高談濶論，說這兒很可能闢爲一個工業區。」

程老爹不高興地揮揮手：「別說了，卽使以後，這兒變成第二個臺北市，但我的這個果園，還不會變。十幾年來，我辛辛苦苦地把果樹種得這麼大了，還肯讓別人把牠們砍掉？那不等於砍掉我的雙手、我的雙脚？秀玉，我先去工作，不等俞少爺了。」程老爹扛起一把鋤頭，走進果林中去。

秀玉站在樹蔭塗不到的地方。陽光把地面搽得亮閃閃的；她讓陽光從她的左側照過來，畫一個淸晰的影子在右側的地上。有一股不安慢慢地滲進她的體內。縱令他們固守着這塊安靜的天地，但外面世界的變動是否會侵逼進來？或許他們是些固執的人——頑強地意圖保持自己的生活方式，保持一些祖先遺留下來的澹泊的習性。她希望今天俞克任陪老華僑來，只是爲了要想瞭解臺灣果農的樸茂豐足的生活以及堪與夜總會拒扞相抗的果園風光。

趁着時間還早，她在幫浦那裏洗了手、臉和雙脚，然後走到園門口去眺望。或許，俞少爺今天不會來，她想，他可能只是信口說說的，因爲那位老先生也可能只是信口說說的。畢竟，在現今，能够欣賞果園的人，能有多少啊！

八

那天上午，俞克任還是陪着劉守愚老先生去參觀了果園。他把羅勃李告訴他的消息埋在心底，不讓滂渤的得意竄躍出來。他依然是那麼誠懇、溫雅。在果園裏，他們所受到的是親切的招待，而非熱烈的歡迎。劉老先生對於蜜餞、鮮果、綠蔭、怡靖，全很欣賞，一度，他曾棄計程車而由程老爹陪着，去鄉村各處看看，當他讚不絕口時，程老爹問了一句：

「劉老，您這樣喜歡這個地方，是不是也想買塊土地經營果園啊？」

劉老先生一邊望着這位比他小不了幾歲、却保有一身硬朗筋骨的初見面的朋友，一邊把煙斗從嘴邊摘下來，然後指指土地說：「土地，我喜歡，花草、果樹，我也喜歡；我一生僕僕風塵，今天才體會到你這種生活才眞有意思。只是我沒有你那種親自操作的精力，也沒有這樣一個旣美麗又能幹的女兒。嘿嘿，各方面的條件，我都不如你。」

程老爹擦着額上的汗。「您老說得太客氣了。我想，我們經營果園，一方面是要靠牠來生活，您老只是藉此來消遣消遣，情況自然兩樣。譬如說：買五、六分的地，蓋一幢小洋房，闢一塊花圃，餘下來的全種果樹，不也挺合適？什麼時候要除草、施肥或者收獲，您那邊只消一招手，這兒就會有人替您去幫忙，方便得很。我不騙你。」

「可！」劉老開心地笑着。「你說得這麼動人，我倒眞要買塊土地呢。」回頭又對俞克任說：「你說對不對？」

俞克任正在注意劉老的反應，這時趕忙附和着：「對，對，劉老，你以後看中哪兒，我就替你去跑腿；這種事，我相信幹得了，而且，也是義不容辭的。」

大家全又回到果園裏來；歇了歇，喝了茶，吃了一些炸蕃薯片。十一點光景，程老爹送他們坐上車子，還硬塞一小篾筐的桃子到車廂裏。劉老先生想留下兩百塊臺幣，却被他婉拒了。程老爹解釋得很淸楚：他招待客人，完全是出於一片至誠，如果收了錢，那就有違於心了。何況，當年，他受了俞家的恩惠，劉老既是俞少爺的貴賓，當然就是他家的貴賓；所以，無論從哪一方面來說，他是不能接受的。

於是，車子又往臺北方向駛去。劉老先生啣着熄了的煙斗，凝望車外。他是在瀏覽景物，在思考問題，還是在追憶往事？突然，他喚道：「小俞，」克任轉頭去看他。他從不曾這麼親暱地叫過他。隨卽，他又喚：「小俞，我可以這樣叫你嗎？」

「當然可以，劉老。」

「我們的參觀到此結束，我不打算再去中、南部了。」

「噢，好的。」克任應着。他之參觀果園和鄉村，到底是爲了什麼？難道正如他所猜測的，想買一片果園？

「聽程老爹的語氣，彷彿你家跟他家的關係，非同尋常。」

「是啊，程老板原是先父的朋友，他以前受了先父一些恩惠，到現在還念念不忘，眞難得啊。要是換了現在的有些年輕人……」

「小俞，你怎能這麼說？你自己也是年輕人啊。」

「是的。現代的一些年輕人，比較狂妄自大，比較重利輕義，我不喜歡這些，同樣，我也不太喜歡自己，不太信任自己。」他痛心疾首地說着，猶如他一直在這樣檢討自己。「我喜歡這個工作，我也喜歡從這工作上所交到的朋友，但，當初，我之投身這一行業，却是因爲牠的待遇較優。」

「那是誰都難免的。不要苛責自己。小俞，我可信任你。如果有一天我在這裏定居下來……是的，或許會有那麼一天的，到那時……」劉老的慈祥眼神的背後是另一層的深遠。那句話本身也如一條曲折的小徑，通往許多隱蔽的處所，誘發人們滿懷好奇地去探索。

克任笑了——那種具有多重意義的笑，本身不也如一條通往許多隱蔽處所的曲折小徑？只是他裝飾得如此巧妙，以致看來顯得十分單純而坦朗。剛才他對自己的訶責反而被人看成了一種美德。「呵，劉老，你待我太好了，即使我不是一個很好的青年，爲了不讓你失望，我以後也要格外上進。劉老，你看，我可適於永遠幹這門行業？」

：

劉老先生側過臉，仔細打量着他，好似導演鑑定一個演員是否適於擔任這一角色那樣。他說

「我猜想，你出身很好。」

「先父在大陸曾做過廳長。我很使他失望，雖然他從沒有對我這麼說過，但我知道我很使他失望。這有什麼辦法呢？這兒人才濟濟，很難脫穎而出，何況——」克任停頓了一下。「何況先父個性耿直，不願爲兒子的事懇求朋友。」他低下頭，聲音更輕了些：「或許先父是對的，我的事業只有靠我自己才能去開拓，但我眞有這種本領嗎？」

「你不會永遠做嚮導的，小俞，這點，你可以放心。」劉老先生鎭定地替克任的前途下了結論。

克任的臉上閃着明淨的光。豐盛的收穫季節就在眼前。他的果實應該比程老板果園裏的更爲瑩潤而碩大；牠們垂懸着，幾乎擦着了他的臉頰。

兩個人都牢守着自己的秘密，在觀光飯店前分手時，劉老先生告訴克任後天他要回日本去，而且還把他在東京的地址告訴了克任。

「不必難過，我們以後會再碰面的，謝謝你送我的那隻紫水晶貓。」

克任沒有立刻坐車回家，他要用步行把內心的情緒踩平一點，然後再去見他的母親。他很少把業務上的事情告訴她。他甚至確信年齡妨碍了某些人的進步，如他母親。以前，他在××局裏

工作，雖然職位低、薪酬少，但她却很想探問他工作上的種種，而現在，她對這種新興的事業根本不感興趣。「唷，你忙的，無非是些迎新送舊的玩意兒嘛！」一句話就概括了一切。有一回，他跟她提到他陪客人到夜總會、歌廳、舞廳裏去的事情，但她却把牠攔腰截斷了：「克任，那是吃人的地方，你一不小心，陷了進去，就休想拔足出來，你沒愛上那兒的舞女、歌女吧？」他皺着眉回答：「媽，你是怎麼搞的，竟想到這上面去了。我不是自願去的，而是陪客人去的呀！」母親却回說：「平日聽你的語氣，似乎你也喜歡上那兒去，一說起來，總說那兒怎麼好，就沒說那兒怎麼壞；你是我惟一的兒子，你自己可要當心啊。譬如說，那些舞女、歌女的，你是千萬不要親近她們啊！」「媽，你怎麼儘擔心這些，你知道我是很愛小珍的，如果小珍聽見你這麼說，她豈不要乾生氣了？」母親這才停下來，但原本是高高興興的談話，經過這樣的摧殘，也就變得索然無味了。因此，不說也罷。再說那隻紫水晶貓吧，倘如他事先跟母親說明要拿牠送人，她就準會攔住他；這倒不是她氣量小，只是因爲水晶貓是父親生前心愛的東西。許多事都證明母親已經不適於在這個時代裏去作生存競爭了。

剛巧走到站牌那兒，公車來了，他就走了上去。那些趕着回家吃中飯的成年男人，大都顯得筋疲力竭的樣子，彷彿一天要工作十二小時似的。兩個拿着網球拍的十六、七歲的女孩穿着白色鑲藍邊的運動衫褲，有說有笑，像兩隻呱呱叫的北平鴨。一個從鄉下來的老婆婆，拎着一個花布包，每隔兩三分鐘就要探問車掌是否到了她要下車的那個站頭，使得那個車掌的臉更像冰鑄成的，沒有一點兒溫熱的氣息。他在車上數着拉環的數目，但總數不清楚。好容易下了車，走到家裏。母親正在客廳裏，用一塊專用的鵝黃絲絨，細心地揮撣着紅木長几上的幾樣古玩。

「媽，我總算趕回家來了，佩任呢？你們吃過了飯沒有？」克任早上出去時，說是中午不回家的。

「佩任被貴良邀去上小館子了，我也不餓，所以就在客廳裏擦擦拂拂。你看，巧不巧，上午，你陪客人去程老板的果園，貴良也剛巧來我家。」她把絨布抖了抖，放到抽斗裏。「今天，貴良穿了一套新西裝，拎了一盒餅干；我乍然一看，幾乎認不得了，幸虧佩任在旁邊提醒我：媽，他是程家的貴良啊。我揉了揉眼睛，眞以爲我的眼睛老花得看不清人了。我以前看到他時，總是泥手泥脚的，現在這樣一打扮，却完全成了一個都市人。人也長得端端正正、靈靈活活，無怪乎他不肯久居鄉下了。等他坐下，我問：貴良，你在糖果店裏做事還合意嗎？他才告訴我，他已向老板娘辭了職。」俞老太太說完，就扶着太師椅吁了一口氣。「年輕人做事當兒戲，幹幹辭辭，花樣最多。」

「眞的？那麼，他又要回到果園去了？」克任最先想到的是昨夜秀玉從夜總會出來以後，或許去看過貴良，說了一些「父親老邁，精力不濟」的話；貴良考慮了一晚，就決定放棄以前的計劃，回到果園去。他對貴良的看法，跟別人的有些不同。他看到貴良時總把貴良童年時候的愚騃、邋遢，少年時候的畏怯、木訥，青年時候的沉默、陰鬱一併陳列出來，所以他眼中的貴良永遠不會出色，永遠在他之下。他之跟他來往、對他勸慰，是本於一種施主的態度。母親此刻對貴良的誇獎，只是證明母親觀念上和視覺上的落伍，也因此，他認爲貴良之放棄計劃與否，也就不值得去重視——因爲貴良永遠是個平凡的人，在果園裏如此，在都市裏也將如此。他甚至認爲秀玉要比貴良好得多。她的可塑性較大。譬如說，昨夜，秀玉如果能以那副夏威夷女郎的姿態、放膽走上臺去客串一曲的話，說不定她會從此走紅。但這種機會，只有女孩子才有份。母親說過，那種地方是火坑、陷阱，但那種地方又何嘗不能讓人平步青雲？這得看一個人有沒有本事利用牠！今天在果園裏看到秀玉，她又變成一個安份的鄉下姑娘了。他當時有種奇妙的感覺，是惋惜她的被埋沒呢，還是佩服她對土地的忠誠呢？他說不上來。

克任跟着母親走到飯廳裏。母子倆對坐着吃飯時，俞老太太才解釋道：

「克任，你把貴良估計錯了；假如眞是這樣，他也算不得機伶了。他把麵包店裏的工作辭了，是因爲他找到了一個更好的事情；他要到一家貿易行裏去做送貨員。」

「什麼貿易行？」

「大通。」

「哦，我昨晚在某個場合裏就看到了大通的老板，是個女的。」

「他也說是女的。對了，你有一個姓李的朋友叫什麼的，可能就是他介紹貴良的去那兒。」

「羅勃李，對不對？」

「沒有錯，是他。貴良告訴我，他每隔一晚，總要替羅勃李送麵包、蛋糕去。羅勃李很欣賞他的能幹、勤快，就對他說，有機會要替他介紹一個較好的工作，所以貴良一直等着。」

克任撇了撇嘴。「眞是的，我沒想到羅勃李對誰都不放過炫耀、逞能的機會，連對一個送麵包的也會這樣！他幾乎想使每一個人都知道他交遊廣濶、神通廣大，但有時，他也免不了在陰溝裏翻船呢！」

俞老太太停下筷來，驚訝地望着兒子：「前幾天，你不是還說羅勃李是個很熱心的朋友，怎麼這會兒又說出這種話來？他替貴良介紹工作，還不是出於熱心，這有什麼不好的？換了我們，要是能够幫人忙的，不也幫了？一個人說話總得留些情，千萬不要尖刻。」

克任用筷子一顆一顆地像挾珍珠似地挾着筍丁，臉上的鄙蔑神情依然沒有褪淡。「媽，你要搞清楚，熱心人並不就是好人哪。這世界上多的是爲自己利益着想的熱心人。譬如說，那些推銷員，該可以說得上熱心了吧，但他們的熱心，是爲了別人呢，還是爲了那些佣金呢？同樣，羅勃李是熱心的，但熱心得有些浮誇，就使我不免懷疑起他熱心的動機來。老實說，這一次，如果他眞替貴良介紹成功了，也一定會向貴良抽取介紹費。倘如只隨口說說：我替你說好了，你把那邊的工作辭了吧。那麼，就算貴良倒楣，因爲說不定事情並沒成功，這叫『玎玲咚隆，兩頭落空』。這樣，貴良倒眞非回家不可了。」

他喝了半碗湯，推開椅子，站了起來。「媽，我不騙你。我不是良心壞，只往壞處講；如今這個年頭，什麼事都難說。」

俞老太太也沒心思吃飯，她把碗筷一推，蓋上了紗罩。「這麼說來，貴良事先就該來找你，跟你商量一下的？」

克任昂着頭，用牙籤剔着齒縫。「誰叫他不先跟我說一聲，貿貿然去相信別人？媽，他已不把我放在眼裏了，以爲羅勃李要比我來得強。媽，我現在深深地體會到要是我們自己不努力，還有誰會把我們放在心上？」

「喔，說得好好的，怎麼竟感慨起來了？其實，羅勃李活躍、幹練，說是比你強，也沒辱沒你啊！」

「我不服氣，我要別人相信我比他強。不是我現在誇下海口，貴良進大通的事，如果羅勃李弄不成功，我倒幫得上忙，相信不相信？」他把牙籤往地上一丟，走到客廳裏去。

俞老太太最近一直覺得兒子在變。那情況宛如一輛三輪變成了汽車，在往前衝、追。她自己已經老了，自然不習慣於那種快速度的競爭，但即使作爲一個旁觀者，有時也不免爲他的安全焦急。無法習慣於他行爲上的更易，也就不能了解他心靈上的轉變。看他剛才那樣爲貴良和羅勃李光火——他們可沒有惹他啊——她就知道他已離她很遠很、遠了。

紅木太師椅閃着冷陰陰的紅光，恰好把母子倆心理上的鬱熱冲散了些。俞老太太又喝起她的濃茶來。她喝茶已有四十多年的歷史，是小時候跟着父母一起喝慣的。在老家的冬天裏，暖筒裏總暖着茶。她喜歡那隻內襯棉墊、煨着茶壺的籐編筒子，她一會兒去倒些來喝，一會兒又去倒些來喝；繫住蓋子的銀鍊在瓷壺上擊出了脆越的響聲，在童雅的心裏盪起漪漣般的喜悅。而今，多年的愛好竟使輕微的苦澀在舌尖上化成了耐味的甘冽。有時候，她也把在臺的二十來年的黯淡生活當作一杯濃茶，正因爲嚐慣了，也就覺得牠的淸雅可口了。

克任半閉着眼睛養神。紅木太師椅太硬，瞌睡蟲避得遠遠的，而思想也就東竄西鑽，不肯休息。他把剛才批評羅勃李的話在心裏播放一遍，牠們是不是過分了一點？他連自己都沒有想到會說出這種話來。那幾乎是一種衝激出來的感情，兼有着厭惡、妒嫉與輕視。母親說得不錯，幾天之前，他還在讚美羅勃李生活的藝術呢，那種幽默與豪放，使嚴肅沉悶的人生輕鬆化了，把事業帶到有希望的路上去。可是，昨夜，羅勃李親口說是他對劉老先生看走了眼，却使他恍悟到自己有比羅勃李更卓越的洞察力；在對人的藝術方面，他是更爲精細而深入。根據這點所建立起來的自信，就使羅勃李在他眼中顯得狂悖、粗魯而可笑。

「貴良跟佩任大概不到兩點就會回來，」俞老太太說，「關於這件事，你要不要跟貴良說說清楚？」

「我想，媽，事情既然這樣了，明說反而不好。媽剛才擔心我說話太尖刻，也不就是在你的面前想說什麼就說什麼，在別人面前，哪會這麼沒遮攔的！在貴良面前，你最好順便提一句：如果事情有什麼變化，來找我克任好了；媽，我也有一個認識大通貿易行老板的朋友。」

俞老太太不放心地打量着兒子：「怎麼可能呢？你可不要學會吹牛，亂開空頭支票！既然知道這種作風不好，自己就別要這一套！」

克任站起來，走到母親面前，俯下臉，笑瞇瞇地對着母親：「媽，你仔細看看，我是這樣的人嗎？或許我的野心比以前大了一點，但我永遠不會成爲那種裝腔作勢的丑角人物的。媽，你慢慢瞧吧。我去睡一會，我想我還是不要跟貴良碰頭的好，希望他們不要在我上班之前回來。噢，對了，有一件事，我倒忘了：佩任怎麼會跟貴良一起出去吃飯的？」

「這嘛，他說完了他的正經事以後，就嚷着要請我們母女上館子，說是心裏高興。我不想去，但盛情難卻，於是就叫佩任去了。」俞老太太笑了笑。「難得有這麼一次。佩任跟貴良從小就認識，而且，現在時代不同了，同吃一頓飯，也不能說是有失身份。」

「媽……」

「我知道你擔心的是什麼。你看佩任在家裏老是順着你，就以爲她太老實、容易上當，其實，佩任也不是沒有頭腦的人；何況，她明年就大學畢業了，豈是幾句花言巧語迷得住她的？再說，貴良也沒有這麼大的膽。」

克任覺得母親對這件事的分析還不錯，所以就安安心心地走到臥室去。床頭櫥上，原先被紫水晶貓盤踞着的地方，放着幾本英語會話。他躺下來，向房間的四周一瞄，不知道是否由於窗外的棚架上已經開了一層黃花，映得屋裏像落進了一片夕陽似的，流轉着一圈璀璀顫顫的光輝。他就在那種光輝中睡去，但腦子裏却仍是滿滿的人影、密密的樹枝，旣像在夜總會裏，又像在果園裏。那是一種新奇的結合，彷彿叢林中正在舉行一個盛大的園遊會，然而在這些人中，他却找不到母親，找不到梅小珍和佩任，甚至也找不到秀玉。

醒來後，他感到有一股濃稠的孤獨感包圍着他，然後他又覺得自己思想的荒謬可笑。他很輕易地把牠推開去。客廳裏正傳來了貴良和佩任的笑語聲。片刻後，母親探進半個頭來看他，他依然沒作聲。母親就又退回去了。他知道母親希望他跟貴良談談，但他現在能跟貴良談些什麼呢？談他計劃的正確抑或是談他計劃的錯誤？還是告訴他，果園裏的成熟的果子正等着他？當然，他現在的確希望羅勃李欺騙了貴良，不爲別的，只爲自己的驕傲。貴良辭去後，他就穿好衣服，前去洗臉。佩任走過來，說：「哥哥，眞不湊巧，剛才貴良等了你好一會——」他一擺手，說：「別說了，我已經醒來了一會，但我跟他有什麼好談的？我甚至要說，你跟他又有什麼可談的？難道談怎樣種果樹？談怎樣做糖果、糕點？或者談怎樣替貿易行送貨？」他在盆裏放滿了水，捧起水往臉上洒；抬起頭來時，一臉都是大大小小的水珠，眼皮濕得幾乎睜不開來。佩任依然站在門邊，手指甲不知不覺地在門柱上刻了一道深深的紋路。「哥哥，他可眞是誠心誠意地待我們的，你怎麼說起這種瞧不起人的話來？爸在世時，他跟程老板也很談得來，爸可比你見多識廣啊；況且，十七、八年的朋友，也不容易。」

克任沒接話，等洗好了臉，搽好了面霜，並且梳好了頭髮之後，就從佩任的旁邊擦身而過。

在跨出大門之前，這才回過頭來說：「假如你想別人稱你『名媛』的話，希望你以後不要單獨跟貴良出去，而且，在貴良面前，也不要有說有笑的！」佩任驚愕得張大了嘴，但克任已經走出門口，把門砰上了。

克任攔住一輛計程車。他明白自己說得過分了些，但他認爲，在有些事情上，非得峻厲一些不可，這樣才能先把佩任嚇住；倘若這樣說就算是對不起貴良了——那麼，貴良又算是老幾？對不起他又有什麼關係？他目前已經攀住了一座鐵塔，慢慢兒地，許多人都會對他瞻仰！

在四海旅行社裏，一些在外面包伙的、坐寫字檯的同事剛從一次小睡中醒來，有些人的眼睛裏還留着些許紅絲。他才坐下，羅勃李就衝了進來。雖然房間裏已經開始啓用冷氣，但羅勃李的滾燙的動作和滾燙的聲音却滙成了一股熱風，在他身旁盤旋。

「哈囉，威爾遜，今天上午你去哪兒了？」半邊上身往桌邊一倚，一如這是西部片裡的酒吧櫃臺，然後伸過一隻手來，在克任的肩上拍了一下，眼裏的笑意更是毫不吝嗇地潑向他。

「還不是老樣子，陪客人走走。我們兄弟倆彼此彼此。你今天上午大概是忙着陪那對巴西籍的大地主夫婦去觀光吧，以後，十公頃的田地是不成問題的了。」隨手遞過去一根香煙，語音裏帶着一些揶揄，雖然也是滿眼的笑意，却是冰過了的。

烟剛點燃，羅勃李就胡亂地彈彈煙支，眉毛一高一低地做了個鬼臉。「別提了，五百公頃土地，一半以上被劃入水庫預定地裏，那不等於泡了湯？餘下來的要靠我國農耕隊員的毅力與技術才能種出稻米來。我這種人怎麼行？昨晚上，我也不過是說着玩玩的。我在這兒生活得蠻好，怎肯去那兒墾荒！上午，我陪他們到外雙溪的故宮博物院走一趟，簡直是劉姥姥上大觀園，樣樣新鮮！噢，對啦，你今天陪的是誰？」

「劉老呀，還會是誰？昨晚他就跟我說好的。」

「你昨晚怎麼不跟我說一聲，否則，我也跟着去，湊個熱鬧；至於那兩個巴西佬，我可以想辦法叫別人去陪。他跟你說些什麼？」

「什麼也沒說，我也什麼都沒問，我們只到鄉下地方走走看看。劉老說：小俞呀，你眞是我一個難以忘懷的朋友。就是這麼一回事！」克任使手掌側立着，像刀口那樣刮着桌面。「眞的，就是這麼一回事。他平易近人，完全把我當作一個朋友。」故意說得很淡，淡裏却反襯出牠的涼來。

羅勃李好似輸了一局牌，深深地懊喪起來。他坐到沙發上，用拳頭搥着沙發的扶手。冷氣機的聲音忽然變得很響了。克任塡好了工作報告。下午，他倆恐怕還有幾處地方要跑呢。羅勃李也在寫字檯前坐了一會，但看來始終有些心神不定。一會後，又隔着幾尺距離，朝着克任問：

「喂，威爾遜，昨晚，那兩位女士，都很漂亮。你的那位密斯梅，就像梅花那樣純潔、清新，而那位密斯程，可就如五月的榴花，灼麗照人。她是不是密斯梅的同學？」

「她是程貴良的妹妹。」

「哪一個程貴良？」

「送裡包的程貴良，你難道記不起來了？聽說他今天已經辭去了糖果店的工作，因爲你替他找到了一個較好的職位。」克任乾脆把這件事說出來。他等待羅勃李的反應。假如羅勃李辦事可靠，那他就會說：當然囉，我的確已經替他找到了工作，而且沒費吹灰之力。憑我羅勃李的交遊……如此這般。

然而，羅勃李却把左手貼在後腦上，好久都沒放下來。過了半晌，才說：「我的確跟他提起過，但却沒有這麼肯定。噯呀，昨夜，你也看見我跟大通的沙經理在一起，本來我是打算跟她面談這件事的，後來，我們談到別的事情上去，又談到了劉老，不知怎麼，竟把貴良的事忘了。要是昨晚你跟我說密斯程就是貴良的妹妹，那我準會記起來的。」

「誰想得到你認識貴良？誰又想得到你會在他面前硬充老好人？好啦，現在，他辭了職，在等你哩，你無論如何總得想個辦法，把他的事情安排好。」克任步步進逼。

羅勃李摘下眼鏡來，用絨布在鏡片上擦了又擦，他那發青臉上的兩個少見陽光的眼圈白得非常難看；沒有鏡片的幫助，平日燗熠的眼神忽然失去了光彩。克任欣賞着他的窘態。呵，不管怎樣，羅勃李以後可不會再在他的面前自吹自擂了。

「怎樣？這兒有電話，打個電話去跟沙女士接洽一下，反正你們是很熟的朋友。」克任關懷地走近羅勃李，同樣拍拍對方的肩胛——噢，我在這兒儘量提供意見，你可不能說我幸災樂禍哪羅勃李苦笑笑，往日的威風盡失：「我跟她雖然很熟，不過，那位女士有時却也不太能夠接納朋友的意見……眞是的，我說那個貴良哪，怎能這麼胡來，動不動就辭職？按照一般人的行事慣例，總是先請幾天假，等弄淸楚那個新工作確實合他的口胃……你老兄有沒有這種經驗？」

克任管自走過去，倒了一杯冰開水，喝着：「嗳呀，現在跟我說這些話有什麼用？你還是想想看，今晚他到你家裏去找你時，你準備怎麼個說法？羅勃李啊，打個電話給那位女士吧，如果要碰釘子，也只得碰。」

「我不打，她今天到高雄去了。這兩天晚上我準備不回家去睡。」羅勃李也喝下一杯冰開水：「如果他問起你，就說我這幾天進了醫院。」他衝了出去；這是落荒而逃。

克任幾乎想發出一串狂笑。他自己的猜測可不是完全正確？晚上，貴良又會到他的家裏來，那時，他要好好地訓他幾句：不要儘看別人會吹會擂，我俞少爺畢竟是俞少爺！

九

梅小珍憑窗而立，閒望昨晚就開始下起來的雨。其實，雨並不來得偶然，牠是在人們的意料以及在人們的期待之中。不過她仍慶幸着：今天是星期日，不必冒雨去學校，否則，這會兒，她就沒有這樣的悠情逸趣來研賞雨絲是如何地均勻、亮瑩而細緻了。天色的灰暗潑到她這個潔淨的小室裏來，使桌、椅、書籍上也像蒙上ㄧ層薄塵。當然，她可以用螢光燈的明燦來鍍亮全室，可是這樣，似乎又相對地減弱雨絲的皎晶可愛了。風在雨中絮絮而語，似在訴說牠是怎樣地來，以後又怎樣地去。可以想像，大街一定冷清了不少，最觸目的將是疾馳的車輛所濺起來的灰白水花。馬路如用舊了的緞帶，平滑但却汚漬處處。她知道，雨天中，有些像她那樣年輕的女孩和男孩，常喜歡躲在傘下緩行，滿懷詩意地把傘當作一棵驀然成長的樹，而她，則更喜歡行走在這棵樹與那棵樹之間，去捕捉飄忽的雨絲。

如果這會兒能像秀玉那樣地在果園裏，那該多好！

在她的許多朋友中，秀玉乃是具有獨特風格的一位。秀玉的壯健、豐美與耐勞，使人感到女孩並非一定是需要男人保護的弱者。最初，她像一般人那樣，曾爲秀玉之深埋鄉僻而惋惜，但當她愛上她的率眞的大膽之後，她才體會到一株紅檜是不可能生長在都市裏的。

父親在客廳裏喚她。她走了出去。父親遞給她一張當天的報紙，說：「小珍，你看一看，報上的一張圖片上，那個年輕人看來挺像克任呢。」

「不是出了什麼事吧？」她慌忙地翻開報紙。最近幾年來，報上刋登的車禍的照片和消息，實在太多，一聽某人上了報，最先想到的就是遇上了車禍。當然，父親的欣悅的臉色告訴她不可能是那囘事。那麼，他有什麼事呢？哦，對了，在這兒，站在一個老人的左後方，背景是松山機場。再細看圖旁的說明，老人就是那天談到的劉守愚先生，現在才被透露出來是一位擁有億萬財產的華僑。那位記者以流麗的筆觸敘述着：他是一個看似平凡但實際上却不平凡的企業家，兩次悄悄地以一個普通觀光客的身分來遊臺灣，從都市到鄉村，他眼見到臺灣的繁榮與豐足，因此，在臨行之前，他才顯示身分，並堅決地說，在短期間內，他將三度囘國，並與有關單位洽商，作大規模的投資云云。

「爸，那天晚上，克任在我們面前就提起過那位劉老先生。劉老先生對克任的印象挺不錯，難怪在記者拍照時，他拉着克任。」

梅卓然撫摸着下巴，霎了霎眼睛。「克任眞靈活，在旅行社裏做事還不到兩個月，就搭上大亨了。小珍，你瞧着吧，他快要出頭走運了。」

梅小珍的母親拿了一隻裝着聖經的手提袋從臥室裏走出來，準備上教堂去。外面的雨阻撓不了她的信仰。不過，她因爲聽見了父女倆的對話，所以就站下來，發表了一些意見：

「我不贊成克任很快走運。任何人的成功總是來自一步一步的奮鬪，太快了，就會變得不踏實了。」

梅卓然說：「太太，你的這番高論，粗聽起來，當然正確，但是如果機會硬是掉在你的手心上，你難道就把牠摔掉？如果你說，等我老成一點、等我經驗豐富一點你再來，那時，牠怕偏偏不來了。太太，對人生，我可比你了解得多一點，你還是去親近你的上帝和基督吧。」

「主會安排一切。」梅老太太平靜地說。梅老太太有個在年輕時很美麗的臉蛋，因此，卽使在認眞時，也無損於她的嫻雅，不過，她跟丈夫之間，却始終存在着小小的不和諧。當年，她很想收養一個兒子，她的丈夫却以爲命中註定沒有兒子的，就不必去勉強。在年輕的甜蜜的夜晚，他們曾爲這件事反覆爭辯，硬生生地把柔情追捕回來，想製造一個奇蹟。梅老太太一直遺憾着：假如她早年收養一個兒子，現在也快二十歲了，但梅卓然却一直認定，縱使他們只有一個女兒，他們也不會缺少什麼。而在如今年老的平和的歲月中，他們却又爲着信仰而使心靈上未能完全趨於一致。他問：爲什麼在他辛苦了六天之後的星期日她不陪陪他，而上教堂去？爲什麼她對神的愛勝過她對他的愛？但她却說，她追求的是永恒的愛與平安、不變的依憑與不滅的光輝。不過，這些小小的分歧並沒有促使家庭陷入紊淆的情況中，他們總是適可而止。在女兒梅小珍看來，那只是一種風趣的辯論，爲滯寂的空氣激起一些可愛的瀾漪。

梅小珍把掛在門後的兩折布傘遞給母親。她是父親的乖女兒，也是母親的乖女兒。她欽佩母親的毫不動搖的信心。如果一個人對任何正確事理的追求能像一個信徒對宗教那樣地虔誠、熱心，什麼事不能成功？她同時也贊同父親的態度。一個倔強的男人，老在克服豎在他前面的各種困難，他不想仰賴任何人，甚至不想仰賴神。但她自己，畢竟是女孩子，或許有一天，她也會皈依神，因爲她要求確鑿的幸福。對於未容蠡測的未來，她是懷着憧憬，却也不免懷着一絲戒懼的。

梅小珍突然抓起另一把傘，說：「媽，我跟你一起去。」

梅老太太驚喜地望着她，雖然沒開口，但她的目光却在問：你是說跟我一起上教堂？

梅小珍懂得母親對她的企望。她指盼她上教堂，正如她指盼她功課好一樣，但母親的信仰却是開始於她讀初三的時候。她除了緊緊地擁抱着高中聯考這一念頭之外，就沒有別的什麼東西可以分她的心。她有時想，或許就是因爲她長大得不得不整日與書本爲伴、長大得有了自己的一批朋友、長大得只知道幻想自己的未來，才硬把母親推到寂寞與孤獨的深淵裏去，而且逼使母親敏感到女兒在不久的將來就要離開她。在黯澹的晚年的陰影的追逐下，她的心靈需要找尋憑藉。於是，她皈依了宗教。她常覺得，作爲一個現代的女兒，她對母親的負欠委實太多，因爲她們之間的觀念、學識跟嗜好都無法銜接。像她這樣年輕的女孩，竟可以跟母親對坐半天，而默無一言。母親曾說，等你結了婚，有了兒女，那時你就非得向我們老一輩人請教育兒經驗不可了。這句話也許是對的，但，這句話她現在可沒有興趣聽。所以，她對母親的歉疚是一回事，而接受她的見解與否又是另一回事。現在，她們母女對這似已獲得了諒解：年紀老的跟年紀輕的，所走的是兩條路，誰也無法叫對方遷就；只要有份愛心存在，這就够了。

梅小珍先沒回答，兩人都撐起傘，走入雨中。瘦瘦的雨無聲地折斷在她們的綢傘上，然後又在她們的背後接合。梅小珍的聲音又細、又柔，在帶着笑影的梅老太太的臉邊響了起來：

「媽，我陪你走一段路，我很抱歉，我不是去教堂，我想上俞家去看看佩任。」

梅老太太的笑影仍繼續着，有一點兒失望嗎？或許，但又何必跟女兒計較呢？愛情本是年輕人的宗教。她去看佩任，也無非是想多知道一些克任罷了。只因爲自己只有這麼一個女兒，所以有一個時候，她曾寄望女兒永不離開她，但她明白這是自私；也有一個時候，她曾恐懼女兒會愛上一個她所憎厭的青年，但她對這已不再擔憂。在女兒愛上克任之前，她心裏早已把克任一次又一次地放在小珍的旁邊，細加比較，發覺克任委實配得上小珍。他們兩小口的相愛，本來就是他們兩位母親的間接與直接的鼓勵所促成的，因此，這會兒，小珍懷着對克任的關懷去看佩任，她不也該高興？

「中午之前回家？」梅老太太問。

「大概。」

「但你仍見不到克任。」

「沒有關係，」梅小珍說。「媽，你眞的以爲他有點急功近利嗎？那晚，他雖然提到了那位劉老先生，但那時，他明明還不知道他是企業界的巨子呀。」

「當然，我只是說說吧了。也只是因爲對他太關切了，所以有時也就對他放心不下了。要是你今天中午不回家吃飯，我也不會怪你的。」

梅小珍旋轉着那柄桃灰色的綢傘。梅老太太的綢傘則是一圈靜藍。在瀟瀟的雨天中，她們的臉都是明朗而愉懌。然後，她們在路口分手，走向不同的目標。梅小珍發現在她面前不遠，走着一對年輕的男女，女的穿着淡紫窄裙，男的穿着白色香港衫，背影好像克任，她對自己笑了：要不是我跟克任的感情是建立在久遠的認識上，我幾乎要懷疑他就是克任了。

走着，身邊常有汽車疾馳而過，她慌慌忙忙地躲避，怕遭到一場無妄之災。忽然，一輛計程車在她前面的馬路邊煞住了。走下車來的男人衝着她叫密斯梅，誇張的語音，誇張的動作，她馬上認出是羅勃李。

「噢，李先生，你去機場嗎？」

「不是，我有點私事，偷懶出來一會。你去哪兒？我送你。」

不願他送，也不需要他送；只剩下六、七分鐘的路程，走走也很容易。要是在晴天，騎着單車出來，不就到了。但羅勃李的那副熱誠樣子，叫你看來覺得即使你要去的地方就在眼前，他也非要送你不可。她乾脆大方一點：

「那我就先謝謝你了。我想去克任的家，找他妹妹聊天。」

「我送你到他家的巷口，」羅勃李說。兩人先後上了車。「我同威爾遜情同手足，你看得出來嗎？」

「噢，那當然。他要你指導的地方，一定太多了。」梅小珍言不由衷地。哦，克任，你千萬不要受羅勃李的影響呀。以後，要是你也變成了一個油嘴，我可受不了。

「哈，別說指導，好吧？以後，我要請教他的地方，可多着呢。威爾遜要走運啦。看到今天的報紙沒有？說也奇怪，那位劉老獨獨欣賞威爾遜一個人。以後，如果劉老在臺灣開設什麼公司、廠家的話，說不定威爾遜就是什麼經理或者廠長。」

「李先生，你未免想得太遠了，克任年紀輕，經驗、學識都還不足以當大任，劉先生縱然有心提拔他，但他不會叫他一步昇天的。而且，我認為，克任自己怕也沒有想到這些呢。」

羅勃李還想說什麼，但車子已到巷口。待車子停住，梅小珍趕忙跳了下來，回頭說：「我想，李先生，對於有些事情，你還是不要太敏感。克任只想做個旅行社的好導遊。我想，要是眞能把本身的工作放在前面的話，那麼，這個差使，倒也是其樂無窮的。」

梅小珍揮揮手，轉身走入巷內。她沒有撐開傘，讓雨絲織成的薄紗飄在臉上，彷彿這種凉滄滄的感覺可以驅散羅勃李黏糊糊的話語。

她忽又躑躅不前。有許多問題像水泡那樣從心底昇上來：她今天突然來這兒，到底是爲了什麼？要證實報上所刋消息的正確？還是要證實克任對這件事的淡漠？不，無論如何，她是懷着喜悅來的。難道她並不希望克任以這作起點，爲他自己的事業創造新的境界？她自認不是一個慾望很大的女孩。她曾經沉緬於文學名著之中，把名利看得像白開水那樣，一揚手，就能把牠們丟棄。她酷愛樹木與田野，直到現在，仍是這樣。但此刻，她竟發覺，在多種因素的蒐積與化合下，慾望也會如一朶野菊般地盛放於單純的心田中。她面對着這一環無意擷取的鮮麗而驚異着。呵，一個多矛盾的女孩！但所有的矛盾只植因於她對克任的愛。是的，她不會指盼克任會有輝皇的事業，她愛他是完全出於一片純情；如果克任有機會能爲他的事業塗上耀彩，爲了他，她就應該懽躍。她無法矯情地佯裝淡泊，但同時她也不冀望他去諂媚取巧。

不管怎樣，她想，任何人都會喜歡克任，如果你有鑑賞力的話。

開門的佩任帶着愀悒的神色，這倒使她怳然一驚，彷彿雨絲的冷濕驀地飄到她的眼睛裏來。她自己的聲音首先變得悵惘了：

「佩任，是什麼事不對勁了？克任在家嗎？他沒出什麼差錯吧？」

「哥哥很好，只是秀玉的哥哥在我家，他失業了。」佩任沒來由地用隻手掌去接前面的雨絲，但牠們却吝嗇地不肯染濕她的手掌。她又把手掌放下來。

「怎麼會這樣？前幾天不還是幹得好好的？我也在那家糖果店裏買過糕點，看他在那兒忙進忙出，挺起勁的。那老板娘看來待他也不錯。」發覺自己說得太大聲了，便向客廳呶呶嘴。「他就坐在那兒，是不？」

「他哪裏肯？現在在後面厨房裏幫媽的忙。」佩任看見雨小了，沒叫梅小珍往屋裏走，反拉着她站到花棚下去。「貴良是前天晚上來我家的。羅勃李拆他的爛汚，他聽信了他的話，把糖果店的工作辭了。這件事，哥哥倒是早就料到的。」

「剛才我就碰到羅勃李，他非要用車送我到巷口不可。我第一次碰到這個人，就看出他說話不可靠，佐料加得太多，活脫是個『蓋仙』！」

佩任聽到這個近年來流行於男生之間的新名詞——蓋仙——便笑了起來，但她隨又變得憂悒了。「這種『哄死人、不償命』的作風，簡直要不得，幸虧貴良還有一個家可以回——但問題是貴良根本不想認輸，回到家去。他說：假如他這樣回去，以後他就休想在他爹面前說一句話。你瞧，這一對父子，都是倔強得誰也勸不動。今天哥哥出門時，肯地定說這件事情包在他身上。我還未看到他會這麼輕諾過。我想，哥哥也只是想安慰貴良吧了。大通貿易行的沙經理跟羅勃李有交情，尙且幫不了忙，跟她素昧平生的哥哥，又怎麼出得了力？我眞擔心他會觸一鼻子灰回來，懊悔自己魯莽呢。」

梅小珍拉着棚架的柱子，凝思着：「或許他會托人去說的。平日克任做事挺仔細，可不是？」這些話與其說是在安慰佩任，毋寧說是在安慰自己。她想提出報上的圖片和消息這件事來，但怎麼也接不上。這件事，一開頭就被貴良擋住了，猶似貴良是部橫在途中的抛錨汽車，截斷了別人的去路；更由於這是一樁値得同情的事件，你就不能馬上躲開牠。或許克任的事是應該讓佩任來告訴她的。對了，先不開口，進去坐坐再說。目前，她總不能讓自己對克任的關懷顯得甚於俞伯母和佩任對克任的關懷。

她們剛在客廳坐下，貴良就從裏面走出來了。挫折使他變得很激憤，他平日說話，穩沉中有點機警，此刻却說得既快又急，他先咀咒羅勃李的缺德，又呵責自己的愚蠢。他說，在都市裏工作了兩三個月，他應該約略知道都市人的奸猾，他無時無刻不在警惕自己，但結果還是被羅勃李的熱情蒙住了。如果羅勃李有膽量的話，他就不該在晚上他去找他時避不見面，他以為他會打他，笑話！他不是什麼太保或流氓，他只是想來都市闖天下，絕不肯爲非作歹，毀了自己。

貴良坐在梅小珍的對面，他的那些話語當然已對佩任說過，所以，這會兒，他是完全對梅小珍說的。以前，梅小珍覺得貴良和秀玉之間，除外型外，沒有任何相同的地方，而此刻，由於貴良把喜怒哀樂交雜而坦率地呈現在她們的面前，她又感到他們兄妹仍有同樣可貴的爽朗。惟其如此，在鄉村中，他可以無往不利，而在都市裏，他可能要經常跌跤。她說：

「貴良，昨天秀玉寄給我一些桃子，我等會就要寫封信謝謝她。你要不要我在給她的信裏提一筆？」

「告訴她我失業了？千萬不要！這會使她難過的。她會趕來看我，而且勸我回家。我要別人相信：我的失業不是我的錯；我更要別人相信：我丟掉了這一個，很快就能獲得一個更好的。給我一些日子。佩任，你是相信我的，是嗎？」

「是的，我相信你。要不是你在鄉下住得這麼久，我相信你一定跟我哥哥一樣能幹。」佩任撫慰他。她比他小上四、五歲。小學唸書時，她是一年級，而他已是五年級，所以他是喚慣她的名字的。同時，佩任也不像克任那樣愛面子、重身分。她一直把他當作朋友，她一直認爲他並不比她哥哥笨。倘若程老板最初不叫他做古玩店裏的瑣事，以後不叫他幹果園裏的雜務，甚至不讓他讀農校，而是像哥哥那樣地去唸高中，她不相信他考不上大學。那一陣，她始終認爲貴良在自己果園工作，而出來又爲糖果店送貨，實在太委曲了；自己如果有能力，一定要爲他介紹一個好一點的——這不是廢話？自己哥哥的事還是梅伯父幫的忙呢！今天哥哥拍拍胸膛走出去，希望他能爲貴良找到一個好工作！

「我一定要這樣相信！」貴良繼續爲梅小珍剖釋自己。他惟恐別人把他當作窩囊廢。打擊使自尊心與自卑感同時如雨後的野菰，迅速滋長，「除了勤勞之外，我還有別的本事。我能擔任百貨公司的售貨員，觀光飯店的服務員，電影院裏的收票員……或者機關裏的小文書。我不是一個眞正的農夫。如果是，我就不會闖到都市裏來了。」

梅小珍又想起了報上所載的那件事情，但仍舊接不上去。她用目光向四處搜索報紙，滿望用牠來作支援；可是今天，俞家客廳裏的報紙哪兒去了？她很清楚此刻貴良那種要人同情、要人瞭解他並不低能的逼切心情，但她心頭却擱着那件事，以致聽着、聽着，竟覺得厭煩起來。她很驚奇於自己的那種稀有的自私，甚至痛惜自己竟然失去了那份善良的德性。貴良繼續說着：他以前既然能夠自己找到工作，以後當然也能憑着職業介紹所、報上的求才廣告，或者不揣冒昧地登門造訪而獲得一個職業。梅小珍強迫着自己聽他訴說；是的……噢，當然……大家都會替你留意……她含糊地說着，一方面却又嚴格地拷問着自己：你是不是在眞心地聽？如果不是，那麼，你是在欺騙自己還是在欺騙別人？哦，我從不會漠視過別人的痛苦，我一定得把克任的事從心上趕走。他的事情沒有貴良的重要。我一定得認淸這兩者之間的輕重。想想秀玉跟我的感情，想想貴良兩頭落空的懊喪心情，想想他以後果眞能否找到一個適當的工作？呵，想到貴良的不幸，我就不能過分重視克任的偶然的幸運；在人生的數學中，什麼時候該減，什麼時候該加，誰也不知道。

噢，貴良又在談論羅勃李了，這次是用鄙夷的口吻，連眼珠子也不屑地斜睨着。他陰陰地說，當晚上他送麵包、蛋糕去羅勃李那兒時，常常看到有個女孩跟他在一起，那女孩看來像太妹，穿着半透明的睡衣，那副肉麻的模樣呵……羅勃李一點也不在乎。羅勃李是個十足的下流坯！他下着結論。

梅小珍從貴良的重重的鬱懣中擺脫出來。她全身舒暢多了。她現在的感覺是：她以後要儘可能地爲貴良的事出力，但這會兒却不要再聽他的訴苦與抱怨。

「克任可知道羅勃李的爲人？」梅小珍終於把克任拉進話題中去。「克任太信任朋友了，就怕羅勃李利用他的這一優點。」

「是的，我們還得特別關照哥哥，雖然他對羅勃李未始不淸楚。」佩任說。「貴良，還有一件事，我們忘了告訴你：前兩天，哥哥陪着一位華僑去參觀過你家的果園。」

「園果有什麼可以參觀的？恐怕另有目的吧。」儘管貴良這次在都市中敗北，但他似乎決意要跟果園斷絕了。「我有時想，我寧可到森林裏去伐木，也不願在果園裏工作，因爲長在森林裏的是參天大樹！」

「克任回來怎麼說？沒叫那位華僑老先生失望吧。」梅小珍趕緊攀住一根椏枝，用繩索繫牢。「我猜想那華僑是位風趣的人，而且是位喜歡徹底了解的人。」

貴良咯咯地笑了起來，表示他不同意梅小珍的見解。

梅小珍不高興地瞪了他一眼：「你不能認爲你不喜歡果園，別人也就不喜歡果園呀！」

「我認爲華僑到這兒來，大部份是來投資工商業的。如果他喜歡上我家那個果園，他定是看準那兒可以開設一家大工廠。」

「什麼，貴良，你這種想法是怎樣推演出來的？」梅小珍嚷了起來。別以爲貴良的書讀得比她們少，這個推論跟報上的消息倒是頗爲接近的。

「想想嘛，看看嘛，聽聽嘛，我只聽見糖果店的老板娘說，某個人在日本發達了，回國來投資了；這就够了。水果大家都喜歡吃，可是經營果園哪有像開工廠那樣的賺錢！我有錢，第一就想在果園上蓋起工廠來，不過，最大的問題：我爹是死硬派，不會答應。」

梅小珍說：「貴良，你知道得可眞不少，無怪乎要上都市來。佩任，今天報上有個消息，你注意到沒有?」她停了停，實在沒辦法，還得由她先提這件事。「貴良，請你把報紙找來，好不好?」

報紙依然端端正正地放在飯廳裏，因爲整個早上，大家都在爲貴良的事操心，意外地把牠冷落了。貴良把牠交給了梅小珍。她不知道她所指的消息是甚麼?於是，梅小珍翻到社會新聞版上，大家都看到了照片中的克任，大家都明白了克任這幾天來所陪伴的並不是一個普通的觀光客，大家的臉上都驀地塗上了陽光，連貴良也不例外，大家的想像力都活躍起來，宛如克任本人也將成爲企業界的鉅子。

爲甚麼哥哥不早把這件事告訴我們呢?佩任想，他是怕我們在他還沒有任何收穫之前就張揚出去?啊，大哥眞是考慮得太週到了。今晨，他竟能這麼斬截地答應爲貴良安排工作，說不定早有成竹在胸了。

貴良從梅小珍手中拿來報紙，他的目光盯着「投資」這兩個字。要是那位華僑劉老先生看中了他家的果園的話，要是地價每甲高達六、七十萬的話，他怎麼去說服父親把果園賣掉?現在他正閒着，或許正該趁這個機會回家一次。他不能跟父親完全鬧翻，日後，他如果想在都市裏謀求發展，還得借重這個他所憎惡的果園。父親雖然固執，却生就一副軟心腸，以後要圖說服父親，用的應該是感情，而不是地價如何如何一類的硬梆梆的數字。他得記住，以前，他在父親面前是個好兒子，以後，他要更加馴順而乖巧。歸根結柢，沒有一個父親不希望他的兒子有個遠大的前面對着他們的沉默，梅小珍也緘默下來。無可否認，有時，緘默要比說話更爲深妙。談論那些猶無把握的事，難免顯得狂悖。忽然，她站起身來，說：

「佩任，我要回家了。」

「爲甚麼不等哥哥回來，大家談一談？」

「何必談論這件事呢？如果他希望我知道得多一點，那就讓他去找我吧。」

梅小珍把那把桃灰色的綢傘抖了抖，綢傘如一朵荷花似地慢慢展開。

十

她的一隻手擱在檯子上，細緻的銀紅長指甲在各式各色的吊燈所投下的濛糊糊的光線中呈現出落英般的柔美，有時，牠們微顫了一下，彷彿是被風吹動似的。於是，幾乎突然地（或許只是他的感覺），那隻手不必要地揑住了她面前的咖啡杯，而藍瓷的杯子上也就立卽盛開起花朵。

這會兒，他直注意着她的手。她正坐在他的對面。

「沙女士，我這次拜訪，太唐突了吧？我猜想，不但你想不到我會來找你，就連我自己，在作這一決定之前，也從未想到會來看你。我們原是兩個陌生人。」

沙雅琴輕笑了一下。那種笑表示她同意他的敍述，也同意他們之間的陌生在逐漸消散。

「我相信，我不是一個魯莽的人。我這次來，只是劉守愚老先生臨走時所給予我的靈感、以及我幫助朋友的這一意願所給予我的鼓勵。在未跨進大通貿易行之前，我心裏忖：卽使你揮手叫我離開，我也不會感到驚奇。」

「我也不是一個魯莽的人。」她說。「事實上，你進來的時候，我已看過今天的報紙。那張照片很觸目，特別是對我來說，因爲我認識劉老先生，而且，在夜總會裏，也同樣看到過你。」

她的話也說得頗有技巧。三十五、六歲的女人，她已不會像年輕的女孩那樣浮激。她冷沉、幽深，然而，那貼在藍瓷上的銀紅指甲，不又像冷夜裏的餘火？

「唷，那樣說來，我今天眞是幸運極了。」他依舊注意着她的手。未進咖啡室之前，他就看到她有一雙跟她的臉孔不相稱的年輕的手。她的臉雖然經過細心的化妝，但仍克服不了魚尾紋的悲哀。幸虧她的皮膚很白，適於穿着任何顏色的衣服。今天，她穿了一件淡黃鏤花的旗袍，有種由落寞和驕矜混合而成的美。她穿得要比那晚在夜總會時淡雅得多，或許因爲現在是白天。午前，咖啡室裏的客人並不多。這也是他的幸運，她沒有拒他於千里之外，反而客氣地邀他上咖啡室來。這一切，他知道，並不是他是俞克任，而是因爲他認識了劉守愚先生。

「劉老準備在臺灣投資哪一門企業，或許他已經告訴你了。」她又輕笑了一下，表示她只是隨便問問，並沒有別的意思。

「我也不知道。說起來很慚愧，我對投資、經商這一類事情全都外行，這也是我以後要向你請教的。」克任停了停。「劉老說，沙女士是位能幹的女性。」

「那是因爲我沒有丈夫，不得不這樣呵。」眼皮低垂，交錯的兩手似十片花瓣。「我在二十七歲那年離了婚，以前，我是一個單純的中學教員，除了教書，什麼都不懂。你知道，教書只消捧住那幾本教科書，改改學生的作業，就能應付過去，其他的事都用不着操心。我一直想這樣過下去，但環境却不允許我。你瞧，現在有好多人都說沙雅琴好精明，我聽了就感到好笑。」她一抬頭，諷嘲的眼神鋒利如箭。「許多人都能被環境磨成為能幹的人，包括你，俞先生。」

克任忽然覺得不好意思起來。能幹原是讚詞，但這兩個字在某一場合裏，似在暗示那個人很會利用人際的關係。她後面的一句話，依稀地揭露了他今天造訪的最隱蔽的目的。如果她是跟他同年齡的男人，他就會伸過臂去，拉拉對方的手，說：老兄，既然我們第一次見面就能這麼坦誠相待，那麼，希望我們以後也能彼此幫忙。而眼前，明明她是一個比他大上十來歲的女人，因此，克任只有訕訕地笑着的份兒。商場上的鬪智有時比考場上的還要來得厲害，她以一個女人主持一家大貿易行，叫人無法懷疑她的深到與練達。他喝着咖啡，企圖勻出一些讓自己思索如何應對的時間，但沙雅琴却又說話了：

「我是隨便說說的，俞先生。今天，我對自己的事比較說得多，往常，我總是只談生意、不談私事的，我想，我無形中已把你當作一位可以長久來往的朋友了。」

「喔，我太感激了。」克任禁不住對她深深微笑。倘如他們是在什麼飲酒的場合，他準會站起來，斟滿她面前的酒杯，而此刻，他則願意自己的笑意就是酒，她能滿滿地盛住。「我想，劉老先生不久就會三度回國的。」

「我也這樣想。在工作未開始之前，劉老總是悶聲不響，但一經開始，他就大刀濶斧地積極邁進。成功畢竟不是偶然的啊！」沙雅琴倏然煞住話頭。吊燈的微光在她的指甲上閃耀，但臉上的細紋却被燈光融化了；在這個時候，她手的年齡和她臉的年齡就相差得很近、很近了。

克任幾乎忘了貴良工作的事。咖啡已在說話與沉默中喝完了。

「你還沒有談到正題呢，你的朋友——」

克任一怔。噢，她多細心！他趕緊找理由：「第一次見面，就向你懇托，實在難以啓齒。我的朋友想找一個工作。」

「譬如，英文秘書一類的工作？」沙雅琴接下去。

「不是。我的朋友沒有這樣好的經、學歷，要有，他也不會託我了。他只想找個小工作，貴行目前可需要一個會寫也會跑跑腿的低級人員？」

「哦，你怎會想到我呢？」

「那本來是羅勃李的事，是羅勃李親口跟他說的，但羅勃李這個人……你是知道的……因此，我不得不負起責任來，這，看來不是挺可笑？」他又去望她的銀紅指甲。梅小珍的指甲也該加上一點色彩才好。要是大通貿易行裏要用英文女秘書的話，那麼，讀外文的梅小珍在畢業之後倒可以去那裏。當然，那是以後的事；現在是，沙雅琴的行裏眞有缺額嗎？否則，一切免談。她正在低頭沉思。她該是那樣的一個女人：不會讓你太容易地獲得你所需要的；得來不易，你才會知道她也為你犧牲了些。

「如果你有為難的地方，請你不要勉強。」克任說。他記起他的驕傲，就馬上恢復了他穩定的語調，並且站起來。「我們已在這兒坐了好一會，你又很忙，所以我想告辭了。」

「你不要答案？」沙雅琴跟着他站起身子，臉上繪滿了驚異。

「我已經替朋友盡了力，不是嗎？」他要在光亮處找尋她的魚尾紋。他總算領略了中年婦人的深思長慮。「有時候，你又何必一定要答案呢？」

「你怪我答應得不够乾脆。」沙雅琴自己的答案非常明朗。「有些事情，我非得一再考慮不可。」

「你說得對，所以等明天、後天或者再過幾天，你再告訴我好了。」

「你跟羅勃李不同。」沙雅琴說。

「哪一點不同？」

「你的自尊心很強。」

「噢，那是因爲我的出身不同。」克任霎霎眼睛。他眼前閃過那輛曾經爲他父親而備的座車。「沙女士，劉老下次回臺時，要不要讓我通知你？」

「讓你的那位朋友明天來我行裏上班吧，這樣，我以後有什麼事要連絡，也可以方便些。」沙雅琴終於完全屈服在他的矜持之下。她握握他的手。「我說過，我們是朋友，而且是長久的朋友。」

他本是一個懇托者，但在幾分鐘內，情況似乎全然改觀了。在平等的地位下，他們欣然分手。他知道，像沙雅琴那樣的女人，是非要讓她看看他手中的王牌不可的。汽車裏的他享受着勝利的快慰。在短短的幾天內，季節風鼓着滿帆，載着他向大洋前進。

已是中午，他逕自回到家裏。推門聲特別響，脚步聲也特別重，俞老太太惶惶然地跑了出來，好在克任臉上的笑容也特別深。他把自己向太師椅上用力一擲——啊喲，忘記牠不是沙發了，尾椎骨碰在堅硬的木頭上，好痛！但，即使痛，眉宇却仍是舒展的。

「媽，貴良呢？」

「在屋後替我劈引火柴，燒洗澡水用的。他好勤勞，一個上午就替我理這理那的。」

「從小練出來的嘛。要是在果園，工作還要吃重哩。媽，我回來了，他怎麼還不出來，我要告訴他好消息呢！」

俞老太太忽然壓低了聲音：「克任，媽對你說，你可不能像羅勃李那樣，說話沒根沒脚的；要確確實實地有了着落才能說，否則，不又害他失望一次？一個人說話不負責任，儘讓別人上當，實在跟扯謊差不離！」

「媽，我怎麼會跟羅勃李一樣？我是確確實實地替貴良謀好了。大通貿易行的沙經理親口答應的。那天，我就說過，羅勃李辦不到的事，我能辦到。我跟羅勃李相處幾個月，我知道他的優點和缺點。他的優點，我有；他的缺點，我沒有。」

俞老太太搖搖頭：「不要把自己估計得太高；很多人都不會知道自己的缺點。太活躍的人，有時，活躍就是他的缺點；太死板的人，有時，死板就是他的優點。我且打個比方：你爸在世時，春風得意了十幾年，而渡海以後，也蹭蹬蹇滯了十幾年。我曾經細想過，假如你爸不是少年飛揚於官場，那麼，來臺之後，或許就能脚踏實地幹起來，而晚年，也就不會落得這麼消沉苦悶了。」

「媽，你有這種想法，是不是由於信教的關係？」

「我想，那是因爲年老的關係。你看，程老板經營果園，總算辛苦了吧，但他一直快快樂樂。貴良卽使遭受打擊，也不會像你以前找不到好工作時那樣唉聲嘆氣。我們是沒有經過苦難的試煉吶！」

「好啦，媽，你現在對我說這種話有什麼用？你是想叫我把苦苦爭取到的全部放棄？其實，我所爭取到的，放在耀眼的臺北市裏，又算得了什麼？」他激動起來。滿眼是削壁般的新樓與急流似的轎車，錦緞舖展在地上，華燈閃耀在屋頂，而他則是這座大舞臺上的起碼配角。他倏地站起來，從母親身邊掠過，拉開半掩的窗幔。隔鄰的屋子比他家的還要簡陋。視線躍過矮矮的磚牆，他看見幾個小孩在泥地上玩耍，一個很小的小孩只穿了一件短衫，光着屁股。宛似有一片骯髒的霧粒向他淹來。他又縮回到太師椅邊，臉就朝着太師椅：「媽，你的意思是，一切最好聽其自然發展，費力爭取來的光榮也不是眞正的光榮。」

「我不是這個意思，我只是希望你克制一點。我老是聽你談起羅勃李；羅勃李可不是一個好榜樣。」

克任管自對着太師椅說：「在這座簡陋的屋子裏，爲什麼偏要保留着這些精緻的太師椅，讓我們黯然神傷？一套廉價的沙發對這座屋子不更適宜？我寧可以前不曾享受過光榮，那麼，我現在也就不會這樣急着去追求。媽，我說這話，你會知道我內心搏鬪的痛苦！」

俞老太太拍拍克任的背，安慰他：「說起來，都是媽不好。你進來時，高高興興的，倒是我的話引起你的傷感了！當然，我也是希望你時來運轉的。這會，你到後院去看看貴良吧，但你對他千切要隨和些。」

後院實在不大，屋角的一棵老樹的枝葉遮去了半院的陽光。幸而，夏日裏的蔭影把身上和心上的熱全部趕跑了。貴良就在這棵樹下，把木柴劈成了一堆堆的小木條。他已停止工作，但仍坐在小櫈上。佩任正嫵婉地憑樹而立，在跟貴良談天。他們一定已經談了很久了，連他囘家了好一會，他們都不知道。或許就是這一意念，他霍地對貴良感到憎厭起來，並且連帶把不滿延伸到佩任的身上。他懊悔自己上午跟沙雅琴的一場鬪智，但鬪智的勝利不就是使貴良離開這個家的惟一手段？

「貴良！」克任喚了一聲。不管剛才母親怎麼叮囑他，但他的語氣仍是那麼居高臨下的。

貴良迅速地從小櫈上站起，向他跑去。他原認爲貴良定然一臉愁苦，不料，他倒是笑哈哈的。

「俞少爺，恭喜你啦。」

「恭喜我，還是恭喜你？一點不假，我替你在大通貿易行裏找到了一個工作。羅勃李不敢開口，我却硬是找到沙經理那兒，因爲我始終認爲程老板是先父的朋友，而你又是我的朋友，這個忙，我不幫，誰幫？」

貴良連說了幾聲謝謝，然後拉着克任往裏走。「你自己的喜事呢？報上都登出來了，你還瞞着我們。劉老先生一回來，你還會繼續在旅行社裏工作嗎？」

「那倒不一定。」

「如果劉老眞要買我們那個果園，我會去說服爹的。我今天下午打算回去看看他，明天再回來。」貴良說得很急促，就如這是一件計劃已久的事。

克任望着貴良的敷着光彩的臉——他簡直不敢相信他想得比他還多。他的確不再是個農夫了。

佩任從後面跟上來：「哥哥，梅小珍剛才來看你；今晚，你有沒有空去看她？」

克任無緣無故地光起火來：「爲什麼你老是逼着我去看她？我什麼時候有空，我自然會去的。」

「哥哥，我是好意，如果——」

「如果我不去的話，我就會失去她，是不是？我不相信。不是我說你，你的有些看法，着實需要檢討、檢討。」他打眼角睨了貴良一眼。「這麼大了，見解還像小女孩那樣地膚淺！」

「我哪兒得罪你了，你竟當着別人的面用這種話來損我！」佩任委曲得叫了起來。「你不要得意得昏了頭，連自己的妹妹也認不淸了。」

「我倒是認得淸人，怕就怕你認不淸人。一句話，我的事，我自己會管。你用你的頭腦管你自己的事去。」

佩任呆了一呆，驀地意會到哥哥指的是什麼。她的臉色一沉，低下頭，哭嚷着衝向臥室去：「原來不是因爲我管了你什麼，而是因爲你想干涉我的一切。我倒不明白你究竟認淸了多少人？」

貴良莫知所措：「我仍舊搞不淸楚你們剛才到底爲了什麼爭吵起來？」

克任故意笑得很輕鬆。「實在也沒有什麼，我本來是想跟她開玩笑的，想不到她竟認起眞來。貴良，你知道，佩任偶爾也會使使小姐脾氣的，畢竟以前我們也是富裕人家，小時候寵慣了，就很難改正過來……我是說，佩任跟秀玉不同……哈，哈，下午你上果園去一次也好；爹兒倆見見面，談談也就沒事了。」

貴良還是摸不淸這是怎麼一回事，一個勁兒地瞅着佩任的房間：「你不去勸勸佩任？」

「勸什麼？哭一會也就好了。我們先吃飯去。說不定她瞴上一會，醒來就笑了。那樣的女孩子，好固然好，可也難伺候。」

貴良走後，佩任還是不肯起來。俞老太太走進去勸她。她細細的啜泣飄過一段短短的走廊，溜進克任的房間裏來。躺在床上的克任，平靜地聽着。他再次地繪描剛才佩任跟貴良相處時的模樣。不管怎樣，她幾乎是在引誘他。他之責備她可一點也沒有錯。如果不先給警告，她也許眞會糊塗得落到貴良所佈下的愛的網罟裏。不去想想父親曾經做過高官，不去想想哥哥也可能成爲未來商場上的有頭有面的人物！讓她哭吧，讓她哭去她的輕率與愚蠢，讓她的淚水洗亮她的眼睛。倘如像她那樣年齡的女孩果眞需要一個男友的話，那就該找她的男同學去，或者讓他介紹一個大學時代的同學給她，或者托梅小珍替她物色一個。啊，對了，爲了矯正佩任的錯誤，他幾乎把梅小珍忘了。今天晚上，他要約梅小珍去看電影，然後，拉着她的手去咖啡室坐一會——就是上午跟沙雅琴去的那一家。他現在希望梅小珍也有一雙如沙雅琴的手那樣美好的手——這是一件很奇怪的事，他第一次就注意到沙雅琴的手，而他跟梅小珍交往了這麼久，却從未注意過她的手長得怎麼樣——啊，那落英般的柔麗的指甲，在微光中那樣閃呀幌的，好像一陣風就會把牠們吹起來似的——纖長？柔荑？粗短？多節？他一無所知。他握過梅小珍的手，但却沒有留下一點記憶；是因爲她的手沒有給他以特殊的感覺，還是因爲她的指甲上沒有加色的故事，讓人驚奇、懷念？買一瓶蔻丹送給她，就在今晚，怎樣？並且親自替她塗上，同時告訴她說他喜歡塗着蔻丹的手——可是千萬不能告訴她說這是他看了沙雅琴的手才引發的意念——說這樣的指甲才能表示出青春與熱情。年輕的手，他會這樣告訴她。每個人都喜歡自己年輕得不出二十歲。現在，佩任的啜泣聲幼細得幾乎辨不出來了。他把佩任從他身邊推開去，讓梅小珍倨坐在咖啡室的卡座上。「你喜歡我送你一件禮物嗎？」他將問她。她當然喜歡。他很少送她禮物。就一個情人來說，他不够慇懃。

他幾乎常是被動的，一定要等她給了他暗示之後，他才會有所反應。他要再說一遍：佩任剛才催促他去看梅小珍，這可沒有錯，錯的是她對貴良的態度。佩任應該知道她是二十三歲了，如果再這樣糊塗下去，就難免不上別人的當。如果她這會兒走過來跟他評理，他眞要詳詳細細地對她分析、分析。

佩任的啜泣聲已然隱沒下去，但他的睡意却遲遲無法升起。彎過手臂，向床頭櫥去摸書本，碰到的却是冷冷的玻璃杯，心裏眞以爲那隻紫水晶貓還蹲在那兒呢。他一直沒有對母親提起這件事，只怕母親捨不得那件古玩，尖聲地嚷開來，讓別人聽了不好意思。剛送掉的第二天，母親根本沒有發覺那件擺設已經失踪，待後來發覺了，盤問他，他便推說怕摔壞，已經把牠收藏起來。收藏在哪兒呢？他會擔心母親會這樣追問，幸而母親完全相信了他，只笑笑說：「你能愛護父親的遺物，我就安心了。我本來就覺得放在這兒總不妥當，書本呀、茶杯呀，亂七八糟的，一不小心，就會給推下來，摔破了，怎麼辦？牠不僅僅是具有金錢的價值，而且還具有紀念的價值。回想起你父親逛古玩店的那一段辰光，你跟你妹妹還是小不點兒。那天傍晚，你父親跟你回家時，他從長袍的袖管裏掏出這件玩意兒來，我推想，擺不上一個星期，準又會轉手送人，哪想到他竟一直把牠留了下來。」母親感慨着。「眞快，現在你父親過世也有好久了，你把牠收起來也好。」自然，母親的這一段話會使他內疚過，但他却馬上找出了充足的理由來爲他的這一舉措作辯護——他是爲了要爭回父親昔日所建立的光榮。那個太陽雖然現在沉下去了，但他却要看牠再從東方昇起。那時，每當他在晨鳥的啁啾聲中醒來時，他會隱約地聽到父親眞正歡樂的笑聲。

書本拿在手裏，眼睛却半闔攏來。當然，他沒有心情看書，但也沒有心情入睡。原以爲母親會走進來，數說他幾句的，如果眞是這樣，那他就會說服母親多開導開導佩任，但母親沒有來。這不意味着她們正聯合起來，用沉默來向他表示她們對他的不滿？

不滿就不滿吧。他已經仔細地剖析過。他是對的。是對的，他就不怕。

那麼，小珍，你的意思呢？他乾脆跟梅小珍聊了起來。梅小珍的臉在窗外無數的花朵中閃現。你應該是站在我一邊的。

你說什麼？梅小珍問。我聽不懂，你在說什麼？

我不喜歡佩任跟貴良太接近，我似乎看出貴良懷着野心。

爲什麼你不說懷着愛情，而說懷着野心？

因爲他不配。他跟佩任之間相差得太遠了，無論是門第、人品、學歷……

爲什麼你老提過去？你就不能把牠忘掉嗎？

小珍，你應該了解我的。如果沒有輝煌的過去來支持我，我怎麼挺得住？如果沒有牠的鼓勵與照明，我又如何找尋前進的目標？過去永不消失。所有的以前都跟現在連在一起，並且必然會跟未來結合。你懂得嗎？小珍……

我懂得，但你無法叫所有的人都懂得。我懂得，因爲我愛你……梅小珍的臉在黃花中間顯得

模糊起來。

我來看你！他急急地對她說。我傍晚來看你，我跟佩任的爭吵與你無關。你等着，我來看你。

一次幻想的談話，使他的心情舒爽了不少。他需要別人的讚許，這也是一種滿足。下午，仍下着雨，只是有一陣沒一陣的，一當場光驀地從雨中竄躍出來，那些白亮的雨絲便變成了一根根的金絲，似乎存心要把這個都市裝飾得更其高貴、瑰麗，而當雨雲重又佔了優勢時，世界就好像更其灰黯了。不過，那種黯淡是跟咖啡室裏的黯淡情調全然不同的。

「我以爲你今天不來看我了。」梅小珍望着鐘乳石般的吊燈，說。或許她不該開口就說這句話的，這不把自己的熱切全托出來了？男人有時會瞧不起熱情的女孩的。

克任的回答很有趣：「在感覺上，我今天已經看見過你兩次。一次是中午，一次是現在。哈，說不定深夜又會看見你一次。我常常這樣：在心裏跟你見面、談話。」

梅小珍的目光滑到他的臉上。「我常以爲你並不把我放在心上呢；你看，我多幼稚！」

「爲什麼有這種傻念頭？」

「或許是因爲你太忙了。」

「那是工作的方式。老伯介紹我去時，你就應該想到的，但我在心裏始終爲你劃出一塊園地。」他拉起她的手。此刻，他才看清了她的手並不纖長，也不柔荑；平整的指甲，寬寬的手掌。

她的手顯然沒有她的臉來得年輕、清瑩而玲瓏。塗上蔻丹，又有什麼用呢？塗上了也不會顯出落英般的柔美來。只好讓那份禮物依舊沉在褲袋裏了，但他還是說：「你的指甲在燈光下看來好像蒼白了些，你爲什麼不爲牠們化粧一下？」

「我不喜歡，我爸媽也不喜歡，你喜歡嗎？」

「我也不喜歡！」他說。他也不明白他爲什麼要這樣說。

即使他不滿意於她的手，但他還是跟梅小珍說了劉老先生的事以及沙雅琴的事。梅小珍說，她曾聽父親談起過沙雅琴。她是商場上的名女人，挺厲害的。

「我不喜歡太厲害的女人，這或許是因爲我自己太沒用了。」梅小珍笑笑。「你不以爲我這句話說得過分吧？」

十一

雨，瀟瀟洒洒地落了三、四天，彷彿是受了雨的擋駕似的，那幾天裏，貴良沒有回來。沙雅琴還打了一個電話問克任：你的朋友怎麼還不來上班？克任說，他回家探親去了。「一回到家，總忍不住要多歇幾天，這是每個人的習性。」他作了這樣的一個解釋。沙雅琴在電話裏笑了笑，表示承認他的解釋，但他自己却不相信牠。貴良的遲遲不來，是否跟他責備佩任有關？在寂寞的果園中，如細品一枚果子的滋味一樣，人是有絕對的閒暇來咀嚼別人的話語的涵義的。要是甜中嚐出了酸，貴良就會怫然而怒，連帶懷疑起他對他工作所作的努力來。當然，如果他是貴良，那他就會這樣懷疑。的確，他爲貴良工作所作的努力，目的並不單純，也可以說，是多方面的。不過，要是竟讓貴良猜着這一點，那不就是說貴良的心智並不略遜於他的心智？想到了這，他總有一絲兒被侮辱的感覺。

「媽，你看，貴良爲什麼……」正因爲心裏想得很多，也就渴望跟母親談談，聽聽她的意見，但話猶未完，却給佩任攔腰截住了。

「你還掛念貴良幹嗎？他來了，你巴不得趕他走；他沒來，你又假慈悲起來。告訴你，他這次再來，你不趕他，我來趕他。我受不了你的氣！」

「你這算什麼話？我們是一家人，吵過了，也就算了，但你對他亂發脾氣，那就挽回不來了。」

「挽回不來，豈不稱了你的心？以後，他永不上我家的門，豈不省了你我的許多麻煩？」

「呀，佩任，你這樣做，何苦來？我跟你說，你如想跟某個人疏遠，只要保持一個適當的距離就行，何必一定要厲言相向？我們跟貴良相識了十幾年，我只願我們永遠停留在以前的那種關係上，你要清楚這一點！」

「你是個自私的人！」佩任向他大聲嚷叫。「你不僅自私，而且虛僞！」

俞老太太的臉色青得像一杯綠茶；鬆弛的兩頰肌肉猝地皺起幾條波紋；眼珠子却像茶滓，褐黃無光。她想站起來，回到房裏去，但結果却說了這麼兩句話：

「假如你們要吵，就到屋外去吵個痛快！」

兩個都垂下了頭。母親很少發脾氣，今天，她的話顯然表示出她已到達了容忍的限度。好在克任本來就要去上班，便向母親歉然地笑了一下，穿上雨衣，拿起公文包，走出門來。他恨的不是佩任，而是貴良。那種人，就應該碰到羅勃李才對。上够了當，吃足了苦，那時，到你跟前來時，你再臭駡他一頓，包管他連哼都不敢哼一聲。今天，如果沙雅琴再打電話來問，乾脆回掉算了。本來，誰也不是眞正的要人，能留着職位等他？

羅勃李比他早到。雖然，羅勃李的笑一直是廉價的，但以前，彷彿總帶着一點兒炫耀的成分，而現在，却是含有強烈的欽佩意味了。他剛坐下，羅勃李就遞上一支洋煙：「哦，哦，這雨也該歇歇了。」聽他的語氣，猶似雨已下了十幾天。克任沒作聲，只向窗外懶懶一瞥。從家裏帶出來的不快還未在途中融化，噢，倘若羅勃李不隨便扯淡，那天就不會想到在貴良面前擺威風、顯神通、自告奮勇地去看沙雅琴了。這件事情的禍首是羅勃李！看他現在倒是笑得挺輕鬆的。他也不去看他，只懶懶地打了一個呵欠。羅勃李不知就裏，再次探過頭來，細看了他一下。

「威爾遜，看你樣子，好像還沒睡够。昨夜玩得很晚？跟你的那位密斯去哪兒了？」

「玩？老兄，我可沒有你那種冒雨夜遊的雅興！何況我的那位跟你的那個不同，她還不一定肯隨我的意思呢。昨夜，我是爲貴良的事傷腦筋；他去了幾天，還沒回來，我怎向沙女士交待？」

羅勃李把肩頭一聳，架在鼻樑上的眼鏡也隨着輕跳了一下。「威爾遜，我說你這個人啊，也實在太認眞了一點；這些小事，也值得掛在心上？他不來，算他倒霉，換個人去接替他，不就得了？我公寓附近有一家雜貨店裏的送貨員，人也長得挺伶俐的——」

「於是，你也常常對他說，要替他找個好差事，對不對？」

羅勃李雙手一攤。「我是一片好心啊。找不找得到是另一回事，我至少給了他一個希望。你知道，希望是無價的！」

「那麼，你本身簡直就是一家古玩店！」克任忍不住朝他直刺。「不過，我是寧可讓沙女士失望，也不願跟低三下四的人攪在一起的。」克任翻了一下報紙，他不怕羅勃李難堪，因爲羅勃李臉皮厚，碰到尷尬的場面，他會打兩個哈哈去了結一切。羅勃李是張彈簧床，外表很堂皇，實質却是軟綿綿的。

「噢，噢，當然啦，你說得對。」羅勃李應着，非常自然。他已在頃刻之間把自己的意見排列到後面去了。

克任感到對羅勃李的憤怒無法生根，也就沒有再說下去，倒反而對自己勸慰起來：何必對這些小事生氣呢？如果貴良決心留在家裏，那就讓他留在那裏。這對佩任來說，也可算是一種擺脫，而他，則因這件事的牽引而得順利地結識了沙雅琴，這不也是一種收穫？如果今天有空，該親自向沙雅琴道歉一聲，好讓人家知道他俞克任可不是羅勃李第二。

「沙雅琴跟丈夫離婚多久了？」隨口打聽了一下。把對方的背景了解得越清楚，說起話來也就越不會刺傷對方。沙雅琴太敏感，或許因爲她是受過傷的人，也或許是因爲她這個性才使自己受了傷。敏感的人最會虐待自己。

「我也不知道。她沒提，我也不便問。只是認識她的人，誰也不知道她以前的丈夫是誰；因此，推想起來，她離婚怕有十年了吧。」

「喔，這麼久了，怎沒想到嫁人？」這句話問得更沒理由。沙雅琴連離婚多少年了都沒告訴人，更何況這種內心的秘密。因此，他馬上笑了笑，說：「我只是覺得奇怪。按說，她認識的社會名流也不少……」別再說下去了，越說越顯出他想法的庸俗。她自己也是名流，又何必去羨慕跟她同流的？名實相符的商業鉅子，多半都已進入老境，至少，她還不顯得老……尤其是她有一雙年輕的手。「我只是說她或許可以把自己的生活安排得更幸福些。」

「什麼是眞正的幸福？」羅勃李的上身往後一靠，兩手反過去攀住椅背。「安定的家庭生活？哈哈！那是屬於上一輩人的，好像我母親，跟了我父親幾十年，沒享過一天淸福，也沒出過一句怨言。我做兒子的卽使不寄錢囘去，他們靠千把塊錢一月的退休金生活，也覺得很悠閒。然而，要是我現在結婚了，有一天，我每月的收入不到五千塊，那我準得聽我太太的嚕嗦，要不，她就出去找事做。她有能力啊，她爲什麼該比她的同學、朋友獲得的少？理由很充分。可是，晚上囘到家來，發現家裏亂糟糟的，再加上外面所受的閒氣，於是，肝火往上，一言不合，就跟丈夫吵了起來。哈哈，如此這般的安定的家庭生活！」

「那是因爲你碰到的女孩都不是賢妻良母型的。你比較喜歡冶艷的女人。」克任從唇邊取下煙支，微笑却在嘴角盪開了。他故意這麼說，表示他對羅勃李的私生活不是不淸楚。剛才羅勃李說得這麼激昂，宛如所有的過錯全在女人，就沒有像他那樣男人的責任。「怎樣？你也是只願流浪，不願定居下來？」

羅勃李的雙手繼續攀着椅背，而且幾乎跟牠糾纏在一起。「我配嗎？只要想想看，沙經理是怎樣離婚的？這不暗示着：娶一個笨媳婦誠然不好，娶一個聰明的妻子又何嘗幸福？我現在這樣，不是很快樂嗎？」

克任一口氣把茶喝下去，望望窗外。天，快晴了。羅勃李這句話不假：他現在的確很快樂，他不想過去與未來，只活在今天，由工作與享受所織成的今天。羅勃李的另一種快樂，則是他很滿足。不像他自己，他是經常處在不滿足的壓力下的。

「你今天要去看沙經理嗎？」羅勃李問。「爲什麼不問問她不結婚的原因？」

「呵，我這樣做不是太可笑了。事實上，她結不結婚，跟我有什麼關係？我只是隨口談談。我們把牠忘了吧。我想，誰都在按照自己的方式追求幸福，對不對？」

「當然！」羅勃李說着，站了起來。「我們又要開始一天的奔波、一天的追求了。把人生看得單純一點，也就容易把握住幸福。哈，不管怎麼說，我是一個樂觀主義者。」

克任很想說，他也是，但這句話到底離事實太遠，不妥恰。他兀自笑了笑，一種對自己也無法把握的笑。從開始這一工作以來，表面上，他雖已完全站在廣場的豐沛的陽光下，火車頭冒出來的煙再也噴抹不到他的身上，但仍有一小塊陰翳緊隨着他，那就是他自己的身影；所以，他心中也總有那麼一角是潮濕的。他因此而羨慕羅勃李，却也因此而輕視他。就說最近吧，佩任的事本該由母親來管，但他却偏要以一家之主的姿態，雷厲風行地加以干涉，搞得整個的家在飄着雨絲，見不到陽光。想想似乎不值得，但要袖手旁觀，他能嗎？

雨雖停了，但心中的那方潮濕却猶然存在。上午，十一點半，他去看沙雅琴。進去時，她說：

「我知道，你是來向我致歉的。」

「你怎麼知道？」

「否則，你也不會一個人來；其實，小小的事情又何必那麼鄭重其事。晚幾天上班，還不至於影響行裏的業務。」看他還想解釋什麼，她搖搖手。「眞的，不必介意。要是我儘爲這種小事計較，那不是自找煩惱？怎麼不跟羅勃李一塊兒來？我好久沒看到他了。」

他說他們今天的工作是各有所屬，不相爲謀。他注意到她談起羅勃李的時候，語氣很隨便。他看得出來，在她的心目中，他的地位要比羅勃李的高。羅勃李猶似她的屬下，而他則是她的朋友。她用年輕的手把一些文件收到公文盒裏——呵，年輕而世故的手——於是，她開始談到羅勃李的能幹。「他是一個很出色的推銷員。」她說。他點點頭。這一評語可以說是完全正確。同時，他又突然明白過來：羅勃李在沙雅琴那裏不正擔任着推銷員的角色？大通貿易行是一家規模宏大、資本雄厚的貿易行，羅勃李常常利用他個人的人事關係，爲她推銷計算機、打字機、照相機以及其他各種機器和零件……那是他的副業。

「羅勃李是個能幹的助手。」她重又說道。「在有些人面前，他的話可能不可靠，但在我的面前，他的話却是百分之百的可靠。」她的銀紅指甲猶如一個個閃亮奪目的玻璃片，適宜於點綴在任何地方。「你懂得我的話嗎？」

當然，他懂得，因爲她是一個不能忍受愚弄的女人；誰愚弄了她，誰的損失一定要比她的大！她的那句話也是雙關的：告訴了他羅勃李對她的忠實，却也暗示了他休想愚弄她。

然而，除了貴良的事情之外，她對他眞有什麼價值嗎？一個純粹的朋友！彎彎曲曲地去找尋一個朋友，在這個時代似乎不太經濟吧。

「你需要助手，也需要朋友。」克任說：「中午，我請你吃飯。難得天放晴了。」

不管怎麼說，他不允許她在他的面前有優越感，除了旅行社的李經理之外，就連母親要他做事，也是說得挺婉和的：「克任，你今晚要不要出去？出去的話，順便替我買包龍井來。」或者，「你看我的記性有多壞，明明出去想買毛巾、牙刷的，但到了街上，却又忘了。你今晚沒有空吧？」母親知道他的脾氣：她把話說硬了，他就不痛快。

今天，約沙雅琴吃飯，他是頂着一些危險的。他總不能主動地去二、三流的飯館，可是沙雅琴却忽然對他體貼起來：「我懶得去遠處，就在附近吃些吧。中飯，我吃不了多少的。」的確像是老朋友了。逼人的傲氣已然消失，使他驟然感到走近了她一步。在他這樣想的時候，他們已經走到門外。薄薄的陽光粲在微濕的馬路上。正是中午，望過去，這裏那裏，滿目璀燦。他忽然莫名其妙地高興起來，許是多日不見的陽光所觸發的亢奮吧。他伸出手，讓陽光跌落在他的手掌上。沙雅琴在一旁瞅着他，然後說：「這會兒，臺北挺可愛，我們就這樣走好了，用不着叫車。」

家小餐館就在附近，點心做得很不錯。」

他發覺她沒有帶陽傘。陽光看來雖然很薄、很淡，但畢竟是夏日，畢竟是中午，而她畢竟又是都市裏的嬌弱的女性。他向她提起陽傘的事，但她却爽朗地一笑，把牠推開了：「我才不管呢，都市裏的陽光有時是買不到的，難得有機會在牠下面晒上一會。」

他們就這麼逛過去，像金色玻璃缸裏的兩尾遊魚，而店舖橱窗裏的各色商品，則是七彩的海藻。於是，他們游進一家名叫「西湖」的餐館裏，吃了兩碗餛飩、兩籠小包。她慢慢地告訴他：她不願自己以及別人作無謂的浪費，縱然是耗資千金的盛宴，獲得的也只是一個飽。

「噢，萬沒想到你那平易的一面尤其叫人感動。」克任說。他眞正激動起來。「我沒想到你待人這麼溫厚。第一次看到你是在夜總會裏，感覺上，你是一個事事苛求的貴婦人。」

「呃，因爲那是在夜總會裏呀。」她抽着煙，姿態很美。「事實上，一個人眞正喜歡去的並不是那種地方。」

現在，他們完全是老朋友了。他開始談起他的家庭、他去世的父親、他的母親和妹妹、他跟貴良之間的關係。

「雨停了，他今天或許會回臺北來。」他笑了笑，說。這次談話的愉快大大地減輕了他對貴良的不滿。

傍晚，克任回到家裏，看到貴良已經坐在客廳裏。他是下午三、四點鐘才來的，陪着他談話的是佩任，她根本沒有要趕貴良出去的樣子。

我等了你好幾天……他想責備貴良幾句，但結果還是忍住了。

十二

克任希望貴良在「大通」表現得極其優異，同時却又希望貴良在「大通」表現得極其拙劣；這兩種絕對相反的意圖使他自己也憑添了不少苦惱。表現得好，是他的光彩；表現得壞，可以讓佩任知道貴良的低能。他認定佩任是糊塗女孩，緊摟着一點兒時的感情，不肯放棄。要說那是愛情，也許過分了些，可是把那種感情再往前推進幾步，就可能到達愛情的領域。如果貴良在這一工作上被刷了下來，面目青腫地回來訴苦，至少佩任就會完全清醒過來：畢竟他是一個只會摸摸泥土的農夫。

因之，那一陣子，他並不指盼沙雅琴打電話給他，不論那電話的內容怎樣，他都會因此而感到煩擾。然而，儘管在心理上作着抗禦，沙雅琴的電話還是來了。她稱讚貴良的勤快、敏捷。又過幾天，貴良抽空駕着行裏的送貨汽車來到。他沒想到貴良還會握方向盤呢。貴良解釋道：他是在軍中服役的那段時期學會的，最近已通過考試，領到了正式的駕駛執照，所以在行裏，他是靜可以坐在寫字檯邊謄謄寫寫，動可以搬貨、駕車，「司機最近另有高就，我兼了差。沙經理好高興，答應馬上加我的的薪水。」貴良笑得很兇猛，一綹黏濕的黑髮就溜了下來，貼在他的右額上。

克任皺皺眉，他早知道貴良的頭髮是既粗又黑，剪下來簡直可以去做板刷兒，洗衣服，而此刻，牠却更像從死鴨身上拔下來的、給揑成一堆的鴨毛。小時候，一個老女佣曾告訴過他：頭髮細的主貴，粗的是下賤相。現在，他完全相信了這，因爲他的是細的，貴良的是粗的，他看了貴良的頭髮，胸口就發毛，因爲那種冒着熱氣、透着腥味的鴨毛他是連碰一下都嫌牠髒的。貴良當然不會發覺到，因爲他是敢殺鴨子、也敢拔鴨毛的，他甚至敢兩脚踩在水溝裏，挖爛泥。唸小學時，自己要去釣魚，不是貴良替他掘的蚯蚓嗎？貴良的粗野，他領略過。現在，貴良的快樂，也是粗野得極——他何必笑得如此得意？一個月碰頂兒也只不過賺牠一個兩千多，值得這麼大驚小怪的！

「嗬，嗬，我有時就用這輛車送沙經理回家。你去過沙經理的家嗎？」

「沒有。我跟她也不是挺熟的朋友。」爲了打擊他的那股熱烈勁兒，他的語氣就澱結在冷漠上。「你意思是說她的家很豪華，是不是？那也是意料中的事。我倒並不眼紅別人的豪華，那只顯得一個人的小家子氣，沒見過世面，你說對不對，佩任？」

「噢，」佩任結結巴巴地，「我哥哥的作風是：只喜歡換換窗帘。」

「因爲窗帘是會髒的。」克任說。

「而且窗帘也會增加氣氛的美，」佩任又說。「我哥哥最聰明。」

貴良許是對這一家人的感情太信任了，一點也聽不出兄妹對話中的躲閃與誚譏來。他站起身子，重新端詳室內的窗帘，然後認眞地說：「俞少爺的眼光不錯，不過，我是俗人，哪有俞少爺那樣的修養？一看到人家的房子這麼漂亮，我就在心裏發誓：有一天，如果有了錢，我也要……請兩位不要見笑。當然，我現在是窮小子！」

一會兒後，貴良駕着車走了。克任哼着鼻音走進來：「聽他的口氣，眞以爲能等到那一天呢！我看，除非他檢到了一包幾十萬的現鈔，就別想！」

「誰都在做發財夢，只是他老實一點，心直口快地說了出來。」佩任淡淡地，「別認爲我在幫他，我只是說得客觀一點；你放一百個心。他有什麼可以贏得我的心的？如果你把他當作一個朋友，心裏不就可以舒服了些？」她望着古花瓶。她的手顫巍巍地抓住長几的一角。「我只是沒有你那樣自大、寡情。爲了要證明我並不愛他，看來，我是非要趕快去找一個男人不可了。」

「我沒有這個意思。」

「但你老在逼我。每次他來，你就那樣狠狠地看我，好像是我約他來的，又好像，他來這兒，是完全爲了要找我。爲什麼我要擔當這個罪名？老實說，我不是一個濫用感情的女孩。在這幾年中，要是我活躍一點的話，不知已赴過多少次約會了。即使現在，也還有人在後面苦苦追我哩。過幾天，我要帶一個男朋友來，至少他是大學生，想你也不會這樣楞着眼睛，斜看他了。」

「佩任，你以前對我說話可不是這樣的。」

「我是不得已呀。我以前老是依你、順你，但你却越來越把我踩到脚底下去。我本來是打算慢慢兒地戀愛的，等我畢業，做幾年事，替家裏盡一點力，可是現在，我却不再這樣想了。」

克任把小几上的一隻白色塑膠杯墊往地上一扔。「你不必用這種話來要挾我、威脅我，除了貴良，你要交什麼男朋友，你去交去，我管不了。」他站起來，往外直走。「代我向媽說一聲，我晚上不回家吃飯了。」

宛如怕誰會拉住他似的，克任急急地走出院門。一株七里香蘢葱葱地長在一個鄰居的小院裏，在薄暮的凝重的空氣中把牠的芬郁潑滿了整個的夏日小巷。巷口擺香煙攤的那個中年婦人，就像被牠的芳香薰醉了，歪倚在牆上。兩個小女孩，手拉着手，在唱歌。歌聲很清脆，一點也不在乎馬路上的車輛穿梭聲已把她們的歌聲輾得七零八落。他站在路邊，刹時竟不知道要上哪兒去。夜總會嗎？一個人去，未免孤單了些；說穿了，不論上哪兒，一個人去，都覺得冷清。然而，哪個朋友是眞正有空，可以陪着他坐到夜深的！

彷彿就只有去找梅小珍了。不過，他是不十分願意在自己悒悒不樂的時候去看她的，只怕自己的笑容不够眞誠，只怕自己的喜悅不够騰昻。爲了她愛他要比他愛她來得深，所以在精神上，他已經有負於她了。還有梅伯父，每次見到他時，總要問他：你工作得愉快嗎？朋友之間處得很好吧？這種瞻瞻的懷顧之忱，哪兒找去？要是他不載着一車的歡愉去，又怎會令他們滿足？

可是不去又怎樣？一個人在植物園坐上半夜？讓那些情侶們憐憫他的孤獨？平日，忙的時候，只覺得哪兒都想去，却沒有時間去，但突然間抛給他一小段時間，却又感到去哪兒都不是。汽車在他前面的馬路上奔馳，但車中的乘客，有幾個能眞正知道自己的目的地在哪兒？

他蕩過去，走到電話亭裏，塞進去一個鎳幣，撥的却是旅行社李經理家裏的號碼：

「李經理，今晚有要我効力的地方嗎？」

「沒有——我想不可能有。你是想辦一點私事，是不？絕對不成問題。這些日子來，你對社方已經盡了最大的努力，爲顧客服務，也可以稱得上是風雨無阻，旦夕待命；我沒有剝奪你私生活的權利，今晚，你有絕對的自由。」李經理有時特別愛用「絕對」。

「李經理！」

「去找女朋友吧，約她看一場電影。等一會，我也要陪太太一起去看電影。我相信今天『國賓』剛放映的那部外國片，絕對錯不了。哈，再見！」

李經理那麼自然而決然地把電話切斷，因爲他有他的私生活啊。現在，克任知道他惟一該去的地方就是梅小珍的家了，而且，他也想不出，除了梅小珍之外，還有誰最歡迎他。他檢查皮夾，裏面還有一個鎳幣，他用兩指把牠挾出來，再小心地送牠到話機裏去。

接通了電話後，他已經培養起良好的情緒。他甜甜地說：「小珍，這會兒有空，我又忍不住打電話給你了，希望你還沒有吃晚飯。」

「我的確沒有，因爲剛才來了一位客人。」梅小珍以她特有的欣悅語調說。「你認得他。」

「羅勃李？」

「不是，是秀玉的哥哥，貴良，他駕着送貨車來的。」

「喔！」

「他對現在這一工作，滿意極了，嘴裏連連說你待他有多好。我們這次的談話，大半以你爲主題。嗨，克任，我眞爲你驕傲！」

「嗬，嗬！」

「我留他吃飯，他却走了。他眞是個勤勉、靈活的人，你說對嗎？」

如果他早知道他要聽到的是這件事，他就不會浪費那枚鎳幣了。

「小珍，我忘了告訴你，我現在不是在家裏，而是在巷口不遠的一個電話亭裏。」

「呀，爲什麼？」

「因爲我家剛才也來了一位客人，逼得我不得不往外跑。哈，哈，巧不巧？」他沒有把貴良說出來。現在，在對貴良的厭惡上，他是站在孤獨的一邊的。雖然，從外表看來，他要比任何人都更關懷貴良，而且，也實實在在地爲他出過力。或許，正爲了這，他對他的憎嫌，也就如潛在深水的魚兒，很難被人發覺。「小珍，我馬上來看你，你有空嗎？」

「當然有。我每天這個時候都在盼望你來。如果你像貴良那樣，有輛公用的汽車多好，那麼，下班之後，就可以彎過來看我。」

「但我不是貴良。」

「當然你不是。誰說你是來着？不要再說這種無聊話了，我在大門口等你，快呵！」

畢竟那枚鎳幣還沒有白花。梅小珍的清美的聲音從看不到的那方傳過來。噢，讓自己摔掉那份憤懣吧。任從哪一方面來說，他是不值得拿貴良這個小角色來困擾自己的。檢起以及整理一下自己剛才遺落的興奮，他推開電話亭的門；就在這段短短的時間內，街道已淹沒在灰霧中。街燈是暮靄中的亮眼睛，睁得大大地，瞪視着人們，而頭上那蒼藍色的夜空却被高樓剪裁成狹狹長長地，牠冷漠地扳着臉，來報復人們對牠的疏忽。都市裏的人，已經很少能夠看到拖着金色尾巴的流星了。忽然，他對自己說：爲什麼他們要囿限在電影院裏？或者咖啡室內？爲什麼不走得遠一點？去淡水河邊或者夜遊碧潭，不也很富情趣？呵，這些日子來，繁忙的生活已使他很少能爲自己安排一個悉如己意的夜了。誠然，他獻身的那一事業，儘多享受詩情畫意的機會，但那是爲旅客找尋的，何況在一再的重複中，屬於自己的那一份早在慢慢地風化，因而，他在青山綠水間徜徉時所泛起的笑意，也只像大佛臉上的笑容，象徵而已。這是可悲的體驗，却也是無法否認的事實。

然而，今夜應該不同。青山綠水＋梅小珍＋夜＝無限的美。愛情的力量可以使類同化爲不同，就像這會兒，夜的街道，忽然變得曈曨而妍艷，而浮游在街道上的七彩光影，也像是捕捉不住的雲霞。車子就在這樣富於光、彩的街道上馳過去；停下來時，他看到梅小珍用一襲純白的洋裝描出了夜色中的她的體態。他走過去，輕輕地握住她的手，說：「我來得很快，對不？」

「我似乎覺得已經等了很久了。」在夏夜裏，她的聲音柔而滑，是涼風中的涼風，而她的兩眼則亮而麗，是星星中的星星。」

他把她的手握得更緊了些，兩個人就這樣一同走進屋子去。梅伯父正在獨自抽煙，看到他，說：

「克任，你來得眞好，我正有一件事想跟你談談。」

梅小珍說：「爸，你快說，等會我們還要出去呢。」

梅卓然睨了女兒一眼，眼角和嘴角的笑漪層層漾開。「急什麼，怕爸跟你搶克任？他到這兒來，你不說，我也知道他要陪你出去。克任，別理她，先坐下來，好說話。」

「什麼事，老伯？」

「當然是關於你的前途的。這幾天，有個從日本來的朋友告訴我，他在那裏聽到一個消息，說是劉守愚老先生打算在臺投資五千萬，開設一家大工廠。」

「很可能。他上飛機那天就說要來設廠的。」

「不知道是開什麼樣的工廠。但不論哪種工廠，總得把自己的商品推銷出去，所以也就少不了業務部門，以後在那個部門裏，必定需要像你這樣能說善道、而又懂得顧客心理、市場動態的人才。如果你想轉業，對於劉老先生的行踪，還得隨時留心才對。」梅卓然沉思地說。他那樣的事事關切，顯然已經把克任當作一家人了。

克任雖然很感激他，但心裏却又覺得不以爲然。梅老伯未免太低估他了。

梅小珍又插上嘴：「你怎麼知道他跟劉老沒有連繫，或許，克任得到的消息，比誰都快、都可靠哩。」

梅卓然遽然在沙發扶手上一拍：「對呀，我眞是越老越糊塗了，克任跟劉老有交情，他的消息應該比誰都靈通。劉老以後借用他的地方，可多着呢。克任，你要好自爲之，好自爲之。」他把煙頭細心地捻熄在煙灰缸裏。「晚上涼快，你們年輕人應該出去走走。」

「老伯，你有沒有空，跟我們一起逛夜街去？」

「我有空也不會跟你們一起出去，否則，不是太不識相了？」梅卓然笑了。「克任，你是不是要請小珍上館子？我看，還是免了，在我家吃頓便飯，省下的錢，等會花吧。」

克任只得在梅家用了晚飯，然後跟梅小珍一齊走了出來。夜比剛才更爲瑰壯而煥爛。整個的夜臺北像在舉行一個盛大的宴會，燈火通明，賓客盈門，但這樣的夜宴，他們已經參加過無數次，也就沒有多大的興趣了。一輛三輪慢慢地踩近來；在越來越響的淘汰三輪的呼聲中，牠顯得黯舊而零丁，好似一團瀕逝的影子。梅小珍被一股依戀之情所驅使，便招了招手，喊住了牠。兩個人相顧一笑，坐了上去，

「上哪兒去？」踩三輪的望着不遠處的一座巍峩大廈，說。那些光耀耀的窗口比夜空上的星星更爲引人，但他却也同時發覺，去那兒的人們已經很少有成爲他顧客的可能了。

「上哪兒去？」梅小珍幾乎用同樣的語氣探問，一雙眼睛也隨着望向那些窗口。爲什麼每晚總有這許多人去那兒？是爲了追求美？假如光是爲了追求美，倒也好了。克任此刻是不是也想上

那兒去？假如他追求的也是那種地方，那她眞要傷心得流淚了。

「噢，我也不知道去哪兒的好。」克任說。「隨便拉着走吧，反正我們要去的是些比較淸靜的地方，散散步，吹吹風，小珍，你說對不對？」

「我，隨你。」梅小珍感到很安心。克任畢竟不是一個浮淺的青年。她愛他很深，只願知道他的優點，不願發現他的缺點。這是愛情的自私。

踩三輪的那個中年人，對於這一類的顧客，已經不再感到驚異。會不止一次地，年輕的情侶包下了他晚上的時間，坐在他的車座上，讓他儎着他們遨遊復遨遊。他爲了家，犧牲了自己的夢，帶着他們去尋找愛與夢。那落在時代後面的三輪，一如以前人們在水上所用的竹筏，那樣簡單，却也那樣充滿逸趣。百米冠軍的工業把人們的生活捲到漩渦裏，但這種小小的交通工具却予人們以一種樸淳、閑豫的享受。在辛勞中，他也微微昇起了一絲驕傲。

車子向北馳去。或許他要儎着他們去淡水河邊吧，克任想，這樣也好，去茶棚品茗，近處有水，遠處有山，空間遼濶，涼風油然而生，如果再有月色助興，那麼，黝暗的河水上就會閃着珠灰色的光。因此，當車子在廸化街悄然前進時，克任說：「你想得對，到底是老經驗，你就拉我們到十三號水門去吧。」

「先生，要不要坐我的車子回去？」

「好的。到那兒後，我們去喝茶，你在車上等我們，我們按鐘點計算，大家省得厤煩。如果你也要喝茶的話，我請客。」克任心情愉快的時候，待人也就寬宏大量。他側過臉來，看看梅小珍。梅小珍正在品嚐他的慷慨，一雙眼睛在朦朧中特別流麗。於是，他又湊近她，說：「你是不是認爲我太浪費了？」

「倘如這也算是浪費，呵，我想，怕誰也不會再對浪費抨擊了。」

現在還不是茶棚熱鬧的時刻，許多想找一些靜趣的人還未從自己狹小的家裏走出來。他們在一張桌子旁坐下，堂倌　上了茶，並且端來了醬油瓜子和鹽水花生。

「喂，小珍，我有時想，我倆的父親，當初在買房子的時候爲什麼不挑一個院子較大的？這樣，我們此刻就可以坐在院子裏乘涼談天了。」

「也不一定，一個人在家裏獃久了，就會厭，總覺得外面比較新鮮。就說貴良吧，一個大果園，够得上清幽了吧，但他偏要往外跑，還是秀玉有耐心，每次寫信來總說她在果園裏很快樂，她已經深深地愛上了果園的靜與美。」克任把一枚有殼的落花生捏得嗶嗶叭叭地響，外殼裂開了，裏面的果仁也就落到了桌上。他把牠們推給梅小珍，一邊問：

「小珍，你怎麼會跟秀玉做起朋友來？」

「因爲她是你們的朋友啊，而且她也很可愛。」

「哪一點可愛？我似乎看不出來。」

「你以前也不是說她很伶俐活潑？那不是可愛是什麼？那次她跟我一起上夜總會時，你還誇讚她很漂亮哩。今天，你說這話不是有點前後矛盾嗎？」

克任訕訕地笑了兩聲。他自己倒沒有發覺：爲了貴良對佩任懷有「野心」，他在無形中竟也討厭起秀玉來。他沉吟了一下，說：

「小珍，你說得對，我以前曾經說秀玉很伶俐；那一晚，我也曾經讚她很漂亮。然而，你該注意到，她到底是鄉下姑娘，雖然伶俐，雖然漂亮，但仍脫不了土氣，剝不掉粗俗。你跟她做個普通朋友可以，但要跟她結成好友，那就無異自貶身份。」

梅小珍把幾粒花生仁放在掌心上，口裏咀嚼的却是克任的話語；咀嚼完了，她喝了一口茶，把牠嚥下去。這味道有點苦澀，她希望自己不會品嚐牠。

茶泡了兩次，瓜子和花生也吃光了。河邊，這兒那兒都是夜遊的人。人們手上點燃的煙頭，閃閃搖搖地，像到處飛舞的螢火蟲。水面上，浮映着一些燈光的影子，雖然沒有如銀的月色，但仍爛璘而多姿。克任跟梅小珍一起輕哼起一支歌來，手拉着手，微擺着上身；歌聲只環繞在他們的身畔，因爲那快樂是只屬於他們兩人的。

於是，當歌聲悠然停止時，克任的目光往前掃掠一下，他看到兩個穿得很挺括的男人，一邊說話，一邊走過來。他們就在他右首的桌前坐下來。堂倌泡好了茶以後，他們的談話便更趨熱烈了：

「老黃，你說這兩個月來，你賺了十幾萬，但你既沒開店，又沒設廠，這錢究竟是怎麼賺來的？」

「對你實說了吧，我賺的是過手錢。房子那裏賺來的。」

「你造了公寓？兩個月功夫，也蓋不好一座公寓呀！」

「不是的。我沒有地皮，怎麼造房子？我是買下舊房子，然後再脫手。」

「舊房子可也不容易脫手啊，現在多的是新蓋的公寓。」

「噯呀，我當然是盤算過的。那一陣，我看到報上刋着一則舊屋出售的小廣告，我就順便到那裏看了看，是棟七十二建坪的樓房，房子很舊，但很寬敞，而且價錢又便宜。我靈機一動，就這樣告訴他：我要拆掉重建，價錢請他再壓低些。結果，我們以二十八萬塊成了交。然後，我重新把牠加以粉刷、髹漆一遍，又給廚房、厠所、浴室換上了磁磚，總共化了五萬左右。一星期前，就有人向我出價四十八萬塊，我當然一口答應了。那個買主還說，這樣便宜的八成新房子，哪裏去買呢！」

「有辦法！有腦筋！」另一個完全折服了。「只有像我這樣笨的人，才靠薪水和一些銀行的利息過日子。我老婆罵我是窮命！」

「唉，你也的確太呆板了些。以前，我做生意時，叫你搭一股，你總怕這怕那的。十年前的十萬塊，吃掉利息，十年後還是十萬塊；換了別人啊，早就變成幾百萬了。」

克任用手戳了戳梅小珍，先站起來：「我們走吧。」等坐上了三輪以後，他又說：「你剛才有沒有看到坐在我們旁邊的那兩個男人？」

「當然看到。他們在大談生意經，你有沒有聽見？」

「噢，原來你也聽到了。唉，我越聽越心煩、越懊悔。我爸跟我，不也是笨人嗎？我始終想不透，當年我爸手頭寬裕，他怎麼不好好地加以利用？」

「我倒不認爲那個人笨，那個人只是容易滿足。或許他家雖不氣派，但一定很快樂。」

「但我却不滿足。我家既不氣派，也不快樂。我得到的比任何人都要少。上天待我不公平！」

梅小珍偎過去。「但是，我們兩人相愛，不就很快樂了？就在片刻之前，你也還是這樣想呢。不要讓別人的話擾亂了你的心，你有一座自己的房子，有一個待遇不薄的工作，跟許多人比起來，你仍是天之驕子呀。」

「不，不是。」克任固執地。車子慢慢地進了鬧區，轉眼又到了大街，他抬起頭，矗立在他眼前的，是裔皇的大厦。

十三

克任把自家客廳裏的紅木太師椅換了一個位置。本來，兩把在長几的左右，兩把在右首的窗畔，長几的對面是落地收音機；現在，收音機被移到角子上，長几左右的兩把太師椅則被搬到長几的對面。多年來，這太師椅還是第一次被移動。最近，他又感到，這十幾年來，他家在外表上以及實質上的靜如止水，這四把四平八穩的太師椅也要負部份責任。然而，佈置雖經變更，看看仍不滿意，或許那長几的旁邊，應該放上一架二十三吋的電視機才合適。

過些日子，他要去選購一架豪華型的電視機來；可不是，就他的身份來說，那是早該備有的。

這一陣，他的事業又向另一個新的境界躍進。他從旅行社的導遊被任爲福華工業公司的籌備處主任。當然，那是他預先就籌謀着的。前一陣，他瞞着所有的人，每隔二十幾天總要寫封航空信給日本的劉守愚先生，向他問候，並向他報告一些臺灣的經濟動態與未來的展望。信中但見眞摯，不見企圖。劉老也總每隔一個月回他一封短箋，稱他爲「年輕的朋友」。於是，有一天，劉老又從機場出來，他迎上去，爲他套上一個花環。「劉老，我每次上機場來，都盼望能看到你。

今天，我總算如願以償了。」注在他眼中的忠誠的渴念使劉老感動不已。他第三次陪着劉老去百樂門觀光飯店，住在原來的那個貴賓套房內。敏感的飯店經理，那些管理員、侍者、服務臺小姐，都已知道劉老是什麼樣的人物，那種超級的慇懃，看來不免令人有點肉麻。

「克任，你看，別人知道我的眞實身份之後，態度就自然而然地變了；倒是你，仍跟以前一樣，你爲什麼不跟着說幾句話，奉承奉承我呢？」劉老冲過了淋浴，出來時，說。

克任竭力使他的話語清晰、鄭重：「我不是他們。我看不慣他們這一套。劉老，我不會說假話，我對你的感情跟他們對你的感情不同。卽使你的眞實身份是個極其平凡的老人，我對你的態度也還是這樣，因爲我不是一個善變的人。」

劉老繫着他長浴衣的帶子。「我喜歡聽你這幾句話。在各地，我有許多朋友，但我知道，這是因爲我有錢。知己難求，但你却是我的知己之一。克任，這次我停留的日子比較長，要辦的事情比較多，或許要你幫忙的地方也多，不知道你有沒有空？」

「當然有。是你的事，我都願盡力効勞，你隨時吩咐好了，而且，我要事先聲明，這是我私人的服務，與社方無關，所以一切免費。」

劉老朝他看了一會，然後哈哈大笑：「你眞是一個重義的青年，誰說工業社會裏的人都很現實？你就不是。你送我的那隻水晶貓，我放在自家的客廳裏；據朋友們估價，至少要值三百美金，多珍貴的禮物！」

「請不要這麼說，我只是表示一點敬意。劉老，請你不要把牠掛在心上。有時候，我想，我之結交上你這麼一位有地位的朋友，是完全事出偶然，但不知內情的人，還以爲我是鑽什麼門路才攀上的呢！」

「人的舌頭原沒有骨頭，隨他們說長道短去，反正，只要我們自己知道我們是怎樣結成忘年交的就是。」他從酒櫃上取了一瓶白葡萄酒，把兩隻高脚玻璃杯斟得滿滿的。呵，純潔醇厚的友誼。「來，讓我們乾一杯，爲我們卽將展開的工作努力！」

克任站在這個他早嫌太呆板、太陰森、太敝舊的客廳裏，回想着這兩個月來他那充滿了希望的忙碌。劉老在市區鬧街上的一幢六樓的大厦裏，租了一個大寫字間，作爲福華工業公司的籌備處，以六千元的高薪聘他爲籌備處主任。對於薪給，他假惺惺地客氣了一番。他說：他在旅行社的月薪是四千元，他就照這個數目支薪好了。「劉老，我們不是外人，你千切不要講究這些。你以前不是說過，你要我幫忙嗎？幫忙應該是義務的。我支領薪水，已經不好意思了。這也是因爲我家裏需要我負擔；要是完全依照先父生前的訓誨，那我是絕對不該在朋友那兒貪圖這麼一點小利的。劉老，有時候，我想，一個人的心願總不免要受現實環境的牽制，就說我跟你吧，結交以來，什麼總是由你破費，你連我作一次小東的機會都不給，因此，我也只好成了一個白吃白喝的。要是家母知道了這種情形，儘管我已長大了，但還是要怪我的。」穩沉的語氣，平實的字眼，不匱的孝思，一派儒家的遺風，使僑居異地多年的老華僑斗然興起一種人心仍古的欣慰。工業社會中的一位堪資模楷的「古典主義」者。他完全清楚這位年老的華僑信任的是那一類的人，於是他就使自己成爲那一類的人。他讀過心理學，也喜歡揣摩別人的心理，而且往往十猜九中。當時，他在說了這話之後，就靜待劉老的反應；果然，劉老的驚喜的目光從他下垂的、鬆弛的眼皮上竄了出來，停住在他那突然擱在桌邊的煙斗上。他說：「我不相信自己的耳朵，你再說一遍。」於是，他再說一遍，但並不是一字不易地重背一遍，因爲太相同了，就會被人認爲他在背誦早經擬就的句子。劉老點着頭，用煙斗叩着桌面：「太難得了，我心領你的這一份情。我再說得清楚一點，我要你幫我，只是想借重你的才幹。六千塊一月，不能再少，而且，這也不是什麼短時期的工作。我在日本就擬好了投資計劃，也準備好了各種證件，我們明天就向主管機關申請設廠，工廠正式成立後，你就擔任業務方面的主管，那時候，我再加你的薪水。」他說：「劉老，你怎麼老是說到錢呀？」劉老自己也禁不住笑了。「可不是？許是因爲我是商人出身吧。以後，我還要向你學學修養呢。不過，最近，我仍舊要以商人的姿態去購買一筆土地，來作爲廠址，希望你也替我留意、留意。」

克任獨自微笑。無論如何，他在這個刻板家庭裏的黯淡生活，是行將結束了。劉老曾對他暗示過：以後業務部主任，在薪水七千塊之外，另加一千塊的房租津貼。那種高薪，豈是一個小公務員所能夢想到的。想起自己自離開××局以後，爲時還不到一年哩。

他很想休息一下，但今天下午，在上班之前，還得赴羅勃李的約。那個說起話來有股推銷員味道的仁兄，在他向旅行社李經理辭職的那一天，還眞的流下眼淚呢！「威爾遜啊！」羅勃李開始仍舊笑呵呵地。「怎料到得你這麼快就要走了。記得你來的第一天，李經理把你介紹給我，我幾乎立即喜歡上你。你是這麼英俊、友善。我想，我們倆雖不能在一個機構裏同事十年、二十年，但五年、八年，總不成問題吧。我已經成了習慣，每天早上，在辦公室裏，跟你見面，跟你聊天，你這一走，我會多冷清啊！」說着、說着，忽然淌下了眼淚，摀住兩眼的右手，半天也沒放下來。「威爾遜，我眞捨不得你走呢　威爾遜，我一直說要去你府上，但一直沒有去。威爾遜，你這麼閃電似的一走，誰都會心痛！」他雖然沒有爲羅勃李的眼淚而感動得同聲一哭，但他倒相信羅勃李的眞情。他喜歡羅勃李的一點是：如果你有辦法使他心服，那麼，他就永遠成了你忠實的朋友。

不必打電話，他就理理衣服，走了出去。羅勃李仍租住在以前的那個公寓裏；對他，熟門熟路，省掉許多找尋的麻煩。

「哈囉，威爾遜！」克任剛跨上樓梯，羅勃李就在二樓的梯口招呼他。羅勃李的過人的熱忱與過人的音量使他出現在那兒、那兒就成了一個惹人注目的地方。隔鄰的一扇房門打了開來，露出一個小女孩的臉，羅勃李馬上側過頭去，說，「嗨，敏敏，要不要泡泡糖，李叔叔這兒有！」一塊泡泡糖從褲袋裏被摸出來，丟到房門裏去。小女孩的笑聲溜出了房門外。克任一口氣跑完樓梯。羅勃李用力握住他的胳臂，說，「喂，如今你成了貴賓，我剛才還在擔心你不能應約呢！」

克任矜持地笑笑，雖然連說「哪裏會，哪裏會？」但接着又補充說，他來得非常匆促，而且，或許還不能停留得太久。兩句話已然點出自己不再是以前那樣的小角色了。羅勃李可也不遲鈍，趕忙說：「我不會躭誤你很久的；我知道你忙中抽空，是完全因爲我們哥兒倆的交情非比尋常。啊，威爾遜呀，一日三秋，我們已經多久沒見面了？」

以沸點的熱烈心情，羅勃李把他迎進屋子裏。大客廳的矮桌上早已擺着洋煙、糖果、果子露和兩隻玻璃杯。羅勃李向他敬煙，替他冲果子露，口裏也就說個不停。

「威爾遜，你請坐，隨便吃點，我也沒備什麼好吃的招待你，眞抱歉。啊，啊，今天你準時光臨，我太高興了。看你英姿挺勃，容光煥發，一副鴻運當頭的福相，使我無形中也沾了不少的光。你老兄相信星相學吧，中華商場那兒有個杜半仙，據說是個鐵口、好些洋朋友常去找他；有一次，他對一個洋朋友說：「看你的相，註定要娶一個中國太太。」果然，他回國的時候，並不是一個人走的。威爾遜，你有空，不妨去找他看看，我保證你的相一定是上上相。說不定最近你去買張愛國獎券的話，中特獎的就是你！命中註定的財，推也推不掉；命中註定走運的，擋也擋不住。譬如說，我們哥兒倆吧，我們在同一旅行社裏服務，甚至常常一起去機場接客，而你却不偏不斜地碰上了劉老，跟劉老幾乎是一見鍾情，你說巧不巧？當然，根據相書上所載，這不是巧，而是因爲你的相註定要跟劉老碰面，而且註定要走這一運。威爾遜啊，我跟他，就沒有緣，以致失之交臂，到現在還是形同陌路，所以打你辭職高就以後，我雖然有點眼紅，却對自己說，這是因爲你的相比我的好，我不必怨天尤人。我只願你以後一帆風順了，不要忘了你我以前的交情！」

克任望着這位連名字也西化了的朋友，口中却滔滔不絕地談着星相學，把成功與失敗歸諸於長相，幾乎忍不住霍然大笑。他眞想告訴他：羅勃李，不要說什麼星相學吧，這不過是因爲我熟讀了心理學。我知道什麼時候該說話，什麼時候該緘默，什麼時候該精明，什麼時候該大方……羅勃李啊，你自以爲能說善道是取悅人的主要因素，而你却不知你那噴泉般的話語和喜劇性的動作却使你自己成爲一個透明的玻璃箱子，不管裏面裝了多少珠寶，別人都能一淸二楚。那麼，好啦，你就應該知道我爲什麼會平步青雲，而你爲什麼只好自嘆不如了。我今天來你這兒，承你這樣慇懃款待，恐怕還有別事相求吧，否則，你又何必這麼鄭重其事呢！

克任用手指彈着煙灰，慢騰騰地說：「可不是？我跟劉老的訂交，的確是緣份；或許，這就是你所說的命中註定吧。杜半仙嘛，你既然說他相人如神，那我以後有空一定要去找他看看，但這恐怕也要等到工廠正式開工以後了。哈哈，既然富貴在相，我也不必爲此急急了，你說是不？」

羅勃李一拍手，說：「對，對，完全正確！威爾遜，你有風度，有見解，我甘拜下風。談起工廠的事，我倒想問問你，劉老可已覓妥了廠地？」

「最近就在爲這件事奔波呀，近郊地價貴，一個大工廠，又非得兩三甲的地不可，太划不來。因此只好把目光移到鄉下，但也要有寬濶的馬路，充足的水源……」

「噯，威爾遜，」羅勃李從碟子裏取出一塊巧克力夾心糖，塞在克任的手裏。「你不妨告訴我，工廠至少需要多少地？我替你們留意留意看。」

克任乜了他一眼。羅勃李是商業人才，腦筋動得快，一下子就轉到土地的買賣上，可是，這筆佣金，他還不肯拱手送人哩。他剝去手上那塊糖的包紙，把糖放進口裏，嘴角邊的那條譏諷的皺紋就更明顯了。

「糖很甜，羅勃李。」

「是的，很甜。」羅勃李有口無心地應了一下。

「你認爲牛奶糖甜，巧克力夾心糖甜，還是水果糖甜？」

羅勃李驚愕地回望他，兩手不知不覺地抓來了好幾粒糖果。一双粗大的手突然變得十分笨拙。

克任站起身，走到羅勃李的旁邊，俯下臉，凑着他的耳朵，說：「你看，你只知道吃糖果，還不知道品味呢——土地的事，就請你隨時留意；一有消息，請告訴我，我會陪着劉老去看的。我們哥兒倆原是有交情的啊！」眨了眨眼睛，話語跟表情都是莫測高深。

羅勃李馬上興高采烈地大嚷：「Greati Wonderful! Marvellous! 我說過，以後要沾你光的地方可多着哩。這幾年來，我也認識了不少人，這件事，包在我身上，你放心好了。」

克任出來的時候，羅勃李替他叫好了計程車，而且知道那一段路大約需要多少錢，還替他預付了車費。「我希望我們經常保持聯絡。」他說，「我很想念你，有時，甚至在機場上也會突然想去尋找你的身影哩。」

「我希望你有一天會到我家裏來看我，你不是一直這樣說的嗎？」

車子滑馳開去，在鬧街上，如一隻低掠於水面的翠鳥。克任坐在車子裏，他的心也總是在不停地飛翔、飛翔。在雲霞凝聚的前方有他親自設計的瓊樓玉宇，羅勃李只是他手下的一名幫他完成計劃的建築工人而已。他跟他之間的關係，也僅止於此，雖然羅勃李的渾圓的哈哈，像一盞盞的彩燈，向他預報了成功的徵兆。

他走出車來時，還是輕輕盈盈的。眼前滿是各種的圓形。低着頭，往辦公室走，却有人猛地擋住了他。他開始還以爲心不在焉，闖上了別人，便本能地往旁邊一讓，不料那個人却畢恭畢敬地喊了他一聲：

「俞少爺！」

克任只要聽到那個特別的稱呼，就知道對方是貴良了。對於貴良，他的憎厭並未減少。雖然，近些日子來，貴良沒有暗暗地約過佩任，但他那雙慧黠的眼裏所藏匿的野心却使他悚慄。就說此刻，他也同樣嫌惡他那低沉的喚聲：卑賤而奸猾，好像一個企圖謀害主人的僕役。克任在應該伸手去握對方的手的當兒，反而後退一步，然後才抬起臉來；跟貴良那張一個勁地微笑着的臉相比，他的臉就像一根從冰櫃裏取出來的冰棒。

「噢，你是特地來這兒等我的？有什麼事呀？」雖然問他有什麼事，但卻希望他回答沒有事。再往街邊一看，大通行的兩用汽車正靠在那兒，要說沒有事，當然是不可能的。「沙經理要你來的？」說到沙雅琴，聲音就婉和了些，他不能讓貴良在沙雅琴那裏搬弄是非。沙雅琴比他老成、敏感，也可能更工心計。他一定得格外提防。「眞的，我好久沒跟她見面了，她很好吧？」那種問法，把貴良完全放在沙雅琴那一邊，彷彿自己跟她從未有過絲毫關係。

「沙經理嘛，她很好。俞少爺，不是因爲她加了我的薪水，我才純揀好聽的說。她是一個很了不起的女人。」貴良的話語兩面俱到，因爲他跟他們兩個都有情誼。「行裏的事，大大小小，她都不忽略。中文、英文、算盤，樣樣會。縱使是大男人，怕也不會比她強啊。」停下來，抱歉地笑着。「俞少爺，我進了大通之後，委實學到了不少東西。以前，我在糖果店裏，送完了貨之後，就想去什麼地方逛逛，或者去看一場電影；我羨慕都市生活，但我想得到的，也不過是這麼一些。現在，我空下來時，就練練珠算，看看經濟新聞，還學些英文。我原是高農畢業的，英文的根柢本來就差，而行裏偏就用得着英文，商品呀，表格呀，信札呀……哪一樣上面不是英文；不充實一些，多不方便，所以現在我倒反而不想出去玩兒了。」

「那是再好沒有了。你要跟我說的，就是這些？沙經理可有什麼交待你的，你快說吧，劉老馬上就要來了，我們正忙着呢。」

「沙經理沒有什麼交待我，我自己倒有事要見見劉老先生。」

克任認爲自己的思想還在空中漫步，要不，就是貴良的思想在空中漫步，只要他清醒、清醒，他馬上會像蘋果一樣，跌落下來。他用古怪的目光望着貴良，猶似對方是個夢遊的人。

「是不是你對現職又沒有了興趣，想轉到這兒來？」這樣的問法還算顧全貴良的面子。

「不是。我在那邊的工作很滿意，何況沙經理待我又那麼厚。我想見劉老先生的是爲了另外一件事。」

「那很好。可有什麼事非要見劉老先生不可的？跟我說，不是一樣？沙經理有什麼事，有時也是通過我才跟劉老連絡的，因爲他實在沒有很多的空閒。」

「我想，劉老一定會樂於接見我的。」

克任冷冷地說：「我也沒有這麼多的空閒陪你窮聊。劉老認也認不得你，要說樂於見你，那才是鬼話！」他也管不了貴良好受不好受，竟一側身，一個勁地往玻璃門內衝。貴良的聲音仍不放過他：

「喂，我眞的不是存心纏你。我跟你說，劉老雖不認得我，但總認得我爹吧；劉老即使不喜歡我，但或許會喜歡那個樂天果園吧。」

克任猛地收住脚，身子斜斜地靠在一隻桌角上，也顧不得那桌角抵得他小腹有多痛——痛得好，痛一下，才使自己驚醒過來。這些日子來，一直忙得六神無主，眞的連那個佔地三甲的果園都忘了。那一次，劉老要他陪着去鄉下走走，現在想來，說不定就是要去勘察以後要在哪兒設廠。要不是因爲他憎嫌貴良的話，他就應該主動地把貴良找來，跟他談談這一件事。不管怎樣，現在還來得及。如果他自己能揷上一手，少不得也能分一杯羹了。

他又往外走。貴良正站在招牌下看街景，彷彿已然忘了這件事。他咳嗽一聲，貴良轉過頭來。他說：

「我進去仔細想了想，你說的也許有些道理，劉老對於那片果園的位置，大概有幾分好感。我領你到會客室坐一下，等會大家好好兒地談一談。」

貴良悄悄地說：「俞少爺，只是我答應實並不能算數，還得通過我爹這一關。說服爹的事最困難，這點以後還要請你多多幫忙。」

「沒有問題。工廠成立之後，我就是工廠的業務部主任。不看僧面看佛面，爲了我父親以前跟你爹的交情，他總得幫我這個忙的。」猶如久別重逢的老友似的，他把貴良拉進會客室裏，又叫服務生替他倒上一杯茶。他猝然覺得此刻的貴良不如他想像中的那樣可憎。以前他是怎樣會討厭起貴良來的？以前，他跟貴良不也有一份不算太壞的感情？難道完全是因爲佩任？可不要誤會人家的心。以後，待工廠成立之後，廠裏總有幾位年輕的工程師，他可以請他們來他家坐坐，爲佩任介紹一下。至於貴良嘛，他也要爲他介紹一個女友，譬如，工廠裏的打字小姐或者出納小姐，初商或者高商畢業的，對貴良最合適。只要一個先結婚，他就不用擔心了。

「貴良，果園賣掉以後，你可有錢結婚了。那時，租間門面做生意吧。」

貴良望着茶杯輕笑，那笑裏隱潛着他這些日子來的希望。白色的玻璃杯裏，有一池小小的水，一池小小的漣漪，那女孩的臉就映現在牠的上面，小時候，像個蘋果；長大了，像朵玫瑰。小時候，只覺得她說話細柔；長大了，却覺得她待他親切。說他之離開果園、鑽向都市乃是爲了她，那是不確實的，但他之渴想把果園賣掉，用那筆錢在都市裏創造一個小小的事業，使自己看起來不會顯得如此低微，却是完全爲了她。他對她的那份濃情，或許，她已知道，或許，她根本不知道；然而，有一天，他總會讓她知道。

貴良昂起頭，聲音是竄躍的：「可不是？我也這樣想。結婚的事，以後怕也要你幫忙哩。」

「不成問題。你有了經濟基礎，找個女孩，還不簡單？大不了，叫佩任找個中學時代的同學給你。」

「嗳呀，我想，佩任小姐是不肯幫這個忙的。」

「有什麼不肯？我看她對你的印象不壞，大不了，事成之後，送她兩件衣料——女孩子嘛，總是愛穿的呀！」說得高興起來，便猛地往沙發上搥了一拳：「如果她不肯，還有梅小珍可以爲你介紹呢。她的朋友恐怕比佩任的還要多。不必發愁，貴良，現在，你聽，門口有汽車的煞車聲，怕是劉老來了。」

貴良忽然膽怯起來，一把拉住他的手：「現在我倒又怕面對面地跟劉老說話了。俞少爺，我沒唸過多少書，也沒見過世面，萬一說錯了話……」

「那有什麼關係？劉老待人厚道，從不計較這些小事，何況，你又不是有求於他，你只是想替他解決問題吧了。」

雖然這麼說，但克任還是讓貴良等在會客室裏，自己先跟劉老去接頭。他笑了笑，丟了一個眼色給貴良，好像小時候、他要去釣魚的前一天的傍晚、就跟貴良說好、叫他預備蚯蚓那樣，那時，他倆也總是鈎一下小手指，霎一霎眼睛。貴良跟他的友誼，僅只這麼一點而已。正如用積木搭造教堂，當那塊名喚「貴良」的積木放在下面時，總是平平穩穩的，而如果把慣於站在頂尖的、名喚「克任」的積木放在下層時，那麼，那座教堂就要倒坍了。這會兒，克任感到很快活，同時又感到貴良事實上也有他的可愛之處。他快步走到劉老專用的辦公室裡。劉守愚先生正坐下不久，放在桌上的公文皮箱，還未打開，一隻手正在鬆領帶。他注意着，當劉老先生把散了的領帶從衣領上慢慢地拉下來時，他伸手接了過來，轉身把牠掛在衣帽架上。在作這件事情呀，他很小心，使別人不致認爲他是有意獻媚，彷彿他跟劉老之間全然是種伯姪輩的關係，而他的那種服苦也純然是出於天性的孝思。然後，他在側面站下來，問了一句：

「劉老，你是在參加宴會後直接來這兒的？」

「可不是？我跟一批工商界人士一同進餐之後，大家就坐下來，隨便談談。大家都說，現在要找尋一塊理想的廠地，眞是太難了。我也說，這些日子來，許多手續都辦妥了，就是獨缺東風，只要把東風算準，我就可以回日本去採購機器和設備了。你看，我開始倒並不着急，以爲買土地很方便，現在經他們這麼一說，我才緊張起來。你最近有沒有消息？」

「劉老，我剛巧有個好消息要向你報告。我的朋友就是爲了這件事，正在會客室裏等你呢！」

「他有土地？」

「他家有塊佔地三甲的果園。劉老，就是上次我陪你去參觀的那個樂天果園，你總還記得吧？那個地方怎樣？」

劉老先生很快地回答。「交通方便，聽說水電也不成問題，我這幾天也在盤算，是否要找那位老爹談談。現在，我們就到會客室去。」

「在會客室裏的是他的兒子。」克任說。「他先來探聽一下，你是否有這個意思？」

「當然有。這件事，越快解決越好，等跟他談過之後，明天，你再代表我上果園跟他老爹正式商議。克任，倘若事情果眞成功了，你的功勞可不小哩。」

「希望能够成功。」克任說。想起程老板的固執以及他對果園的熱愛，他內心竄得很高的鑠火花，霍地又矮了半截。

要是那片果園仍是我家的，那該多好；我早就答應賣給劉老了。那塊會是半荒的土地，現在，怕已身價百倍了吧？

十四

程老爹坐在屋簷下的長板櫈上，毛巾的一端搭在肩上，一端握在右手中，揩抹着汗濕的頸子。一副標準農夫的模樣。他微昂着頭，深沉的目光擦過他身旁的克任，望向前面那看不見邊的樹林。他久久凝視着，那樣堅決的目光，好似牠們也能變成堅實的樹，栽植在地上。

「程老板。」克任低聲喚他。

「我不想賣果園！」他簡短地回答。整個的身子仍只有那隻右手在動。頸子已被抹得棕裏泛紅，彷彿隨時有皮破血流的可能。「我不想賣！」

「爲什麼呢？」

「我並沒窮得過不下去，而且，我也並沒老得揹不動鋤頭、鋤不動草，那我幹嗎要把好好的果園賣掉？」他仍望着樹。他在跟克任說話，也在跟果樹說話。「賣給別人？我根本沒有想到過。」

克任不滿意於程老板的態度與語氣；在別的事情上，程老板可從來不會這樣過。其實，這塊土地，還是他父親讓給他的，要是父親當年也像今天的程老板那樣，他可以斷定程老板到現在也成不了果園的主人。

「程老板，想當初，先父……」

「是啊，正因爲當年俞老爺這麼恩深義重地讓給我，我就更不能隨隨便便地賣給別人了。俞老爺了解我的心，完成了我的這個心願；這些年來，我一直是把這塊地、這些樹，當作朋友和親人。我想過，卽使我有了很多錢，但有什麼用呢？我又不想吃、喝、玩、樂，大把地化錢；而且，離開了果園，叫我去做什麼呢，難道重新去開一家古玩店？」他說得一點也不激動，宛若是十年之前就擬好的腹稿，因此，他的主意，也就更如一棵大樹，很難被人推倒了。

克任知難地嘆了一口氣：「程老板，謝謝你始終沒有忘掉你跟先父的那份感情。我今天說這些話，完全是爲你和貴良着想。你也慢慢老了，沒有貴良在身邊，你又能再做幾年？貴良希望你能把果園賣掉，也是這個意思。」

「是貴良慫恿你跟我說的」

「是的，他是完全出於一片孝心。」

程老爹把毛巾團在櫈子上，乾笑了幾聲，然後衝着小屋叫喊：「貴良！貴良！」貴良自進門之後，就在小屋裏忙着，現在，程老爹才知道貴良是在故意躲避他，只想聽取最後的結果。呵，這十幾年來，他一直在敎着貴良怎樣熱愛土地，好讓父子倆一條心地在果園裏生活下去。如今，貴良不僅自己背叛了果園，竟又千方百計地誘使他離開果園。說貴良是個敗子，意圖把父親的財產丟擲在都市的銷金窟裏，那他可不相信；他只是在想法上跟他自己的不同。打貴良離開果園之後，他漸漸地感覺出來：農村中的年輕一代，對於土地，已不如年老一代那樣地熱愛了。年老的一代之對於土地，正如收藏家之對於他們的古玩，撇開牠金錢上的價值不談，牠更是精神上寄託的所在；他們已把自己整個投到牠裏面，跟牠血肉相連了。然而，年輕的一代，他們之跟土地接近，則是他們可以賴牠生活，而有一天，當都市也能給他們生活時，他們就會毫不留戀地把牠拋棄。生長在工業社會裏，他們已然習於用利去掂量一切，喪失了老一輩人對於萬物所具有的那份深濃的感情。他知道，貴良不過是許許多多這一類型的農村青年中的一個，夢想創業，夢想成功，夢想享受，而果園所能給他的，却只是一片寧靜無爭的世界。

貴良久久沒有出來，程老爹重又叫了起來：「貴良，你在裏面幹什麼？快出來呀！」他本來不想光火的，但一開口，一股怒氣就冲了上來，而聲音也就變得粗厲了。他趕緊告訴自已說：俞少爺在這兒，這件事既然牽涉到俞少爺，我就得按捺住火氣，免得使俞少爺下不了臺。現在，把貴良叫出來，只想讓他知道別把念頭動到果園上來。

「我去喚他。」克任一看情況不對，便站起身，想去通知貴良，但貴良却從小屋裏出來了。

「貴良，你過來，」程老爹說。他的右手癢癢地，很想在他的臉上猛劈兩下。這小子，穿着格子花襯衫，窄西裝褲，頭髮上搽了厚厚的一層臘，油頭粉面的，越看越惹人生氣，哪兒還像我的兒子？說是沒有教他嘛，老天有眼，我是一直在教他：人，總得平實一點，不要太重衣着，否則，不就成了花花公子？呆在果園裏的那許多年中，他是穿卡琪褲的，屁股那兒磨損了，就叫秀玉替他用針車紮一紮，再穿起來，也一樣好；可是，去了臺北，人就變了。他自以爲時髦，但我做老子的，却認爲是邪氣。唉，要不是自己年紀大了，要不是俞少爺在旁邊，我眞恨不得把他的衣服撕破，再結結實實地賞他幾下子，好讓他清醒、清醒！

「爹，我看茶水沒有了，就在裏面燒了一些。你喚我有什麼事啊？」貴良假惺惺地。

程老爹先喘了一口氣。「今天，俞少爺在這兒，我買他的面子，不跟你算帳，但我要跟你說個明白：你在外面幹什麼事，我都隨你，但可不能把念頭動到果園上來；我不會依你的。」

「爹，我不是動果園的念頭，我是爲這個家着想。你老人家帶着秀玉兩個人管理偌大一片果園，到底太辛苦了，再加風風雨雨的，收穫也沒一個準兒。卽使風調雨順，從年頭忙到年尾，一年最多也不過賺牠幾萬塊，倒不如賣了，把錢存在銀行裏生利來得簡單穩當！而且，難得劉老先生有買我們這塊地的意思！」

「放屁！」程老爹把一大口唾沫啐在貴良的脚前：「你只知道錢，錢，錢，你就不知道那些樹都是我親手栽培起來的！我十幾年的大好光陰都花在牠上面了，我怎忍心看牠們無端地被砍掉，在牠上面造起工廠來？」

「爹，這有什麼關係，我也不是把十幾年的時間花在果園裏了？我想過了，這些畢竟是樹，不是人，你砍掉牠，牠也不痛；你疼牠，牠也不知道。反正怎樣對我們有利，我們就怎樣做，這也沒有什麼不對啊。你也不是不知道，有些地方，爲了開闢一條路，連整幢整幢的房子都給拆掉了呢。還有，臺北的近郊，以前也不都是稻田、果園的，要是全像你那樣的想法，每一個人都抱着土地不放，那麼，臺北哪能成爲現在這個樣兒？」

「你別想編造各種理由來說服我，我不會聽你那一套的！我告訴你，別人家的事，我管不着，我只知道我不想把果園賣掉。再說，我把牠賣掉了，又叫我住到哪兒去？難道要我再回到市區鴿子籠般的屋裏去？我辦不到。這樣，我會活活被彆死的。俞少爺，請你代我向劉老先生陪個罪。他是好人，但我幫不上他這個忙。如果他眞的喜歡這鄉下地方，那麼，他就不妨托人到附近的農家去問問看，或許有些人的想法跟我的不一樣，情願把土地賣掉的。」他重又把毛巾搭在肩上，抗起倚在樹邊的那根鋤頭，一壁叮囑貴良：「貴良，你好好地陪陪俞少爺，我現在要鋤草去。」

貴良向前追了幾步：「爹！」

「還有什麼事？」程老爹皺着眉。

「你眞的已經決定了？這樣好的機會你就輕易放過去了？三甲地，他出價一百五十萬，你還不滿意嗎？爹，你到底要多少才肯脫手呢？」

「我不想賣——不想賣——不想賣；我不要錢，只要地！你剛才沒聽清楚？」

「爹，你就沒有爲我想一想，我是你的兒子呀，難道你願意我永遠爲別人跑腿？」

「假如你不願為別人跑腿，那就回果園來，誰也沒有阻攔你，是你自己不想回來的。在果園裏，多自由，多自在，我是住定了，一輩子也不想離開。」

「爹，但是……但是我們年輕人哪有你這樣耐心……」

「那麼，等我死了以後再賣，那時，反正我也看不到了。你等着吧，總有一天你會等到的。」

程老爹說完，就向果林衝去。他那股勃勃的怒氣，簡直快把樹林炙焦了。

貴良有氣沒力地提着腿，一拐一拐地朝着克任走來，宛如剛被別人揍了一頓似的，希望獲得克任的同情。「你看，我爹就有這麼不講理。原想跟他好好地談一談的，不料他幾句話就把我堵住了。俞少爺，你也看得出來，有時，他實在固執得很，不讓我們年輕人有發表自己意見的機會，但我們年輕人，以後的日子可長着，當然比他更需要前途啊！」

「但你爹有權否決你的意見，因為這份家產是他掙來的，是他準備養老的呀。」克任說。他也跟貴良同樣失望，但他又不得不故表輕鬆。他跳起來，去摸摸樹幹。他不相信在這無數棵樹的中間就沒有一棵是他親手種植的。如果他竟找出來了，他對牠是否有感情呢？他猜測：開始時，他或許會驚喜一下，好像一條魚苗給放入池塘裏、一年半載以後釣上來的却是一條大魚那樣；繼而，從價值方面去權衡，牠畢竟只是一棵樹或者一條魚而已。「貴良，我的看法是，對你爹來說，這件事，確是發生得太突兀了，突兀得使他無法適應，猶如一個穿慣了對襟短衫的農夫，忽然要他穿上西裝，繫上領帶，你想，他怎會受得了？不過日子久了，經他一再考慮之後，說不定也會回心轉意的。」

貴良說：「我淸楚爹的性格。爹認定那個人是好人，就是好人，是壞人，就是壞人；哪樣東西不能賣，就是不能賣；你要叫他改變過來，那簡直是叫李樹結桃子。」貴良在櫈上坐下來，低着頭，瞪着地面。「俞少爺，讓我說句心裡的話，你聽了可別生氣。其實，當初俞老爺買這片地，本身就是一種錯誤，因爲這兒根本不適宜於種果樹；要經營果園，就該到中南部去。這兒化的工大，施的肥多，收穫却少，何苦來！你看得出來吧，爹雖然還健，但整天鋤草，背却有點駝了。我要把果園賣掉，原有三種打算：第一、讓爹休息下來，享幾年晚福；第二，讓我自己在臺北買間店面，做做生意；第三，送秀玉上高商夜間部去讀書，然後替她找個像樣一點的男人。如果照現在這種情形看來，秀玉哪能嫁到一個好丈夫？」

「還有一件事，你沒有說出來：如果照現在這種情形看來，你又哪能娶到一個好太太？你或許已經看中了某個小姐了吧。有一次，我聽到沙經理說，大通行裏的一個打字小姐，生得很標緻呢。」克任故意提出這件事情來，要想看看貴良的反應。

貴良用右脚跟狠狠地磨着泥地，似乎恨不得把牠踩出一個洞來。「唉，成家立業，誰不想呢？但現在，爹旣然不答應，那就什麼都不用提了。回去吧，那邊的工作倒給躭誤下來了。」

兩個人全都悒悒的，站起來時，目光仍然不忘朝着那成林的樹木盤旋又盤旋，但同時却又希望目光是兩把火，把那片翠綠燒個精光。這兒，曾是他們眷戀的地方，而此刻，却又變成他們深惡痛絕的所在了。

貴良的那輛兩用汽車停在果園門邊，兩個人揮去了褲管上的塵沙，重新坐了上去。一我想，爹以後會後悔的，」貴良說，「可是後悔又挽救得了什麼？要等到他答應時，怕我已經四十開外了，秀玉也早已成了一個農婦了。」

「今天沒有看到秀玉，不知道秀玉對這件事抱着怎麼的想法。我看，她對果園倒是挺忠誠的。」

「哈，哈！忠誠？我在離開果園之前，對果園不也是很忠誠的？秀玉是個孝順女兒，即使她對果園厭煩了，她也不會對爹明說的。不過，漂漂亮亮的一個女孩子，長年累月地埋在果園裏，她自己不抱怨，我倒替她可惜！」

車子駛上了靜靜的道路——靜靜的，沒有什麼行人，也沒有什麼車輛。黃昏正郁，而留在田裏工作的莊稼漢的興致也同樣正郁。在天黑之前，他們很少想到離開那兒。貴良的目光刷過那些辛勞的人，他竟覺得自己業經離開很久很久了，要叫他回來再過他們那種生活，已不可能。他甚至驚愕於以前自己的勤毅與單純：那時，在他眼裏，除了面前的那方土地而外，好像什麼都不存在似的。

車子向前馳去，向前馳去，猶如在追逐一件看不見的東西，而當他們到達市區時，他們倒確實追上了那個出現在伸展臺上的嶄新、斐爛的夜。

到處是霓虹燈的笑眼。貴良把車速減低下來，問：「俞少爺，我現在送你到府上去？」

「你還是把車子開到沙經理那兒去吧，我有事跟她商量。」連自己也有點詫異。這是個猝如其來的念頭。剛才在路上，在輕微的簸動中，他只一個勁兒地想回家去洗個熱水澡，然後躺下來休息，把所有的事推到明天去解決。可是，現在，他卻覺得這不是辦法，他得找個人商量一下。他不想跟母親討論。他跟母親的想法不同，正如貴良跟他父親的想法不同一樣。母親的意見常是古典式的，宜於單獨欣賞，把牠放在現實的社會中，就一無用處了。能够給他一點有用的意見的，或許只有沙雅琴；何況，他不也一直想去看看她的家嗎？瞭解了一個人的住處，可能也就瞭解了那個人的大部份的生活了。

「有時候，沙經理並不在家裏吃飯。」貴良說。

「但却不能肯定她今晚不在家。」

克任的答覆異常堅決，他是決心去看沙雅琴了，因此，也就沒有什麼可以影響他。貴良的提示眞是贅疣，難道他還不知道沙雅琴是個忙人？但他相信，業務上的事是絕不會佔去她整個的夜晚的；當公事完畢，她就會囘到家去。這就是一個活躍的女人跟一個活躍的男人不同的地方。單身的中年男人可以理直氣壯地上歌廳、上舞場，甚或上酒家，萬一碰到了熟朋友，大家就哈哈一笑，然後，大家坐在一起，談些公開的秘密什麼的，或許，倒可以因此交上幾個以後在事業上彼此有個照應的朋友。然而，單身女人呢，如果一個略有事業成就的中年女人企圖維持一點聲譽的話，那她就得處處檢點、時時提防，要不，刮起一場不大不小的風，讓風尾巴最後落到自己的耳畔，那種繪形繪聲的逼眞，才叫人哭笑不得哩。

也許就是由於那種原因吧，沙雅琴跟他除了公事上的接觸而外，彼此僅在電話中作禮貌上的問候，從未親近得邀他上她的家去。今天，他突然走訪，雖說唐突，但他到底是個比她年輕十來歲的男人，該不至於引起別人的閒話的。

然而，沙雅琴却眞的不在家裏——貴良的話是有根據的。貴良說：「俞少爺，我看，我們倆還是先到附近的餐館裏去吃飯，然後，我再送你到這裏來，那時候，我們飽了，沙經理也回家了。等你們談完了，我再載你回府去。」貴良說得條理分明。「我想，你要跟她商量的不外乎是土地的事。」

兩個人一同往屋外走。克任對於貴良的話，沒作正面的答覆——他不願說貴良的話很對，雖然事實是這樣。他一步一步走出沙家那精巧的庭院，心頭有個令他驚悸的發現。他忽然發現愚昧而懿冥的貴良竟已蛻去了往昔那層醜陋的皮，成爲一隻嶄新的昆蟲了。從最近發生的幾件事情看來，貴良的慧敏似乎可以跟系出名門的他並駕齊驅了。

可是，當克任走到街邊、趁上了貴良駕駛的那輛汽車之後，他却想到貴良畢竟只讀過高農，不論在學歷上、識見上、風度上、待人接物上、中英文的造詣上，他哪兒及得上自己的十分之一？充其量也只比他多懂了一些駕駛的技術——而這却正是他爲了自身的安全而絕對不想去學的。

貴良是個小人物，是個讀書不多的後知後覺。在極端的平凡中，顯露出一些略高於平凡的思想；要是他也因此而認爲他很幹練，那是完全由於自己的錯覺。他應該及早糾正自己對於貴良的過高的評價。貴良——一個古玩店老板的兒子，一個果農，一個雇員，或一個司機；對了，這就是貴良的一切。他絕對高明不到哪兒去。現在，他在開車，他最大的本領也不過是把車子安然地開到餐館而已。

克任坐在駕駛座的旁邊，偶爾，打眼角瞅了一下貴良。表面上，他安詳得猶如一位神父，內心裏，却恰似在山路上行車，顚簸得極。不僅如此，還有無數的急轉彎，曲折再曲折，連他自己也無法測知要彎到哪兒去。對貴良，下午去果園時的那份並肩作戰的友誼已成過去，剛才從沙寓出來時的那份突有所悟的詫愕之情，也同樣消失，留在心中的，仍是那層多年來凝成的靑苔：鄙視或輕蔑。今天，兩個人同樣敗陣歸來，雖然貴良是首當其衝，遭受重創，但他却更同情自己無緣無故地陪同受罪。

說怎麼，程老板總是太不賣面情了，克任狠狠地用指甲劃着車座；他口口聲聲地說是受了我家的恩惠，但一觸到實際的問題，却把什麼人的情面都踩在脚底下。想當初，要不是我慫慂着爸……一句話，土地已然落到他的手中了啊！

「貴良，今天，你有沒有跟沙經理說過，要把車子開到果園去？」

「當然說過，她還祝我成功呢。沙經理是位好上司，在這些事情上，她最能體諒人。雖然她知道，要是我家的果園眞的脫手了，我不會再在行裏當司機。」

車子停下來後，他們就下車走進一家四川館子去。他們今天要痛快地吃點辣味，把眼淚和鼻涕都辣出來，把沮喪和鬱悶統統辣死。

「俞少爺，我要喝些酒。」

「我也要喝些。」

兩個人酒量都不大，喝了一兩杯五茄皮，吃了一些豆瓣魚、回鍋肉、麻姑豆腐之後，眼淚和鼻涕雖然流下來了，可是沮喪和鬱悶却仍存在。貴良眼淚鼻涕地訴着苦：「我爹多不講理啊！他只想到自己，也不爲我這個做兒子的打算。你想想看，一百五十萬呢，可不是一筆小數目啊。我能够開起一家很像樣的店舖來，他可以不做一點事，舒舒服服地住在樓上，看看街景，或者出去逛逛，散散心。啊，我爹眞是有福不會享；他多不講理啊！」他重複地說着這幾句話，彷彿這些話就像辣味那樣，黏在他的舌尖上，一時去不掉。克任悶聲不響地聽着他訴說——事實上，他也沒有專心在聽貴良的話，他是在想自己的事。他驀地發覺自己委實要比貴良不幸些。那個果園的時價值一百五十萬了，不管程老板肯不肯賣，但果園在那兒，價值也就在那兒。那一百五十萬原該屬於他家的，但父親這麼輕易地送給了別人。他把那只紫水晶貓送給劉老，是期待以後有所收穫，但即令收穫了，也不過是個業務部主任，而諾大一塊土地呢。

貴良還在訴說。他本來就不太同情貴良，現在更是嫌煩他的囉嗦了。貴良向他嘮叨，又有什麼用呢？要他設法再去勸勸程老板，慢說程老板像隻倔強的騾子，他自己也沒有𤇼到這個地步。難不成別的地方就沒有土地了？他如今只望那塊土地永遠賣不掉，那一百五十萬永遠爛在那兒，讓貴良永遠訴個沒完吧。以後，他的眼淚和鼻涕還要加倍地流呢！

那股辛辣，隨着酒菜塡滿了他的胃腸；臉孔本就不會因喝酒而酡紅、現在却更白得冷厲、白得高貴的他，跟喝幾滴酒、臉兒就會泛紅的貴良相比，貴良就更顯得粗俗而沒有教養了。看哦，像貴良這麼一個混球，不撒泡尿照照自己；那一陣子還老往他家跑，似想追求佩任呢——且不說那是不是事實，反正，他已認定貴良有過這種非分的意圖。他還因此而跟佩任爭吵過。想起來，一件一件的恨事可眞多，叫他如何不憎他？

從餐舘裏出來，克任又趁上貴良的車，好似貴良現在已是有車階級了，自己反而叨了他的光。夜，依然是那個令人目眩的夜，只要車子不迷失方向就好。貴良一句話也沒說，宛似他是眞的已把憂悒扔在杯、碟裏了。車開到沙雅琴的住宅前面，克任抬頭一看，滿屋通亮。沙雅琴確實囘來了——又是貴良說的對。

他不喜歡跟貴良一同進去，但他却又甩不掉他，因爲他是沙雅琴的司機。貴良說：「我得問問沙經理看，明天一早要我做些什麼事。」「貴良，你還得告訴她，你爹不願意放棄果園。」「呵，我不說這件事，她就會知道這筆交易沒成功，而且，卽使我不說，我想你也會告訴她的，是嗎？」

克任無可奈何地笑了——笑得正好，看沙雅琴開門出來時，他剛好迎上去一個笑臉。沙雅琴已經回來了一會，換上一件花襯衫、一條淡色長褲，正在欣賞電視節目；他們一來，她就把電視機關上。他又看到了她的那双搽着銀紅蔻丹的纖白的手。

她問：「怎麼，事情談攏了嗎？」見他們兩個都沒作聲，她又說：「談生意可並不簡單呵！」用一隻手指尖輕彈着襯衫上的一朵黃花，黃花中心有一小撮灰色的蕊，那是彈不去的。

「貴良的爹不肯合作。」克任說。

「沙經理，我以後仍舊做你的司機。明天可有什麼特別的事要我辦的？」貴良剛坐下，就想離開。他不想打擾他倆的談話。

「倒沒有什麼特別的事情，只希望你高高興興地做下去，不要一受挫折就心灰意懶了。」沙雅琴抽着煙；端莊而帶着鼓勵意味的微笑使她看來像位天生的主管。「在行裏，我們大家都喜歡你，尤其是田月英，聽說一下午她都在打聽你的行踪。晚上要不要去看看她？」

「我只想回去睡覺。」貴良疲倦地回答，隨即就很有禮貌地退了出去。

克任再次細察貴良的應對、進退，發現他的確有一套討人歡心的本領——可惜是屬於服侍人的那一套，再精緻嘛，也做不了主人！聽着他把汽車開走了，克任就對沙雅琴說：「貴良的心還是太活絡了一點，前次辭掉了糖果店裏的事，總算由我設法把他介紹到貴行裏來工作，算來怕還不到半年，怎麼又有新的打算了？他倒可以一走了之，我又如何向你交待？」

沙雅琴眉毛一挑。「那也不能怪他，更不能怪你。這次跟上次不同。上次他是『轉業』，這次他是自立門戶，我怎好阻擋他？好在現在事情都已過去了。縱令他曾見異思遷過，而今也已回來了，對不？」沙雅琴對克任像對小兄弟那樣，尤其是因爲他是第一次到她家裏來，所以格外顯得親切。

「但他既然有了兩次這樣的記錄，就難保他以後不會再來第三、第四次。沙女士，貴良是我推荐給你的，我希望他能勤快、負責，同時，也希望他能除盡瑕疵。我跟他是朋友，跟你也是朋友，當然願意對誰都忠實。他的缺點，我曾當面向他提起過，而且指望他改掉，但他不聽。所以我想，臨了，我一定是得罪了你，而貴良也不見得會領我的情。」他用女佣遞上來的那塊方巾擦擦額角，宛若他正困陷在這一焦慮中。

「克任，你今天來我家裏，是專談貴良的事嗎？」沙雅琴的溫和的問話像鞭子那樣地猛抽了他一下。「我想，貴良的事是件小事。」

那種意外的打擊使他昏昏然，他開始以爲沙雅琴對貴良的好感已然超過了她對他的友誼，可是沙雅琴却仍那麼友好地注視着他。「爲這種小事苦惱，實在太不値得了。」她接着又說，「我對貴良的好惡不會影響到我對你的好惡的。」在她心目中，貴良原來是沒有地位的，他這才鬆了一口氣。「我相信，你來找我，一定是另有要事；平日，要請你到這兒來，可也不容易呢！」沙雅琴有高度的說話技巧，幾經迂迴，才直指核心。

」

他尷尬地笑笑。「當然囉，你猜的總是對的。劉老買地的事又擱淺了，我不得不上門求救。

「你怎麼知道我能找到呢？」沙雅琴用手抱胸，帶笑的語氣似在故意逗他。

「因爲你的接觸面廣，我們一開始就該想到你的；也是我最近忙昏了頭。我知道，只要你答應，你就能辦到。」他以懇求的神情前傾着上身，但他看到的，却又是那銀紅的、光滑的指甲，像一個個炫炳的亮片。爲什麼牠們老是在他眼前熠煜？克任把目光朝上一拉，沙雅琴的眼睛裏竟也有兩個烏麗的亮片！

「我先要弄淸楚：辦這件事，是爲你，還是爲劉老？」

「兩者都是；甚至爲你。」

沙雅琴不由得笑了起來。「你說這種話，眞太聰明了，怪不得劉老要欣賞你，連我，也欣賞你哩。克任，以你這種才具，怕在臺北的商場上混不出一個名堂來？」

「那麼，你意思是，答應幫忙？」克任緊抓住主題不放。

「那還用說？我馬上去托人，而且就在貴良果園的附近；三甲左右，對不對？不過，我跟你說，我是托本鄉本土的人出面去進行的，那樣，價錢才公道。」她笑得輕俏佻達，把一隻手搭在他的肩上。「滿意了吧？我們是眞正的朋友；其實，這件事是爲了你，也沒有什麼不對。」

「這……」

「以後，歡迎你時常來這兒玩呵，不要專爲了生意上的事；有便就來坐坐談談。我經常一個人在家，好像你剛才進來的時候那樣。」她又用手指去彈襯衫上的黃花，彈了一次又一次，双眼上泛起一層朦朧的柔霧。「我這個家太冷清了，我喜歡朋友來這兒隨便聊聊。有時候，我就獨個兒坐在這兒回憶。你知道那種滋味嗎？獨個兒地在大房間裏囘憶着往昔的熱鬧。」她眼中的朦朧漸漸褪盡，只剩下一抹月夜的清輝。「這時候，我就恨不得有個親人在身邊，即使是以前照料過我的老佣人也好，但這些人全都遠去了。」沙雅琴沒有嘆息，因爲她是一個頑強的人。忍受着孤煢，忍受着蒼惻；忍受是她華麗生活的一部份。

「我會時常來看你的。」克任說。

十五

從沙雅琴的家裏出來，克任感到，他去那兒本來是想解決一件這些日子來一直懸宕着的問題，但現在，這一問題能否解決猶是一個未知數，而另一個他不曾想到的問題却又迎面殺來。沙雅琴今晚的話語幽柔、婉善，她隱約地向他拋出了一根感情的線，而這根線却是他不願接受、而又不願放棄的。「以後，歡迎你時常來這兒玩呵！」這裏面蘊藏着一個獨身女人的許多慾望。當時，他儘可以這樣回答：「以後，我會時常帶梅小珍來看你的。」這句話表明了他的立場，摧毁了她的念頭，但也同樣切斷了他倆之間的友誼。他承認，他沉迷於她美艷而年輕的雙手，然而，他却並不綣戀於她將那行老去的臉容。

他沒有馬上趁車，却踏着自己的影子以及別人的影子在街上亂闖一陣。經過百貨公司的門前，就進去逛上一逛，口袋裏雖只懷着幾百塊錢，但那副模樣却依然是什麼公司或工廠的小開。他總覺得今晚在沙雅琴面前的承諾是對梅小珍的不忠。買件小禮物送她，作爲補償吧。於是，他開始嚴密地注意起各色耀眼的商品來。從一樓看到頂樓，越看就越覺得自己口袋的羞澀，一條別致的假瑪瑙項鍊就要八百元，用鍍金鍊子串在一起的兩隻小銀狗就值四百多；那些玩意兒跟他的那隻紫水晶貓怎麼比？他走到時裝部，那些新上市的秋裝，標價都在六百元以上；好在看的人要比買的人多。他跟着人們走，双眼射出不屑的神色，而嘴角的微笑也就更其孤傲了；他用這些〇踏着每一件他無法到手的物品，然後，他走出來，在一家小店舖裏買了一副假翡翠耳環、一枚水鑽別針，一共化了一百二十元。剛包好，羅勃李就在店門口用他的大嗓子喚他：

「威爾遜！」

他趕忙把那一小包假飾物揣到褲袋裏。臺北太小了，不想遇見熟人時却硬叫你狹路相逢。羅勃李的眼睛又偏不饒人，這小舖子賣的是什麼他會不淸楚？因此，在他還未走近羅勃李時，臉色就不自然了。

「眞巧，今兒又碰上你了。你從哪兒來？夜總會還是歌廳？昨天我倒忘記問你了：秋涼了，旅行社的業務一定更忙了？接替我的人來了沒有？」一連串的問話，目的只在逼使對方的思想集中於回答上而無暇及於別的，那樣，自己就可以退到遙遠的、隱微的地位上去；那樣，羅勃李就不會問他在買什麼東西。

羅勃李有的是熱情，他用一條手臂圍住克任的肩頭，一面揮舞着另一條手臂。他一下子的確是被這些問話攫住了，因爲這些正是他今天感到興趣而急於想跟別人談談的。他那不虞疲乏的聲音就如小鞭炮般地迸射出來。

「嘿，威爾遜，你問得好極了，我正想跟你談談我的夥伴、今天剛來的傑夫！」

傑夫！什麼模樣的傑夫？爲什麼不把我這個威爾遜轉送給那個傑夫？我已經不想當這勞什子的威爾遜了。見到你，一聲震天價響的威爾遜，直叫得人心驚肉跳。何況劉老欣賞的是古典的中國，你如果到我的辦公室來，當着劉老的面這麼喚我一聲，那簡直是跟我過不去。而且，對你來說，威爾遜是一個喊熟了的名字，不比傑夫更順口嗎？

「傑夫是畢業不久的外交系高材生，出身於一個烜赫的家庭——巧不巧，跟你的一樣！」羅勃李一個勁兒地說下去。「個子高，臉兒俊，長得帥極了，跟一個够帥的電影明星站在一起，保證輸不了。他說，以後或許會在開麥拉前試試看。兩年前，他的父親死了——巧不巧，又跟你的一樣？今天，他跟我一起陪客人到觀光飯店去。嘿，看他那副神情哪，簡直被觀光飯店迷住了——」眞是的，巧不巧，跟他的又是一樣！

「你現在上哪兒去？」克任岔斷了羅勃李的話。不管怎麼說，他對那個跟他相似的傑夫可沒有興趣。他要是有興趣研究傑夫的話，那就乾脆研究自己好了。他現在希望羅勃李趕快走開，一如他在沙雅琴的家裏時希望貴良趕快走開一樣。他也不願跟羅勃李談起他去過沙雅琴的家——那是沒有好處的。羅勃李有一張擅長宣傳的嘴，倘如被他一渲染，彷彿他跟沙雅琴之間就眞有這麼一回子事了。

羅勃李放開圍在克任肩上的手臂，摸出四粒泡泡糖來，一半放在嘴裏，一半遞給克任；克任婉拒了他。他用力地嚼了幾下泡泡糖，說：「哪兒也不去，只是隨便蹓蹓，反正回去也太早——

回去有什麼意思呢？孤家寡人一個，坐冷宮嘛。誰有你老兄的好福氣，家在臺北，又是媽媽的心肝寶貝，進得門去，熱茶啊，冷手巾把啊……嘖，嘖！」

克任兩隻手揷在褲袋裏——左褲袋裏的一包東西，此刻已然成了累贅——他側過臉去，說：「噯，噯，別說這種話了。哪說得上什麼坐冷宮！你別瞞我了，難道我還不知道你金屋藏嬌？那個小妞兒，你一進門去，一邊喚聲親愛的，一邊送上一個熱吻，誰有你那樣的艷福？」

「我跟那妞兒，早已吹了；吹了快十天了。」羅勃李毫不在乎地聳聳肩，嘴角的笑意表示出他對這件事比丟了一樣東西還無所謂。「謝天謝地，我對她早已膩了，她要走，我正巴不得，哪會留她？你看到過她？」

「沒有。聽人說起過——對了，貴良說的。反正你也不把牠當作秘密。怎麼樣的一個女孩，很迷人？」

「迷人個屁！大約十七、八歲，有一頭長髮，身材很好——反正，就像那類太妹型的。從南部來的，讀書不成，來做事；做事不成……就是這麼一回事。她貪圖住在我那兒不必繳納食宿費，我哪，也貪圖她不會敲竹槓，但久了也就膩了。那樣大的女孩，嘴最饞，整天吃零嘴：冰淇淋、巧克力、牛軋糖、陳皮梅、花生酥、瓜子……整座倉庫的東西都會被她啃光。她說要回家，我雙手捧給她兩千塊錢作路費，但却告訴她：從此一刀兩斷。她哪，連眼睛也沒霎一霎；反正以後又可以另找寃大頭。她年輕哪！」他乾脆用泡泡糖吹了幾個響亮的泡泡。「好在我也正年輕哪，我也不心痛。」

克任嘆了一口氣：「簡直是太空時代的戀愛！」

「呀，別管我的了，我是出了軌的戀愛，哪像你跟密斯梅的那樣，第一步邁出去的脚尖就是朝着結婚禮堂的，以後就朝着指標跨去，錯不了。今晚，你又爲她買什麼禮物了？」繞了許多彎，話題又回到這上面來了。

他用手捏了捏褲袋裏的紙包，嘴角不屑地一撇。「嘿，誰說是買給她的？一些不値錢的小玩意兒，是妹妹托我買的，她要送給她的同學。女孩子，花樣多！」

「我還沒有看到過你的妹妹，那晚，她怎麼不一起上夜總會去？」

「她在讀大學夜間部。老實說，她太純眞、古板了。假如你要描繪往日深宅大院裏的一個溫順善良的女孩子，那她是可以作爲範型的。」他停下來，他也不在乎自己說的是不是過分；他現在願意這麼說，就這麼說。「我們已經走了好一段路了，我現在要回家了。」

羅勃李忽然說：「我跟你一同到府上去，我早想去拜訪伯母的，只是老沒機會。今晚，我只想坐十幾分鐘就出來，你不必擔心我會躭擱得太久。」

不能拒絕。晚上的不速之客。他想不通羅勃李爲什麼要在這個時候去。去就去吧，反正他家的客廳在一天當中總是整整潔潔的。

羅勃李出手很濶，買了一大瓶速冲咖啡、一大瓶速冲可可，雖經克任力加阻止，也沒效果。

兩人走到俞家，已是十點一刻了。

羅勃李一進去，就說：「伯母，您好？我是羅勃李，以前跟威爾遜是旅行社裏的同事，現在雖然不是同事，却是好朋友。我早就想來拜訪您老人家，只是窮忙，抽不出空；今天總算如願以償了。說來，今天也眞凑巧，在大街上碰到了威爾遜，要不，怎麼找得到呢？噢，這位，我想就是密斯俞吧？威爾遜常在我面前稱讚你：他說你有多溫順，有多聰明，眞是百聞不如一見。」

佩任噗哧地笑出聲來。羅勃李定着眼睛，表情端肅，並且把一隻手高高舉起：「你不相信我說的話？我可以發誓：過往神明在上……」

俞老太太連忙說：「我是信主的，請你不要這樣說。」

「那麼，上帝、聖母、基督在上，我羅勃李的話如有半句不實……」

俞老太太又說：「算了，算了，又不是什麼大事！我們信主的人，也不作興發誓，願主賜給你誠實、平安……」。

克任這時才有機會揷進來：「快坐下來，喝杯茶吧。一進門就表演一手，看來你倒的確是可以去做喜劇演員的。」

佩任對羅勃李倒發生了興趣：「李先生爲人一定很樂觀，把人生中的形形色色都當作了喜劇，無怪乎總是嘻嘻哈哈的；這一點，我想，哥哥應該向你學習、學習。」

「叫威爾遜向我學習，那是不敢當的。不過，密斯俞也沒說錯，我這個人很樂觀，成天無憂無慮的。凡事知足，這是一；還有，人生幾何，又不是沒穿、沒喝、沒吃，實在犯不着愁眉苦臉，自找煩惱；今朝有酒今朝醉，以後的事以後管。對不對，密斯俞？在大學唸書時，我從來不爲考試擔心，到了那天，冥冥中似有神助，總能順利通過。你相信不？」

「我相信。」佩任說，因爲她惟恐他再盟起誓來。「而且，我相信你有一半的天才。」

「一半的天才！說得妙極了。」羅勃李大聲叫嚷。「伯母，密斯俞眞是絕頂聰明的人，她畢業之後，打算幹什麼工作？」

「還不知道呢，總是英文教員或秘書之類的事情吧。反正是女孩子，也不要求很高，有個月薪兩千來塊的工作，也差不多了，你說是不？」

「對，對，伯母的意見完全正確。以密斯俞這樣的人才，我現在就可以爲她找這樣的一個位置，威爾遜，你相信吧？」

「如果以後需要時，我或許會來托你的。」克任知道羅勃李又在亂開空頭支票，趕忙用話堵住，然後，當着他的面，深深地打了一個呵欠。

羅勃李不得不站起來告辭。雖然他還有一列車的話藏在肚裏，但也只好嚥嚥口水，說是以後再來長談。在跨出客廳之前，羅勃李霍地對那四把紅木太師椅注意起來。他說，這才是眞能代表中國藝術的中國古物，要是外國的觀光客能够携帶的話，他們一定不惜重金購買，但俞老太太却馬上告訴他：她是絕對不肯出售的。

羅勃李走了，沸騰了一會的客廳才重新平靜下來。俞老太太以歷經世故的老人的音調慢悠悠地說：

「克任，你的朋友的確很熱情，但熱情得過了火，就會使世界上產生出一些不必要的糾紛來。大家聊聊天、解解悶可以，至于他的話，却絕對信不得，就說以前貴良的事吧——對啦，程老板肯不肯把果園賣掉？」

「媽，別提這件事了。」克任邊說，就邊往臥室走去。「我想過了，當年，爸眞是走了眼，現在，土地是他的，我說得唇焦舌爛有什麼用？」他走進臥室，就用脚退下皮鞋，然後又把牠們踢得遠遠的，上衣給摔在椅背上，身子就往床上一倒，一隻手揑緊拳頭，蓬蓬地搥着床欄。「我知道我們統統走了眼，我們統統上了當！」

俞老太太和佩任都跑進臥室去，一個站在床這頭，一個倚在床那頭。「克任，程老板今天到底說了些什麼話，害得你這麼氣鼓鼓的？你說給媽聽聽看。」

「他說什麼？他說他不愛錢，只愛果園，尤其是這個果園是我爸賣給他的。這不是屁話？我是爸的兒子，當然勸他不必把這一點放在心上，但他就是緊攀住這一點不放，這不是有意跟我過不去？」

俞老太太用一隻手扶着床欄，說：「克任，說話總得講道理；我告訴過你，程老板是個很重感情的人，他今天這樣說，正表示他重感情。現在的一般人可就不會這樣了，巨利在前，早就忘別的，我說，這正是程老板難能可貴的地方哩！」

克任猛然坐起來，大聲嚷嚷：「你說他重感情，我就不服氣。父子之間的感情他都不講，還講別的？再說，爸去世了，他欠爸的情就等於是欠我的；這一點，難道他不清楚！他口口聲聲說爸是他的恩人，誰知道他心裏是怎麼想的？」

俞老太太的秀白的臉在燈光下倏的變青，她往床頭櫥上一拍，厲聲地：「你在向誰說話，這麼聲勢洶洶的！我看過的人也不算少了，程老板是好人，就是好人；也就是因爲他是這樣的一個老實人，才會口口聲聲地說我們是他的大恩人。其實，說開了，我們究竟對他好在哪兒？十幾年前，你爸自己經營不了，才把這個爛攤子推給了他。那時候，誰想在這兒買田置產的？你爸把原價出售的消息傳開去，但還是沒有人要。程老板當時拿不出整數，就分三年拔還，這是你爹自願的，他可沒有佔我們便宜啊。」

「媽，你袒護他！」

「我爲什麼要袒護他？他是跟我同時代的人，我知道他的想法。他渴了，你只消給他一杯水喝，他就會永遠記在心頭。這就是老一輩的人！」俞老太太以從未有過的憤怒脚步走出房間去。

佩任也輕輕地加上了兩句：「我想，程老板是好人，秀玉是好人，貴良同樣也是好人。」她在克任還來不及對她發怒之前就溜出了房間。

克任把襯衫、長褲、襪子，統統脫掉，赤着兩脚，走到窗前，仰望那未被棚架掩住的青蒼夜空。心中的吶喊恰似長風，拋向那無邊無涯的空間：

那果園原該屬於我的！

原該屬於我的！

原該屬於我的！

十六

克任終於去看梅小珍了，在後於那個夜晚的第五天。他沒有帶去那兩件小小的飾物，因爲牠們已然做了那天晚上他鬱憤時的犧牲品。那是不足惋惜的，以後——總有那麼一天，他相信他會爭取到這一天的——他會用一擲萬金的豪態，去買一副鑽石耳環和一串珍珠項鍊。那兩件被摔壞的贋品已被塞在抽屜底裏。他不想讓母親和妹妹知道。他認定她們永遠不會了解他心靈上所受的委曲與創傷。她們是太能知足以及太甘屈服於現實的陰影之下了。

深秋的天氣正麗。他沒看店舖兩旁的華采，但也爲梅小珍帶去一束鮮花——紅色與黃色的玫瑰：比所有的艷冶更艷冶，比所有的莊潔更莊潔。梅小珍是個不想望珠寶的美而只渴念愛情的美的女孩，因此，當她從克任的手中接過那捧鮮花時，她展現的笑容一若洒落在花上的陽光。她聞了又聞，把牠挿在一隻秋香色的大口花器裏，放到客廳的矮几上。

「爸，你瞧，好美哦！」

梅卓然也突然風趣起來，彎身在羣花上，選了一朶衆美之美的含苞待放的黃玫瑰，挿在女兒那件鵝黃的短衫上，一壁對克任說：「來，克任，坐到我這邊來。」他又想用話去套克任了。「

我跟小珍說過，你今天會來，因爲你好久沒來了。劉老的工廠進行得怎樣了？」

梅卓然是男人，重視的當然是事業，因而，問起這種事情來，也就一句接一句，叫你應接不暇，也叫旁人無從揷嘴。對這，梅小珍固然不願意，同時却也知道克任對這更不願意，所以她就儘坐在對面假咳嗽。梅卓然發覺了，笑着說：

「珍丫頭，爸向克任問些正經事，你就這麼不耐煩起來了；事實上，爸也是知道時間的，到現在爲止，我還只說上一刻鐘呢，你就再等十分鐘吧。兩點正，我還要出去散步咧！」

克任說：「老伯，以前我在唸書的時候，對這些事也一無興趣，現在，一踏進社會，就不得不面對現實。譬如，這次廠地的事，實實在在是沙雅琴幫的忙。程老板的果園一百五十萬元不肯賣，結果，沙雅琴托人在他們附近找到了兩塊相連的地，一共三甲三，也只花了一百五十萬元。現在正在辦理過戶手續。」

梅小珍這次有機會岔進來了：「你是說那個很厲害的沙雅琴嗎？你們既然知道她厲害，怎麼又會跟她打起交道來？」完全是娃娃話。

「那有什麼關係？她雖然厲害，只要不上她的當就是。其實，社會上，能够嶄露頭角的，有幾個是不厲害的？有些事，不厲害的人就辦不成！老伯，你說對不對？」

「當然不能算錯，因爲現在的社會要比以前的複雜得多，但往回說，我總認爲天下的便宜，聰明人佔了一半，老實人也佔了一半。沙雅琴的確厲害，要是你想跟她在商場上鬪智，怕很少有獲勝的機會，但她待人倒還不錯。她不是那種刻薄、陰險或者刁猾、潑辣的女人。你既然進了臺北的工商界，有些人，就少不得要碰頭、要交往。假如每一個人都抱着珍丫頭的那種想法，還能在社會上立足？」

「爸，照你這樣說來，以後我還該拜沙雅琴這種人做老師呢。」梅小珍不以爲然地。

「我倒不是這個意思。每個人的個性和才能都不一樣。你是天生的淳良、樸潔；明夏，你從外文系畢業之後，我想，最好還是在中學裡教英文。」梅卓然抓起那頂相伴已久、簷緣微捲的草帽。「對不對，女兒——我要出去散步了。」

客廳裏剩下了年輕人，也剩下了梅卓然剛拋出來的梅小珍日後的職業問題。開學不久，梅小珍發現，那些跟她同系的大四同學之對於考試與畢業論文的罣念，竟遠不如對於未來出路的憂慮。出國呢？就業呢？假如請不到獎學金或者考不取公費而家境又不允許自費留學的話，那就只有就業了。但，什麼樣的職業最配自己的胃口以及最有遠大的前程呢？她，梅小珍，是獨生女，她可不想遠睽父母，不想去文科學生在國外不得不嚐的苦酒，當然，更不想離開克任。當她那天赴在程老板的果園裏、飲清風、披綠蔭、觀賞着程老板父女手植的「滿足的果子」時，她已經領略到一半的人生，所以，她對自己的將來並不作什麼宏偉的架構。如父親所說的，一個中學的英文老師可能就是她終身的職業，好像程老板父女那樣，以一份愛心去培植一棵棵欣欣向榮的幼苗，把果園當作教堂，虔心地斷守住牠；這也不是人生的至美的境界嗎？

「你看，克任，」梅小珍說。「我爸說我是教書的料，你認爲對嗎？高中時，我還沒有立定志向；早知道這樣，就該讀師大的。」

「我倒認爲你可以找到一個更好的職業，譬如，我以前服務的那種旅行社，就需要精通外文的女職員，我就希望佩任畢業以後，找個類似那樣的工作。」

「她喜歡那種工作嗎？」

「我想，她一定得設法去喜歡牠。我想過了，倘若那是一個報酬很好的工作，你就一定得去遷就牠，因爲從某一方面來說，一個人的收入愈高，他的社會地位無形中也就愈高，而他在那兒所蒙受的委曲，也可以獲得了部份的補償。」

「你很會做論文。」梅小珍調侃地，隨即，她就笑了，因爲她怕刺傷他。倔強的人，有時也是最脆弱的人。

梅小珍要買一些參考書，她要克任陪她一齊上牯嶺街的舊書舖去找。他當然答應了。不用說，自己已好久沒逛舊書舖了；現在，連開在大街上的書店他都很少進去。爲什麼要進去呢？他不需要牠們。牠們能帶給他什麼？他自己早把那架舊書撵出他的臥室、撵出他的生活了。闇澹、蒼涼、狹隘、霉濕、塵封，統統不是他所喜愛的。有時，他讓心靈步入那片童年的沙灘上，想找尋的也是那些七彩的貝殼，而不是那些印在灰色沙上的脚印。在古玩店、舊書舖裏，父子倆的磨蹭以及在還未繁華的街頭的父子倆的躑躅，他願牠們遠去、再遠去，想拉住的是當年父親座車的燁耀與人們眼中的驚服。牯嶺街的舊書舖是屬於求學期中的梅小珍的。有一天，她或許也會慢慢地疏遠牠們。你總不能在那種地方留連得太久，使自身也成爲古舊文物的一部份。當年，父親去舊書舖探索。對他，是一種驚惋，也是一種警惕。無以數計的書們排隊向他低語：你不要像我們那樣被冷落，被擱置、被廉售呵。什麼是眞正的價值？

他只是陪着梅小珍走進這一家，然後又走進那一家。舖子裏總有一些學生、一些老人、一些煮字療飢的酸文人在尋尋覓覓。店主人大多緘默如木偶，灰塵、蛛網，猶似生活在大陸的蒼茫裏。爲什麼還不離開呢，梅小珍！他忍不住打起呵欠來。

「怎麼，你倦了？」梅小珍望着他，彷彿塵垢撲滿了他的臉。在舊書堆裏尋覓的梅小珍依然煥蔚，而他却突的萎落了。

「有一點兒。」克任又打了一個呵欠。「這兒的空氣太汚濁，叫人受不了；你已經找到了兩本，差不多了吧？」

「我本來——好，以後我可以再來。我們走吧。」

梅小珍付了書款，把書挾在腋下。兩個人一起走了出來。走出了陰冷的舊書舖，外面的陽光仍是煌熠熠的，但他們並不走向歸途，而只東轉西拐的，想在大街上多逛一會。

「兩天之前，秀玉來看我。」梅小珍說。

「請別向我提程家果園的事。」克任粗鹵地：「爲什麼每次你都要向我提到秀玉、或者貴良、或者那個該死的果園呢？」

「可是，今天你自己就向爸提起過！」

「我自己提牠時，心裏也很痛苦，我懊悔去年帶你去那兒走了一趟。我現在非但不喜歡牠，而且討厭牠！」他在陽光下的激動很駭人：白淨額角上的青筋蠕蠕欲動，似乎要從皮膚下面掙扎出來，而烏邃的兩眼裏所透示的，則是高山上的雪光；惟一沒有因激動而改變的是他那隻挺直的鼻子，鼻脊像是照着三角板劃成的直線，聳立着他那屹立不動的驕傲。

梅小珍倏然楞住了。她委實無法找出那樣的一種無理的慍憤與嫌憎的根源。以前，她只見過他的微笑、他的沉思、他的幅憶，或者他的冷漠以及傲岸。這些雖然記錄着他在各種不同的情況下的各種心理，但他的臉孔却始終端正而淨瑩，並且一直保持着他那引爲自豪的高貴與洒脫。然而，此刻，平整的土地陡然龜裂了，凹凸彎扭得醜陋而猙獰。她望着他，微寒在她的血管裏滑行，她握緊雙手，克制住自己不打戰以及不驚叫。爲什麼他要這樣呢？應該沒有什麼可以使他這樣怨恨的？對象似乎不單是果園而是貴良和程老板！然而，在這兒，他們却是他最長久以及最忠純的朋友，厭惡他們，會跟厭惡自己同樣痛苦。當然，克任現在有許多新朋友，富裕殷實的，長袖善舞的，足智多謀的，這些是一個人在上昇的途中必得遇到的花草；正如父親所說，克任是個在社會上做事的大男人，但一個大男人就一定更要重視早年歲月裏所見過、而什麼時候回頭去看却依舊存在着的大樹與岩石。

「怎麼，」克任的臉色依然沒變。「你吃驚了？看來你對秀玉和貴良的感情，還超過我對他們的呢？」

「克任！」

「你想勸我——誰勸得動我？我很清楚我爲什麼要這樣以及爲什麼要那樣。」

「請你先靜下心來，聽聽我的意見。至少你可以相信我：我對你的感情是超過我對他們的感情的。」

「我現在不願聽。」

「爲什麼？」

「因爲我相信我的意見是對的。」

兩人面對鬧街站着。車流滂渤，如彩帶却又變幻多姿。高樓俯瞰着牠們，他們也注視着牠們。陽光在高樓的玻窗上留下一角一角的映影。一切，混亂而又平靜，正如梅小珍此刻的心境。

「我想回家去。」梅小珍截住了一輛空車。

克任沒有作一下阻攔她的手勢，也沒有說一句挽留她的話語。說呀，他心裏想，說句表示歉意的話——我剛才的確太專橫了。那麼，梅小珍馬上就能原諒了他。但他沒有說。他不肯認錯，他的高傲不允許他這麼做。司機還是把門開着，等他上車。這是順水人情。只要他跨前兩步，就可以走到車裏，然後，循流而下，一瀉千里，事情不就簡單了，但他沒有動。難道梅小珍在這件事情上沒有錯？憎厭貴良父子是他自己的事，她爲什麼要加以反對？他甚至不顧母親對這表示異議呢。如果兩個人都沒有錯，那又爲什麼要他一個人道歉？一次的低聲下氣將會導致以後無數次的低聲下氣。他不是一個軟體男人。

梅小珍垂下眼皮，親自把車門關上。兩人都沒說一聲，車子就開走了。克任呆了一下，隨即吹起口哨，露出笑容，來衞護自己的孤單。

上哪兒去？回家！不，回家是意味着自己的敗北。他要特別裝得高高興興、漫不在乎。他要到別處去玩玩。舞廳怎樣？好久沒去跳舞了。碰到梅小珍這種一本正經的女孩，眞也活該倒楣。上夜總會，就說太奢靡；上舞廳，就說太浪漫；上歌廳，又說太無聊。那麼，像他這種已把書本扔到生活之外的男人，該去哪兒呢？

一雙有着銀紅指甲的手在他眼前映過，一個女人的身影掠過他的身邊。

臺北有太多的銀紅指甲，但有一雙眞正纖麗而不老的手的人却並不多。沙雅琴該是其中的一個。

要不要去看沙雅琴？她邀過他，他也答應過她。她說，她有時太寂寞，而他此刻，也有滿眼都是生人的感覺。

去吧，他不用怕什麼。他隨時可以退出來，因爲他很清楚，她不是梅小珍。倘若她是年輕得像梅小珍，他就準會愛上她。她有許多跟他類似的地方，第一次在夜總會裏瞥見她時的清冽的高貴，第二次爲貴良的事跟她商洽時的圓熟的智巧以及她對對方的需要的洞燭力。她的慾望裏有他目前的慾望，他的理想裏也有她早年的理想。

去吧，去吧——因爲如果他不去她那兒，他該去哪兒呢？

跨進沙家的門時，他有了一次眞正的驚奇，他看到裏面坐着的是四海旅行社的李經理。克任的懊悔幾乎跟訝異來得同樣地快——他是不該來的。沙雅琴在他心中的地位本來很高，現在却一下子陷到谷底去；她說寂寞，那該是多麼僞裝的寂寞！

「啊呀，小俞，沒想到你這會兒恰好也會上這兒來！」李經理在任何情況下的友善都使人感激，也使人懷疑。握手是少不了的，但笑容却壓縮得太密了，倒使人覺得還是沒有笑容時來得可愛。克任今天特別留意他那微禿的前額，沒有光澤的、染黑了的頭髮；這個世界上，有烏黑頭髮的老年人是越來越多了。

克任也笑着，笑得跟李經理同樣友善（那種笑是向你學來的，李經理，你給我的第一個深刻的印象就是那種有距離的友善。我容易吸收別人的長處！），表示他是這樣地渴望碰見他的老上司。「我也沒有想到——」他的語氣很得體，要不，就容易讓人誤會他是在諷刺。他今天說話非得分外謹愼不可。

「你離開敝社也有好幾個月了吧？」李經理手裏拿着雪茄，上身斜倚在沙發的右扶手上。那姿態好恬然呵。

「可不是？前幾天碰到羅勃李，我還問起你：他還說，社方新近來了一個傑夫。」

「哈，哈，哈，那個傑夫，說起來，可有趣極了。他做導遊，有個外國女孩幾乎愛上了他。聽說，昨天她上飛機之前，還告訴他，在她回國之後，如果徵得了父母的同意，就決定來這兒大學攻讀中國文學。他倒眞是做了一次挺成功的外交。」李經理那聳肩狂笑的模樣，委實不太雅觀。

沙雅琴用她年輕的手，遞了一支洋煙給克任。「我最喜歡熟朋友碰在一起，不必介紹，不必客套，一坐下來，就可以天南地北地聊。」

但克任却不是這樣，他比未來之前更不舒暢。他今天原有幾個小小的不快，這會兒便全都擠塞在他的胸腔裏。他接連抽了幾口煙，再噴出來，但煙圈兒太輕，胸腔中的那股悶氣却又太重了。

「聽雅琴說，工廠的建地已經解決，這樣該可以放心多了。」

克任又使目光棲止在李經理的頭髮上。他難道眞的忘了自己的年齡？呵，我還沒有聽到別人當面喚她雅琴的。當然，你們的親密是你們的事，但也不必在我的面前表演呀。

坐在對面的沙雅琴望着他微笑。「或許，我早該告訴你了，他是我家的熟客。他以前一直誇獎你是他的旅行社裏最賣力的人員。」

可是現在，一切不都已過去了？連對你的好感，連對他的好感，都過去了。飄去總很容易。但你喜歡他的究竟是些什麼呢？他的「友善」？他的「黑髮」？

「解釋一下還是必要的。」手中的雪茄熄了，李經理一氣把牠摔到地上。他臉上的表情也統統在這一瞬間死去。「小俞，我一生當中所犯的最大的錯誤就是我勸雅琴嫁給我大姊的兒子！」

霎鬘全散，但後面還有更濃的雲靄。沙雅琴檢起雪茄，說：「好啦，別再說下去了；今天，我們三個都很快樂。」

「你快樂嗎？我快樂嗎？不要自欺欺人了。」李經理步步緊逼。逼着別人，逼着自己，「你在美國的丈夫和兒子快樂嗎？我問你，我問你！」

沙雅琴嚷了起來：「別說了。我現在沒有丈夫和兒子。我現在只有朋友、房子、貿易行……和許多美好的東西。我不要丈夫！甚至不要兒子！」

李經理步步後退，放低聲音：「雅琴，你平靜下來，好不好？或許你是對的，我不該提起這些，只是，每當我想起我年輕時最鍾愛的兩個孩子……我是希望他們幸福的……希望他們永遠在一起……希望在我垂垂年老、他們來看我的時候，帶着他們的孩子。我曾作着各種各樣的安排，讓他們彼此接近……」

「好了，李叔叔，你別再責備自己了。你盡了力，而我也盡了力，我們相愛過，這不就够了？你看你把克任冷落了。」

李經理點燃了雪茄，刹那間，暴風雨似已過去。他臉上重又生趣盎然，帶着歉疚，他再度用力跟克任握了一次手。「小俞，你看，雅琴要比我聰明得多。快樂是我們生命的花朵；當我們快樂時，我們就不該去破壞牠。我們剛才不是很快樂嗎？我說到了那個可愛的傑夫，那個像出色的電影小生般的傑夫。那個外國姑娘在離臺之前還寫了一封熱情的信給他，才開始，他就有了這樣的收穫。我想，他如繼續在這個崗位上幹下去，那他一定還會收到更多的熱情的信，哈，哈。從你走後，敝社的同仁，的確都若有所失，但我們原是一個年輕的機構，我們只有勇往前進的銳氣，沒有拖宕怠惰的惡習，因爲我們所負的責任太大。傑夫許會照着你所豎立的榜樣那樣地積極工作，但在任何狀況下，我們還是念着你。」他那一大段跟表情密切配合的話語重新在克任的心中導生一種有距離的友善感，只是他是再也不會去注意他那微禿的前額和染黑的頭髮了。「我已經在這兒坐了好一會了，你不妨再坐一會。」李經理走了。

克任坐在沙發上，望着李經理剛才坐過的那個空位。他看了很久，彷彿李經理仍在那兒。他明白，他跟沙雅琴的這一段談話很難開始。要是撇開她的婚姻不談，那麼，他對她的友善，也只能算是有距離的—一個不願介入任何私人問題的普通朋友；要是探問一下呢，那麼，那陣創傷的痛楚是否會使沙雅琴那樣堅強的女人作無理的抗拒？

「克任，我想你該多喝一點咖啡。假如再不說話，我會以爲你是睡着了。」

克任笑着搖搖頭。「還不至於。不過，首先，你得讓我表示一下對你的關懷。你的那個孩子有多大了？」

「十二歲。」

「我想像不出你們有了孩子，還會分手；是他去了美國之後才離婚的？」

「假如這樣，倒還說得過去，事實却是我們想分手，他才去美的。我們結婚兩年，發覺彼此並不相愛，他愛的是他舅舅口中所說的那個理想的女孩，其實我並沒有那麼完美。你現在該想像得出來了吧？那是很悽慘的，不論我怎樣溫順，我仍不是一個好妻子。他要去美國，對我是種解脫。」沙雅琴閉着眼睛，噴着煙圈，銀紅色的指甲在微顫。「我曾那樣低首下心過，我曾那樣委曲求全過，然後，我發覺那是愚蠢。」她睜開的眼睛蒙着煙霧。「那就是我們的婚姻；在外表看來，牠是如此地美好，美好得無法去補牠、縫牠。」她彈去煙灰，如彈去她心上那彈不盡的塵沙。現在，煙頭又亮得紅紅的了，雙眼又亮得淸淸的了。「你看，克任，人生的可愛是在：你不知道你最後一步將踩在哪兒；同樣，人生的悲涼也就在：你不知道你最後一步將踩在哪兒。」

克任沒有立卽接話，但他却比以前任何時間更對沙雅琴具有好感了。年輕的手，受過傷的心，成熟的智慧。那個在美國的丈夫將永遠找不到妻子，因爲世界上沒有完人。

「今天，你對我的種種該滿足了吧？」沙雅琴又說。

「那是一種痛苦的滿足。」克任回答。

那晚，這個客廳在承受了女主人的怛惻的故事之後，始終顯得很黯然、寂然；因此，他們還是走了出來。大街上有人們的歡笑，不管那歡笑裏，多少是眞，多少是假，但，至少暫時可以冲淡他們的悲戚。

十七

就克任方面來說，發生在他身上的有些事情，非常簡單，一下子就過去了，而有些事情，却又變得異常複雜，像蔓草那樣，終於在那塊土地上展延、滋長。

沙雅琴的婚姻的不幸，他同情過；這就够了——你會看到過許多人的同情只不過是短暫的閃光。是不？有幾個人會把對別人的同情沉重地負在肩上？而他跟梅小珍的爭執呢？雖也接連生了一兩天的氣，但一兩天也就够了——那一對戀人不會賭過氣？假如賭了一次氣就散夥的話，他相信世界上有百分之九十的年輕人不能步入結婚禮堂。自然，他當時是想堅持下去的，可是，一兩天之後，當梅小珍來看佩任的時候，她在門口一喊佩任，他就跳過去迎她。可不是，梅小珍是個好女孩子，他該什麼都計較嗎？

本身的工作使他不得不常到正在建廠的工地那裏去看看，而這也就不得不使他從程老板的果園的外圍經過，一次又一次地。雖然，當初冬的風吹紅了橘子，也吹開了果農們的笑臉，但他却沒有再進過那個果園的門。甚至，當車子在園邊那段道路上馳行的時候，他就會閉上眼睛，可是他的心却仍接觸到枝枝葉葉，猶如牠是懸掛在車身之外；那樣地一路上從果樹旁邊擦過，當然要給刮得鮮血淋淋了。

那樣的創傷，除了他自己而外，別人不會知道，所以也就使他倍覺怛悼。有時，他問自己，那時，他怎麼沒有想到托沙雅琴在別處覓購廠地？劉老對於廠地的要求，除了交通方便、水電充足之外，並沒有指定非要這兒或者那兒不可。多麼愚蠢啊，所有對於這土地的一切措施！

有一天，當車子在園邊行駛、他的心正被枝葉擦着的時候，司機猛地煞住車，克任的身子震跳了一下，但眼睛仍沒睜開來。什麼事呢？前面是個泥猴般的孩子嗎？但是不是，而是車外有人在喚他：「俞少爺，俞少爺，你睡着了？」當然沒有睡着，但願他是睡着。寃家路窄，不是程老板是誰？

他慢慢地睜開眼睛，慢慢地把目光掃向窗外，並且慢慢地說：「噢，程老板，什麼事？」還沒說完，就見程老板身邊放着一簍筐橘子——例行公事；程老板又要送橘子給他！他希罕這些？

那個仍然是一副厚篤的笑臉，好像是來向他懇求搭一段便車似的：「俞少爺，我知道你常常趁着車子到工地上去——」——到工地去怎麼樣？我經過這兒，就是不想進去；你那個果園能擋住我的路？不要以爲你把這塊土地美化了，就有什麼了不起！在我看來，那是臭美——「所以我在這兒等你，俞少爺，我選了一筐大橘，麻煩你帶回府上去。過幾天，我再親自去問候老太太。」——你總以爲一些水果就可以打動我母親的心，讓她老人家說你是好人！你存着這種念頭，可已經不是什麼好人了。

克任仍然緩緩地說：「程老板，你眞的太客氣了，實在使我們過意不去。這幾年來，我一直想跟你說，請你不要再送這送那了。」

「這算什麼話！我又不是買來的，反正是自己的樹上長的，花不了錢。別說俞老爺當年對我有恩，就是我附近的鄰居，我收穫時，也總要一籃一籃地送給他們嚐嚐哩。」

又要提到父親對你有恩這種話了，我可不要聽。要是你果眞存着有恩必報的那種心，那麼，現在，我要求把這塊地原價收回，利息照給，你肯不肯？

程老爹拉開車門，把一筐橘子塞進車來。克任像碰到一堆鹹魚那樣，驚得忙往旁邊退讓，一邊說：「啊呀，你爲什麼要這樣呢？母親會怪我不該收下的。」

「俞少爺，我知道老太太不會說你的。看你忙了一天也倦了，我不打擾你；隔天再請你到果園裏來坐。」在車子開動之前，他又塞了幾個橘子給司機。

那是黃昏。歸途上，車子與冬日的冷風携手同行，而在車內，那片果林却始終在克任的眼前顚幌，不肯隱去。牠遮斷了溪流，掩埋了田野，堵住了道路，而那無數的枝葉，則像一羣飛鳥，把他團團困住。爲什麼我在十二歲那年的夏天要去溪邊釣魚？爲什麼？爲什麼？

司機倒過頭來。「那位老先生爲人眞好。」

好什麼？只爲了他送了你幾個橘子！你是一個貪小利的傢伙，目光如豆！你看到什麼來着？

「如果你知道他那個果園——我不喜歡他那個果園！」

「我不管那個果園，我只是說那位老先生爲人眞好。」

「喏，我把那筐橘子送給你。」

「這……爲什麼，先生？」

「這樣，你會說我比他更好啊！」

司機是個不大肯用思想的年輕人，他哈哈地笑了起來：「你先生好會說笑話啊。你先生本來是個好人呀！」

可是，克任却的確把那筐橘子送給了司機——他不願帶回家去。對母親，他只說，他把橘子遺落在計程車上了；一簍筐橘子嘛，又不是什麼卽期支票、現款的，丢了也就算了。不過，兪老太太還是惋惜了一會：「噯，程老板的好意哪。年輕人就是這麼粗心大意的！橘子當然到處都可以買到，只是人情却是買不到的呀。」

佩任自作聰明地揷了進來：「哥哥，是哪一家車行的車子，我替你打個電話去問問看，說不定——」

克任板起臉孔，狠狠地瞪了她一眼。「你就有這麼一副小家子氣！爲了一筐橘子，也會東查西詢的，查到了橘子，惹來了別人的嘲笑，你想値不値得？」

兪老太太想說什麼，結果却只催着佩任趕快去換衣服，等會好上學去。她很淸楚，自己愛克任要比愛佩任來得深。那已經有好多、好多年了，或許從克任出世的那一時刻就開始的；那是被傳統的觀念所左右的結果：克任是兒子，不過，最近，她覺得她的愛已經轉了一個方向。克任的浮躁、粗暴、蠻不講理，冲淡了她對他的愛。克任現在收入比以前來得多，職位也比以前來得高，他幾乎要比他同期畢業的同系同學都要幸運，因爲他碰到了劉老先生。去年，當他做局裏的小科員時，他還有理由鬱怒、煩惱，現在，他可有什麼理由把自己浸到這種心境裏去？而佩任依然是婉淑而聽話，受了一點小寃枉，也總能像呑丸藥那樣地嚥下去，從不向她訴苦、使性。剛才克任的強辭奪理，她沒有爲佩任辯護幾句；爲什麼？也只是不想擴大兄妹之間的裂隙，保持一個家的平和而已。

「克任，我對於你現在的收入、現在的職位，已經很滿足了。」

「爸不會滿足。」

「你爸也會滿足的。要是他如今還活着，他就會知道，在這個環境裏，你已經表現得非常不錯了。」

克任沒有回答。驀地，那片果園又如烏雲般地壓到他的眼前來，一根根椏枝，一片片樹葉，清晰可見。牠們如一個小森林似地，屹然傲立在陽光下、在風聲裏、在雨粒中，誇耀着牠的蕃滋、牠的廣濶。在以後的日子裏，他將如一個墾殖者，一直要抵抗牠。他該如何在心中鑄造一把利斧，把那片林木砍一個光，讓牠們俯伏在他的脚下。啲，母親，你能滿足，因爲你不願砍伐；你只願見到果子，而不願見到果樹。還是學學梅伯母的樣，每天上教堂吧，因爲除了祈禱，你們已經老得不能有所作爲了。

「克任，你累了，先洗一個熱水澡吧。有時候，人太累了，脾氣也就暴躁。我給你去拿替換的衣服。」

克任把自己泡在軟滑的水裏，讓自己心中的那股燙熱溶入水中。他閉上眼。他自己就如泅游於溪流之中。那是他在十二歲那年的夏天去垂釣的溪流嗎？可能是的。那條溪在冬季也從不乾涸。那一次，他一共釣上了幾條魚？十一條！最大的也不過六寸長。老天爺！他從不把牠們殺了來吃，却把牠們養在鉛桶裏，然後，牠們一條條死去，在好幾天之後。那條溪，在現在的他看來，似乎小了許多，因爲他業經成人。

今晚，他故意避免再跟佩任碰面。想起佩任的無知，他簡直想一拳把澡盆搗碎。倘如他果眞想追查那筐橘子，難道他自己不會打電話去？

然而，當他出來時，佩任却仍在客廳裏。「你怎麼還不去？時間不早了呢，還篤定地坐在客廳裏，就像有人會來接你似的！」

佩任把眉毛一揚。「就是有人會來接我哪！」

他焦急起來：「誰？」

「一個女同學。」

「唷。」

「跟她的一個哥哥。」

「她哥哥是幹什麼的？」

「反正跟你一樣，是個大學畢業生，反正他家在大陸上也是叫得響的。今天，我要不要叫他進來坐一會，跟你談談？你聽，汽車來了。」佩任站起來，有點兒倨傲的樣子。

「下一次吧，此刻，我還穿着睡衣呢。」克任讓自己躲在暗處，但他還是掀起窗帘的一角，窺視佩任的朋友。不過，他們並沒有下車，他怎麼看得清楚？他只獲得一個印象：那家的派頭不小，趁的是輛自備轎車呢！

他回轉身來，嘆了一口氣。總有一天——總有一天，爸，希望你能看到我的心，因爲我那顆心就是你給我的。近十幾年來，你一直過着一種近乎屈辱的生活，而那種屈辱，現在我也同樣身受到。讓你的精神鞭策着我，使我不要停滯與後退，讓我在爭取家族的榮譽上猶如一個勇猛的鬥士。爸，讓我知道你與我同在，我就不會寂寞。

晚上，佩任一跨進門，就問克任：「哥哥，你看到了我的同學和她的哥哥沒有？」

「沒有。」

「那麼，」佩任笑了笑。「我知道，我是不該跟他交往的，是嗎？」

「我無意阻止你，你自己觀察好了……對了，你可以去問媽。」

佩任又笑了起來：「我告訴你，今天，我的同學來了，她的哥哥並沒有來。他突然有事，走不開。我也不在乎他來不來。我見過他兩、三次，我不容易很快對人發生好感。」

「感情是可以培植的。」

「培植得生了根，如果又要親手去毀掉，那怎麼辦？許多事，我都沒能像你那樣狠得下心。一架舊書，說丟就丟；一隻水晶貓——水晶貓，你收起了這麼久，到底藏在哪兒去了？有時候，我感到牠已不在家裏了。那天貴良問起我這隻水晶貓……」

「怎麼，你最近又跟貴良見過面？」

「噢，不，那已經很久很久了。他談起了當年父親買水晶貓的情景。他說，他自己也是特別喜歡那隻水晶貓的，要不是賣給我們，他也會懇求他爹把牠留下來。哥哥，你到底把水晶貓藏到哪兒去了？拿出來讓我看看。其實，在你的臥房裏，可以裝上一個壁架，放一些零星的擺設，放一瓶花，當然，還有那隻水晶貓。家裏又沒有小孩，絕對不會摔壞的，更何況，客廳裏，不也擺着比水晶貓更值錢的古董？這麼多年了，誰也沒有砸破過一件。」

「我就是喜歡把水晶貓收起來。」

「為什麼？」

「我有我的主意，為什麼要聽你的？最近，我發覺你的主意滿多，這樣想想，那樣猜猜。這會兒，半夜三更，還想要我翻箱倒篋地拿水晶貓，誰幹？」克任車轉身去，誇張地伸了一下懶腰，落下來的一隻手，不偏不倚地碰着了床頭櫥的邊，碰得他直喊痛，湊到燈光下細看，手背上起了一個紅咚咚的疙瘩。佩任想替他撫摸撫摸，克任一摔手，把她擋開去。「幸虧是一隻手吶，摔不斷、摔不破的；痛一下，也就算了。要是這櫥上放着那隻水晶貓，說不定就這麼給掃下來，砸破了。老實說，我比你大幾歲，考慮得也比你週到些。剛才你逼着我把水晶貓拿出來的那種語氣，彷彿那隻水晶貓是你的，而不是我的。說得難聽些，爸遺留下來的一些古玩，不會有你做女兒的份；至於媽的珠寶首飾，卽使一塌刮子都給了你，我也不會計較！」

佩任把背貼住牆壁，來遏制驟起的震慄。她想大聲叫嚷，把內心的一部份悶氣趕出來，但她不願吵醒母親，更不願母親爲他們的爭執而傷心。她微弱地說：

「哥哥，我完全是好意，你的話說到哪兒去了？難道我要你把水晶貓拿出來瞧瞧，還有別的用意？不錯，我喜歡那隻水晶貓，但就金錢的價值來說，牠最多也不過值個萬兒八千的，有什麼了不起！我不是那種把金錢看得太重的人。我們威風過，我們享受過，我們被人羨慕過；這些我依稀記得，但我從不因爲喪失了這些而難過過，因爲還有多少人從來不曾威風過、享受過、被人羨慕過！那一天，貴良跟我穿過一條陋巷——」

克任突然躍前一步，抓住佩任的雙肩，搖撼着：「你到底爲什麼要跟貴良在一起？」

佩任閉上了眼睛：「我們偶然在街上碰見——」

「他哪一點稱了你的心？」

「或許他沒有你那樣驕傲。」

「驕傲？他配？」克任鬆開佩任，鼻子哼着氣，還昂着頭、挺着胸：「你以爲他有了一個果園就可以向人示威了？我跟你說：果園是他老子的，不是他的。他的老子不死，他就只好永遠做個商號的小職員。你要認清這一點。你不要被他的果園迷住了，以爲他眞的有了一百五十萬！」

「我從來沒有這樣想過——從來沒有這樣想過。爲什麼你的思想老在果園上打圈子？我很清楚貴良是個平凡的人，非常非常地平凡。」

「這就好了。你那個同學的哥哥呢？他跟貴良兩個人，你平心靜氣地比比看！」

「完全不同。貴良是那樣平凡，而我同學的哥哥又是那樣高貴。」

「你說得很對。希望你在這點上多用一些思想，爲自己的將來多作一點計劃。那隻水晶貓算什麼，有一天當我想把牠拿出來時，我會拿出來的。」

大家都感到十分疲乏，好像在大風天裏，逆着風跑了一大段路；明明在跟一股巨大的力量搏鬪，但你却抓握不住那股力量。佩任退出去後，克任就倒到床上。他的喉頭乾澀得如同塞滿了沙粒。他沒有起來喝開水。手、脚彷彿全被粗繩縛住了，動彈不得。喔，那隻水晶貓，爲了牠，今晚我幾乎在受佩任的私刑逼供；以後，我一定要對這件事好好想一想——這會兒，我要睡了，我不要想了——那個貴良，我猜得不錯吧，他眞的那樣野心勃勃，在追求佩任呢。憑他出身高農的資格——現在不要想了，明天還有工作——最好叫沙雅琴把他辭掉。以後，我一定得跟沙雅琴談談這件事。怎樣談呢？總不能說是自己的妹妹對他有了好感，這面子可丟不起——呀，不要想了，好不好？明天劉老要從日本回來，要辦的事可多着哩！去機場接他，向他報告籌備工作的進展情況，說不定還要陪他去工地看看。唷，佩任一定已經睡着了，但我却在受罪。我活該倒楣！好了，從此刻起，讓我只想一件事：我要睡着了，我要睡着了，我要睡着了……

夜是軟軟厚厚的絨布，覆裹着他的那顆不安寧的心。

十八

那是不可能的——他突然扔下報紙說。

克任，你說什麼啊？

那是不可能的——他大聲地嚷——牠叫我無法相信。

克任，是什麼事啊？你說出來，媽或許也能給你一點意見。

不可能，不可能，我不要相信！——他站起來，把報紙撕破、揉皺，摔到地上，用脚踩牠——那是不可能的——他衝出客廳，奔到棚架下，用力搥着棚架的木柱。打爛牠，打爛這座屋子；就是這座屋子，鎖住了他的希望，錮住了他的生活。

俞老太太和佩任站在客廳中，手裏拿着撕破、揉皺了的報紙。她們仍然不知道是怎麼一回事。是劉守愚老先生猝然患腦溢血死了？現在很多名流要人，往往死於這種突發症，這是最小的意外中的最大的意料。聽克任說，一星期前劉老先生從日本回來後，一直忙得車不停輪，當然，克任也一直在忙。但，一個老年人畢竟是個老年人呀！

克任，你回到屋裏來——俞老太太說——有什麼事，我們可以來商量。

商量什麼？商量把果園收回來？永不可能！前兩天去廠地時，會聽工人們談起，那個區域可能被劃爲工業區。他聽過，也就算了，因爲一年多前，他也聽到過同樣的謠傳。到底是地方小，交通便利，幾個人聚在一起，隨便聊幾句，一下子就會散佈開來，再經過一些本就富於表演、渲染天才的人的傳播，也就順利成章地成了某某權威人士在某月、某日、某時、某地親口對我所說的話語。以前羅勃李就常帶這種消息來。「啊呀，威爾遜，這可是機密啊。那個朋友再三叮囑我，在時機未成熟之前，絕對不能隨便張揚出去。」「我對這種消息，本就不感興趣。」他冷淡得很。於是，羅勃李就格外神秘了：「嗳，威爾遜，我不騙你，有錢不妨在那邊買幾分地，保證要不了多少時候就會上漲；可惜我沒有錢，你哪，誰不知道你是豪門之後……」他對土地確是沒有興趣。當時，他對土地的認識不够。他的父親連那個占地三甲的果園都要拱手讓給了人，他自己還會再去買土地？羅勃李的消息抛在他的身上，猶如沉到了潭底，落得一個最最寂寞的結束。

克任，克任，什麼事，進來說呀——俞老太太的臉露在窗口，逼切、惶惑而愁懣。

現在還說什麼？什麼都甭談了！我最耿耿於懷的一點是，爲什麼你們（我自己的親人）都站在貴良的那一邊？

克任終於走進屋去。俞老太太揑住他的胳臂，細看他。他兩眼的海洋，滂渤瀾翻，他心靈就在那兒顚簸瀠洄。那浪峯，說牠多高就有多高。俞老太太嘆息起來：「克任，對任何事，你都不該這樣生氣。」

佩任把報紙放在桌上拼湊，然後小心地翻看着：「媽，我也找不出什麼壞消息來。」

克任半閉着眼，向佩任揮揮手：「你把報紙拿走吧。我承認我是神經過敏，自找煩惱。我希望你不要問這問那。你能給我的最大幫忙，是讓我清靜一下。」

佩任悄悄地退到她的臥室裏去。

俞老太太說：「我，你妹妹，都是愛你的人，你自己在把我們推開去；你這種態度，使我寒心。」

「媽，不要這樣說；我想，我是太愛這個家了。你在屋裏，你沒想到外面的風暴在經常對這個家襲擊。媽，這個社會變得太快了。媽，你站在外面，你就會看得遠、又見得廣些。」

做母親的又望着他的眼——兩眼中風暴未息。她現在擔心的可不是外界的風暴，而是他內心的風暴。如今，她的慾望很小，她只望兒女平安幸福。富與貴只是前去參加盛宴時所佩戴的珠寶、人生途中的虛僞的點綴而已。可是，顯然，克任並不這樣想。是他們做父母的早年的錯誤，把這種觀念根植在他的心中？現在，要剷除牠，可也不容易了。

「媽何嘗不愛這個家，只是愛的方式跟你的不同。」她說。

克任朝着母親凄笑：「我知道，因爲媽的年齡跟我的也不同。」

「我們現在不談這些。你還得上班去，快去吃早飯吧。」

「我不餓。簽到後，我會抽空去吃點心的。」克任說：「媽，你不要擔心，我沒有什麼，剛才只是爲了一件小事。那天，我上廠地去，聽到幾個工人在說，那個地區可能要成爲一個工業區，今天，報上果眞證實了這個消息，而且，還是一個示範工業區呢！你看，就是爲了這件事。」

「哦，那不錯呀。劉老的廠地還是沒有買錯。」

「媽，那兒的土地馬上就要身價百倍了。」他不再說下去。這件事可以說到這兒爲止，或許連「身價百倍」這句話都是多餘的；要是母親重視這件事的話，那她就會順流地想下去，想到那片濃成一堆的果林。

理好公文包，換上衣服，克任匆匆趁車去上班。公車上的乘客，倒不全像母親和妹妹那樣遲鈍，有幾個就在這個話題上打轉了。有人說，他最近化了二十幾萬在市區買了一所公寓房子，早知那個鄉下地方會給劃成示範工業區，他就該用那筆款子在那兒買幾分地的。另一個在他尾音還未散盡時却接下去說，啊呀，我比你更懊悔呢。我的一個表親在那兒看中了一塊地，覺得太多了，要我分一半，我一口回絕了他。我說，我又不想養鷄或者種花，要鄉下的地幹啥？你別拖我落水了。我這半輩子只積下這麼十幾萬塊錢，幾年來還全靠牠的利息來貼補貼補兒女讀中學的學雜費。天哪，就這麼錯過了發財的機會。另一組也在嚷嚷：我就反對把那個地方闢作工業區。像這種事情，我就搞不通爲什麼不讓人民投票來決定！有關方面當然列舉了那個地區的許多優點，但我却表示懷疑。老實說，我們那個地方的優點可就比牠的多。五年前，我就認定牠會成爲工業區的，所以，不惜拼拼湊湊，買了一甲多，但五年下來，却一無動靜。無論如何我要向報社投書，堅決反對。鄰座的他的一位朋友馬上響應：完全正確，但我要建議你複印二十幾份，每個報社一份，至少，總有一個報社會得把牠登出來……

克任靜聽着他們的談話。他的不幸是那些人的不幸的總滙。如果他衝動一點，他也會抓住一個鄰座的乘客，把他的遭遇說出來；但說出來，又怎樣呢？甚或像那個人那樣地去投書，又怎樣呢？

當克任到達籌備處時，劉老早已坐在董事長的辦公室裏。克任仍面露微笑，彷彿他的心境就像長空一樣，清澄無雲。劉老站起來跟他握手。那是稀有的動作：「克任，你看到那個好消息嗎？」他那嬰兒般的下頷在微顫，正跟那兩根壽眉的輕幌遙相呼應。一派老年人的稚眞的歡欣。

克任讓自己的笑容加深了些。「劉老，這樣看來，這塊廠地，我們是買得眞够便宜的。同一地區的土地，今天開價，說不定一甲就要一百萬了。」

劉老伸着手，像對待一個客人那樣地：「你坐，你坐。碰到你眞是我的幸運——你別客氣，即使接受我一點謝意，又有什麼關係——你的眼光準。你記得嗎，第一次我要你陪我去鄉下地方玩玩、看看，你就選中了那塊地方。彷彿你生來就有一種先見之明。」

「先見之明？劉老，你太誇獎了，這不過是種巧合罷了。許多幸運的事，都是托劉老的福。」先見之明？哦，天！如果我對這種事情眞有點兒先見之明的話，今天也就不會懊悔得這個樣子了。瞧瞧我的臉，今晨是否已經平添了幾條年輕的皺紋？我不知道你是怎樣發蹟的？總不是把苦苦攢下來的錢放在銀行裏生息，或者像我那樣，每個月靠幾千塊錢的收入，日積月累地，然後成爲億萬富翁。從今天開始，在那個未來的工業區域裏，就會出現幾個小小的富翁，他們猶如生長於山野的森林，全賴土地供給他們以養份。他們沒有在商場上打過仗，也沒有在山上掘過寶，就自自然然地富了。的確，那是眞正的幸運；不能解釋，無法令人心折，但牠却是那麼確實。而我，却被擋在幸運圈外。哦，劉老，你別再誇獎了。

「今晚，我想請你小吃一頓。」劉老欣然地用兩指輕輕撚了兩下左眉上的兩根壽眉。「還有那位沙雅琴女士。你代我打個電話給她。她也是一位大功臣。」

「劉老，你這樣客氣，叫我們怎麼敢當！我先謝謝你了。」克任望着那兩根如吊蘭那樣垂下來的壽眉。劉老今年六十四，比他過世的父親還要大上幾歲呢。聽劉老說，他的事業開始於四十五歲以後，而可憐的父親，在四十五歲以後，却只有嘆息、懊悔與懷念。同樣是中年人，一個迎向璀璨，一個跌入幽黯。今天，他自己的悁悒跟劉老的懽懌又是一個顯明的對比！然而，他又怎麼能說出來呢？他的憂抑只是黑暗中的一朵小花，悄悄地、悄悄地生長。

「你是我見過的年輕人當中最有禮貌的一個。」劉老在克任站起來時，又這麼讚了他一句。

「早一點打電話給沙女士去，免得她跟別人先有了約。」

克任冷靜地向自己的辦公桌走去——記着，這兒是你辦公的地方，不是發洩喜怒哀樂的場所。你必得露着冷靜的笑容；你不能在你的上司或下屬面前失態。啊，沙雅琴，現在，縱使他要在她的面前說貴良幾句壞話，怕也不管用了。貴良已不是幾句話所能擊倒的了。

他遲疑了一會，烏亮的電話機就在手邊。在牠的光的反射中，他又看到了沙雅琴的閃燿的銀紅指甲。那天夜晚，他陪着她在鬧街上逛了好久，但却也是他們說話最少的一次。她沒再掩飾起她的孤寂與空虛，這證明她跟他之間的關係更進了一步，因而，也就用不着往日那種浮泛的言語來裝潢了。她跟他分手時，仍是這句話：「歡迎你時常來我家玩啊！」

當然，他最近沒有去過她的家，倒是在大通行裏曾爲公事跟她接觸過好幾次。在那種辦公的地方，她是穩莊而冷靜——這一點，今天的他跟她多麼相像啊——他現在懷疑少女時代的她是不是也是這個樣子？大概不是！倒可能像現在的梅小珍，純眞得帶着些許可愛的憨直，然後，挫折給了她以一層一層的盔甲，一般人在她身上所看到的，只是那堅硬金亮的外殼。沙雅琴是那類越戰越勇的鬬士。他也看到過別些棄婦，她們根本像是失去了戰鬬力，蓬着頭，穿着過時的服裝，宛若她們還在替那無情的丈夫守寡、戴孝哩；從梅小珍變成沙雅琴，那是需要經過一段艱苦的歷程的。但有時，他想，假如未經打擊的梅小珍能够略微添上一點沙雅琴的色彩，那該多好！他淸楚他是愛梅小珍的。那次，在他們和好之後，還去看了一場電影，那是個悲劇，因此，善良的梅小珍竟使一張小手絹都吸滿了淚水。他把他的那方大手絹遞給她，悄悄地在她的耳畔說：「不要哭了，那是別人的事。我是愛你的，我們將會永遠在一起。」說完，他還在她濕濕的臉頰上吻了一下。這是他第一次吻她，鹹鹹的甜蜜，黏黏的柔情。在電影院裏，他一再告訴自己，他以後不要再跟她爭吵了，不要再強辭奪理了，因爲以後，他們是一定要生活在一起的，何必在應該無瑕的未來上先洒下一些斑駁痕跡？出來時，已然沒有淚痕的她，一看到他的眼神，忽然羞澀得恰似一朵睡蓮！於是，在青黑色的冬夜裏，他勾繪着粉紅色的夏日。明年的夏日，無疑地該是他倆的夏日。那時，不管怎樣，他要她在指甲上擦上銀紅；那樣，他就不會在下意識裏常常出現另一雙手的銀紅了。

撥通電話之後，發覺接話的却是貴良。貴良說：「俞少爺，你好啊！」那個「好」字似乎說得特別用力。

他何必要問我好不好？他是故意想拿這個字來刺我？別以爲一九六七年十二月的這一天就是他一個人的！「我很好，好得很。貴良，我有事要找沙經理談話；她在吧？」

「噢，當然，沙經理在行裏，只是這會兒她正在跟客人接洽事情，俞少爺，請你稍等一下，好不好？俞少爺，今天一早，我用車子接沙經理上班時，我就向她提起你。我說，我眞想來看看你，只怕你沒有空；她說，爲什麼不先打個電話問問你。」

「我今天確實很忙。」克任馬上說。「很忙，你來這兒，怕碰不到我。」

「是呀，你本來就是一個忙人嘛。我是想跟你商量一件事——我已向沙經理請了假，準備明天回去看看爹。」

「那很好，好極了，你是應該回去看看的。」難道沙雅琴就不能抽出一點空來接個電話？

「晚上，我到府上去看你，好不好？」貴良還是膩着他。「有件事，我得找人商量一下。」

「眞不湊巧，晚上我也沒有空，劉老邀我跟沙經理吃晚飯，我就是爲此打電話給她的——你快把我的電話接到她那邊去吧。」

克任聽到沙雅琴的聲音時，語氣就改變了。「沙女士，希望我沒有打擾你。劉老要我早點告訴你，今晚他要請你吃飯。」

「還請了哪些人？」

「除了我，沒有別人。小聚一次，很簡單。時間是七點，在百樂門觀光飯店，沒問題吧？」

「好，先代我謝謝他。我會準時趕到的。」

一會兒後，電話鈴又響了起來，拿起聽筒一聽，又是貴良：

「俞少爺，我忘了問你：你明天有沒有空？」

「你明天不是要回家去嗎？」

「你如果有空，我想先跟你商量過以後再回去看爹。」

「噯呀，貴良，其實，你有什麼事，也可以跟沙經理商量的，何必一定要找我？其實，沙經理的見解要比我的高明多了。」

「但我跟你最熟，在你面前，我可以無話不談，而你，也總是一直在幫我的忙，把我看成自家人一樣。」

克任閉着眼睛。誰把你看成自家人？你配嗎？所謂「無話不談」，怕也只指果園這件事吧。你倒會花言巧語！別以爲人家跟你一樣懵懂，我看人是一直看到人的心裏去的。

「讓我安排一下，明天一早我會打電話告訴你的。」克任說。

電話掛斷了。他依然閉着眼睛。今天，他不想再看別的報紙——每一家報紙，都會有這麼一個標題醒目的新聞的。他只閉着眼睛。他感到自己的處境是一片灰茫。六千塊一個月，讓我計算一下：一年七萬二，十年七十二萬，四十年近三百萬；再過四十年，我就比現在的劉老還老了，六十七、八！一生的工作，還換不來那個果園！那意思是，我雖積下每一毛錢，到了六十七、八，也還是比不上現在的貴良富裕，而那時的貴良呢，又不知有多少財產了？

那天上午，他抽了一上午的煙，把嗓子眼兒都燻乾、燻啞了。事情很多，他的確很想閉上眼睛，休息半個鐘點，因爲他忽然覺得很累。可能是因爲早上他沒吃飯，然而，此刻，他還是不覺得餓，這是連他在××局的那些發霉的日子裏都不會有過的。中午，他沒回家，只上舘子吃了一籠湯包，但也嫌那家湯包的皮做得太厚，餡子裏的葱放得太多。反正什麼都不對勁。回到辦公室，躺在沙發上，好久也沒睡着。他想，晚上回去，得順便買幾粒鎭定劑，要是晚上也這樣，他就非得吃粒鎭定劑不可了。

電話鈴又響了。今天的鬼電話眞多！現在才下午兩點呢。平日這個時候，他才跨進辦公室的大門。倘如又是貴良，他就決定轟他幾句——觸觸他的霉頭，也好出一些悶氣。

「哈囉，威爾遜！」

竟是羅勃李這小子！他怎麼挑這個時候打電話來？他應該知道我今天心裡不好受，但他的喚聲，却總如皮球那樣，蹦蹦跳跳的，我今天的耳膜可承不住。

「有何貴幹！」

「啊喲，咱們老朋友嘛，怎麼說起這種文縐縐的客套話來？我是沒事也要隔幾天打電話向你問問好的，全望你以後也好在劉老面前美言幾句。或許有一天我們又能同事呢。」

「你想找我閒聊嗎？我這會兒很忙，可沒有空。」

「瞧，老朋友了，你怎好意思下逐客令？中國人的時間觀念一向跟外國人的不一樣，並不是一分是一分、十分是十分的。我跟你聊上三、五分鐘也決躭誤不了你。威爾遜，你最近的運氣怎麼這樣好？」

「好在哪兒？你別瞎扯淡了，拜托，拜托！你別絆我了，今天上午，我已經被貴良纏得頭昏腦脹了。」

「呀，我說，威爾遜，你交上的朋友怎麼盡是大佬官呀，我就是想跟你談談令友貴良的事呵。」

「拜托，拜托，請免談了，好吧？報紙我也看了，什麼我都知道了。你說他是大佬官，那你幹嗎不直接打電話到大通跟他去說？」

「噯呀，威爾遜啊，你不是不知道，我之不想直接打電話去向他道賀，只因爲那次我沒有把他的工作介紹成功，有些對不起他。所以，還得請你向他解釋一下：那次，我實在是無意的，眞正是心有餘而力不足。威爾遜啊，我如何才能有你那樣的運氣，隨隨便便交上的朋友，後來都成了大佬官！」

「你是不是沒有睡醒？」

羅勃李沒回答，大概是楞住了。

「我勸你現在不要跟我說這些，還是再睡一個午覺吧。」克任掛斷了電話，口中滴咕着：羅勃李簡直應該進精神病院！

然而，父親說過——人情冷暖哪！現在，羅勃李的這副猴急相，正可又一次地證明人心的變化無常。父親進入老年後，就只愛看古書，却不愛看報紙。他起初一直以爲父親古板、守舊。報紙雖然很少討論一系列的專題，或者說，報上所刋的雖然很少陳義深奧的文章，但牠至少總把遠遠近近的屬於「今日社會」裏的事情攤在你的面前。到了後來，他才知道正因爲這樣，父親才不看報紙的。常常，父親正看得高高興興時，突然接觸到一些熟悉的名字：×××定今赴美考察：×××已於昨日搭機前往×××，參加國際××會議的第×屆年會；×××發表××五年計劃等等；而那些×××，却都會是父親的老友或屬下。於是，報上的那些字，就變成了無數的小蟲，啃噬者他的心；最後，他只得丟下報紙。父親不能忘記過去，也不肯面對現在，他只有把思想伸展到那些跟他無關的、遙遠的歲月裏去。人情冷暖哪——也不知道是不是父親沒有寫信給那些他往日的朋友或僚屬，並留下地址，但千眞萬確的，他們當中可沒有一個上過他家的門——人情冷暖哪！父親常有這種感慨，想不到他現在也要這樣感慨了。

整個下午，他都在辦事，但整個下午，他心裏也總是這麼亂糟糟的，好像一隻久未整理的抽屜，一拉出來，什麼瑣碎的東西都有。如果今晚做東的不是劉老，他就會雙手抱拳，婉言謝絕：他，克任，有事，恕不奉陪了。

下班時，劉老又叮囑他一句：「可別忘了啊！」

「我想，我會接沙女士一起上百樂門的。」

克任說完，隨卽穿上大衣，跨出大門，然後又回過頭來，向映在玻璃門上的身影笑了笑。他依然是洒脫、年輕，一如西裝料的廣告上的男性模特兒，絕不會把自己的愠怏的一面朝向顧客。臺北市冬季的繁華似乎要比其他任何季節都來得火烈。好些年前，大家都穿毛衣過冬，但現在，天氣彷彿一年冷似一年，嫌短大衣不够暖，要穿長大衣了；嫌羊毛手套不够暖，要戴皮手套了。橱窗裏赫然陳列着皮大衣，還以爲眞是身在大陸的北方。母親有時就不免懊悔起來：「早知這樣，來臺時，就該把那件灰色大衣帶出來的。說起來，也不知道是怎麼搞的，我倒不是想趕時髦，而是自己一年比一年怕冷，而且冷進骨髓裏去；看來還是年紀大了。啊，或許我該喝些虎骨酒了。」二十來年，沙漠變成了綠洲，處處是豐美的水草，處處是肥大的牛羊，然而，那些却都不是他的；或者說，他所有的，也只這麼可憐兮兮的一丁點兒。冬天，母親坐在炭鉢旁邊烤火，他就憶起上海的高級公寓來，如果房間裏也有水汀，那該多好！

風，呼呼地吹着；越吹，橱窗裏的火也就越烈，而他心中的那股鬱紅的火，也就隨着旺了起來。他現在不是需要一點點，他需要很多，很多，很多，很多；比貴良的多！

趁車去接沙雅琴，這是表示禮貌週到——但，還有一點，別人可就不知道：他是不願沙雅琴趁着貴良開的車子上百樂門去，否則，他可能又會被貴良粘上。可以想像的是貴良想跟他商量：如何、如何去說服程老板把果園賣掉，然後投資到臺北的商場上來？這一件事，他想過了：他要爲貴良出一點力，他就不是人。

他到沙家時，沙雅琴大概還在化妝，她隔着牆壁，大聲說：「克任嗎？請你略爲等一下。我沒有想到你會來接我，你太客氣了。」

他也隔着牆壁，大聲回答：「你儘管慢慢地來。我也不是什麼客氣，只因爲彼此都是熟朋友了，彎進來，坐一會，也好，否則，時間沒到，在家裏也是乾等。再說，平日，我沒事時，照樣也來坐的。」

克任燃起一支煙，在客廳裏踱來踱去。這座房子大約有四十建坪吧。客廳就佔了十坪。她也收藏了一些珍玩，擺在配着玻璃門的壁架上：一隻象牙雕成的大帆船，一座黃楊木的羅漢，一對小玉兎，一些抽象風格的銅質或大理石的雕刻品。跟他家的一些年代久遠的古玩比起來，當然遜色多了，但這只是她財產中的一撮小玩意。如果她有一個丈夫的話，這該是一個最適於賓朋滿座的客廳。誰知道，她以前不曾有過這種日子呢？誰又知道，這兒以後不會再有這種盛況呢？

煙灰快要掉下來，他趕快回到沙發邊，把牠彈到煙灰缸裏。矮桌上放着幾本英文雜誌，一本是介紹世界各地風光的旅行雜誌，翻了翻，裏面還夾着一封信，美國寄來的。信封用鋼筆書寫，字體也很幼稚，大概寫信的是她的兒子。

十二歲的兒子，三十六歲的母親。假如長得高大一點，兒子就快要追上母親了。把惟一的骨肉交給了丈夫，那感覺會是怎樣的呢？再結一次婚，再生一個孩子吧。

「對不起，我讓你等了好一會了。」沙雅琴走出來，一臉淺笑。

他站起身子。他該誇讚她幾句嗎？此刻，她委實很華貴，而且顯得很年輕——猶如還只三十歲，結婚沒幾年，生了第一個孩子，現在要跟她的丈夫赴宴去。他一時竟找不出她的魚尾紋來；或許是因爲她笑得恰到好處吧。她今天是一個純粹的女人，她只在頸間佩着一串珍珠項鍊，左手無名指上戴了一隻大鑽戒，相襯之下，那銀紅的指甲更是艷嫩欲滴了。

「啊，華美！」克任幽默地。他比她年輕十來歲，即使要誇讚她，也得守住分寸，因爲她不是梅小珍。「眞沒想到在工作了一天之後，你還這麼容光煥發的。我眞要感嘆我們男人太不中用了，從辦公室裏回來，身子常常沉重得如同一隻沙包，只有往沙發上一倒的份兒。」

「誰說的？你的精神不也挺好嗎？我現在也沒看見你倒在沙發上想睡呀。」

「但你却沒注意到我已累得快有白髮了呢！」他笑了一笑。

那天，他從百樂門觀光飯店回到家裏時，感到身子倒的確沉重得像只沙包了。他在太師椅上坐了一會兒，然後支撐着，打了個電話給梅小珍：

「小珍，你聽得出來我的嗓子有點澀嗎？」

「是的，你是不是感冒了？」

「沒有。我今天抽了一整天的煙，還陪着劉老喝了一大些酒，你知道我是不太會煙酒的。」

「那你爲什麼要這樣呢？」

「因爲我不快樂。」

「爲什麼？」

「我現在也說不上來。你以後會慢慢知道的。」

「爲什麼？爲什麼？」梅小珍大聲追問。

他無法回答；回答了也沒有用。

十九

克任算準了梅小珍下課的時間，就在她學校的大門口等待。今天，他向劉老請了兩個鐘點的假；劉老一聽說他有事要去看女友，還笑着說：你結婚時可別忘了請我喝喜酒。他之突然想去看梅小珍，一方面固然是因爲心情太悒悶了，想跟梅小珍談談，另一方面則更因爲他昨夜打了一個電話給她，即使他不去找，他怕她也會神經過敏地趕來看他的。今天天氣很壞，似乎要下雨。他希望下一場大雨，下幾天大雨，像八、九月裏掠過臺北市的那些有着美麗名字的颱風那樣；希望臺北市在水裏泡上一泡；希望有許多比他快樂的人也蒙受一點不如意。根據以前的情況，接連下上一兩天的大雨，臺北市區一準成了東方的威尼斯。其實，這也是故美其名而已，倘如威尼斯果眞像泡在水中的臺北市那樣，那麼，威尼斯怕也不會聞名於世了。他現在喜歡自己涉水行走，喜歡看別人涉水行走，喜歡看雪亮的轎車在水中抛錨。他……下大雨吧，一場驟雨會把很多行人的歡欣冲到水裏溶掉。

站着等人好無聊，卽令是等女友。昨夜，那個電話是否使梅小珍犧牲了半夜的睡眠？使梅伯母一早就爲他祈禱？今天早上，母親就說他最近的性情太暴躁了，不妨看些修身養心方面的書，譬如「聖經」或者「荒漠甘泉」。她是把這種書放在臥室裏的。他沒回答。在辦公室裏，他沒有接到貴良的電話，眞是謝天謝地；他猜測貴良或許已經去果園了。

出來的學生漸多，他小心地注意着。女生們總是三兩成羣的。要是梅小珍也跟同學們邊走邊談的話，他不喚住她，她怎會發覺？有幾個學生是家裏用汽車接送的，好像有一次來他家的佩任的同學那樣。其實，在這兒臺北，家裏有自備汽車的，也多的是，實在嘸啥稀奇，只因爲自己沒有，才大驚小怪的。

「喂，喂，小珍！」梅小珍在獨自低頭疾走，快要擦過他的身邊了，他急忙叫了起來。

梅小珍抬起頭來。她惶惶的神色上立卽鋪上了驚，也鋪上了喜。克任又說：「我特地來接你，沒想到吧？」

她點點頭，但她的喜悅中却帶着悲哀。她裹着新綠絲巾，穿着橘紅大衣，看來仍很縮瑟；當兩人並肩行走時，她把絲巾拉到口部，擋住了風。

「你是不是跟劉老鬧得不愉快了？」透過絲巾，她的聲音似乎隔着一扇窗子送過來的一般。

「昨晚，接到電話之後，我們都爲你擔心。」

「沒有。劉老對我很好。」

「那麼，依我們看來，你現在應該是很快樂的。你比誰都竄得快。我告訴你，我爸爸到現在也只五千塊一個月。」

「我不是嫌工作的報酬少。」

「那你是爲什麼呢？是不是遭到了困難？」

「沒有，什麼也沒有。」眼前果木成林。他該如何告訴她？牠們給他以纍纍的創痕，正如牠們給貴良以纍纍的果實。梅小珍的思維在這一點上永遠無法跟他作同一方向的前進，如果他說：小珍，我要把我對於貴良一家的複雜的感情告訴你，那她一定會阻止。啊，上次，我們可不是爲了貴良鬧得不歡而散嗎？我們不要再談他或者他的家人了。

這樣，他們今天可能又會悻然地分手。他們應該談些別的。一定還有許多別的事躲藏在這件事情的後面；如果把這件事移開，那麼，別的事情就會絡續地走出來。「小珍，我的確沒有遇到什麼困難，但我的情緒有時却確實不很穩定。昨晚，我就是在這種情緒下打電話給你的。不過，現在，我已經很好了。」

「但你今天又爲什麼要來接我呢？」

「讓你看看，我並不如你想像中的那樣頹喪。」

她停下來，看他的眼睛。他特地讓兩眼亮起燈火，但角落裏却仍隱着幢幢陰影。梅小珍說：「爲什麼你不告訴我？爲什麼你要瞞着我？是我不能爲你分一點憂？」

「我沒有什麼憂慮。」

「說吧，克任，我們之間難道還有什麼問題不能開誠商討的？」

眞是這樣嗎？他可不相信。他現在明白，母子之間、兄妹之間、情侶之間、朋友之間、所能商討的並不是每一件事；有些事可以提出來，有些事一說出來就使彼此之間的感情暴現出一道裂痕。有人說，這兩個人是知己，無所不談；其實，這無所不談，也只是有所不談的別名而已。他是絕對不願再做傻瓜了。

「我知道。我今天來這兒，眞的不是要跟你商談什麼；我只是想跟你一同逛逛街。我昨天無緣無故地鬧彆扭，今天也就不得不特別提高興致來求自我補償，除了你，還有跟誰共遊最愜意的？小珍，你說對不對？」他從她的手中接過了書本。

梅小珍信了他的話。「那就再好沒有了。我想，處理任何一件事，開頭總是頭緒紛紜的，更何況是創立一個大工廠？可能是因爲你最近的事情繁忙了一點，心情不好。聽佩任說，你經常跑廠地；當然，你是想用努力來報効劉老囉。」

「我們今天不談那些硬性的公事。」克任說。「你知不知道佩任已經有了男朋友了？」

「嗯，誰？」

「我也不淸楚。據說是她的一個同學的哥哥，家裏的氣派很大。你有沒有碰到她跟一個青年在一起？」

「沒有。白天我在上課。除非跟她約定，我們很難碰面。」

「我在竭力勸她不要輕易放過這個機會。當然，要是她跟你談起這件事，你也一定得多多鼓勵她；你是明白佩任的性格的，她缺少主意，我們非要從旁打氣不可。」

「但你却沒見過對方是怎麼樣的一個人，我也沒有。我們怎麼知道他爲人怎樣？克任，這件事，我倒是眞的被你搞糊塗了，你又何必爲佩任的這種事這樣着急啊？」

「啊，對方是大學畢業生，年少英俊，家有轎車，難道這些還不够嗎？小珍，幸而我們很早就相識了，你知道，他的各種條件似乎都勝過我呢。」

「勝過你又怎樣？即使我以前看到他，也未必會愛上他？你怎麼知道我們學校裏那麼多男生，論條件，就沒有一個勝過你的，我怎麼一個也沒愛上？我也承認愛情多少是有一點條件的，但總不像大專聯考的錄取分數那樣硬綳綳的，總分高的，必定是勝利者。我希望我有一天能够見到佩任的男朋友，看過了，我才能提供我的意見。」

「哎喲，你這個人也眞是！佩任是我的妹妹，我說好，還會差到哪兒去？難道我不希望佩任幸福？」他停下來，抱歉地：「你看，我們又要吵起來了！我們還是換個話題吧。」

「你的情緒還是不很穩定，」梅小珍把絲巾從嘴上拉下來。

「我們換個話題吧，小珍。」

「到我家去坐坐，怎樣？如果你有什麼困難的話，不妨跟我爸爸談談，他的經驗到底要比我們年輕人豐富得多了。」

「我沒有什麼困難；眞的沒有。請你相信我。我們換個話題吧。」

當然，還有許多話題排在後面，但牠們一下子竟全擠在一起，堵住了那扇窄窄的門，克任不知道如何從這許多中間挑出一個「合適的」來；而且，他又倏地意識到：今天，要從跟梅小珍的談話上獲得快樂，也不可能。梅小珍是個樂天主義者，也正因爲這樣，所以一當她發現他有什麼苦惱時，她就要設法把牠連根拔掉。假如苦惱果眞小得像棵花草，那就簡單了，無奈他的苦惱却是龐然大物，根本不是她所能砍掉的；而梅小珍却依然在自不量力地掘呀、挖呀，這就顯得她的愚蠢了。有時，一個人的優點和缺點就有這麼矛盾地並存在一點上。他爲了他們沒有說話，就更牢牢地拉住她的手。她沒戴手套，手指冷滑，使他感到她雖沒說話，却仍在他的身旁。然而，那樣的逛街，在別人的眼中，或許是甜蜜，但在他倆的感覺上，却是太冷清了。

「我們換個話題吧！」克任又說。梅小珍看了他一眼。這句一再重複的話猶如山谷的回音，是表徵感情的虛僞還是感情的眞切？連克任自己也覺得不對勁。「小珍，隨便說些什麼吧；譬如說，今年冬季流行的服裝，你喜歡嗎？」

「我只覺得長大衣越來越短了，穿在我們年輕的女孩身上，很方便，但媽不喜歡，仍舊愛穿長的。」

「當然，長的暖和嘛；我媽也愛穿長的。我爸在世時就喜歡穿大褲管的西裝褲，就是二十來年前流行的那種式樣。爸很胖，一個褲管簡直可以把一個小孩裝進去。我們那時都笑他。」

「伯父去世後，伯母在家一定很寂寞。」

「幸而佩任讀的是夜校，她在白天可以跟媽作伴。佩任有一次還說，如果她畢業以後也去教書的話，那麼，最好去教夜校。所以，有人說，做媽媽的最好有個女兒。」

「你們的佩任最乖。我媽也說，如果我能像佩任，那就好了。我跟媽有時就談不起來。佩任跟我同是明年畢業，但願我們能在一起工作。」

「我是希望佩任能做英文秘書，但她的英文似乎差勁了些；你的英文棒，很適宜於做貿易行裏的女秘書。你想不想以後去大通沙雅琴那兒做事？」

「我不想。我覺得沙雅琴一定很難對付。」她用手指撫弄着絲巾的飄逸的兩角。「問題是，我太單純了。」

克任想跟她說，沙雅琴並不是不容易對付；即使對貴良那種人，她也不忘頻頻稱讚呢。但他決意不提貴良，免得他又截斷了他們談話的去路。此外，他還想告訴她：沙雅琴實在很風趣，昨夜，他們同赴劉老的小宴時，她似乎覺察了他的心情欠佳，就說了很多笑話；而在席間，她的舉動又是那麼端莊大方，但他却又突然意會到這種話千萬說不得。他不能在梅小珍面前這樣稱讚沙雅琴，不管梅小珍是否「太單純」。

連他自己也不明白，現在的他，到底是欣賞純眞的女孩還是幹練的女人？當然，梅小珍有很長的時間可以去學習人生的一切，但，要是她拒絕學習呢？

昨夜，沙雅琴跟他從百樂門觀光飯店出來時，她曾這樣問了他一句：「克任，你有女朋友吧？」他說：「是的，普通的女朋友。現在的女孩子，大多靠不住，說走就走；如果正路去不了外國，就假借「探親」的名義飛到國外，去嫁丈夫，當然囉，這個丈夫，不是碩士，就是博士。」

他爲什麼要這樣回答？正如那個晚上、沙雅琴說：「克任，歡迎你時我家這兒玩呵！」時他回說：「我會時常來看你的」一樣。或許，這是一種錯誤的回答；所以，在梅小珍的面前，他可不能再對沙雅琴作深濃的塗抹了。

「我喜歡單純的女孩！」他聽見自己在說。這話可不能算錯呀。如果說，一個女孩，或者說，一個妻子，什麼都聽他，他怎麼會不喜歡？可是，就說從來都是馴馴順順的佩任吧，爲了貴良的事，不也跟他頂起嘴來？全然純眞的女孩原也不是易求的。

「下星期日，我要上果園去看秀玉。」梅小珍說。

「爲什麼？」

「她又寄了橘子來；我眞不好意思。」

「噯，一點點小東西，何必掛在心上？那一次上夜總會，你還照顧得她不够？一句話，吃了她的一些橘子，你寫一封信向她道謝，也儘够了，何必小題大做呢？」

梅小珍在橱窗前站下來，望着一個用毛線堆成的娃娃。「另外，我還有一件事要跟她商量。我的畢業論文雖然已經動筆，但還得好些日子才能完成，我想問問她看，寒假期中，我是不是可以到她家裏住些日子，好讓我靜靜地思索、撰寫。最近，我們左右鄰居的電視機、電唱機整天開得震天價響，怎麼叫我安得下心來。」

克任也注視着櫥窗，但他看的却是櫥窗裏面那兩棵作爲點綴品的塑膠柏樹，永不成長、也永不凋萎的樹，而在樹邊，則放着各種臘製的果子。他好不容易才把貴良的果園從馬路上推走，現在，牠却又一角一角地侵入櫥窗來。他剛才曾對梅小珍強烈地暗示過他不願意她去貴良的果園，她又爲什麼反要變本加厲地去那兒住上一陣？她去那兒，只是想找尋清靜，想爲她的畢業論文結一個豐碩的果。想法似乎無可厚非，但是一個人，要是能專心，那末，縱令身處市囂之中，不也能夠讀書？如果她能選擇並利用時間，那她儘可以在上半夜睡覺，下半夜起來寫東西。梅小珍實在是對那個果園着了迷，以致無視於他的憎惡，無視於他的暗示；即使向她提出勸告，怕她也未必會聽從。

「你要不要進去買一樣東西？」

「不要。」

「那麼，你決定要去看秀玉了？」

「是的。」

「你有沒有想到，如果你去那兒住，會增加他們多少麻煩？」

「哦！但我可以幫他們燒一頓中飯。我去時，還要帶些肉鬆、鰻魚一類的罐頭去。」

「希望你的論文是全系最好的。」他幾乎有點譏誚地。「因爲別人都沒有你那樣好的寫作環境。」

他們都對着櫥窗的玻璃。前面是輝耀的商品，後面是灰暗的街道。今天，太陽不會露臉了，而雨却又下不起來。如果撇開那些陳列的商品，他們可以在玻璃中看見對方的殘缺的臉以及烏亮的眼。換了平時，他們的雙眼是會相遇而笑的，但今天，牠們却在互相找尋，而又在互相閃躲。一層透明的牆揷在他們的中間。

克任又說：「換個話題吧，千萬不要讓貴良和秀玉來破壞我們。」

梅小珍說：「怎麼辦呢？我們的談話常會觸到礁石。我的確無意叫你難過。現在，我幾乎覺得說什麼都不是，難道我們就只能談談衣着、電影嗎？」

他沒說話，用手臂圍住她的肩，跟她一同離開了櫥窗。他的那條手臂像條厚實的圍巾。他要讓她和自己都相信：雖然他們爭執過，但他們還是相愛着。或許，他對梅小珍確是太「苛求」了，如果再這樣繼續下去，他們是委實沒有太多的話好談的。到果園去住一陣也好，這樣，會使梅小珍親身體味到果園的乏味、秀玉的無知以及程老板的頑拗。此刻，他該買件禮物送她，讓他們這一次的不愉快的談話從牠那兒結束。

於是，當他們又走近一家有同樣瑰麗櫥窗的百貨店時，他們就走了進去。他買了一個小小的精緻的洋娃娃，黑色的長髮，白緞的長禮服，會動的眼珠子。

「呀，爲什麼要送我洋娃娃呢？」

「因爲你是女孩子。我來之前就計劃好的，只是被許多話躭誤了。」

「佩任會妒忌嗎？」

「不會，她自己也有一個。」

「那麼，你自己有什麼呢？」

「我嘛，我有我父親傳給我的古玩和紅木太師椅呀。」

梅小珍覺得他這句話很風趣，就笑了起來。克任馬上把他的笑聲混在她的笑聲中，雖然他知道這兩種笑聲並不調和。

結果，他們還是走到梅小珍的家裏去。梅小珍一進門，就大聲直嚷：「爸，媽，我拉着克任一起來了。他今天到學校裏去接我，我們一路逛了來，好快活呵！」樂天派的梅小珍早把沉悶的部份忘得精光，一面打開盒子，把洋娃娃直送到父親的老花眼鏡前，使父親不得不丟下書，扶着眼鏡，看了半晌。

「漂亮，的確漂亮；克任送的東西總是最漂亮的！」

「老伯，你最會誇獎我。」

「那可不對。最會誇獎你的，該是我家的小珍；最會誇獎你的，該是那位劉老先生。克任，四點鐘的時候，我曾打了一個電話去你辦公室找你。不料，他們都說你請假出去了，我不知道你到底爲了什麼事，就順便叫那個人把電話轉接到劉老那兒去。現在想來，眞是魯莽透了。」

「沒有關係，劉老不會計較的。」

「你聽着，克任，我今天眞是荒唐。我先向劉老報了名，我說，我叫梅卓然，是俞克任父親的朋友，也是俞克任女友梅小珍的父親。現在想問克任去了哪兒。劉老一聽，就笑了起來。」

「爸爸，你怎麼能出這種洋相？叫克任明天怎麼有臉去上班？」

「什麼有臉沒臉的？劉老還恭喜我呢，說我女兒好眼力，看上了這麼一個有爲的青年。他說，克任對工作、對朋友都好，他現在是去看女朋友的。我敢打賭，跟劉老談過話，就知道他是一位好人。現在，我對克任在那邊的工作，可說是放心極了。」

然後，梅卓然又向克任提出一連串的問題：劉老多大年紀了？他原籍哪兒？他在日本住在哪兒？他在日本有些什麼企業？有些什麼親人？他準備投資多少？他照樣經常來往於臺日之間嗎？等等。有些問話，克任根本答不上來。

於是，梅卓然把話題一轉，又扯到別的上面去。那幾家現今有名的大工廠呀，他是眼看牠們擴展起來的。一個人哪，事業打開了，不僅有了錢，還有了勢。於是話頭又回到往昔的大陸上去。克任、小珍呀，那些陳蹟，我現在不跟你們談談，以後就會湮沒了。……記得那是民國十幾年……遙遠的故事。克任發覺自己已經不在聽梅老伯的談話了，但梅老伯既有這個癮，那就讓他管自說去。而他自己呢，有鑒於別人的盛衰，也總該爲自家的中興動動腦筋。大家不都在說，只消眼光看得準，有些小工廠，也是大有前途的，拼些股子，也能坐收巨利；可是，哪兒去找尋這種機會？還有，劉老的工廠，但却不招外股，否則，他準會把房產賣掉，凑些進去。那個討厭鬼貴良，或許也在打主意，用土地做資金，跟別人合作，在果園上蓋起一座工廠來！啊，呀，呀，眼看他就要……不知道梅老伯又在說什麼了，只見他說得津津有味的。滿杯的茶又快完了。噢，在說集郵的事了。以前，他自己的父親有幾大本集郵册，動身來臺之前，他只對牠們看了看，隨隨便便地塞到抽屜裏去；想不到清末民初的郵票，在這兒都成了珍品。據說一張龍頭郵票有值上好幾萬的，眞眞是物以稀爲貴了。克任，梅老伯驀地喚他，你在集郵沒有？沒有呀。有時，集郵倒也能發一筆小財，梅老伯抽着煙，說，時代進步了，我們的目光要注意那些新興的事業才行。你當然沒看到，大約十幾年前，我家附近有個迂腐的青年，他在街上租了半間門面，開了一個集郵社，生意很少，他自己就整天神經兮兮地用放大鏡觀看郵票。我眞爲他可憐。每次，我從他的店門之前經過，總忍不住想去勸勸他，勸他改行，因爲那時，我服務的那個機構裏剛巧有個收帳員的缺，我很想介紹他去我那兒工作。收帳員的收入雖不多，但總可以慢慢升上去，總比守着那一大堆爛郵票來得舒服。幸虧我一直沒開口。現在他靠着那些爛郵票起家，在鑽石地帶上蓋了一幢四層的洋樓，有塊金字招牌：「世界郵票中心」。有時，簡直門庭若市……啊！啊！世事盛衰如此。

梅卓然一共抽了三支煙，喝了兩杯茶，說了好幾句「世事盛衰如此」的話，最後，這些話混在一起，貼在克任的腦門上。不過，今天的這些話，倒不像是一團爛泥，却像是一塊化學士，等一會，還可以拿下來，撫玩一下。

梅小珍說：「爸，別感慨啦，我們現在過得並不比誰差。既然世事盛衰如此，我們的平凡也就彌足珍貴了。」

「你哪，簡直染上了你媽的宗教氣息了。我只知道基督教是入世的，佛教却是出世的。」

「爸，你別把我跟媽扯在一起好不好？我有我自己的想法。我也快要大學畢業了，難道還不能獨立思想嗎？爸，你猜猜，我畢業論文的題目是什麼？」

「誰知道？我又不是讀文學的；看看金聖歎的軼事，只是慰慰老年的寂寞吧了。嗳，嗳，你媽把晚餐準備得怎麼樣了？」

克任這才感到「一席長談」已把暮色拉到眼前。留下來作這個家庭裏的晚餐桌上的貴賓，是辭也辭不掉了。想想眞是好口福哩，昨夜在觀光飯店的粵菜部裏吃名菜，今天又將在梅伯父的慇勲佈菜下滿載而歸。只是離開××局之後，雖然吃得不壞，但體重却猶未增加半公斤！

「昨夜，你打電話來，說是陪着劉老喝了酒，你們是在哪兒吃飯的？」梅卓然霍地問。

「在百樂門觀光飯店，劉老請我和沙雅琴的客。其實，我是喝得最少的一個。」

「你怎麼能跟他們兩位比？沙雅琴有沒有跟劉老談生意經！」

「沒有。昨晚她倒一點也沒有扯到那上面去。」

「沙雅琴，她簡直是個富婆啦，據別人說，她的財產總在千萬左右，因爲早年她在敦化南路一帶買了五、六百坪土地；實情如何，不得而知。」

「嗬，嗬，我沒聽她談起過。」

梅小珍拉拉克任。「何必要知道別人的這些底細呢，對不對？我認爲，爸在那個機構裏是主管人事，但嘴裏却老談金錢的數字，多矛盾呵。」

「是啊，是啊！」克任口裏應着，心裏却又在想別的事情了。

二〇

現在，克任也多多少少地染上了他父親暮年時的那種作風了，對於閱讀報紙，已經深具戒心，因爲一見到有關於那些劃定工業區、成立新社區的消息，他都會瞿然而驚，甚至鬱鬱終日，所以對於那一方面的消息，他都避免過目，好似一個患恐血病的人，不敢面對鮮血一樣。

俞老太太說：「克任，你怎麼老沒笑容呢？工廠與建得很順利吧？」

是的，媽。

「你看得出來，我們已經要比以前好得多了，甚至比你爸剛來臺灣的時候都好了。以前，家裏雖然有點錢，但坐吃山空，所以總也不免有些擔憂，現在，我們還可以從薪水那兒剩下一點；今年夏天，佩任也畢業了，找個工作做做，每月又可多些收入。想想看，一家總共只有三個人，倒有兩個人會賺錢，多寫意！要是你爸在世的話，眞可以舒舒服服地享享晚福了；他該會慶幸有你們這樣的一對好兒女。」

是的，媽。

「你啊，人在福中不知福，不知有多少人在羨慕你哩。你交的女朋友梅小珍，學問好，人品好，相貌好，門第好，哪兒揀去？克任啊，你要再不滿足，也太說不過去了。」

是的，媽。

「克任呀，希望你從今天起，再也不要自找痛苦了。夏天裏，梅小珍畢業以後，你們就趕快結婚；要是你嫌這房子太舊、太黯的話，化個三四萬塊，好好地修理一下。再不然的話，租一戶漂亮的小公寓，你們兩口子住在一起，星期天上這老屋來團聚。」

是的，媽。

「你不要嘴裏老說是的、是的，心裏却又說不是、不是。世界上，還有誰比媽更疼你的？我說這些，都是爲你打算。你高高興興的，我心裏就舒暢；你愁眉苦臉的，我心裏也就七上八下。有時候，看你火氣大，我連勸都不想勸，怕被你喉嚨響亮地頂回來。我也知道你有孝心，想爲我僱個女佣，又把大部份的薪水交給我。我因爲是你的娘，爲你想的，總比爲自己想的多。」

是的，媽。

俞老太太不再說下去，克任也不再說下去。已經是春天了，窗外的天空似乎總比冬日的藍得美、藍得俏。今春，客廳的窗外缺少一隻棚架，缺少一棚重疊又重疊的枝葉。去冬，一連多天的寒雨，加上那一年多似一年的藤枝的重量，於是，腐蝕了的木條就乘機坍了下來，仆在冬夜的蕭寂裏。當時，他還以爲是屋子某一部份的屋簷倒了，因爲牠也是同樣地朽舊。他想，眞是屋簷坍了，倒也好了，因爲這樣一來，他要批評這座屋子時，母親可能就不再爲牠辯護了。隨卽，大家全捻亮了燈，往窗口一照，滿眼竟是連結錯雜的椏枝，僅有兩根棚柱還好好兒地矗立在那兒。母親原本打算把藤枝大大修剪一番，再把棚架搭起來，但他却竭力反對。他決心要把這棚藤花剷除。她只得依了他。他叫人做了一隻鐵架子，髹上白漆，放在窗外，還買了幾只盆景，擺在架上。雖然他也說不出那幾樣極其普通的盆景，要比那棚藤花好看在哪兒？

最近，他已養成一種不跟母親作正面辯論的習慣。他只用「是的」來應付她的一切勸告、責備、或期待；他的思想和計劃已經離她很遠了。他何必要跟母親商量，跟母親頂嘴，以及要她贊同呢？對於一件無法令雙方都感滿意的事，唯有這樣，才可免去一些痛苦。母親也知道他「是的」裏面，含有勉強的意味，因而，她的談話也就到此爲止，好留給自己以一種「他已聽從她」的安慰。

而且，對他來說，這樣的談話也節省了不少的時間與精力。今天是星期天，他本可以歇在家裏休息；賴在床上，聽聽收音機，新聞報導也好，西洋歌曲也好，甚或一段相聲也好；但意識裏總擔心母親會再對他嚕嘛，於是，他又把衣服穿得整整齊齊地：

「媽，廠房快要完成了，我上那兒去看看。」

這個理由是母親無法反對的。這又不是胡扯，廠房確是在這幾天之內要完成了。趁計程車上工地去，車子是向巷口附近那家車行僱的，車費是記賬的，所以他自己不必破費。今天，他走得較慢，左看右望的，發覺這半年來，巷子裏的好幾家鄰居都在那够小的空地上添搭起一、二間平房，而千里香、黃梔花或者還有別的花、樹也全像他家那棚藤花一樣，不聲不響地消失了。這樣做，是不是因為家裏的孩子大了，房間不够用，還是想租給別人，好賺取一點補貼。在這條巷子裏，要數他家的房子最大，當年，父親在這兒住下來時，這座屋子還是左近最好的，大約有三十二建坪；現在，四、五十坪大的公寓却多得緊！走出巷口，又是一番光景，三、四層的高樓的黑影迎面壓來，只有對街右拐角上，還有一塊空地——四、五年前，舊房子被一場大火燒了，新房子却始終沒有蓋起來——像個爛瘡疤，怪不好看。

克任趁的計程車才滑開去，他就從車窗中瞥見貴良恰好彎進他們的巷口去。他是去找佩任嗎？這個念頭要比其他的任何念頭更能灼痛他的心。他叫司機把車子調過頭來，一壁考慮自己是不是應該回家去，却沒想到貴良竟也看到他了，跑過來，喚他：

「俞少爺，俞少爺！」

克任吩咐司機停下車子，從窗口探出頭去，問：「貴良，什麼事？」

「你上哪兒去？」

「上廠地去。」

「那麼，讓我搭個便車，我也想回家去。」貴良在還未徵得克任的同意之前，就拉開車門，坐到他的身旁來。

車子又開了。克任有點懊悔，早知這樣，他就不該叫司機掉轉車頭。總而言之，還是貴良太不識相，他該問問：「你有沒有其他的事？我可以搭個便車嗎？」「那樣」他就會臨時找個藉口，把他擋開；如今，刼車的強盜既已強自登車，哪有辦法推他下去？再看看貴良，兩頰紅潤，略帶微笑，一發覺自己在瞅他，忙說：

「俞少爺，我本來是要到你府上去看你的，還有老太太、佩任小姐。」

「佩任一早就出去了。她一個同學的哥哥親自開着車子來接她去郊遊。」克任信口開合。

「是嘛，今天，我實在是出來找你的。我一直想跟你談談，總是沒有機會。」

天哪，克任想，這就是我的不幸了；明明可以逃開，却又調頭去「接」他。最近老是避着不想跟他見面，甚至梅小珍住在果園裏寫她的論文時，他都硬着心腸沒去看過她一次。他想過了，儘管貴良怎樣巧言令色吧，總不可能鈎上梅小珍的。只是梅小珍却生了他一場氣，說他一點兒也不把她放在心上；曾有好幾次，她在果園的竹籬內清清楚楚地看見他坐着計程車經過果園旁邊的大路，前去工地；他就是不想彎進去看她。唏，唏，他的眼睛裏根本就沒有她這個人了！她在她家的客廳裏，那樣地紅着眼圈訴着苦，全然忘了她草擬論文時一瀉千里的愉悅。他說，我怕擾亂你的思緒呀；如今，你一回到家裏，我就來看你，不是可以證明我還是把你放在心上的嗎？梅小珍有時有很濃的孩子氣，在他自己情緒低落時，他是不太欣賞她的這一點的。

克任抽着煙，貴良也是。那是上車不久、貴良遞給他的。貴良很有派頭，抽的是「長壽」，幸虧他自己的口袋裏揣的是洋煙，「壓」不倒他。貴良說：「俞少爺，最近，你似乎比以前更忙了。」

「是啊，是啊。你瞧，今天是星期天，我也照樣要出去，所以，今天要不是這麼湊巧，你就休想碰到我。我老是在想，你有什麼事呢？你在大通幹得好好的，難道又要動什麼腦筋了？」

「俞少爺，沙經理待我確實很好，現在，她也壓根兒沒有把我當作小職員看待。那一陣，爲了那件事，我一直想找你，可是，你又剛巧這樣忙。後來，我就跟沙經理去商量，但她却說，你該跟俞先生談一談，那件事，跟誰商量都比不上跟俞先生商量來得妥當。連沙經理也這麼說，俞少爺，那我找你還會有錯嗎？」

克任嘖了幾聲：「沙女士也眞是的，她爲什麼要這樣「推荐」我？她自己也不是不明白，她是什麼都比我強。」

「問題是因爲沙經理跟爹沒有交情。」

「貴良，你要跟我商量的，到底是什麼事呀？」克任故意這麼問了一句；那意思是說，這一陣子來，他根本已把「果園」忘了。

貴良說：「我的俞少爺，你今天怎麼這麼健忘起來了？這些日子來，我白天惦掛的，夜裏夢到的，還不是那片果園？你難道還不知道自從那兒劃爲工業區以後我在怎樣盤算？」

「我不知道。」克任把香煙抛到車外。「你家的果園是你爹的命，上次，我們兩個都碰了壁，你也應該死了這條心了，怎麼還是念念不忘的？」

「但是，現在的情況可跟以前不同啦，擺着一大塊價値好幾百萬塊的地，還得叫自己每天在那兒做苦工，這不等於端着金飯碗討飯？且別說我想他的錢，只要看他這麼大的年紀，還要親自操作，我也替他難過。」

克任打眼梢裏瞟了貴良一眼。你這樣說，似乎還把孝心放在前面哩，我才不信。這一陣來，並未見你一面，但你的種種，我哪有不清楚的？消息刋登後的那兩天，你回家去看你的老爹，我心裏不也正是鬧哄哄的。好，接着，你又回到大通做司機，我知道你碰了一鼻子灰。那幾天，我上工地去，也聽到別人在紛紛議論，也看到那些掮客正陪着一些想買地的人到處察看。地價三日一小跳，五日一大漲，我全清楚。假如你爹端的眞是金飯碗，但那隻金飯碗也是我家賞賜給你的。梅小珍住在你家裏做論文的時候，你托過她，要她先向秀玉疏通，然後再向你爹說情。幸而梅小珍是個糊塗蛋，她對於果園的愛好勝過對於金錢的愛好，所以那一次，你等於是白費唇舌。你轉來轉去，竟又轉到我俞少爺的頭上來。我才沒有那麼傻！

「貴良，各人的愛好不同；你說的那種話，就是不懂你爹的心。上一次，劉老要買土地的時候，我曾勸過你爹一次，但沒成功。等我回家細細忖了忖，覺得你爹的想法也不錯。一個人，愛上什麼，什麼就是珍品。再說古董吧，那些殷商的青銅古鼎，在不愛此道的人看來，還不如目下那些鍍金的玩意兒哩；你又何必逼着你爹把果園賣掉？」

「哎喲，俞少爺，你怎麼可以說我在逼爹呢！老實說，自從那次劉老想向他購買果園以後，在爹面前，我是連氣都不敢嘆一下的，慢說是粗聲粗氣地說話了。爹一向吃軟不吃硬，要是逼他，他是寧可把地爛在那兒，怎麼也不肯賣的。我總覺得爹一直念着俞老爺的恩，而你又是俞老爺的長公子，對你的話，他多少總能聽信一點；一次、兩次打不動他的心，三次、四次或許就會使他回心轉意了。而且，你本來就會說話，在小學五、六年級時，我們總選你出來，上臺演講，是不是？」

克任拿出自己的洋煙，夾在兩指之間，低頭望着牠。五、六年級時的我？呵，不錯，有一次，被選出來參加演講比賽，得了全校第三名；那次演講時，就看見你獃頭獃腦地縮着頸子，右手背還莫名其妙地磨着褲子。我怕笑出來，趕忙把目光移開去。你一定已經忘記你自己的怪相了！可是我却沒有忘記。你說我會說話，是呀，但我却不想爲你說話。今天，你穿得光光彩彩的，但在我的面前，又有啥用？

點燃了煙，克任這才說：「小時候會上臺說幾句，還以爲自己眞能說話，到現在才知道實在是口拙得很。小時候，臉皮厚，說好、說壞都無所謂；現在，你要我在你爹的面前三番四次地規勸，那我可沒有這種勇氣。而且，勸人也得要有一套本領，每一次的話語都要不一樣，都要絲絲入扣，這樣才能叫人聽了服貼，但我却沒有這套功夫。俗語說，「好曲不能唱三遍」，我如果依樣畫葫蘆地重複一遍，你爹哪能聽得進？」

貴良湊過來，說：「俞少爺，我當然不該說這句話，但姑且讓我說一說。我不會忘記你替我出的力，事情成功了，我會重重謝你的。至少，我要請你作個介紹人，把一半佣金分給你。」

克任說：「你意思是，我為了這點佣金，就願意去費這番口舌？」

貴良連忙陪上笑臉：「我剛才說過的，姑且讓我說一說。我眞正的意思是，你如果幫了我這個忙，我今生今世決不會忘記你的恩惠的。」

「什麼是恩惠？眼看你成了富翁，讓自己檢些殘羹？前一次，我為了劉老，險些鑄下了大錯！現在，你就別想用這一點點的餌來引誘我！我太知道所謂「恩惠」了。

「貴良，你今天還沒有發財，說話就越出你的本份了。我俞克任倒還不在乎這幾萬塊的佣金呢！你別把人看扁了。」

貴良趕緊遞上去一支「長壽」，克任手中已經有了煙，所以沒有接。貴良說：「俞少爺，我怎麼敢！要是我話語裏有得罪你的地方，還要請你多多包涵。最近，我心裏焦急。這兩天，就有幾個人找到我這兒來，出價六百塊一坪！我想早點賣掉算了。雖然大家都認為我家果園就在徵收區段的近旁，以後還要漲哩。」

「噢！」

「我也並不太貪心，六百塊一坪，我也滿足了。九千坪土地，你算算看，不是够讓我在市區打天下了？」

「嗯。」

「可是，爹不答應，什麼都是白費。那個介紹人還說，要是我賣了果園，他正可以把市區的一塊地皮介紹給我，價格便宜，又是在街口，適宜我造大樓、開店舖；你說急不急？」

克任把半截香煙踩熄在鞋底下。好，急得好啊；還說不貪心？以前，土地一甲一甲地買，現在則是一坪一坪地賣！倘若你自認「貪心」的話，一坪就該賣多少？幸而冥冥中自有人尅着你。你老爹雖然眼看黃金鋪地，却不放在心上；不像你，還沒有錢，就擺出一副暴發戶相來，眞是庸俗透頂！老實說，你跟我說急，有什麼用？如果你聰明一點的話，就早該看出我對這件事並不痛快了。少來惹我生氣，我啊，巴不得你急，巴不得你急出一場病來，巴不得你急得在開車的時候撞上別人的車子！於是他慢悠悠地說：

「可是，急有什麼用？你在火裏，他在水裏，你是白着力。依我看，這件事，你非得再等十年不可！你爹是一定要等到老得做不動時才肯放手的！」

「可是那時我已經三十八、九歲了。我還要再做十年的小職員？而且，我還要用這筆錢趕快結婚呢！」

「可是事不由己哪！」他側着頭，一副同情溢於言表的模樣。「好在十年很快地就會過去的。你想想看，從你高農畢業到今天，不就十年了？再這麼一段時間，即使照舊開車吧，也苦不到哪兒去，對不對？你不想想看，過去的十年間，你在果園裏是怎麼苦過來的；在大通再做十年，有什麼不好的？」

「十年太長；在這種心情下，連五年都等不及。以　，沒有這種機會，也就不會存這種心，縱使做二十年的夥計，我也會認命的；如今，可不甘心。

「可是事不由己哪！」還是那句話，暗示人無法抗拒　運。「心裏不舒服，不妨先結婚，來改變一下生活。大通裏的那個打字小姐，對你怎樣？」

「我對她根本沒有意思。結婚是件大事，對象總得是個自己喜歡的女孩呀。」

「你愛上哪個女孩了？」克任霍地把這句話甩出來，看貴良怎麼回答？如果他回答是佩任，那他就要當着計程車司機的面，打他兩個耳光，叫他別再做夢。

「哈，哈，愛上哪個女孩，我自己也不知道；等有了那筆錢以後，才可以追呀！自己不像樣一點，別人怎麼看得起我？」貴良望着前面的田野，兀自微笑着。「或許有一天還要你替我介紹哩。」回過頭來，又是那麼笑意深深。「我雖然希望早點結婚，但總也不能草率從事。以前，爹想替我找個農家女，給我一口拒絕了。我那時就打定主意要上都市來的；假如有了這麼一個土包子的太太，叫我怎麼擺出去？俞少爺，不是我替自己的妹妹誇口，在鄉下，像秀玉那樣靈俏的女孩，可也不多。」

「佩任有很多高中的同學，我以後叫她替你介紹一個，好不好？」

「好呀。」

克任恨不得從貴良的臉上挖出一些他對這件事情的反應來，好確定自己的判斷是否正確，但，是貴良的臉上却什麼也沒有。不過，有一點却是可以確定的：聽貴良的語氣，他似乎已經「高級」起來，他不想隨隨便便地愛上一個女孩；他的目光比一個小公務員的還要高。想想看，像貴良那樣的一個人，在國民小學裏背不出書來時，常被老師打手心，立牆角，用紅筆圈嘴巴，在多少隻眼睛的逼視下接受他的恥辱呵！像那樣的一個人，還想選他心目中的女孩子，虧他說得出口！現在，他二十八、九歲，嫌打字小姐不够理想；十年以後，三十八、九歲了，怕打字小姐也輪不到他了。

車子往前馳着。今天，克任的難題是：他要不要順便去果園走一趟？看來是逃不掉了，因爲貴良正如押解他的刑警那樣地絲毫不肯放鬆他。雖然貴良臨了也會踩到一個大水坑，什麼都得不到。

「俞少爺，我們還是把話說囘來，果園快到了，你總得去我家坐一會吧？」

「這個——貴良，我也不願叫你失望，但我却不能坐得太久，因爲我本來就有事。我知道你還沒有死了這條心，看到你爹，要我說幾句，是不？」

「哈，哈！俞少爺，我們從小就一塊兒讀書，相識也快二十年了；無論如何，你總得助我一臂之力啊。前一陣，爹還說你好久不來果園了，很想念你呢；他今天看到你，不知該有多高興。要是你不忙，就在我家吃一頓便飯，喝上幾杯李子酒。我爹是，每年做好了果子酒，就惦起俞老爺來。或許你已不記得了，當年，在小店堂內，他們興致好的時候，就相對喝上一、兩小杯葡萄酒，是我買的花生米。」

「呵，呵。」

「唉，細溫舊事，總像熱酒落肚，暖和和的。今天眞難爲你了。」

車子在果園門口停住，貴良先叫司機等一等。一進門，克任又一次地提醒貴良，他時間不多，如果找不到程老板，他無法在屋簷下久等；因此，在犬吠聲停下來以後，貴良就朝着果林大聲喊叫：「爹——秀玉——爹——秀玉——爹——俞少爺來了。」果林裡漾起了一片悶沉而含糊的反響，回報他那焦迫的等待。

幸而，程老爹並不在果園的深處工作，犬吠聲和叫喚聲很快地把他從果林裏拉出來。他看到克任，老臉上的笑紋便頓時風湧雲集，但轉臉瞧瞧兒子，笑容中却又平添上幾許狐疑；離不成俞少爺又被貴良請了來做說客？

「坐，請坐，俞少爺，你今天怎樣有空上這兒來？貴良，你呆在這兒幹嗎？快進去泡茶！」程老爹抽下那條塞在腰際的毛巾來撣板櫈，太用勁了，毛巾滑落到地上，檢起來，抖了抖。那毛巾已經舊得有了破洞。「老太太近來身體可好？佩任小姐可好？」他是老古板，對於禮貌，一向不含糊。

克任照例謝了程老板，心裏却又在盤算：他在這兒至多躭擱一刻鐘，到時，說走就走，誰也留不住。那片果林在他的眼中已然顯不出應有的風采，那青色的果子只在他的口中產生酸澀的味兒。所有的美已隨時日而消散。程老板的恭謹以及貴良的慇懃，徒然引起他的嫌煩。今天，不管程老板是否懷疑他是來爲貴良說情的，但在「不要把果園賣掉」這一點上，他將巧妙地站在程老板這一邊。

貴良把茶端了出來；兩杯，一杯是給他的爹的。

「爹，這茶葉太差了，下次我回家時，替你買些上等的龍井來。」

「難道沙經理又加你的薪水了？怎麼你的氣派越來越大了？」程老爹的話裏有骨頭。他最近處處提防，惟恐被兒子所乘。

克任說：「貴良在都市裏住久了，看別人穿得好、吃得好，當然覺得委曲了你這做爹的。這是他的孝心。一包龍井茶葉花不了多少錢，譬如去咖啡室喝杯咖啡。」

程老板把臉轉向貴良：「在臺北，你是不是也經常上咖啡室的？」

「啊呀，爹，你今天怎麼老是疑心我這樣、疑心我那樣的？俞少爺只是打個比方啊！但要說我從來沒有進過咖啡室，那也是假的；一個月難得去這麼一次，也沒有什麼關係。」

「歌廳、舞廳、夜總會呢？」

「爹，我一個月能有多少收入？每月我在你那兒放一千元，餘下來的，管住、管吃，還有朋友間的應酬。」

「那麼，你有了錢，當然也會去那種地方了。我知道，你上大都市裏去，能學一些什麼好的回來？」程老爹用毛巾擦着頸子。

貴良站在那兒，啞然無語。克任乘機又說：「程老板，貴良在臺北很守分，這點，我倒可以擔保；喝杯咖啡，也算不了一回事。至於你剛才所說的那些地方，那是濶老們的天下，連我都不敢去呢。要是拿都市跟鄉下地方比，那自然是鄉村淳樸；剛才我一進來，就覺得這兒像個公園。」

「貴良，你聽到俞少爺的話沒有？」

「當然，這只是外人隨口說說吧了，貴良知道你管果園有多苦！程老板，貴良哪有不爲你打算的？」

「他認爲我苦，但我却不認爲苦；這樣，事情不就結了？俞少爺，他現在是爲他自己打算，不是爲我呀。你不要上他的當、信了他的話！我知道你勸我，是爲他好，也爲我好，我很感激。現在，附近在搞什麼工業區，經常有人來打我這片果園的主意，貴良嘴裏雖沒說，但心裏却是成天想賣呀、賣的，我怎會不明白？俞少爺，你剛才不是說，我這片果園像個公園，你很喜歡牠？」

「是的，我的確很喜歡牠。」

「連你也喜歡牠，難道我會不喜歡牠？我很清楚，爲了這件事，貴良老是纏着你，不知給你添了多少麻煩，我眞過意不去。」

「哪兒，我是特地來看看你的。媽關照過我。」

還沒一刻鐘。他就出來。這一回，貴良能說他沒替他出力嗎？

離開果園，他的心裏舒暢了不少。不遠處，就是那一幢幢的銀灰色的廠房了。

二

克任有段心平氣和的日子，因爲他認定程老板決不會把他的果園賣掉。他在佩任的面前嘲笑貴良的黃金夢，並且譏諷他的愛情夢——佩任，我敢保證，我可以描幅貴良的遠景給你瞧瞧。當程老板活到七老八十——信不信由你，像程老板那樣淸健的人，壽登八旬，絕無問題——的時候，他才肯把那個視若瓌寶的果園交給貴良。你替我算一算，那至少還得再等二十年。二十年後的貴良，幾歲了？四十九！二十年小職員生活的折磨，二十年悒鬱的等待，那二十年將會長得像四十年，那時的貴良，將是一個傴僂、憔悴的中年人了，或許他還一直拖着沒結婚。如果到那時他才想到結婚的話，他哪，能够娶到的，怕只是一個拖兒帶女的四十歲的窮寡婦了……他話猶未了，佩任就驚叫起來。他抓住她的手，說：你嚷什麼？你同情他？還是你認爲他不可能這樣？我知道，你對他特有好感！

佩任的聲音在顫慄——你太可怕了！哥哥，你已經不是以前的你了！

克任還是淺笑着——那怎麼可能呢？我還是我。此刻，我走到哪兒，以前認識我的人決不會喚不出我的名字來：俞克任。他們會拍拍我的肩膀，或者握住我的手，說：嗨，小俞；或者，哎，克任！沒有人會認不出我的，縱使在二十年之後，那時，他們可能認不出程貴良，但却不可能認不出我俞克任，因爲，即使我不飛黃騰達吧，即使我仍過着目下這種生活吧，但我決不會改變多少——至少不會背駝腰彎！

佩任懇求他——你別再說了，哥哥；你別說下去吧，我不要聽了。你很可怕！

克任輕輕地放下了佩任的手，宛如她還是一個小女孩——說說有什麼關係？你怕什麼？我們一家不會受苦的，你放心。你剛才說我可怕，我到底可怕在哪兒？跟貴良站在一起，我看來就要比他年輕好幾歲。我站在許多男人當中，總是顯得那麼出色。我有什麼可怕呢？

然而佩任，却像從一場噩夢中嚇醒過來的那樣，臉色冰青，雙眼滯呆。她徐徐後退，跟克任保持一個距離。「你想用這些話來嚇住我，叫我不要再對貴良懷着好感？哥哥，你也未免咒得太狠了。你把這些話留起來，說給你自己聽吧。」

「你說什麼？佩任，你說什麼？我完全是爲你着想呵，丟開貴良，去想想你那個同學的哥哥吧。」

「他今天或許會接我去兜風！」

克任對佩任的這句話不願完全相信。佩任時常說是那個同學的哥哥要來接她，可是除了她的那個同學之外，那同學的哥哥却始終沒有出現過。他幾乎懷疑起那個人來：他是眞有其人，還是佩任杜撰出來的？但是，有一天，佩任却眞的拿了一張照片給他看。是那個同學跟她的哥哥站在汽車旁邊拍攝的。那個青年，確是風度翩翩；一點兒也不假。

「那是最好不過了。我想，白天，你反正有空，樂得常常出去玩玩。佩任，一個人不要太古板，卽使去跳舞，也沒關係。這樣一個英挺的青年，眞是打着燈籠都難找到的。」

佩任一味嗯嗯哼哼。他也就說到這裏爲止。按說，在這件事情上，他已經說得太多了。

同樣，在這段日子裏，他也不時碰到沙雅琴，要不是在市區內，就是在去廠地的那條路上。現在，他已知道，沙雅琴在敦化南路並沒有什麼土地，倒是在劉老工廠的附近，已有了一塊一甲七分的旱畑。那是幾年之前一對去美定居的留學生夫婦賣給她的——呀，那時候，他們急着要動身，就是找不到買主，也不知誰找上了我，勸我以後把牠圍起來，搞個牧場。你知道，那時大家正在熱心地把優良品種的乳牛從國外引進來哩。天曉得，我怎會經營牧場？他們又說，那塊地可以種冬瓜、南瓜的。瓜藤蔓延開來，就不會長野草，也至少可有一季的收穫。我本來是不想買的，只因爲聽說他們定居的地方離我前夫和兒子居住的地方很近，於是，我就問他們夫婦是不是可以常常去看看我的那個兒子，一年寫一、兩封信來，把他的情況告訴我——你知道，如果他生活得不好，我是有權利把他接回來的——不料他們却一口應承。於是，我就把那塊畑買下來了。就是爲了這一點感情上的原因，你說好笑不好笑？有人說，怎樣堅強的女人，對於兒女，都是軟心腸的。拿這句話用在我的身上，眞是太恰當了。不過，這則買畑的小故事，外人並不知道，大家可能又會說：沙雅琴有本領！好眼力！她在地產上投資，又是一本萬利了。哈，哈，克任，人的嘴就是這樣。可是，假如我現在聽到有人在這麼說，我一點也不會否認；爲什麼要否認呢？我又不是霸佔來的，而且，我也眞的爲這高興， 好像一塊爛鐵忽然變成爲一件古物； 那是我的好運啊。

「那麼，你準備怎樣利用牠呢？」克任急切地問。他們同坐在一輛車子的後座上，貴良坐在前面，把着方向盤。他駕駛得穩極了，他的眼睛眨也沒眨一下。他一點也沒有想揷進來跟他們談談的意思，似乎決心把果園的事拋開了。

「還不知道。或者，賣掉；或者，利用牠跟別人合開一個工廠；或者……反正我還沒有計劃。前次，劉老買土地，我本想把我的那塊賣給他，但因爲不够大，旁邊的土地，業主又不肯脫手，所以就作罷了。」沙雅琴的手揑着一隻兼作公文袋的大皮包。那雙手不僅年輕，而且飽滿滿，挺有福相。

克任望着貴良的側臉，牠木然而無表情；貴良是非要開上十年、二十年的車子不可了，一如自己對佩任所說的。要是貴良現在還不覺悟、掉頭去追打字小姐的話，那他眞要後悔莫及了。要是貴良有一天再要跟他商量的話，他準要叫他認淸現實，把握自己的處境。一句話：他得認命！

「啊，哈，如果你跟別人合開工廠，可別忘了讓我搭一份。」克任高聲說。他是有意要讓貴良聽到的。當然，他內心也有這一意圖。機會難得！大不了，把僅存的一點黃金賣掉，把一些古董賣掉，把那座房子賣掉——他可以每月花兩千塊錢去租一戶公寓，什麼都是新式的，還不好？

業務主任不久可以到手了，佩任不久可以畢業、做事了。卽令向人暫時調動一點，也划得來，因爲馬上就可還掉。看來，現在最可憐的，倒是貴良。他眼看別人在步步拓展前程，能不傷心？

沙雅琴回答：「那還用說？你這個朋友，我忘得了？縱使忘掉了，但一看到貴良，也準會記起來，對不對？就說這塊土地的事吧，我也不會對人談起過呢！」

「謝謝你。」克任說。眼前的貴良，仍是那副呆呆的神色。今天，他自己的臉色可能璀潤如玉；今天，他自己的心境也忽然純靜得像晴空。他對貴良那份積聚起來的忿恨，倏然融化，因爲貴良的怨懟與悽悒通過他的想像，已然凝固成爲不移的確鑿了。對於那樣的人，除了給予豐沛的憐憫，還能怎樣？

「貴良！」克任驀地喚他；一種試探性的叫喚。前面道路坦直，沒有車輛的影子。

貴良轉過臉來，看了他一下；目光堅剛有力，旣不驚慌，也不如他想像的那樣陰鬱。這倒使他迷糊了。看來，貴良承受挫折的耐力，簡直跟籐枝差不離了。

「今天，你要不要彎到果園裏去看看你爹？」這句話不是他眞正想問的，他想問的是：你對果園是否眞的斷了念頭？

「今天不去，過幾天，我會去的。」

「是不是怕我會不高興？其實，彎進去看看你爹，也不會躭誤我的。」沙雅琴好心情地岔了進來。有許多地方，她總給別人以方便。

「不是，我只是想，我爹老是在忙，沒有什麼事，去他那兒，反而打擾了他。他對工作比我還認眞。」

「程老板對於土地懷着一份宗教家的熱情。」克任說，「所以，貴良要我去勸過他兩次，但他仍舊不肯把果園賣掉。」

「唉，這也難怪。他跟牠相處了這麼多年；人，究竟是感情的動物嘛！」

貴良又抿緊着嘴唇，不響了。他固執地不提這件事，固執地抗着他的失敗，而這個固執正形成了他那特殊的性格。

車子駛得極平穩。貴良的克制力超逾常人。當駛經園邊的大路時，他的眼睛仍然沒有霎一下。克任的眼睛也沒閉起來，因爲果樹的枝柯已不再扯戳着他的心。他憬悟到貴良今天之不去看他的老爹，乃是他週密思考的結果；他要用一段日子去平息他爹對他的疑慮。那天，在果園裏，他已看出程老板對貴良一舉一動的警惕神情了。

他們各人有各人的事。克任先下了車，但在歸途上，他們却又同坐在一輛車裏。

「剛才，我們在附近碰到了羅勃李，他正陪着人在看地。」沙雅琴說。

「貴良看到他一定很生氣。」克任又瞅着貴良。「眞是寃家路狹。」

「呀，以前的確生過氣，但現在早消了。羅勃李一再向他道歉，倒使貴良覺得不好意思起來。羅勃李就是這點好，肯向別人坦承自己的過錯。他還說晚上要去看貴良呢！」

今天，克任第一次看到貴良露出了笑容。貴良說：「的確，他說晚上要到我住的地方去找我。要看他這一次會不會再黃牛，否則，他再要對我賠不是，我也不會理他了。」

克任眞想諷刺他兩句：咦，你沒有把果園賣掉，你還是一個窮光蛋，你等着他再黃牛吧。不過，因爲有沙雅琴在旁邊，所以過分尖酸的話，他還是不想說。

「明天晚上，你來不來我家坐一會？」沙雅琴說。「跟你的那位梅小珍一起來？」

「梅小珍？你怎麼知道？」

「怎麼會不知道？貴良早跟我談起過她了。」

現在，他知道：在沙雅琴面前，他是什麼都無法隱瞞的。貴良在不知不覺間早把他的點點滴滴漏給她了。然而，她以前爲什麼不揭穿？她在考驗他什麼？

「明天，是我兒子的生日。」沙雅琴幽然地說。

「我希望梅小珍有空，」他回答。「至於我，我一定去。」

他委實無法替梅小珍決定，因爲畢業考試越來越近，她似乎不會有多餘的時間。梅小珍雖然不是一個十分好強、非得跑在別人前面不可的女孩，但她歷年來的優異成績却使她自己立了一個標準。更重要的一點是：梅小珍並不喜歡沙雅琴。

他眞的應該去約她嗎？或者說，打算去說服她嗎？

傍晚，他下了班，回到家裡，呆呆地坐在客廳裏。電話就在近旁，要打，那是太方便了，但碰個釘子，却也犯不着。如果他開始就說：小珍，今天下午，我跟沙雅琴同乘一輛車子去廠地；梅小珍可能就會截斷他：你跟沙雅琴經常接觸吧？是不是經常同趁一輛車子的？那樣，他就很難回答了。

他說是，不好；他說不是，那麼，萬一貴良已在無意中告訴過她，又怎麼辦呢？現在，他才發覺：有一個貴良挿在他跟別人的中間，就把原先好好的事情全搞糟了。當然，他只得說：最近，因爲業務上的關係，接觸不免多了一點。我認爲沙雅琴爲人實在不壞。我希望你也能去看看她，那會證實我的看法並不錯——爲什麼要我去看她呢？我跟她並沒有甚麼關係。你認爲她爲人不壞，那就够了；她不讓你上當，那就好了。我根本用不着去看她——但她今天邀我倆明晚去她家——那是你的事。她對你的印象挺好，對不對——這算甚麼話？我想你是在無端妒嫉——對啦，我就是在妒嫉！我想她是艷麗得叫你着了迷了……情況可能就是這樣。

此刻，他是全然明白過來了。他不敢貿然打電話給梅小珍，潛意識裏，怕引起她的誤會。這種恐懼眞是多餘的嗎？誰知道？卽令是個最最大方的女孩子，但在這方面，有時也不免小心眼兒；而他跟沙雅琴，最近倒的確要接近得多，因爲他不必再躲避貴良了。望着貴良開車，他內心的凹凸不平也就逐漸地被輾壓下去。那種感覺，並不是梅小珍或其他任何人所能淸楚的。當然，還有一點——他連自己都不太願意承認：他是多多少少被沙雅琴的風采迷住了；他又怎能怪梅小珍呢？

這時，佩任走過來：「哥哥，你幹嗎老是呆坐在這兒？」

「唷，我正在思考一個問題。對了，我還沒有問你呢，下午，你有沒有出去玩兒？」

「當然有，你沒看到我的衣服還沒換下來嗎，我比你早到十分鐘。」

「去哪兒玩？是不是他送你回來的？」

「哎喲，你怎麼什麼都要問、都要管？反正我去玩過了。我們三個人，我、我的同學和她的哥哥，去碧潭划船。他很會划船。就是這麼一回事。」

「很好，上碧潭去玩，總不會錯。」克任滿意地點着頭。「上碧潭的，多是情人們。」

「翻船淹死的也多是他們。」佩任的話頗殺風景。「我對他們說，我以後不願上碧潭；他們說，好。上岸後，他就給我拍了幾張照片留影。」

「很好。你今天的做法很正確。你是越來越懂事了。佩任，當你懂事以後，你就會明白我以前的那些話都是對的。責怪你的，勸告你的，抑或是鼓勵你的，統統是爲你，爲這個家。」佩任閉上眼睛。克任把話勒住了。一會後，他又說：「我今天趁着貴良的車子到廠地去。他一路上很沈默。那種堅決的絕望，呵，不談也罷。」

佩任猝然抓起她的手提袋，說：「我要去學校了，你代我跟媽說一聲。」

「佩任，你還沒有吃飯咧。」

「下午，他們請我吃過點心，我飽得很，根本吃不下。」

四月底的黃昏已很有些初夏的韻味了。頭上有點兒彩雲，風也靜得似乎不願意搖動牠的翅翼。佩任在巷子裏疾走。她倒希望有股風在後面推着她，快點把她推到巷子外。她不敢回過頭去，看看哥哥是不是在後面釘她。她怕他那鷹爪似的目光會鈎出她內心的秘密。出了巷子，乘拐彎的當兒對巷內瞄了一眼。沒見哥哥站在門外，她才算透了一口氣，然後趁上了計程車。

下午，她的確跟同學去過碧潭，而且，那個同學的哥哥也的確是一起去的，但她並不是眞有興趣去玩，而是去應一個景，藉此來躲避哥哥的逼問。以後，有照片爲憑，他能說她不是跟他在一起玩？他還能說她心裏鏞着貴良？哥哥批評貴良的時候，把她跟貴良看成同夥；或者說，根本就把她當作貴良的替身，他一句一句地說，一刀一刀地割，要把貴良剜得體無完膚，要把她剜得鮮血淋淋。她不願頻頻嘗受那種痛苦，所以她要設法躲避。她從來沒有正面跟他說過，她是不是喜歡貴良，或者，貴良是不是在追求她。事實上，當哥哥開始猜疑時，情況根本是濁溷不清的，連她自己也從未想到她會去愛貴良。她把貴良當作一位老友，她可以跟他無拘無束地談話；她欣賞他的勤恪、堅毅、機敏與謙遜，以及他對她家的始終如一的感情。然而，當哥哥把煙霧撥了開來以後，她這才注意到貴良目光中的情意；她深深地被他的情意所吸引、所感動，而終於也愛上他。但她却也十分明白存於這種感情之間的重重障礙：門第、學歷、經濟狀況……嫁給貴良是太不可能了。可是越是不可能，重感情的她的內心的愛情却越是熾旺起來。而且，在她面對貴良的時候，她還有一種絕對的安全感：他會愛她一輩子。在任何情況下，她不必恐懼他會變心。那種安全感是極大的慰藉、極大的誘惑。至少，在這世界上，你是再也不會落寞了。

有一天，他們在街上偶然相遇，他在駕他的送貨車，於是，她就坐了上去，在他的旁邊。他正要送貨到永和去，就載着她去兜風。他剛理髮，穿着整潔的白襯衫、棗紅羊毛背心。他不時側過頭來，衝她微笑，那模樣，比她同學的那個哥哥還要俊逸、斯文。她問：「你笑什麼？」他答：「我高興，才笑呀。」「你高興什麼？」他說：「跟你在一起呀。你看，我好久沒去你家了。我想，常常去，怕不方便。」她想說，沒有什麼不方便，儘管來好了，但她沒有說，因爲她也知道哥哥正在找她的岔兒。過了一會，貴良又說：「佩任，你待我眞好！」「有什麼好？你也不是待我很好，比我待你還要好。」貴良說：「啊，你這話就使我感動。我待你好是應該的，因爲你是俞老爺的小姐，而你待我好——」「也同樣是應該的，那才平等呀。」貴良喃喃着：「佩任，我今天才敢相信……我今天才敢相信……」車子向前駛去，不快也不慢。「我知道，我們之間的困難是，我沒有事業，也沒有錢，但我會想法去克服的；給我幾年時間。」車子向前駛去，不快也不慢。「我要向前邁進，爲你努力……」

現在，車子也正向前邁進。

她完全相信他是爲她在努力。他放棄了許多娛樂，一心一意地在努力，希望自己不只是一個司機，一個小職員。每天早晨，他偷偷地利用電晶體收音機來學英文，說不定他以後也能考上大學夜間部哩。他跟她約會的次數並不多；每次，她總說些勉勸他的話，從不談及哥哥對他的仇視。她心裏有個打算，有一天，哥哥可能會得去除偏見，跟貴良情同手足哩。

計程車並不是去學校，而是在一座古舊的屋子前面停了下來。那樓房的髹着白漆的鐵質窗柵已經銹蝕得疤疤瘢瘢了。貴良就租住在樓上的一個房間裏。她去過兩次，熟悉那嘎格作響的木樓梯、那糊着白報紙的隔板、那個西晒的窗子。貴良說她很勇敢，她也自認很勇敢；尤其是，樓上的另一些房間也都住着單身漢。她爲自己的勇敢感到驕傲，爲愛情感到驕傲。她當然也在征服困難囉。她要鼓勵自己去熟悉那種當一個人從安樂降落到貧困時應持的泰然與堅忍。她想，父親的失敗就是因爲缺乏這種胸懷與毅力。人，一定得熟悉艱苦，那麼，一切的挫折就不會有那麼可怕。而以這種觀念爲後盾，也就不難面對貴良的那間不如果園裏的紅磚平房多多的房間了。

然而，剛才哥哥却明明說是貴良「堅決地絕望」了；這可使她怔了一怔。她不相信貴良會這樣，但又生恐他會這樣。她要去瞭解一下他現在的想法，因爲她已有十來天沒有見到他了。

進門之後，她先向房東問了一聲貴良在不在。房東說，他剛囘來不久。於是，她就迅速地跑向那條黑模模的樓梯去。或許女人的脚步聲跟男人的完全不同，她快步走到梯頂時，貴良的房門就打了開來。他看到佩任，就嚷起來：「啊呀，你今天怎會想到來這兒？」立刻把電燈開得亮亮的，拉她坐在房間中最好的一張椅子上，然後站到她面前，望着她。

未上樓之前，佩任的心是皺褶着的；想像中，貴良可能就似以前的哥哥那樣，平躺在床上，一副六神無主的沮喪相；而此刻，貴良的一聲歡呼，他的雀躍的動作，業已撫平了她內心的曲紋。她把手提袋往椅邊一放，說：「想來就來了，你可要替我留意時間呀，不要讓我遲到了。」
「當然，我會留意的。不過，你來，一定有事。」
「專誠來看你就不行？」
貴良說：「我太幸福了。我有什麼長處呢，使你甘於降低身份來愛我？我以前認爲我或許只能一輩子默戀着你，眼看你跟別人結婚，離我愈來愈遠。」
「現在你就不必這樣想了。現在你知道我是跟你同樣地平凡。」
「不，你還是不平凡。你在我的心中永遠是不平凡的。我急着想創一些事業，讓自己站在人前光光彩彩，不致辱沒了你。」
「你最近沒有灰心吧？」
「沒有。你爲什麼要問這句話？」
「因爲哥哥今天一回家，就說你沉默得很，彷彿很絕望。」
「沒有。你看我不是很好嗎？我怎麼會絕望呢？我不振作，怎麼有臉見你？我眞能做一輩子的司機嗎？」
「當然不會，但也不要心急。果園不能賣，也就算了，我又不想住大廈。千切不要爲這件事傷心。我說過，我可以再等兩、三年，等你的境況好一點，或者等你爹的心情轉好些，賣掉這麼十分之二、三，果園還在那兒，只是小了一點，可能他就不會太難過。」

「賣掉一部份，這倒也是辦法，不過因爲上兩次都沒勸成功，所以這次也就更難說話了。你是知道爹的脾氣的。他現在認定我是敗子，眼紅他的產業；我拿了錢，就會到燈紅酒綠的地方去亂花，眞是從何說起？」

「慢慢來，以後，他會知道你是很節省的。」

佩任拿起手提袋。貴良攔着她，急急說：「今天，我又有了一個機會。就在下午，我碰到了羅勃李，他說晚上要來看我，談談果園的事。」

「哎呀，你怎麼又相信起羅勃李來了？那一次，你上了大當，這還不够？他呀，只往高處爬，哪肯來你這種小地方？」

「等等看。或許這次不一樣。他有利可圖，而且，他的鬼計也是挺多的。」

「眞不知道他有什麼錦囊妙計？我要走了。以後，你把結果告訴我。即使失望了，也千切不要難過。」她緊緊地握了握貴良的手，不讓他送她到樓下，因爲還沒到那個時候。

回家後，聽到哥哥又在嘲笑貴良，彷彿這是他的一種談助咧！

二二

佩任並不重視羅勃李跟貴良的約會，克任更沒有把他們的聚晤放在心上。誰能把「推銷員」羅勃李的諾言，當成眞的呢？他常把處在逆境中的人提起來，然後又扔下去，使他們在發黑的前額上再隆起一個大疱；雖屬無意，但也夠叫受害者呻吟了。

佩任有點兒怨貴良。他怎麼能這樣大度？以前對羅勃李也曾恨得那麼牙齒癢癢的，而現在，幾句好話，却又被他催眠過去。讓他空等一個晚上，去重溫羅勃李的爲人吧。好幾天過去，貴良也沒告訴她什麼消息，她也不去問他。某一件事，如果說出來只會增加雙方的不快，那就乾脆不提，讓牠像樹葉那樣，慢慢地泛黃、枯萎、凋落，然後給踩碎在時間的平原上。在現在這種情況下，她一責備貴良，就會使他產生濃重的自卑感，而他發黑前額上的那個大疱，也就會得流出膿血來。

她的同學把那天她跟他們在碧潭拍攝的照片晒出來了，有獨個人的、兩個人的、三個人的。她帶回來五張，裏面都有她。她把牠們送到哥哥的眼前。克任細細地看。不錯，正是那個青年；以前看到的照片裏站在汽車旁邊的不就是他？她跟佩任的那張合照，背景是碧潭的吊橋；兩個人的姿態都是這麼美，笑容如盈盈的水，簡直可以伸出雙手去掬。喲，不管以前她跟貴良的感情怎樣，如今畢竟已成過去了。這個妹妹，總算是能夠從善如流的。

「這張拍得很好，有沒有底片，可以把牠放大成八吋。」克任說。

「何必呢？以後，照片還有的是。你認爲我們一次郊遊就會結束嗎？」

「噢，當然不是這個意思。那你就把這張照片好好收起來。現在你就可以知道，你只要稍稍打扮一下，就絕對輸不了別人；你的那位同學就不及你漂亮。」

「是啊，我卽使不打扮，也不是什麼醜八怪呀！」

「所以千切不要自暴自棄，對不對？雖然我現在不該說這些話。媽看過了這些照片沒有？她怎麼說？我想她一定很高興。」

佩任慢慢地把照片放到紙套裏去。「讓你先看，叫你好放下心。媽並沒有催着我去交男朋友。」

俞老太太聽見了，就走過來。佩任把她的照片遞給母親，又拿來了老花眼鏡：「媽，你看看，到底碧潭的風景好不好？你有好多年都沒去了。」

「到底叫我看風景，還是看人？」

「當然看人要緊。」克任說。「媽，你看，照片中的那個男人帥不帥？我對佩任說，如果你把他錯過了，一輩子都會懊悔不過來。」

俞老太太戴上老花眼鏡，一張張地端詳；神色莊嚴，態度鄭重。那是關係着女兒一生幸福的，她可不能隨便置評。看了一遍，又看了一遍。「不錯，長得很帥，不過，光只以貌選人，也不十分可靠，還得看他品學怎樣？做女孩子的對於那些長得太帥的男人，有時就非得特別提高警覺不可。」

「媽，他出身很好，還會差到哪兒去？你這豈不是懷疑主義者的論調？你左一句不十分可靠，右一句特別提高警覺，還能叫佩任喜歡他？」

「我是她的娘，只有比你更關心她，怎能不這樣叮囑她？你甚至還沒有見過他的面，却一味說好，豈不糊塗透頂？錯交一個朋友，有時就可能損失很多，至於錯愛一個人——一個女孩子一輩子究竟能夠錯愛幾個男人？」

「媽，我是說，人家可能是規矩人，你却先把一大堆的垃圾丢到他的脚前，那怎麼稱得上公平？」

「不公平？克任，我又沒有說他什麼壞話，只叮囑佩任小心。你不站在妹妹這一邊想想，倒站在他那一邊瞎扯；眞是莫名其妙！佩任，你知道了吧，媽也不是反對你跟他交往，只是希望你以後能够邀他來家裏坐坐談談，平日跟他在一起時，應該處處注意他的言行。」

佩任又把紙套塞在母親的手中。「媽，照片就放在你那兒好了。我會記得你的話的。」

克任不再說話。他認爲母親的憂慮是多餘的。佩任跟他的男友，本來可以坦蕩蕩地互相接近，就如他跟梅小珍那樣，而現在，佩任卻得懷着冒險的心情探索着前進。至於母親呢，原可以像他那樣，以滿心的歡悅去擁迎他們的戀情，但她卻偏要張起這樣的一張網來阻攔自己。他簡直無法相信在這一件事情上母親跟他也有歧見。怎麼不從另一方面去想想：佩任終於擺脫了貴良的誘惑而鍾情於一個眞正値得愛戀的男人了。她是不再會被別人譏爲愚蠢、幼稚了。她是眞正地成熟了。只要她走向對方，隨時都可擷取幸福的花朵。呵，母親的確是老了，她就沒有想到「古老地」去衞護女兒，反而是在無意地毀損女兒。萬一有一天，那個青年跟着佩任一同到家裏來，母親便帶着懷疑的眼光，對他作固執的盤問，那不把他嚇退才怪！就說他自己吧，要是梅老伯當時對他有半分懷疑，他就不會去看梅小珍了。可是這些，他都無法對母親明說，因爲母親必定又會說他是站在別人的那一邊的。

克任總覺得受了委曲，晚上也就沒有心情獃在屋子裏了，便結上領帶。還是出去吧。大都市裏，有偌多消悶的地方哩！有時候，就覺得外面的世界已經衝到一九八〇年了，而自己的家裏，卻還停滯在一九五〇年的那個階段；兩者怎麼樣也銜接不起來。譬如說，坐咖啡室，去夜總會，對一般人來說，已經是種十分稀鬆平常的事了，可是，如果他偶爾涉足一次，母親就會驚訝不置。那是一種保守病，跟古董放在一起，雖很和諧，但古董有時可以待價而沽，而那種保守，又賣給誰呢？

對街的拐角上，就是那塊火燒過的七、八十坪的空地。冬天，小孩們在那兒晒太陽、玩玻璃彈珠；夏夜裏，則在那兒乘涼。有時，在那空地的角落裏，會長出一些野草，開一簇碎小的黃花，甚至一粒龍眼核兒也會在那兒發芽，長成樹苗。這是一個別致的廣場，但今天，聚在那兒的，却是附近幾家店舖裏的老板或夥計，他們談得很熱烈。克任慢慢地走過去，就聽出他們是在談論那塊土地已在日前出售了，而且他們還擔心着：以後，要是有人在那兒開起大商店來，會不會形成他們的威脅！

對於這塊空地，克任向無好感，只記得五、六年前冬夜起火時的那片殷紅的火光以及火熄後的那幾根剩餘的漆黑的木柱。他的確希望牠早日有人承購，在那兒豎起一座漂亮的新樓，替這個街區鑲上一顆門牙。

蕩到中華商場那兒，他瞥見羅勃李正陪着一個三十出頭的外國人，一起彎到杜半仙的命相館裏去。他趕忙避開了。不知道羅勃李本人有沒有求神問卜。假如有一天，那個預卜休咎的半仙對羅勃李說：「你是註定要跟一個妓女結婚的！」難道他就決定跟她結婚了？

到處逛了一會，總算沒讓自己上夜總會去、歌廳去、舞廳去。他覺得自己是君子，對得起母親，也對得起梅小珍。在別些事情上，一個人要沒有一些小小的詭計，又怎能在這個社會裏生存下去？怎麼能力爭上游，豎立起自己的理想來？誰知道在那塊火燒過的空地上建屋開店的不是二十年前擺設地攤的人！

克任回到家裏，母親告訴他，大通的沙經理剛打電話來，說是貴良今天已經向她辭職了。

他又想去哪兒做事了？——俞老太太提出的是這一點。

他是爲了什麼原因辭去了大通的工作的？——克任提出的是另一點。

他應該先來商量一下的，萬一又上了當呢！——俞老太太憂心忡忡。

他這麼一聲不響地就離開了，難道另有如意的打算？——克任的狐疑迅速堆疊。

可能他又想回果園去了，到底是父子情深啊！——俞老太太竭力找尋慰譬。

是不是果園的情況有了新的變化？這倒怪了。——克任有點兒心神不定。

明天你去看看程老板吧，順便問問貴良的事情，這樣也就可以放心了。——俞老太太作着結論。

明天我倒眞的要上果園去看看，我總得弄淸楚這究竟是怎麼一回事！——克任的結論跟母親的殊途同歸。

第二天上午，克任剛上班不久，貴良就來了。他仍是駕着車子來的，只是換了一輛吉普車。他從容地走到克任的辦公桌邊，低低地說：「我已經離開大通了。」

克任抬起臉，沒說什麼，只對他笑了笑：那勉強的笑意裏却蘊含着許多話：你進大通時，我出過不少力，但你在離開之前，竟連招呼也沒向我打一個。這在情理上總是說不過去的。你此刻特地來對我說，我都嫌你是放馬後炮哩，更不用說是要我幫忙了。

「我前幾天請了假，跟爹在一起。」貴良笑咪咪地。

「是呀，自己的家，怎麼丟得掉？總不能做一輩子的司機呀！」克任把「一輩子」三個字說得特別響亮，使牠挺突出來，變成了一支矛。

「可不是？我也這樣想，總不能做一輩子的司機呀，所以我把大通的事辭了。今天爹跟我說：你接俞少爺再來一次果園吧，我想跟他說幾句話。你有空嗎？」

「當然，程老板既然這樣說，一定是有緊要的事。」

「是的。」

克任坐在駕駛座的旁邊。貴良仍像以往那樣開着車。他靜靜地笑着。克任不時看了他一眼。他笑什麼呢？高興他又回到父親的身邊去了？雖然笑着，但十幾天裏，他彷彿瘦了不少，額角灰蒼蒼的，粗粗的黑髮仍是那麼膩答答地令人生厭。如果他也像羅勃李那樣到中華商場的杜半仙那兒去的話，那杜半仙準會告訴他離職後「凶多吉少」。

「羅勃李那晚去找過你沒有？」克任惦起了那天貴良的話。

「他那晚的確來看了我。我就是爲了他才辭職的。」

啊，又是歷史重演，開車的就喜歡撞到前面的車子上去。

「這位仁兄，神通廣大，憑他的那條三寸不爛之舌，就能牽着有些人的鼻子走。他簡直也可以去做半仙了。」

「第二天，他陪我到偏僻的山邊去了一次，看了一個佔地一甲四分的果園，桃樹、李樹、橘樹，種得比我們的還漂亮。爹的那套管理方法已經落伍了。」

「那也沒什麼，這一回，果園裏加入了你這個少壯派，不久當然會改觀的。」

「我們已經把果園賣掉了，但我們却只花了十五分之一的錢，買下了山邊的那個果園。對爹和對我來說，這是兩全的辦法。爹不能沒有果園，而我也不能沒有發展事業的資本。」

「是羅勃李想出來的辦法？」

「是的。」

車子馳向果園去。克任動也不動地坐着。我爲什麼還要去？但我又怎能說不要！我被羅勃李騙了，被貴良騙了，被程老板騙了，被世界上許許多多的人騙了，被十六、十七年前覆蓋在地上的那些微賤的蕃薯藤以及被第一批種下去的那些枯死了的果樹騙了。那些人和植物，全聯合起來騙我，使我成了一個受害最重的人。貴良笑着。我以爲他笑什麼？原來他是笑他已經欺騙了我，而且笑他現在已經站到我的上面來了。一個暴發戶——一個暴發戶有時就庸俗得如同一個屠夫，以後，他將用哪一種姿態來對久具光榮家世的我來誇耀他的財富？

「沙經理對於你的辭職，可有什麼話說？」

「她說，要我好好利用這一大筆錢。商場可不是果園，更要事事節儉、處處小心才對。」

「她怎麼不把她的那塊烟賣掉呢？」

「最近有個工廠的投資人正在向她接洽，說不定她不久也會脫手的。」

果園裏，氣氛低沉；紅磚屋裏，程老板跟秀玉已把東西理得差不多了。程老板看到克任走進去，一把拉住他，說：「俞少爺，你來了！我們已把果園賣了，明後天就要搬走了！」

「是的，貴良已經告訴了我。」

他拉着克任走出來，站在那些果樹的前面——那些跟他的生命幾已合而爲一的果樹。「我有什麼辦法呢？我原是不想賣的，可是這兒前後左右，都要造工廠了，難不成只剩下我這個孤零零的果園？我本來是打算支撐到底的，但却經常有人來勸我，不只是貴良，不只是你，還有那村長，那鄉長。他們說，廢氣和廢水對果樹都有害處；他們說，我妨礙了原可以連成整體的工業區的建設。我怎麼辦呢？我不要錢。錢對我有什麼用呢？我只要那些樹、以及我自己的那種生活。但他們却說，以後，卽使我想在這個區域裏過這種生活，也不太可能了。如果這兒成爲一個工業的世界，我就一定會被捲進去；不管我的籬笆築得有多牢、多高！俞少爺，我怎麼辦呢？我不要錢。我這麼大的歲數了，見過的人、事也够多了；錢對我有什麼用呢？我到市區的大百貨公司去，眼見到的東西我全不要，而我想買的鋤頭，他們却沒有。我在這兒住了十六、七年了，我在這兒度過了一段最好的歲月；那樣豐足，那樣恬靜。那些果樹，是我的孩子、朋友；那些果樹，也是俞老爺賜給我的，他如有靈，會不會怪我呢？這塊曾經半荒的地，現在還長滿了樹，但以後却要蓋起工廠來。我只好退到山邊去。謝天謝地，總算那邊有果園；我想，總不會再有人對牠眼紅吧。秀玉決定跟我一起去，她不久就要跟明順訂婚。我們三個人，以後會把果園整理得很好、很好的，比工廠還要好，比都市還要好。可是，這兒的那些樹，不久就要被砍掉了。」程老板走前幾步，面頰倚在樹幹上。他的淚爬滿了臉，也灑落在經常被他撫摸的粗糙的樹皮上，好像樹本身也在流淚了。

「程老板！」

「俞少爺，我請你來，只想對你說說清楚。貴良的事，讓貴良自己去打算，我也不想管，以後是好、是壞，就全要看他的造化了。我今天想請你在這兒喝一杯酒，因爲以後再也沒有機會在這兒喝酒了。」

「程老板，酒，我在這兒陪你喝一兩杯，但我却不能在這兒吃飯，因爲我還有別的事情。」

秀玉送上了一瓶浸過李子的酒和幾只酒杯，她的雙眼差不多跟酒的玫瑰色一樣紅。貴良也走了過來。四個人就在果林之前的空地上喝乾了自己杯中的酒，然後克任便揚起手，把手中的那只酒杯往果樹那邊一擯，酒杯摔碎在地上；待大家全驚愕地向他注視時，他淒然地說：

「這是一塊令大家都心碎的土地，讓那只破碎了的杯子代表我的破碎了的心，永遠埋在這兒吧。」

「俞少爺，」程老板說，「等我們把山邊果園裏的一切都弄舒齊以後，我再去看老太太吧。」

「不必了——眞的不必了。以後，我們要做的事就是儘可能地把這塊土地忘掉，你是這樣，我，同樣是這樣。」

克任出來時，謝絕了貴良用車子送他的好意。他說，他要去附近的工廠轉一轉。然而，對於這個早在積極安裝機器、並接近完成階段的工廠，他已沒有多大的興趣了。如果沒有像劉老那樣的人來投資設廠的話，那麼，這兒將仍是一個鄉村，而這果園也將永遠是個果園。現在，擺在他面前的問題是：他該如何去超越貴良呢？在一再的拖延中，土地只漲不跌，貴良所獲得的竟不是損失，而是巨利；那是出乎他的意料的。貴良將永遠不是一個司機、一個小職員、一個聽人使喚的人，而自己或許一輩子只能在劉老的福華工業公司裏做個業務部主任！那是他職位的巔峯，也是他事業的終站；他不可能再往上升遷了，因爲在劉老最近逐漸羅致的人員當中，論經、學歷，論眞才實學，比他好的可多得緊。劉老對他已經算是刮目相看了。基於預感，或者說，由於聯想，他現在已有什之七八的把握，認定拐角上的那塊空地是貴良買下的。貴良要在他家的附近矗立起高樓，那是一種狠毒的陰謀！他要日復一日地用他家以前給他的恩惠來對他示威！他要日復一日地虐待他，用無形的鞭，用無形的劍。當他經過這個街口時，貴良會從高樓的窗內探出臉來，向他傲慢地招呼，嗨！

而貴良，以前——我永遠記得從前，我不要現在——只不過是個在我釣魚前替我挖掘蚯蚓、在我演講時只會傻楞着眼睛、在我讀大學回家時一味卑躬地對我瞻望的人！我說，貴良，你就不能把你的那雙破球鞋換一換嗎？是的，俞少爺，但爹不肯給我買新的。告訴你爹去，說是俞少爺叫你換一雙新的。聽見沒有？說是俞少爺說的！——這就是貴良的一切。噢，對我來說，那時的貴良，要比現在的貴良、比以後的貴良更爲眞實！

　　而街口的那塊空地，果眞不出他所料，是貴良承買的。那天，貴良到他的家裏來。那是星期日——爲什麼他偏要選個星期天？他自己可不願意看到他。他帶來了很多禮物——好啊，他如今已有足夠的錢購買上好的禮物了，但他連看也沒看一眼。別以爲他的眼光這樣低，幾樣貴重的禮物就能哄住他。他說話慢條斯理地——他以爲他在這幾天裏眞的脫胎換骨了？所謂紳士，難道眞是一夕之間就能變成的？他說，他特地買下了街口的那塊空地，因爲牠跟這條巷子相距只有咫尺，他喜歡跟他們一家人住得很近，或者說，他在心理上喜歡跟他們一家人住在一起——他說得像煞有介事的，而他自己却已在額角上塗了幾遍薄荷油了。貴良不想想看，他們一家人是否喜歡跟他住得很近呢？他克任是否喜歡跟他住得很近呢？他就那麼輕率地下了決定，却不側面來探聽一下？如果貴良是一隻貓，那就是一隻貓，絕不可能變成一隻虎！

　　那天，他自己也注意着佩任。他有兩隻要把什麼東西都看得清清楚楚的眼睛。那天，他就是隻眼望貴良，隻眼看佩任。佩任坐在貴良的右首，很守分際，但也令人摸不透。她說話就像吐珍珠那樣，一顆一顆地數得出來。那種莊重原是好的，但用在那天，彷彿又嫌太過拘謹了。或者，他的意思是，那天他倒不希望她穩靜，而是希望她潑辣一下，對貴良螫上兩口，替她哥哥出出氣；然而她却只說，「是的，我們都沒想到。」「是的，那好極了。」「是的，希望程老板和秀玉會跟以前一樣快樂。」婆婆媽媽的，宛如她已四、五十歲了。母親的話更是勸勉有加。所以那天貴良雖細說緩敍，但眉目之際的得意，却是雀躍飛騰的。

貴良去後，他走到臥室裏，面窗而坐。臥室的窗外，什麼都隱去了，只見那塊空地上，再度燃燒起熾烈的火焰；而他整個人，就埋在那一大片的鬱紅中。

二三

克任回到家裏，就發覺自己的臥室被翻過了。他有什麼秘密呢？他連一本日記、一封情書都沒有。當然，最會保密的人，是把秘密封在心裏的。

那麼，或許是爲了——

爲了那隻水晶貓？

但，這已沒有什麼關係了。

他等待母親進來問他，然而，母親沒有來。晚飯時，她也沒說什麼，只有佩任一個人在討論她準備在畢業那天的舞會時，穿一襲淺藍色的鏤空紗的晚禮服。有些同學的晚禮服已經做好了；有些同學還在計劃；她呢，該到服裝店裏去做，還是到百貨公司裏去買？她打算明後天出去看看。她一定要仔細地評選一下，不能馬虎了事。她就這麼一個勁地獨自說着。他們都沒有插嘴，或者說，母親和他兩人都沒有眞正地在聽，而佩任對於他們的緘默，也毫不介意，她只是說，她一定要去看看，而且她也一定要那麼樣的一件禮服。

等到佩任去上課了，母親還是沒有問他。她只搬了一隻櫈子，走到院子裏，坐下來，看星星。她不肯主動地對他說話。她在生他的氣。但，送掉了水晶貓已經是好久以前的事了，只是對她來說，却還是新鮮事。解釋一下是必要的；他不是把牠賣了，而是鄭鄭重重地送給人了。他走到母親的臥室裏，坐在她的床上等。

母親沒有進來。

他就倚在她的床上等，然後，就躺在她的床上等。

母親還是沒有進來。

今夜的星星一定很悽美。母親這邊看看，那邊看看，於是，必然想起了父親，因爲他的兒子沒有把他生前心愛的那隻水晶貓保存下來。你不能完全信任兒女，現在的兒女哪像我們那個時代做兒女的？在公車上，或者在宴會上，有時在街旁的騎樓下，他常能從兩個碰在一起的老太的口中聽到這樣的感慨。你不能信任兒女，他們除了認得錢，哪認得父母？他的母親雖不會說得這麼狠，但她會對星星說，對父親說：他騙了我，也就等於騙了你。在這兒，你一住十幾年，那樣落落寡歡，除了深深地愛過那隻水晶貓以外，我想不出你還深愛過別的什麼買來的東西？他躺在母親的床上，而母親則坐在小院子裏。他願意水晶貓仍在家裏，他更願意自己還是十一、二歲，就這麼躺在這張床上，睡着了；到了十點多，再被半拉半抱地弄到自己的床上去。母親知道他會睡着，却從不趕他；他也知道自己會睡着，却也從不想起來，因爲那張床，舖着溫暖與愛心。床很大，他就故意在床上滾來滾去，把蓋被搞得七扭八彎的；有時，佩任也會爬上床來湊熱鬧。不過，佩任却有一個很好的習慣：在睡覺之前，一定要去一次厠所，然後就獨自睡到她自己的房間去。父親有他的派頭。他總是坐在客廳裏看書，不管是什麽書，總要看得很晚了，才回房裏去。那年，他接到父親病危的電報，趕回家來時，才第一次看到父親白天睡在那張床上，而他的臉却像被蒼黃的燈光映着似的。床就是這麽一個混合着快樂與悽涼的地方。

而今，他已無童心重玩舊日的遊戲了，他只這樣踡踡地躺着；在沒有跟母親談過之前就回到自己的房裏去，總有一點兒不甘心。如果佩任在家的話——算了，佩任幫不上他的忙的，她有時反會冷冷地譏他兩句；而且，佩任最近只關心她自己的事，却沒有注意到他的苦悶。她彷彿有股潛在的活力從她身上綻放出來，蹦跳、閃爍；譬如，晚飯桌上的自說自話，就是一個明顯的例子。把水晶貓的事說明之後，母親明天就會有心情陪她去做禮服的。這身衣服可不能少。畢業舞會嘛，她該穿得漂漂亮亮，也好在男友面前光彩光彩（她準會邀請她那個同學的哥哥做舞伴的）。女孩子的心都是這樣的。

那麽，梅小珍呢？從貴良來過他家之後，他幾乎把梅小珍忘了。那片鬱紅的火，燒燬了他許多東西。

又得買什麽畢業禮物嗎？多俗氣！他最近對這些事絲毫打不起勁來。好在日子還早着，以後，就托佩任代買一樣吧。

淺藍禮服，銀紅指甲……每個女孩都是這樣；沙雅琴也是這樣。她夾在女孩中間舞着、舞着……好多落英般的銀紅的指甲；他的眼睛都被映花了。

他還是睡着了。

母親沒有喚他，是他自己霍地驚覺到不該睡在這兒才醒過來的。他睜開眼，發現母親正坐在床邊的椅上，望着他，好似望着夏夜的星空一樣。

「媽！」他坐起身子。

「我看你睡着了。」

「是的。」

「你想跟我說話嗎？」

「是的，我想跟你說明一下。」

「那隻水晶貓？」

「是的，我把牠送給別人了。我以前沒有跟你說。」

「你爲什麼早不說呢？」

「總覺得很難開口。我把牠送給劉老了。現在，我有點後悔，聽說要値三百元美金呢！」

「你剛才躺在這兒想什麼？」

「我想起小時候的事情。好多年了，我都沒有再在這張床上睡過。媽，你進來一定有好一會了？」

「我一直在看你。我也在這麼想，要是你還是以前那麼小，該多好！」她眼睛一閉，燈光照亮了她的兩行淚水。她再睜開來時，兩眼却是清清澈澈的。「現在，你長大了，却有很多苦惱。」

「不，我有很多理想。」

她重又望着他，像望着夏夜的星空——那是她想了解而却無法了解的。繁星熠爍，預示着將有一個美好的明日，但夏日裏也儘多驟雨，那是任誰也無法預測的。

「水晶貓既然送掉了，也就算了。」俞老太太說，「不要以爲被我發現了，就把這件事掛在心上。我也不想問你爲什麼把牠送給劉老。劉老是一位好長輩，你可不能辜負他。」

克任跳下床來。這間臥室的地板朽腐得格格作響。靠窗的木柱也給換過了兩根，新的白得刺眼，老的黯得蒼黑，一點也不調和。爲什麼他總是眼看別人住新屋，自己住舊宅？

是的，他不能辜負劉老，但母親或許沒有想到，他最不能辜負的，却是父親。躺在這張床上、徘徊於生死之間，父親的話輕得猶如呢喃：「克任，不要忘記你父親曾經是怎樣的一個人。」只這一句話，就把世間的責任一股腦兒推給他了。

今天，他已把掩遮很久的水晶貓的事告訴了母親，但還有許多隱藏在心裏的事却無法像這件事那樣地明說出來。他被囿在自己的想像中，被困於驕傲與屈辱的掙扎中。誰能知道，現在，每一次，當他走出巷口、抬頭望向對街的拐角時，貴良的那幢未來大廈，已然聳立在陽光之下。貴良正打窗口探出頭來俯視他。他混身火燙。滾進去，你這臭小子！他想開口大駡，而這時，他才讓自己從包圍中衝殺出來，終於看清那兒原來仍是一塊空地。那種想像幾乎把他壓碎。他有時幾乎懷疑自己業已陷於半瘋狂的狀態中。在辦公室裏，他已較前沉默。空下來時，就不免想起：倘如那片果園還是他的，他將用牠來做什麽？九千坪，八百元一坪。天哪，他至少可以開一家旅行社，或貿易行，或百貨店，或小型的工廠。而現在，這些却是屬於貴良的。貴良剝奪了他！

他是非得搬家不可了，能够離貴良多遠就多遠。他先要找個漂亮的公寓，然後把牠租下來。他要在貴良住新房子之前住新房子。他把要租房子的事先告訴了沙雅琴，因爲沙雅琴對於房子的事，要比他懂得的多。

「爲什麽突然想起要搬家呢？」沙雅琴問。

「也不是突然，我一直覺得我家的房子太舊了。最近，聽說貴良要蓋新樓，就不免更加心動了。」

「這是人之常情，看到別人造新樓，總不免有些眼紅。」

「沙女士，有些事是瞞不住你的。最近，我的確很不痛快。像貴良這樣的人，不久就會有座高樓了，但我，却連一個滿意的住所都沒有。」

「呀，其實，新樓有什麽可以羨慕的？我這屋子也不是很寬敞、很講究？但我還不够冷清嗎？」

「我很喜歡這兒，如果我只一個人，我就會搬到你這兒來住了。」克任本是說着玩玩的，但話一出口，却發覺牠已不是玩笑了。

沙雅琴起初沒動聲色。她對地板望了一會，然後，悄悄地說：「如果你喜歡，你可以常常來坐，常常來坐。」抬起頭來，向他笑了笑。

「我要租一個公寓。」克任重複着。

「我會替你去找的，你放心。」

「房子不要太大。」

「爲什麼？」

「因爲有一天，我自己可能不會住在那兒。」

他站起來。沙雅琴送他到門口。他握住她的手。握了好一會。那雙潤滑柔軟的手，使他幻想她仍是一個年輕的女人，而這個年輕女人，還擁有許多別的東西，那是眞正年輕的梅小珍所闕如的。

貴良的高樓忽然矮了下去；他不必仰着頭，去看牠了。

「你不會冷淸的。有一天，我會住在這兒。」克任說。

他走了出來。是初夏的夜。他記得他說過的每一句話。他不後悔。

他計劃過這些嗎？

沒有。

他這樣做是由於衝動嗎？

絕不是。

那麼，他之走向沙雅琴，該是非常自然的。何況他對沙雅琴的感情，本就不勉強。他一開始就喜歡上她的那雙富於誘力的手，而中年女人的成熟的風韻，有時也很迷人。寂寞的沙雅琴所需要的就是一個男人。對他這樣一個年輕而倜儻的男人，她準願獻出她的一切。

他折入小巷，慢慢地走着。梅小珍呢？梅小珍怎麼辦呢？這條小巷的兩旁，還是一些獨院的兩層磚房，陳舊得宛如他家的房子或梅家的房子那樣。小小的窗口，亮着燈光，因為天熱，印花布的窗帘都給拉到一邊。那些窗子裏一定也住着好些像梅小珍那樣的女孩吧，安於一個平凡的家，安於一個平凡的愛情。而那些小小的窗口，則如她們的眼睛，那樣不屑地望着他：因為他背叛了她。

然而，到底是什麼契約裏訂過他是屬於她的？

他們可沒有訂過婚。

但他還是愛着梅小珍，那個把愛情看得如此神聖、不讓任何雜質摻到牠裏面去的女孩。他應該早些告訴她，愛情並不如此神聖，也沒這樣永恒；而且，牠也不是人生所追求的惟一東西。他的生命中需要很多東西，光是愛情滿足不了他。如果她能懂得這些，那麼，他之離開她，就不會使她感到太難過了。他自己難過嗎？總有一點兒吧，或許不只一點兒，因爲他並不討厭她，而是貴良推着他離開她的。叫她去恨貴良吧，去恨他的高樓吧；是他的高樓把他們的愛情壓碎的。

他穿出小巷，又在大街之上了。朝前直走，是回家的路；彎向右首，則是去梅家的路。不管怎樣，在梅小珍畢業之前，他是什麼都不會告訴她的。

倘如他果眞一點兒也不再愛梅小珍的話，那就簡單多了。他這會兒儘可一逕跑到電話亭裏，打個電話告訴她：「我們之間的感情，就此結束吧。」

以後，不管他跟梅小珍以怎樣的方式分手，最感憤怒的將是梅伯父、梅伯母以及他自己的母親。他雖無意傷害老年人的心，但他又怎顧得了他們？母親上教堂做禮拜時，將會躲在梅伯母看不到的角落裏——當然，他不必去想這些，那時，他們該已搬家了，母親可以去另一個教堂的。

他所納罕的是：母親對於貴良的暴富，果眞沒有一點感觸嗎？還有佩任，她果眞沒有一點妒忌嗎？女人對於金錢應該是很敏感的呀。還有秀玉，她怎麼就不改變一下？她的確不必再埋在鄉村裏了，何況她本身也有不必埋在鄉村裏的條件呢。

在他的心中，秀玉所佔的份量很輕、很輕，這或許是因爲她始終沒有變。在出售果園之議正在醞釀的那段期間內、以及在果園賣掉之後，秀玉一直默默地站在她父親的那一邊，沒有發表過什麼意見，因之，在他的眼中，她就成了一個不顯著的人，卽使要恨，也恨不到她的身上去。但他現在推敲的是：她以後爲什麼不願跟貴良生活在一起呢？要是說，她還沒有確定，她是在暫時順從她的爹，但她旣然願意跟蔡明順訂婚，那還不够證明她又給她自己的固定的生活方式敲下一根樁子！這倒不是他自已喜歡看她住在高樓上，而是他不明白她爲什麼不喜歡住？這一點，他倒很想提出來跟母親談一談，但又怕母親衝他幾句：「高樓有什麼好？我就喜歡住平房，我不喜歡跑樓梯，也不喜歡乘電梯！」這樣，豈不是自討沒趣？

只不過過了一、兩天，秀玉倒是眞的到他家裏來了。她是下午來的，所以，當克任下班回家時，她已跟俞老太太、佩任談了半天了。秀玉確實沒有變，依然是兩條長辮子，一襲花布洋裝，一雙白色帆布鞋（那次上夜總會時穿的那雙白皮鞋，有沒有帶回家去？），而且還照例帶來了一簍筐水果。俞老太太看到克任走進來，就說：

「克任，程老板剛在那邊安頓好，就急着叫秀玉來看我們了。他盼望我們以後有空去那兒玩。據秀玉說，那邊交通雖不方便，但每天也有四班客運汽車在附近經過。」

秀玉也馬上接着說：「是呀，下車只要再走兩里多路就到了。哪一天有興趣去？那果園在山邊，玩厭了，還可以爬山。」

「山上有很多樹，有一條小徑。秀玉說，她會到過山巓。要是我們去，她就做領隊。」佩任的興趣不淺。

「好啊，看哪一天有空，我們再商量着一起去。」克任不得不隨口附和。「佩任怕還要約幾個同學一塊去，對不？」

「你不也會約梅小珍一同去？聽說有座不大不小的山可以攀爬，我想，誰都樂意去的。」

克任沒有坐下來，只倚几而立。他的公文包就放在那紅木的長几上。他冷靜地問：「秀玉，你是來市區看貴良的？」

「不是。我是來看你們的。爹說，哥哥那兒，去不去都無所謂。以前，他沒有錢時，爹都不替他擔心，現在，他有了錢，還替他發什麼愁？反正他想住在哪兒，就可住在哪兒。他給爹的信上說，他又換了一個住處。」

「可不是？說不定已經搬到觀光飯店去了。一天幾百塊的房金，現在對他算得了什麼？」

「那也不見得。我知道他還是很節省，獨自租了一間小公寓。」

「佩任，這倒怪了，你怎麼知道的？」

「噢，這有什麼奇怪的？還不是貴良在談話中順便提到的？我總是照實直說，也好讓程老板跟秀玉放心。」

克任又轉過臉去問母親：「媽，貴良眞的這樣說的嗎？」

「貴良有時彎進來坐這麼刻把鐘。既然對佩任這麼說過。當然不會錯。」

「哥哥揀中在你們的附近造房子；只有這一點，爹很贊成。爹說，哥哥到底沒讀過多少書，這樣，以後有什麼事，就隨時可以向俞少爺討教。」

「那是程老板客氣，我可不敢當。其實，三百六十行，隔行如隔山。貴良的事，說不定我連一點忙都幫不上。再說，我們也不一定永遠住在這條巷子裏呀。」

秀玉說是還要去看梅小珍。佩任因為晚上要上課，俞老太太就叫克任陪着秀玉去。「你也應該去看看梅小珍了。這個星期天，梅小珍的媽在教堂裏看到我的時候，就說你好久沒去她家了。」

「小珍不在忙着準備考試嗎？我怎麼能去打擾她？」

「也不至於忙得像你所說的那樣。今天你就陪着秀玉去，也好趁這個機會跟梅小珍談談，而且，即使專程去拜訪梅老伯，也是應該的。」

「啊呀，媽，你不知道，梅老伯一打開話匣子，就老是扯個沒完，他一會兒說他自己的往事，一會兒又問我現在的工作、未來的計劃。古今往來，天時地利，無所不談，我哪兒是他的對手？通常，我總只有聽的份兒，那有什麼趣味？」

「那正是他看重你啊。老實說，梅老伯可也不是什麼自視很低的人，他是不肯隨隨便便找上一個人就聊個沒完的。他已經把你當作了自家人。你別儘在這兒遲疑、拖延。」

克任推辭不掉，只得陪着秀玉走出去。秀玉的那副鄉下打扮，委實使他感到很窘。假如她的哥哥在這兒蓋起了高樓，而做妹妹的却還是那副酸相，那有多絕！經過街口時，克任告訴秀玉：這塊空地就是她哥哥買下來的。秀玉停下步來，仔細地看了看，說：這麼小的一塊土地，就値一百多萬，實在划不來，而且，在她看來，這麼一塊土地怎有果園那樣好看？

「貴良準備開什麼店，你總該知道吧？」克任力圖把貴良的高樓推遠，好使自己耳目清靜，可是內心裏的那股相反的力量却又使他很想知道這座未來高樓的最最細微的瑣節；雖然，一當牠完成了，他又未必願意進去看看了。

「不知道，因爲我沒有問過哥哥。」秀玉往前直走，彷彿有意要把那塊土地丟到腦後。「反正開什麼店都好、都一樣，對不對？」

「以後，新樓落成了，你總要來住一陣吧。哈哈，那時，你是程家的大小姐了。」

「很難說。可能果園離不開我，而我也離不開爹。而且，新樓又怎樣呢？住在那兒，一早上起來，只能爲細巧的盆景澆澆水，多沒意思；看慣了樹木的人，是不願看盆景的！」

「不過，秀玉，你有沒有想到，你哥哥所得的財產，一半應該屬於你的。」這個念頭，突如其來，但却値得抓住。土包子秀玉可能還沒想到自己已是三百萬身價的女人。她是給貴良騙了。

「嗬，我可從來沒有想到過這一點！」

「貴良怎麼連這一點都不跟你說明？這次，他來市區買地皮，準備造高樓，照理事先都該向你徵求意見的，因爲你也有一半的份兒。要知道，這是你爹的家產，他怎麼能夠一個人獨吞？他怎麼能够這麼欺負你？」他越說越激動，宛如他已化身爲秀玉，而主角的秀玉却反而成了旁觀者。「你應該跟貴良去評評理！」

秀玉把髮辮輕逸地摔到背後去，雙唇繪出一個俏皮的微笑：「算了吧，我才沒有這麼多的閒情咧！說到這，我倒記起來了，有一次，哥哥也跟我說過，說我也有份，而且還問我的意見怎樣？我告訴他，我們是一家人，還分什麼你呀、我呀的？他要用這筆錢去創業，就去創業吧。我的興趣在果園；而且，我們到底仍舊有個果園，這就够了，我又不要別的。」

克任在一處行人不多的騎樓下停住步。秀玉怎麼能這樣糊塗？他一定要讓她淸醒過來，叫她知道應得的權利之不該放棄，正如應盡的義務之不該逃避一樣。一個人，在果園裏住久了，腦筋就會逐漸變得遲鈍。小時候，她很伶俐，她不流鼻涕，小臉蛋總是那麼乾乾淨淨的。他第一次看到她時，她才兩、三歲，被貴良抱着，因爲她娘在她一歲多的時候就因病死了，但她却一點也不像一個沒娘的女娃兒。他是說，她並不哭哭啼啼，她總是乖乖巧巧地挺逗人愛。她不能因爲小時候被貴良抱過、背過、或者甚至餵過就不想享有現在這份應得的權利。所以，一個人不能老跟樹木在一起，牠們能告訴你多少呢？縱使每一片樹葉是一個字，但那些也是重叠的、重複的、混淆在一起的。牠們不能增加人的智慧，不能增加秀玉的智慧。或許貴良跟她談起那件事時，用的是種似是而非的說法，或者，用的是種欲擒故縱的技巧，於是，秀玉就這麼糊裏糊塗地下了決定。她萬萬沒有想到這一下可影響了她下半輩子的幸福，他得爲她指示迷津；這，不也可以說是道義上的責任？他是義不容辭地該爲弱者出些力的。

「秀玉，你別急着走，先聽我說幾句話，而這幾句話又全是爲你着想的，因爲你比較年輕，比我和貴良都年輕；因此，你懂得的，就可能比我們的少，你想到的，也可能比我們的少。你現認爲無所謂的事情，等到將來，就會覺得很嚴重了。例如，以後，好些年以後，你們的果園遭受一次風災，果樹倒了一半，果子毫無收穫，你走到他那兒去，向他訴苦，向他求援，但他因爲那時已經有了妻子，有了兒女，有了他自己的鞏固的家，他還會顧念到手足之情嗎？秀玉，我不是說，貴良一定安着這種心，但一個人總得有防人之心呀！秀玉，我比你年長幾歲，我所說的話都有事實爲證，絕非憑空臆測。所以，要是你以前對這不會好好考慮，現在就不妨仔細考慮，爲你自己，以及更重要的，爲你們兄妹以後的感情。」

秀玉皺緊了眉，右手自然而然地把左邊的髮辮拉到胸前來，手指不知不覺地去纏着辮梢，纏着又滑了下來，纏着又滑了下來。「呀，照你這麼一說，小事忽然變成大事了！」

「並不是我故意把牠說成大事，而是本來就是一件非得鄭重考慮不可的大事呀！」

秀玉望着店舖，望着行人，望着此刻看不見的山邊果園以及望着日後生活的大概輪廓。她從未想到過克任所說的那些事，卽使現在聽他說了，她也還是不願相信——不是不相信別些兄妹之間不會有這種情況，而是不相信他們兄妹之間會發生這種情況。自從賣掉果園以後，她未始沒有一點感觸、沒有一點悵傷；這倒不是因爲她沒有得到什麼，而是因爲此後哥哥將會離她更遠了。以前，他們縱然生活在兩個不同的環境裏，可是他們仍有相同的平凡與渺小、以及類似的刻苦與勤勞。所以那時爹雖說他已遠離他們了，但她還是覺察不出來。而以後，他的生活無疑地將有劇烈的變化，從而造成了他們之間的懸殊，而這，是否能用兄妹的感情來連接呢？爹說，這次，他們已大大地遷就哥哥了，他們絕對不能再遷就他了——不能答應他同住在高樓上，過都市的生活！他們有他們那種生活方式的自由！他們喜愛平凡和渺小，喜愛逍遙與自在。風災嗎，或許會有，不過要是別的果農能够撐過來，那他們爲什麽就不能？難道他們比不上別人的堅毅？

「怎樣，你覺得我說的話是不是有幾分道理？」克任問。

「俞少爺，我知道，你說的話，全是好意。只是我對都市的高樓、對哥哥所想經營的事業，實在絲毫不感興趣。」

「秀玉，我不太明白你的話。你到底打算怎樣？」

「我想過了，還是像我剛才所說的那樣。哥哥旣然要用那筆款子去創業，就讓他創業去。我不需要——現在不需要，以後也永遠不需要。我只要守住這個原則，就不會搞得兄妹不認的。」

克任失望，而且驚訝。他說：「秀玉，你這種想法，是甘願做傻瓜！」

秀玉意舒眉笑了：「可不是？只有傻瓜才配在果園裏堅守下去呀！」

克任突然感到口焦舌渴，剛才的那些話都是白說，都是浪費。秀玉也畢竟聰明不到哪兒去。這樣簡單明瞭的事，都轉不過腦筋來，你還能跟她談些什麽？

因此，克任不再說話，不過，這也不會持續太久，因爲梅家就在不遠了。呃，貴良的事剛隱去，梅小珍的事就如巨石似地横在他的前面。這次去梅家，他的心境跟以往任何一次的都不同。沒有興奮、愉悅以及對於未來美景的期待。任何的藉口都抹不掉他的內疚。等會跟梅小珍面面相對、看到她瞳仁中所映閃的靈光時，他會感到怎樣？倘能設法找出一些梅小珍的缺點，那會叫他好受些，但像梅小珍那樣的女孩子，除了過分純眞而外，還有其他什麼短處呢？

現在，他倒希望有個朋友（哪一個朋友都行）從斜縫裏衝出來，把他從梅家的門前刼走；那麼，雖然免不掉以後多次的見面，但至少可以逃避今天的見面。然而那個救星呢？他是必得跨進這條門檻去，去面對梅老伯、梅伯母和梅小珍。今晚，讓梅老伯再用無數話語串成的長繩去套住他吧，讓秀玉去絆住梅小珍吧。他知道自己一直有許多理由去說服別人、去說服自己，現在再來說服自己去固拒這一家人對他的那份情愛吧。這將是一次艱巨的說服，像獨力去推開面前一塊巨石一樣。但這也是一件不得不做的工作。要是知道自己一定得跟這一家人斷絕交往，那他以前就不該來。然而，這也不對；如果那次不是被××局裏的那個同事逼着來看梅小珍的話，他又怎麼會有今天呢？那麼，又似乎成了一個定律：有些人，他是非得認識、交往、親熱，然後，冷淡、分手不可。在初中時代，他有一個十分要好的同學，他們曾經認爲他們將是一輩子的朋友，可是以後，他們考取了不同的高中，起先他們倒還通過兩、三封信，然後，對方搬了家，他丟失了他的住址，而現在，他甚至很少、很少想到他了。他跟梅家的感情，或許也會這樣——希望會是這樣。

這次，電鈴是秀玉按的。嗞——，嗞——，嗞——，堅定而有力地響了三下。應門的，是梅小珍。她一下子樂開了，不知道衝着誰笑才好。他只聽見她驚喜地叫着、說着（呀，冷靜一點吧，小珍，你需要學習冷靜哩。現在能冷靜地接受懽欣，以後才能冷靜地接受惋愴）。他沒有心情細聽她的話，只向客廳走去。梅老伯正坐在那兒。他鬆了一口氣。老伯，今天，你的繩子要多長就多長，我都不在乎，因為我被套的次數將不會太多了。以後，你可以另找一個年輕人來替代我。小珍應該有無數次這樣的機會（以後被許多比我強的年輕人所愛戀、所追求），而我，碰上像沙雅琴那樣的對象，一生怕只能有一次。

四個人分坐在客廳的兩邊。梅老伯今天先問劉老的工廠幾時開工，然後再問牠準備生產哪些電器用品。變壓器，對不對？馬達，對不對？電冰箱，對不對？冷氣機，對不對？許是因為高樓大廈越來越多，臺北的夏天也就越來越熱。有一天，我眞要把客廳的窗子修理、修理，買隻冷氣機來過過癮——當然，這只是說說而已，小珍的媽不會贊同的。要買的話，不如買只冷天用的電熱器吧。哈，老年人的確應該珍攝身子啊，而且電熱器的價格也挺便宜囉。你們家的炭缽也得改換一下了呀。雖然，這樣一來，就談不上什麼情趣了，但這是潮流啊。哈哈。程老板賣掉果園也是潮流所趨啊，不過，貴良能够想出一個兩全的辦法，倒實在不愧是個聰明人。秀玉當然也是囉；秀玉，對不對？當然，克任和小珍也是囉。現今，社會上的年輕人，差不多全是聰明人囉，要不，世界怎會進步得一日千里呢！克任知道自己已經漸漸地不在聽梅老伯的話了。他開始想着一些零碎的事：佩任的淡藍晚禮服，回家途中，不妨彎到百貨公司看看；小珍呢，她一定也會做一件晚禮服的，是淡黃的，粉紅的，還是純白的？如果是以前，他一定遐自問她，但現在似乎可以免了。現在的關切只會換來日後的傷創。何苦來呢？這會兒她，正在跟秀玉說話，不時用眼睛瞅他幾下，或許她也記起畢業舞會時要穿的禮服了。從這件禮服，她或許又想到了另一件禮服——結婚禮服。他愛她嗎？是的，依舊；他從未感到她是這麼地年輕——盛放的青春！但這就是一切嗎？她也會逐漸老去。十年以後，也將跟沙雅琴一樣，或許還不如現在的沙雅琴！但不管怎樣，此刻，他却還是愛她的；他愛她甚於愛沙雅琴。不過，這有什麼用？他仍得離開她；他早想過了，這是勢在必行的。梅老伯現在是在談論職業婦女了。他談論職業婦女的樂趣以及職業婦女的苦惱，說到職業婦女對於家庭的幫助以及對於家庭的無形的戕害。呵，不論誰說婦女走出家庭有多少不良的後果，但以後一定將有更多的婦女邁入社會，因爲這也是潮流啊。

梅老伯今天對於潮流一詞，作了精闢的詮釋，那種旺熾的興趣，任誰也窒息不了；好在克任很自由，他的思想進進退退，並沒受到限制。有一會兒，他甚至還替沙雅琴擬定了一個興建一座五層洋房的計劃，而且一定要比貴良的講究，這一點是異常重要的。

然後，梅老伯抛出去的繩子就被梅小珍切斷了。或許她久在等待這個機會。直到這時，四個人的談話才混在一起。然而，過不多久，梅老伯的繩子却又抛向秀玉，探問有關於她父親、她哥哥、她自己以及他們的果園的種種。彷彿玩雙打網球換了一下搭擋似的，克任發覺自己已經坐在梅小珍的旁邊了。

你今天很少說話。梅小珍說得很輕。

老伯今天很健談，而你跟秀玉也談得很投契。

你不覺得我們冷落了你？
沒有。
那我眞是如釋重負了。我忙過這一陣，等畢業之後，我們就可以去各處玩玩了。
可不是？我也這樣想。
你最近沒有覺得什麼不痛快吧？
沒有。你爲什麼要問這個？
因爲有一天佩任對我這樣說過。
別聽她胡扯。你看我今晚不是好好兒的？我進來的時候，你看不出我跟平日完全一樣？
我沒看得這麼淸楚，我只知道你對貴良賣掉果園的事感到很難過；嗨，你瞞不了我的。我甚至還知道，你爲此跟沙雅琴很要好。我完全淸楚，你瞞不了我的，瞞不了我的！
什麼？你說什麼？這眞是從何說起！你怎能這麼胡猜？小珍，你不要哭，你聽我說——你聽我說，你不要哭。
克任發覺自己仍然坐在梅老伯的旁邊。是他剛才恍惚了一會？幸而他沒有叫喊起來，否則，不就糟了？不過，梅小珍是否眞的在懷疑他了？他抬起眼，望向對方。梅小珍正在對他微笑——她沒有哭，至少，在此刻；這是很使他感到安慰的。他不管梅老伯在說什麼，就走到梅小珍的旁邊去。梅小珍馬上讓出她旁邊的空位來，叫他跟她們一起坐在長沙發上。她說：「你好久沒來了，是工作太忙吧？」「不是我太忙，而是怕你太忙。」「呀，這就比較簡單了。我的忙很快就能結束，不是嗎？以後，我也會時常到你家去看你。」喔，她根本沒有懷疑他。她是不會懷疑他的。她就是這樣的一個女孩子！

他們談的是些零星事，大多是大學生活的片斷：她現在的大學生活以及他以前的大學生活，她可沒有興趣聽他的事業，好在梅老伯對於這點早就代他越俎了。事實上，他也沒有興趣談論牠。現在，他希望他們談話的時間不要太長；太長了，他就會漸漸地覺得無話可說。那是沒有辦法的，因爲他心頭有許多的不安與顧慮。他一遍遍地告訴自己，他得不時面露笑容。於是，秀玉站起來，說，她隨身帶着貴良的地址，想想還是去看看他的好，雖然她本來是不想去看他的。

「克任，你去不去看貴良？」梅老伯問。

「我不去，我想囘家去。」

二四

佩任又提起那件淺藍色的禮服了；不知道她爲什麼在這件事情上嘮叨個沒完？他和母親又不是不答應她。那天，母親就這樣說：「佩任，你到時裝店裏去做吧，質料和式樣都由你自己選去。如果自己沒有太大的把握，就約幾個同學去當參謀。」而且還把錢塞到她的手裏。但她只到街上去轉了轉，却沒有去做。似乎她只喜歡談論牠，而不想馬上擁有牠。或許談談也是一種快樂吧，他是不得不這樣想了，因爲一樣東西在獲得之前總要比在獲得之後顯得美；反正錢在佩任的手裏，做也好，買也好，他做哥哥的總沒有虧待她。從做禮服這件事上看來，佩任還是一個小女孩；畢竟只是一件衣服嘛，又何必看得這麼嚴重？可是再往下想，他却忽然發覺有些不對勁。是不是佩任有意提醒他也該對梅小珍的禮服關懷一下？按說，如果情況沒變，那麼，即使他送她一件，又有什麼關係？

總之，佩任之一再提及牠，是一定另有原因的。對呀，說怎麼，他是不能再把佩任當作小女孩了；當她跟他鬧彆扭的時候，她的話語，不也是够「成熟」的？不明明是二十三、四歲了？嘿！不過，他已不大計較這些了；畢竟她是他的妹妹啊。現在，連街口的那塊空地——連那座在他的想像中曾經存在着的未來高樓，也不像前些日子那樣，具有一種咄咄逼人的威勢了。有時，即令在牠的旁邊走過，他也沒有想到牠以及那座樓。他甚至不去推測貴良準備幾時鳩工在那片空地上蓋房子。晚上，當他站在窗口時，就彷彿覺得這件事已然沉落下去！或者，說得正確些，他的激動已然沉落下去。

於是，貴良來了。在星期六的下午，在他站在臥室的窗畔、決不定是否要去看沙雅琴的當兒。貴良出現於花棚的下垂的花葉之間，使他的臉變得東缺一塊、西缺一角的。他今天剛理過髮——但他的頭髮仍油膩得如同鴨毛——穿着一套新西裝——能夠上眼的東西，他哪一件不是新買的？——拎着一大堆禮物——他有錢了嘛，禮物越買越多了。克任把身子半掩在窗帘的後面，佯裝沒有看到，讓母親先去招呼貴良；然後，他又聽見佩任也走進了客廳，而他，卻在床上坐下來，翻着一份近期的畫報。

等到母親喚他，他才出去。貴良站起來跟他握手——啊呀，他什麼時候學會這一套的？他是確確實實地想擠身於上流社會了，但即使想這樣，可也不必在他的跟前現眼啊——接着，又非常謹慎地問他可好？問他可忙？說他好久沒專程來看他了。那麼，今天你是不是專程來看我的？克任問。貴良却回說，今天是專程來送禮物的。

用種莊敬的神態，貴良先把兩瓶韓國原裝的人蔘酒放到俞老太太的座位旁邊，俞老太太還在推辭，他却又把一對K金鑲的寶石袖扣送到克任的手中，克任正在遲疑，貴良又把那隻大紙盒打開來，裏面裝的是襲淺藍軟緞的晚禮服，而且還襯着一串珠鍊。

「媽，你看！」佩任歡呼起來。「你看，這是貴良送給我的！」

「淺藍禮服！」俞老太太說。「唷，好漂亮！這式樣是不是就是你心裏想要的？」

「是的，我就是想要這種式樣。」

貴良雖沒說話，但事情却已非常明顯了。俞老太太跟克任都望着貴良。

「這只是我的一點小意思。」貴良訥訥地。

俞老太太慈祥地說：「謝謝你。你坐下來，我們得好好地談一談。佩任，你也坐下來。」

克任把那隻裝袖扣的盒子蓋上。「我不要這袖扣。」

「克任，先別心急。貴良，這一年來，我早在注意你了。」

「老太太！」

「喚我伯母吧。」

「我眞不自量力。我一直知道我配不上佩任。我一直不敢開口，我在等，等那麼一天，我變得像樣一點的一天。我一直不敢開口，伯母。」

「貴良，你這算是求婚嗎？」克任問。

「是的——是的。我是爲了佩任才賣果園的、才造房子的。我一直要等到我不再是個低三下四的人。我要有一座房子來經營事業，讓佩任舒舒服服地過日子。」

「你仔細考慮過了，貴良？」

「是的，如果你答應，讓我喚你克任哥吧。」

「慢慢來。我還不想跟你做親戚哩。你自以爲有了一點臭錢，自己的地位就提高了？你自以爲有了一座洋樓以後，就可以把別人看扁了？哈哈，在我看來，你還是一個汽車夫！」

「哥哥！」佩任叫了起來。

「那還錯得了？去問沙雅琴去，去問大通行裏的人去：程貴良是不是汽車夫？貴良，倒茶來！貴良，送貨去！大通行裏的人都這麼使喚過他。」

「那是以前。以前，我確是這樣。那有什麼關係呢？以後，我可不是這樣了。我說過，我不等到這一天，我是不會開口的。我跟佩任認識也有這麼多年了。」

「我可不這樣想。我可不要一個做過車夫的妹夫。不管你怎麼富，背後還是有人說你出身低，而佩任却是一個官家小姐，可不是什麼丫頭坯子！」

「克任，你說話可不要這樣尖刻。」俞老太太說。「貴良，你也不要生氣。克任是認爲這件事情來得太突然了。」

「豈止是突然，簡直是侮辱！佩任如果嫁給了他，叫我這一輩子如何見人？我一走出去，人家就會指着我的屁股說，他的妹妹嫁給了汽車夫！」克任站在客廳中央，雙脚叉開，好像一個將軍，又像一個暴徒，既冷傲，又兇殘；雖不是瘋狂，但也幾近瘋狂的邊緣。「佩任，你說，你愛他嗎？要是你愛他，你究竟是愛他什麼？愛他會種果樹？愛他會開汽車？愛他從他老子手中硬生生地奪過來的那份家產！你說，你愛他嗎？」

佩任尖嚷起來：「你問我幹什麼？你明明知道我愛他，但却要我回答我不愛他。你以前嫌他比你窮，你現在又恨他比你富！你要反對就反對，可不要借我的嘴！」

「嗬，我還不知道你竟生得這麼賤，存心要嫁一個汽車夫！而且還有臉來大叫大嚷的！」

「是呀，我賤，貴良賤，只有你一個人貴！貴人才會拿水晶貓去送人、去拍人家的馬屁！你以為我猜不透你的心？」

就在這當口，俞老太太站起來，想去勸阻，但克任却已搶前幾步，一巴掌打在佩任的左頰上。佩任倔強地迎着他：「你打好了。我是賤女人、爛女人，坍了你的臺，敗壞了俞家的門風！看你的，看你把所有的爭回來！」

俞老太太拉住克任，貴良拖住了佩任；兩個人這才分了開來。等俞老太太把克任推到臥室裏去以後，佩任猝然坐到椅子上，哭了起來。她正正當當地愛上一個人，為什麼要受這樣的奚落、要受這樣的阻撓？他恨貴良，為什麼也要她去恨貴良？貴良到底礙了他一些什麼？

「佩任……佩任，你也不要太傷心，我慢慢地再想辦法。」貴良說。

她抬起臉來，串串眼淚從她的兩頰上流下來。「今天眞難為你了。你為了我，受了許多侮辱。」

「我不在乎，只是你別太難過。今天，是我把事情弄砸了。早知這樣，我就不該揀星期六下午來。我認爲總有一天他要知道的，還是別瞞着他吧。」

「你沒有錯，你眞的沒有錯。貴良，謝謝你的禮物。不管怎樣，那件禮服和珠鍊，我一定要收下來。」

「我已經等了好幾年了，我不會心急，我可以再等一些日子的；情況總會好轉。那幢洋樓馬上就要興工了，等牠完成後，我們就在那兒舉行婚禮……我不管別人背後叫我什麼，我想，你也不會放在心上的。」

「是的，我不會放在心上的。」

俞老太太也走過來。「貴良，你的好意，我完全明白，只是今天他們兄妹吵得這麼兇，所以過些日子，等大家心平氣和了，再來解決這件事。你放心，你對佩任的心意，我是十分清楚的。」

「老太太。」

「喚我伯母。」

「伯母，我從小沒有娘，你今天對我所說的話，眞太使我感動了。我爹不肯跟我一起住，以後，我要接你到我新房子裏來住。」

「謝謝你，我知道你是一個好孩子。」

貴良走後，佩任跑過來，拉住俞老太太的手：「媽，你眞的一點也不怪他？」

「是的。你溫柔、善良，誰會不愛你呢？」

「你也一點不怪我？」

俞老太太搖搖頭，望着女兒的淚痕斑斑的臉：雙眼裏的淚珠仍在凝聚。且別想她已經長大得可以穿禮服，但那張臉却還稚眞如幼時。「爲什麼要怪你呢？媽只有兩個寶貝，你和你哥哥。我希望你們都幸福。」

佩任嘆着氣：「呵，我和哥哥！我不是不愛哥哥，但一觸到貴良，我們兩個就成了仇人。媽，貴良有什麼不好呢？他是眞的愛我，而且愛我已有多年了。你不知道，貴良爲了我，在作怎樣的努力！不論在學識上、工作上，或者經濟基礎上。如果他是最近因爲有了錢才愛我，那我是絕對不會答應的。我並不眼紅他的錢。哥哥爲什麼要這樣說他和說我呢？」

「你哥哥的想法跟你的不同。」

「那他一直要恨我和貴良嗎？一直要恨下去嗎？」

「不要去想這些——不要去想這些，佩任。今天，我們娘兒倆去看電影去。你要靜下心來，別再哭了。媽知道你今天很受委曲，媽知道就好，對不對，佩任？」

俞老太太把禮物收拾了一下，就同佩任一齊走出去。克任知道，他那一巴掌是打得够叫佩任傷心的——她從未挨過打，這還是第一次——但他萬沒想到她竟傷心得這麼倔強。他錯估了她，以爲她是一團化學土，但她竟是一隻皮球。現在，媽陪着她出去了，難道叫他一個人管家？算了。他起先還決不定是否要去看看沙雅琴，現在當然不必再遲疑。他換了一套西裝，繫上一個紫紅領結（那個死不要臉的貴良，今天也繫着同色的領結，讓人一看就噁心。他帶着銅臭的威風來求婚，我不給他一點顏色看看，怎麽行？那一巴掌，應該打在貴良的臉上的，也好叫他反省反省・下一次再來，就該不問青紅皂白，先賞他兩下子！）。每次去她那兒，他總是那麼英挺煥發的；幸而，每次看到沙雅琴時，她也總是這麼雅致綽約的。他曾恐懼過，當他按門鈴的時候：出來的沙雅琴是否會是一個憔悴蒼黃的半老婦人？那樣，他雖如一個賭徒，又怎能把他的感情押下去？自從那晚以後，他已去過幾次。有時候，他覺得他倆之間似乎有感應。她知道他那晚會去看她・她歡迎他，但却不像一個蕩婦。她的感情是精微細緻的。她跟寂寞相伴得太久了，他的幾句溫柔話就會使她驀然動容。這時，他就會握住她的手，告訴她：她的寂寞不會太久的，不會太久的，不會太久的。

上次，她告訴他，她已爲他選中了一個公寓；然後，她又悄悄地加上兩句：那是她的朋友的，租金特別優待，只是現在還在間隔內部。他說，既是新的，一定不錯。今天，他要她陪他去看看；能夠早搬，就儘早搬。

他不打算今天在見到沙雅琴時把剛才發生在家裏的事情告訴她——佩任竟會愛上貴良，這把他擺到哪兒去？不說也罷。但他並不承認自己對佩任已然絕望。不是還有她那個同學的哥哥在追求她嗎？以後，說不定還有峯廻路轉的可能。旣有挽救的或然，他就不能把這件事情張揚出去。他到達沙雅琴的住所時，大約是四點多，一個尬尷的時刻。下午快完，而夜晚還未來到。沙雅琴坐在那兒看「生活畫報」，很悠然，但却只有他知道她是在等他。她已經抽了兩、三支煙。他說：「我今天是來晚了呢，還是來早了呢？」他說得總是那樣不落俗套，而沙雅琴對於那些不落窠臼的話語又具有靈敏的反應？

她馬上說：「你是預備不夜深不歸？」

「完全猜對了，所以，我還是來得很早哩。」

克任坐下來，看到桌上放着她在美國的兒子的來信。這個孩子，去年是十二歲，今年十三歲，該是在唸中學了。遠在異國的少年，還能這樣想念他的這個跟他父親離異了的母親，這是很難得的。或許是他幼小的時候對他母親的印象太好了，或許是沙雅琴的前夫在這一方面胸襟開濶，也或許是實地給沙雅琴的那對去美定居的夫婦在隨時提醒那個少年不要忘記他親生的母親。接到這樣的信，沙雅琴品嚐到的是什麼滋味呢？可能是辛酸的喜悅吧！兒子逐漸長大了，但是除了這些信，她却沒能擁有他。因之，剛才她的獨坐該是更其凄其的。

「他上中學了吧？」

「誰？」

「你的孩子。」

「噢，是的，進中學了。」她說。「他是一個很乖的男孩，既聰明，又懂事，但他也很孤獨。」她把信夾在正在看的Life裏，放到桌上。

他不再問，她也不再說。關於這個男孩的事，他以後會漸漸地知道得很多，但也不希望多得妨礙了他們的感情，雖然他並不介意她心中的一角永遠會被那個男孩佔據着，即使有了另一個孩子以後。

「怎樣，你今天要不要去看房子？」她問。「那個朋友已把門鑰交給了我。」

「好啊，我就在等着你告訴我。你今天可有興趣陪我去？」

「當然有。」

說走就走。不到一刻鐘，他們就在新房子裏了。房子不大，但很講究，而且因爲才完工，所以顯得特別漂亮，只是跟沙雅琴的房子相比，牠仍不過是個極其普通的公寓。克任細細地看着，而且細細地跟自己的老屋對照着，他更感到老屋的舊而且黯了。

「臺北的新房子太多了。」他嘆息着。「明天請你打電話給你的朋友，說我決定租下來。」

他們在臥室裏，沙雅琴倚着嵌在牆內的大衣櫥，因爲她有點兒累，而這兒却沒有一隻可供憩息的櫈子。衣櫥下面有兩個大抽屜，克任把櫥門打開，兩個人就在一尺多高的櫥口邊坐下來。那兒倒舒服得像把大椅子。

「那很好玩。」沙雅琴說，踢踢兩脚。「你沒有想到我年輕時也是很頑皮的。」

「你現在也很年輕，看來還不到三十歲。」

「啊，那是你眼中的我。有時候，我想，你愛我什麼呢？」

「才幹和風度。」克任說，「你呢？」

沙雅琴的聲音低迷下去。「愛你年輕洒脫。爲什麼我要隱瞞？我很孤單，我需要一個男人的雙臂，試試看，摟緊我！我好久沒有這樣激動了。我知道我並不年輕，但我還沒老去。」

克任摟住她，吻她。她用雙手挽住他的頸子，久久沒有放下。「再吻我一次，好多年了……好多年了，我一直克制着，我一直想，我要克制下去。有些男人，是那麼庸俗，我對自己說，我要克制下去，我不再愛任何男人，但你爲什麼老是這麼深深地看我、看我？」

「愛你，雅琴，只因爲愛你。」

「喔，當某一個人愛我時，我却又怕他以後不再愛我，你會嗎？」

「你看我會嗎？我是這樣的一個人嗎？你一定知道羅勃李的浪漫史吧，但你看，我哪一點兒像他？」

「當然不像。不過，我知道你有一個要好的女朋友梅小珍。」

「哈，你又提到梅小珍了，但那是我母親的意思，我沒有眞的愛她。你去打聽，我的母親跟她的母親原是老朋友。」

「我也不想去打聽，我只願相信你的話。克任，我會待你很好的，你絕對可以相信我，因爲我不會再愛另外的男人。」

「我也不會再愛另外的女人。」

沙雅琴站起來，拉拉揉得很皺的旗袍。她殘餘的青春點燃在她緋紅的兩頰上。在玻窗的光影中，她隱約知道自己的模樣。她喃喃着：「我不要老去，我不要老去！」

「你不會老的。」克任說。

沙雅琴用手遮住兩眼。「或許，我是不該愛上像你這樣年輕的男人的，但現在已經來不及了。我們已看好了房子，回去吧。」

「今晚我不準備回家去。」

「今晚？」

「是的。」

她放下遮住兩眼的手，凝視他。他微笑着，攬住她的腰。今晚？她想，又是一個新婚的夜！此刻，她那深黃花綢的旗袍裹在身上，薄柔得猶如照在身上的一片燈光。

二五

電話是打過了的：打給俞老太太；在晚上十點鐘的時候。

我們都要睡了，你什麼時候回家呢？——媽，我就是要告訴你，我今晚不回家了；我此刻是在朋友家裏。——爲什麼？是因爲下午跟佩任吵了嘴？這件事，又不是馬上可以解決的，你光是今晚不回家，有什麼用？——不是；不是爲這。我在朋友這兒玩橋牌，他們留我過夜。就是這樣，媽！

克任直到第二天下午才回家。俞老太太正坐在客廳裏喝茶，根本沒有對他查三問四；他昨夜在電話中不已告訴她了？佩任也早在溫習功課，彷彿昨天根本就沒有發生過什麼事。只是，克任却一個勁兒地在家裏走動，一壁計算着：那些東西，在一個二十八坪大的公寓裏，是否安放得下？看來是安放不下的，因爲舊的東西太多。什麼蛀了的籐床、衣橱啦，吱咯作響的脚踏車啦，粗陋的圓櫈子啦，修補過的搖椅啦，笨重的舊式碗櫃、竹編的蒸籠、泡菜罈子啦、木頭梯子、鋸子、鋤頭、橡皮管以及引火柴、柴刀啦……絕對容納不下的。即令容納得下，可也不能搬進去；不倫不類的，成何體統？一卡車的破爛兒，給鄰居看了，也會笑話的。他這麼前前後後地走着，一面就把家裏的東西從他的心中扔掉了。當然衣櫥裏還有許多過時、破舊的衣服，也在丟棄之列。

俞老太太走過來，問：「克任，你在找什麼？」

「沒有什麼，我在想，家裏好像很亂，需要整理一番。」

「呀，一個家本來就是由許許多多的東西拼成的。東西少，固然顯得乾淨，但東西多，也沒有什麼不好。我經常在看，總覺得每樣東西都有用，丟掉都可惜。」

「如果搬家呢？」

「到那時再說。」

克任打開一隻大木箱，裏面竟還放着一支他以前用過、却已壞了的三節頭的伸縮釣竿，幾隻程老板裝水果來的箋筐，一根父親用過的斷成兩截的手杖，一隻裂了縫的彩色大皮球，僅存一隻的溜冰鞋，以及一座壞了的鐘——呵，母親，感情的收藏者，但牠們還有什麼用處呢？

浴室裏，佩任嘩嘩地在盥洗盆裏放水。她是準備洗了臉，到外面去？她又跟貴良有了約會？她會不會像有些婚姻不遂的女孩子那樣出走？一個一個的「可能」逼着他立刻衝到浴室裏去。我要洗手，我要洗手，我的手剛碰着了一隻死壁虎，還碰着了死蟑螂；他神經質地叫着，一邊蘸濕雙手，擦着肥皂，把佩任放好的那盆清水攪得混濁濁的。佩任只好一聲不響地退到臥室去。

「你要上哪兒去？」克任洗好手，隔着一堵牆，問。

「我哪兒也不去。」

「你跟貴良有約會？我替你打電話回了他，好不好？」

「我們沒有約會。」

「你不要去看貴良了，知道不知道？只有你不去看他，才能斷了他的念頭。我一直在想，是你鼓勵他來的。佩任，你要冷靜下來，你要認清他眞的沒有什麼長處；你可以去問問別人看，就能知道這並不是我的偏見。你總不能隨便檢一個人就嫁給他。你應該樹立起你的自尊。佩任，你難道一直沒有想到自尊嗎？你以後怎能指望人家尊重你？」

「我不想嫁人！」佩任在裏面嚷着：「我要做老處女。我要一輩子賺錢養活自己。這樣，我够自尊了吧？這樣，你够放心了吧？」

「佩任，我說過，我要你冷靜下來，我不願意聽你這種極端的話；除了貴良，難道就沒有別的男人了？眼前不是明明還有別人在追求你？你要把眼界放寬一點，你不能單單認定一個人。」

「你是要我把目光轉向那個同學的哥哥？那個出身世家的花花公子？不錯，他經常等着我去赴約呢。哈哈，我把他家的電話號碼告訴你，這會兒，你就替我打個電話去，告訴他：俞佩任在天鵝咖啡室」等他，然後跟他一同去舞廳跳舞。」

「佩任，你有點瘋狂！」

「誰瘋狂？是你？還是我？哥哥，我倒要勸你冷靜下來——眞正需要冷靜的，是你自己。我告訴你，我今天根本就沒有想出去。」佩任把打開一半的窗子拉得更大些，那嘎嘞嘞的聲音，在此刻的克任聽來，彷彿是幾副牙齒在互相磨擦——由於憤怒，他想。

誰瘋狂？他瘋狂？昨夜他不回家是不是瘋狂？不，不是。昨天，跟沙雅琴說他晚上不回家時，他冷靜得就像一隻捕捉飛蛾的壁虎。確是如此冷靜，不是瘋狂；瘋狂的人，應該是那些五、六十歲、猶沉醉於乳、臀之中的老人。昨夜是第一次的經驗，他竟一點也不瘋狂。他倒期望能瘋狂一點，停止一切雜念，享受那片刻的火的竄冒，並且使自己相信對沙雅琴的愛。當然，對這，沙雅琴不會知道。他之不能讓她知道他是沒有充沛熱情的愛人，正如他之不能讓梅小珍知道他是即將跟她分手的男友一樣。

可是，他所付出的一切代價，不就是爲了要贖回家的尊嚴，要在貴良的面前豎立起他的地位？他告訴自己：他是在爲這個家犧牲着。但佩任可曾爲這個家着想過？她是個人主義者，她硬要把自己從家的整體中分離出來。她狂喊着。呵，她要那種旋即破滅的幸福。誰瘋狂？

天太熱了，他又回到浴室去洗了一個頭，也沒擦乾，就水淋淋地走到後院去。樹下有隻櫈子，母親正呆坐在那兒。

「媽，你聽見佩任的話沒有？」

「我全聽見了。你的話以及她的話。」

他沉默了一會。

「媽，昨天，我去看了一個剛造好的公寓，我把牠租下來了。」

「爲什麼不跟我商量一下，就這麼心急地要搬家？」

「媽，我怎麼不心急呢？我怎能不心急呢？貴良的高樓馬上要動工了，我不能讓佩任眞的被貴良騙走。貴良沒有別的長處，但對女孩子倒有一手哩。我幸虧只有一個妹妹，要是有兩個的話，貴良準會想法把兩個都騙了去。媽，他在我家附近買地皮、造房子，純然是種陷阱。我全淸楚。我是佩任的哥哥，我要儘快離開這兒，因爲我有責任保護她。」

「克任，但你忘了家中還有我，你把媽的責任忘了。」

「媽，你不能這麼說。我知道應該先跟你商量，但，當時，我想，你的想法一定也跟我的一樣，你一定也想使佩任幸福，所以我就獨自決定下來了。而且，媽，你是大好人，心腸軟，說不定鬼計多端的貴良在你面前哭訴一番，就會把你說服了。我是想速戰速決，替佩任避開厄運。我之阻撓佩任，完全不是爲了自己。我希望大家也能這樣想。」

「克任，這是你的想法，却一點也沒有顧到我們的想法。我當初的意思是，你旣然嫌這房子舊，那麼，等你想結婚時，就到外面租個漂亮的小公寓，讓你們兩口子住；因爲在這老屋裏，我有許多記憶，同時，在這附近，我還有許多老鄰居，我並不寂寞。現在，你是打算把老屋賣掉？」

「是的。賣掉了，就可以拿這筆錢做點事業。」

「你在劉老的公司裏做業務部主任，不就是事業嗎？克任，在你的心目中，到底什麼才算是事業？」

「以後再告訴你，媽。以後，當我告訴你時，你就會覺得我的計劃沒有錯。我完全是爲這個家，」

俞老太太嘆息着，她抬頭望着那株樹，牠不是一株漂亮的樹，樹皮像牛皮紙，樹葉細小，既不會開花，也不會結果，但十幾年來，在夏天，牠却給了她家以半院的涼蔭。想到這樣的一株樹，不久就將不屬於她，她尚且感到傷心，更不要說程老板對於那片果園了！克任難道對舊的、老的，全不留戀？還有貴良，爲什麼年輕人的心跟老年人的竟有這樣地不同？是這個世界變化得太快了吧。她最近到街上去，看到那些越建越高的公寓，看到那些住在公寓裏的人家晒在前後陽臺上的衣服，把僅有的一些空間都塞得滿滿的；還有那幾十個、幾百個式樣相同的窗戶，簡直看得她眼花頭暈。她就是不喜歡牠們，儘管牠們有昇降機、冷氣裝置，有新式的厨厠設備，因爲她明白：像她那樣過慣了老式生活的老年人，並不適於居住這種公寓。她不願意把這座房子賣掉，因爲惟有這種舊房子，在精神上和實質上，才是完完全全屬於她的。她只能答應把牠租給別人，那麼，有一天，她想回來的時候，就能回來。她喜歡貴良，雖然貴良並不是她理想中的女婿，但大局已定，爲了佩任，她幹嗎要反對？她最受不了的是他們兄妹之間的爭吵；一個是太專橫，一個是太激動。她原可以斷然地宣佈她決定讓佩任嫁給貴良，但又怕他們兄妹間的感情因此而眞正陷於破裂。且等過這一陣，再請梅卓然勸勸克任看。以後，梅小珍的父親就是克任的岳父，他多少該能聽從他一些的。既然婚姻是件喜事，總希望一家人都能高高興興。

「媽，你在想什麼？你答應搬家吧？」

俞老太太苦笑着。「不答應，你肯嗎？你什麼都事先籌劃好了，只等我說聲「好」，好像換窗帘一樣，要換就是要換。只是搬家到底不是一件輕鬆事，熱天裏，要我忙上十天、半月，怎麼吃得消？」

「媽，我看很簡單。破舊的、不要用的，全扔在這兒，只把值錢的帶走。我替你理，不消兩天，就可以弄停當了。」

俞老太太想：這倒是打算得蠻好的。但這樣的搬家，豈不等於又一次地從大陸搬到臺灣來？那時節，細雨霏霏的清明前後，祖塋前蒼白的紙灰猶未完全被風吹散，只是謠傳比紙灰飄得更快、更遠，克任的父親就決定儘快奔到臺灣來。幸虧走得早，他們還能帶出來這祖傳的四把紅木太師椅和一隻紅木長几和一些古玩，否則挈兒携女的，能隨身帶來一包細軟，就算很不錯了。在慢慢的獨坐時光中，她把以前的事一一惦憶、一一推敲，總覺得沒有什麼遺憾，總覺得他們不知要比多少淪身水火的同胞幸運了多少。快二十年了，所有以前帶出來的東西，都將成爲「古物」；而三十多歲的她，也已成了老婦了。

搬家？搬一次家，就無異是爲家史寫另一章；落局是好是壞，誰也無從揣測。她總覺得自己也曾進過大學，也曾年輕過，但她那時對父母何嘗有現代年輕人那樣專橫。她倒不是說克任。他不是一個很專橫的兒子，但即便這樣，也已使她對老邁歲月的生活預感到心悸。他們總認爲老年人很能容忍，但他們却不知道老年人也挺脆弱，尤其是做母親的，她把數十年的歲月都孤注在兒女的身上，如果她所贏囘來的只是惡言厲色，那麼，她的一生，不就像被大水冲過一樣，空蕩蕩了。

她之不想數說克任，無非是想避免母子間的爭執，惟恐他會甩出這麼一句話來：「媽，你老了，什麼事都不要過問吧。」那她怎麼吞得下？鄰居間常傳遞着這種閒話：×太太急巴巴地替兒子娶了媳婦，現在，自己住在兒子家裏，却成了他們的累贅。老伴兒在世的話，總還有個人替她撐腰、說話；老伴兒一去世，勢單力薄，怎麼抵得過那兩個年輕人。她一碰到以前的老朋友，提起這件事來，就眼淚汪汪的。要走嘛，錢都已經花在兒女身上了。苦呵！

這樣一想，舊房子就更不能賣掉了。這個原則可要堅守到底的。克任的所謂「事業」，算了；有人拿出幾十萬來跟朋友合夥經營「事業」，但最後却是倒閉完蛋。現在，有些生意人的信用，就像一個吹脹了的汽球，說破就破。克任是看了貴良，眼紅罷了。

俞老太太開始整理東西。佩任的東西歸佩任理；克任的東西歸克任理。她一邊理東西，一邊各色各樣的記憶也就泛了上來。克任的父親在做人方面、觀念方面，確是有些缺點，但對她可沒有錯。在他最黯淡的時日中，他沒向她發過一次脾氣。儘管意見有不同的時候，但兩人總是那樣和和氣氣的。在克任去南部讀大學的那幾年中，他們兩個人，兩杯茶，能在客廳裏坐上老半天。榮華富貴早已遠去，但幾十年的情愛却仍存在。現在，她一早坐在太師椅上喝茶，仍舊覺得他是坐在旁邊的那一張上；那印象毫不隨歲月的流逝而褪淡。搬了家，背景便不同了。最初的感覺可能像是把他趕走了；一定很不好受。在那張克任堅持不必搬去的、蛀了的大床上，他病了快有三個月，總說他對不起她，把帶出來的錢花得差不多了，自己卻要撇下她走了。她呢，衣不解帶地服侍他。在異鄉，親人已經這麼少，怎受得住再走了一個最親近的人！多年來，他雖沒做事，但整個的家還是由他在擔當。現在，他要把牠交給她，不是在悲痛之外，又加上了一重憂慮？這一切，只有在這座老屋子中顯得特別淸晰、眞切。不要以爲囘憶增加了她的悒悶，而是囘憶使她得與丈夫重聚。現在想起來，所有的日子都是美好的，只要他在。丟棄一些不中用的老東西，就無異是銷燬對他的一部份的懷念；說起來，她是夠心疼的。她這樣地理着東西，效率自然很差。最快的要數克任，裝箱的裝箱，打包的打包，一天就全理好了。最慢的則是佩任，她根本鼓不起勁兒；她不是在看書，就是在呆坐。有兩天，她甚至整天都在外面，而那卻是從未有過的。俞老太太不放心，問她去哪兒了，她就說囘是上朋友家裏玩。

「是女朋友家，還是男朋友家？」克任的老問題又來了。

「是女朋友家，又是男朋友家。」

「噢，是不是跟你那個同學的哥哥在一起？」

「不錯；我可是奉命辦理的。哈哈，一個極端風趣的人，你可以跟他玩上三天三夜，也不會厭倦。哈哈！」佩任古怪地笑着。俞老太太看了她兩眼，她也沒理會。

「很好，很好，你先要對他感到興趣才是。搬家之後，請他到我家來坐。」克任連連點頭。他的計劃進行得很順利。

佩任繼續說：「他的舞跳得挺棒。各種舞都會跳。他教了我好幾種。我們去跳了兩次舞。以後，他要常常帶我去跳舞。哈，你們相信吧？」

「佩任！」俞老太太提醒她。「你的東西理得怎樣了？那件淺藍色的禮服放進去了沒有？我們明天要搬家了呢！」

「哈，當然放進去了。那同學的哥哥說，他也要送我一件晚禮服，銀色錦緞的。你們看，淺藍色的好看，還是銀色的好看？」

克任馬上說：「當然是銀色錦緞的好看。銀色代表雍容華貴。他的目光畢竟不凡。佩任，你可不要在他的面前孜孜不倦地談論那件淺藍的禮服。」

「哈，當然！」佩任說。「哈，你也不願我在你的面前談論牠？」

「佩任，」俞老太太說。「這件淺藍的禮服很漂亮。」

「哈，媽，我不願跟哥哥的想法不同；我不願跟他爭吵。哈，媽，你一定懂得我的意思的；我不喜歡爭吵，我想你也一定不喜歡。」

「你們以後會慢慢諒解的。」

「哈，不必慢慢地，不是越快越好嗎？我們要搬到新屋裏去了，我們再也不能吵吵鬧鬧。」

「佩任！」俞老太太關切地。

「哈，媽，我很好，我的確很好。」於是她就站起來，走到臥室去整理東西。

他們在老屋裏留下了一大批不用的、破舊的東西之後，又在門上留下了一張「吉屋出租」的大紅字條。長几、太師椅給用舊蔴袋包紮得好好的，放在卡車的最上層，免得被碰傷；而古玩則用舊絮襯墊着，放在皮箱裏，隨身携帶。那紅木長几和紅木太師椅份量不輕，搬運工人在把牠們搬到新屋的樓上去時，一壁不斷地抱怨。俞老太太安慰着他們：只要他們小心點兒，不把牠們擦壞，她要另外給他們一些酒錢。搬運工人走了，客廳裏全是東西，亂得直像一個正在裝卸物資的碼頭。俞老太太正在解開太師椅的護甲，傢俱店裏却又送來了克任買好的彈簧鐵床，那是給俞老太太睡的，因爲那張舊床沒被搬來。俞老太太什麼都不想做，就坐在彈簧床上發楞。她看佩任把箱子放進衣橱裏去以後，就把她喚到身邊來。

「佩任，新房子很好？」

「是的，因爲牠很新。」

「你哥哥在忙什麼？」

「他在量窗子的尺寸，要去定做窗帘，因爲以前的全不合用了！」

「哦！」

「媽，我們也沒有吃飯的桌、椅。」

「沒有關係，因爲今天也沒有菜可煮。」

佩任挨近俞老太太，坐下來，而俞老太太則背靠着牆，疲乏地閉上眼睛。沒有關係，她想，我們可以上小館子去吃飯，或者去叫三碗麵來。沒有關係，新的吃飯桌、椅明天就會從另一家傢俱店裏送來。過幾天，一切總會就緒。你沒看到過一個家像個碼頭或者像個菜場吧。眞的，沒有關係，我不發愁。過些日子，一切全會給理得好好兒的、好好兒的；比以前更好看、更整齊。沒有關係。沒有關係。

然而——然而，二十來年來，我是說，二十來年來，我的生活秩序，我的心理秩序，已然固定在一個背景上，現在牠們却全亂了。什麼時候、牠們才不顯得亂呢？

沒幾天，家裏果然給安頓好了，然而，俞老太太的心理秩序，正如她預感到的，始終無法恢復過來。她好似住在郵輪上，她脚上的地雖沒在動，但牠却跟土地沒有任何關係，所以也就等於在飄浮。她又好似作客他家，早晨醒來，第一眼望到的全不是自己家裏的窗子、天花板……；而且，陽光應該是從東方照進來的，却忽然改從北方射入。她趕忙下床穿拖鞋，膝頭却撞在牆壁上。那邊根本沒有通路。不對，什麼都不對。她在床上坐了一會，想了又想，這邊是東方，那邊是北方，不會錯的；二十來年來，一直是這樣。噢，不對，床鋪的位置更換過了。爲什麼不照從前的樣子擺呢？噢，噢，沒有辦法，因爲房間的設計、房間的大小，使那張大床非得這樣安放不可。那意思是，每天早上，她非得看陽光從北方射進來不可。她可以改變一下感覺，但怎樣改變呢？二十來年來生活的秩序！有時候，人是靠賴秩序過活的；安靜、平和，像大自然那樣，有春、夏、秋、冬的不變的循環。現在，她用什麼去扭轉乾坤？或許，幾年之後，一切都會習慣，但這不是太久了？噢，剛來臺灣時是怎樣適應的？呃，那時，她還年輕；現在，她可老了。老年人的心理秩序是陷得深深的地下鐵道。

她仍舊隔天去買菜，但這一個菜場並不是那一個菜場。她碰不到一張熟悉的臉孔。有時，她看到一個五十光景的女人的背影好像某太太，等要張開嘴巴喚時，却又發覺錯認了。她一再地告訴自己：她已經搬了家，她去的是個新菜場，碰到的是些陌生人，因此，她忽然欣賞起那個賣肉的胖子的油膩的笑容來。星期天的上午，她寧可花錢趁計程車去以前的那個教堂做禮拜，好碰見梅小珍的母親，碰見許多熟悉的人。梅老太太問她爲什麼不把搬家的事告訴她，她却回說，這是克任的主意，他怕打擾大家，不好意思。好在以後，她每星期都可以回來一次。她說「回來」兩字時，完全是回家來的語氣。她甚至想，有一天，她會決心回來長住一陣。

星期日近午，從這樣友愛、熱誠的氣氛中回到新居裏，俞老太太就特別感到牠的「紊亂」中的冷寂。如今，克任總在星期六的下午出去，要直到星期日的下午才回來。他上哪兒去了呢？回答跟以前的一樣：在朋友的家裏玩橋牌。橋牌這玩意兒現在盛行於青年羣中，而且到處都有橋藝社的組織。既然有這許多人熱中此道，那她又怎好阻止他？她也不想刺刺不休地問他一大堆的話。畢竟不是小孩子了，逼得緊，他乾脆閉口不說，你又拿他怎麼辦？好在他回到家裏，總是　麼高高興興的，她倒也安心了。佩任說是想求一個安靜，她做母親的當然更是這樣。

但，佩任對於這個新環境，是否已經適應了？她一直想知道，一直想問問佩任，或者說，她一直希望佩任能够自動告訴她。告訴她：她已經喜歡上牠，譬如，那白磁的浴室和厨房；譬如，那新穎的叫門對講機；譬如，那亮光光的鋁製門窗；譬如，那溜滑滑的拼花地板。儘管她自己並不欣賞，但她却期望女兒會喜歡牠們，因爲她想過了，年輕人喜歡新東西，那是正常的；好像克任，她也要自己承認克任是正常的，雖然，他的行動未免過火了些。她一定得這樣安慰自己，並去諒解他們。她一直沒有把她內心的紊亂說出來，因爲她要這個家安靜，她絕不願自己去破壞牠。每天早上，她喝濃茶的時候（她不知坐哪張太師椅才好，她失去了固定的座位），她就想，今天，佩任該會告訴她：她比以前快樂了；因爲她希望兒女快樂。但佩任沒有說。佩任是在有意避開這一方面的話題。她甚至對華麗的新窗帘都不讚一詞，雖然俞老太太自己也覺得那筆錢花得很寃枉。

但在這個星期天，俞老太太打教堂回來之後，她却很想問問佩任看，因爲佩任的愛惡或許正是梅小珍的愛惡，而梅小珍或許又是要在這個新居裏住得最久的女人。

她們吃好了簡單的午餐，就在太師椅上坐下來。俞老太太從未覺得紅木太師椅對她是太硬了。她又喝着茶。她從未因茶而失過眠。她也相信，從前，中國的老人們從未因茶而失過眠，他們是生活在農業社會中，心理都很健全。俞老太太朝窗子望了望；那是朝東的，還是朝北的？噢，應該是朝東的，跟她臥室的窗子一樣。她就先從窗子開始吧。她問：

「佩任，你喜歡這兒的窗子吧？」

「差不多。」

「怎麼可以說差不多呢？這兒的窗子完全跟老屋的不一樣，雖然不多，但却很大，而且外面還有很漂亮的窗柵。」

「你眞的很喜歡這兒嗎，媽？」

佩任倒反問起母親來了。俞老太太不願對女兒扯謊，也不願說不喜歡，她只說：「不要管我。我問你是否住得慣？」

「住得慣並不就是喜歡牠。」佩任說。「而且，我喜不喜歡又有什麼關係？這房子不是爲我租的。」

「你認爲是爲梅小珍租的？」

「爲哥哥自己。他比誰都熱心。我不會在這兒住得很久的，我喜不喜歡有什麼關係？所以我什麼都不說。或許梅小珍會喜歡，她愛哥哥。」

「但我却聽梅小珍的媽說，克任最近很少去她家。我很想勸勸他，不要這樣着迷於橋牌，少玩一個鐘頭，到那邊去轉一轉也好。你呢，你有沒有去看梅小珍？」

「我也沒有。她的確是在準備畢業考試，她讀的學校，不比我讀的夜間部。夜間部到底要簡單些，對不對？所以這幾天，我仍舊有空到外面去玩。」

俞老太太過了一會，才說：「佩任，我一直想跟你說，你既然接受了貴良的淺藍禮服，最好不要再接受別人的銀色禮服，貴良知道了會生氣的。」

「我知道貴良不會生氣的，那個人也不會生氣的。那天，我或許根本不去參加畢業舞會，這樣，不是很好嗎！」

俞老太太嘆了一口氣。「我不知道你爲什麼有這種打算。貴良的高樓已經動工了，你知道嗎？」

「哥哥不喜歡牠。」

「不要老是記得你哥哥說過的話。叫貴良時常到我們這兒來。」俞老太太堅決地說。

「他怎麼還能來？哥哥前次不是要他滾？」

「他可以在克任去辦公的時候到這兒來。我不會叫他滾的。你也不會叫他滾的。他可以坐在這兒跟我談談你們的事。你是我的女兒，我總得徹底了解這件事。」

佩任咬着手指，食指上全是一個一個的血印子。「媽，那不是已經很淸楚了嗎？他上一次已經說過，再說一次，也是一樣。他賣果園、造高樓，全是爲了我。他想做個上流社會裏的人，但哥哥却偏要當面侮辱他；那比打我還難過。我是愛他的。但，除非我馬上跟貴良結婚、離開這個家，否則，貴良每來一次，哥哥總要借題發揮，跟我大鬧一場。我受不了那種爭吵；媽，你也受不了；貴良知道了，也受不了。我們需要一個寧靜的家。平安，媽，你常說的。」

「平安，是的，我祈求的就是這。」

「讓我們平安地度過這段日子。貴良最近很忙，我想，他忙一點是好的，因爲這樣就可以不致常爲這件事情煩惱。等我畢業以後，他總有一天會再來的；媽，那時，你再跟他詳談；那時，要爭吵，也是最後一次的爭吵。我不會害怕的。」

「是的，」俞老太太說。是的，不會害怕的。她想，我的確害怕爭吵，否則，我也不會答應搬家了。你有沒有發覺，這紅木長几和紅木太師椅全給放錯了地方；但牠們該給放在哪兒呢？佩任，你說的也對，你總要離開這個家的，你總要去適應另一個家的，你又何必計較屋子的好壞？你是個懂事的女孩，你不想叫任何人爲難。

可是，你又爲什麼不想拒絕那件銀色錦緞的禮服？我希望他不會送來，或許，這根本是你信口胡扯的。

佩任回到房裏去看書。俞老太太仍然坐着。她想，要是貴良長於文筆的話，他該寫封信給她。開頭應是這樣：「敬愛的俞伯母：恕我遵囑這樣稱呼你……」這樣開始，他就能夠很快地談到正事……而她的回信，則是：貴良賢姪如晤……她唸小學時，有「尺牘」一課。她和同學們都能背上好許多，諸如：雙親大人膝下，敬禀者……某某先生閣下，別後懷思，與時俱積……某某仁兄大鑒，久違雅教，正切馳思，忽降錦翰……某某世侄文几……這一類的書信，所以直到現在，她寫起信來，開頭用的還是老式樣，覺得那樣比較順口，好像有些老年人寫信非要用毛筆不可。這或許也可以稱爲「保守病」吧。

想着，想着，她就朦朧過去，以爲自己還在老屋的客廳裏，窗外仍是那架綠蔭濃濃的花棚。克任的父親坐在她的旁邊。他說：快二十年了，我們都老了，都老了。你還記得我們結婚時，年紀要比我們現在這對兒女還輕嗎？……快二十年了……

二六

在「玩橋牌」的日子裏，克任並不是絕對快樂的。他常常不能全部「忘掉」，而忘掉之對於快樂，却是很重要的。他相信自己「曾經」深深地愛過沙雅琴，當他還未打算跟她同居的最初一些時日裏。那種愛或許只是欽慕和敬佩的變形，但却是眞心誠意的。如今，她已成了他的情婦——他不喜歡這種稱呼，因爲相對的，他成了她的情夫——沙雅琴還是以前的沙雅琴，她沒有因接近而暴露任何缺點，她是四十左右的男人的最理想的太太，然而，他淸楚自己對她的愛情，一半却是砂石。他老是提出這個問題來問自己：爲了他自己和沙雅琴的幸福，他爲什麼不能把這愛情加以提煉？他多希望能像有些風流男人那樣，在跟那個女人共處時付出他全部的愛情；以後，在跟另一個女人共處時，他同樣能够付出他全部的愛情。是他比較冷漠嗎？或許。他說過，愛情不是生命的全部。最初，當他去看梅小珍時，他心裏並未充滿感情，但如今，縱使跟沙雅琴同居以後，他仍覺得自己無法把梅小珍忘掉，只因爲他倆的愛情沒有摻着雜質。他也常常提出另一個問題來問自己：當他要去看梅小珍時，他可以在家裏大聲喊嚷，而當他要去看沙雅琴時，他就只好躲躲閃閃；這不意味着他內心就有一種罪惡感？當他和沙雅琴躺在床上時，他們討論着他們未來的婚姻大事：他們一定得去法院公證結婚；現在這種生活只是過渡的。但既然來日方長，他們又爲什麼要計較這短短的幾個月？他們兩個都思索着各色各樣的理由來爲自己的行爲辯護，但搜尋這些理由，看似快樂，實際上却是痛苦的。

早飯過後，他們就坐到客廳隔壁的小起居室裏。他們玩着「蜜月橋牌」，沙雅琴也就零星地談起她的「情況」。她有土地、房產、股票、公債、貿易行……你太累了，克任說。她也承認她太累了，並且敏感地添上一句：太累了，容易老，我以後要改變一下。他笑了笑。她認眞地說：眞的，我要改變一下。我不願意很快就老去。說那些話的時候，她左手拿着排成扇形的撲克牌，右手不自覺地去撫摸右眼角附近的那一掌的地方。銀紅的指甲依然鮮艷，恐懼却在瞳仁內悄悄滋長。他安慰她：不會老的，你不是說過，跟我在一起，你會年輕起來的？昨夜你也不是告訴過我，你最近心理上覺得年輕多了？她一再固執地說：不，不，我一定要改變一下，我一定要改變一下。以後，我要把一部份事情交給你，你很有才幹，我甚至要把比較吃重的交給你去做，這樣，我就可以輕鬆多了。她把牌放到桌上，站起來，在窗前來回踱了幾次，然後，回過頭來，笑着說：我可以再把事業擴大些，多拼些股子，請你在那個機構裏擔任經理。這樣好不好？他們繼續玩着兩人對玩的「蜜月橋牌」。克任冷靜地說：我不能接受你的建議。沙雅琴問：爲什麼？有什麼不好？你不肯幫我的忙？克任把撲克牌合在一起，放在兩掌之間：雅琴，你忘記了，我在劉老的公司裏還有一份工作。我不能身兼兩職，而且——沙雅琴馬上接下去：而且，因爲這是我的事業，對不對？你為什麼不把我的當作你的？我的，你的，啊，你還要分得這麼清？你的自尊心太強了。如果我擁有了什麼，那你也同樣擁有了什麼。你心裏要把我的當作是你的，你可以隨你自己的意思，要怎麼幹就怎麼幹。克任問：這是對愛情的報酬？沙雅琴說：不是。愛情是不能拿任何物質來償補的。啃，克任笑了，半站起身，吻了一下她的臉頰。

克任不願主動地跟她談起貴良，但她却提到了他。她說，最近貴良上貿易行去看她，跟她商量他該經營什麼最合適。她也無法告訴他，因為這跟他的未來關係太大了。後來，貴良說，他想，還是底層出售麵包、糖果，第二層供應冷飲、西餐，第三、四、五層，作為旅社；因為這些都是他熟悉而且能够管理的。貴良很有商業頭腦，沙雅琴還稱讚了他一句；餐館、旅社業在臺北很有前途。克任不服氣地說：看來，出身低也有很多好處。沙雅琴驚異地看了他好一會。到底你跟貴良之間發生了什麼事？聽你的語氣，好像對他很不滿意。克任淡笑着：有什麼事可以發生的？只是對一個人看透了！他沒有錢的時候，穿破褲子、舊襯衫，看到我，總是呵着腰，喚我一聲「俞少爺」；現在，他忽然濶了起來，不把我放在他的眼裏了。現在，如果他在路上碰到我時，他會伸出手來跟我握手，喊我一聲「克任兄」，信不信由你；雖然最近我還沒有在路上碰到過他。你想，我怎麼受得了？沙雅琴勸他：何必計較這些？本來是大家平等嘛。他現在有了錢，交遊不同了，言行當然也得改變些。即使喊你克任兄，有什麼不好？那天，他到我行裏去，行裏的人，不也都改了口，喚他一聲貴良兄！克任忽然氣呼呼地嚷了起來，我就不會這樣喚他，你相信吧？

因此，沙雅琴只得把話煞住了。

過後，克任很懊悔。在沙雅琴的面前，他對貴良只須作「客觀的破壞」就够了，大叫大嚷反而顯出自己的缺少風度。他該淸楚：在梅小珍面前說話跟在沙雅琴面前說話，可不一樣。他對梅小珍說話，可要隨便得多，說錯了，講一句好話，也就够了，但沙雅琴却不同，她或許就會不動聲色地把他的話放在心裏，一再地思考，一再地拆開、拼湊……但她却不會跟他爭吵。所以，他得時時檢點自己。那是很苦的。要想獲得，總是很苦的。不過，他也很安慰，因爲沙雅琴已經說過，以後要把她事業上比較吃重的交給他去做……她希望輕鬆一點……貴良雖有一個五樓的大拼盤，但他却有……哈，慢慢兒地，讓貴良轉過頭來，楞着眼睛瞧——他克任，還是站在貴良的上面！

天氣非常燠熱。克任想起了梅小珍的畢業典禮。他先問佩任：她就讀的大學，哪一天舉行畢業典禮？佩任回答得很含糊，只說她或許不參加；還說，她是夜間部的學生，有什麼好高與的。即使在同一個學校裏，夜間部和日間部的畢業典禮也是分別舉行的。夜間部的學生在日間部的學生面前抬不起頭來，因爲——或許可以借用這一個形容詞：出身低。

「什麼出身低？夜間部裏多的是富家子女！」克任說。

「我是指學業上的出身低。哈哈，哥哥，夜間部畢業的學生出去做事，哪有日間部畢業的吃香！」

「那倒不見得，尤其是女孩子，只要人長得不錯——」

「但人家在背後總會說你出身低，對不對？有些人硬是要這麼說你，你有什麼辦法？哥哥，碰到這種人，那你就只好自認倒霉了。」

克任哪會不明白，佩任的那些話明明是在向他報復。他想，只要佩任在行動上依了他，在話語上讓她佔些便宜，也就算了。最近，他倒是很清楚，她沒有跟貴良見過面，而是跟那個同學的哥哥在一起。有一天，他親眼看到她趁在他的自備轎車裏，駛過大街。而昨天，當他傍晚回來剛要彎入巷口時，一輛計程車就衝了出來。他急忙閃到一邊，正想開口埋怨，佩任却從車窗中伸出手來，向他揮了揮，他再一看，坐在她旁邊的不又是那個挺帥的男人？只是今天他趁的不是自備轎車而已。於是，他也馬上向佩任揮揮手，不，或者說，他向佩任招招手，希望她叫司機把車子停下來，請她的男朋友到家裏去坐一會，大家見見面，談一談，但車子却一下子就馳遠了。他佇立在巷口，悵惘着。佩任既然知道他這個時候要下班，爲什麼不叫她的男朋友等一會？今天，自己也不湊巧，等了一班車子；倘若早來幾分鐘，也就不至於僅僅抓住那個男人的一角形像了。他老是像鏡中的人影那樣，可望而不可卽，多讓人焦急！不過，對了，或許佩任已經請他到屋裏坐了一會，跟母親談過了話。他匆匆跑回家去，問母親，佩任的男友是不是在家裏坐了一會？但母親回說沒有，因爲佩任說是不必，她已換好衣服，馬上要跟他走。「可是，媽，」當時他頗不以爲然地說：「佩任固然不懂事，但你總該請他進來坐一會的。那是禮貌。我們應該讓他知道，不僅是佩任，我們全家都歡迎他。」「但是佩任說，他只是來看她一個人的；有一天，他打算來看我們全家時，她就會請他進來。」母親對於這件事的反應並不熱烈。他簡直摸不淸母親心目中的女婿，究竟是哪一類型的？

「別去管那些人的閒言閒語，反正又不是眞正出身低，那就好了。」此刻，克任親切地拍拍佩任的右臂。或許正因爲不是眞正出身低，佩任才有兩條沒有疤斑的、很美的手臂。「佩任，千切不要說任何自貶身價的話。一個女孩子，如果嫁到了一個好丈夫，還斤斤較量學識幹嗎？且說，你現在的這個男朋友，他有沒有在乎你是讀夜間部的。」

「沒有。」

「這就好了。或許你一輩子都不必到外面去做事，不必靠學識去賺錢。佩任，現在，我要知道的是，梅小珍的畢業典禮在哪天舉行？」

「哥哥，你最近這些日子來，眞的沒有去看梅小珍？連她的畢業典禮在明天舉行你都不知道？」

「是的，我好久沒去看她了；她太用功了，我不敢去打擾她。」他若有所思地停了一會，欲言又止地喃喃着：「最近，我有一個念頭，或者說，我有一種臆測：她似乎把學問看得比我還重要，你覺不覺得？」

「我可沒有。你怎麼會有這種想法的？你竟懷疑起她的愛情來了。假如你連梅小珍也不信任，那你還信任誰？」佩任幾乎嚷了起來。

「你說得輕一點兒好不好？我在想，像她這樣一個優秀的大學畢業生，日後，眼見有些同學出國去了，但她却爲了我而去不成，她不會因此而感到遺憾嗎？她不會因此而減輕我在她心中的重量嗎？」

「她從沒有談起過她要出國深造。我眞不明白你這種想法是從哪兒來的？你爲自己以及爲別人製造痛苦的本領，也未免太大了吧。」

「哦，我只是揣測。我這個人喜歡揣測。你是說她唸的大學明天舉行畢業典禮？眞的是明天？絕對不會錯？」

「你可以打電話去問她。她一定在等你。你前幾天就該去看她的。我猜想，她一考完，就在等你，但你，却似乎把她忘了；讓她一直等着、等着。」

克任歡然地笑着；不，那是比歡然更深重一層的，他是懷着罪疚地笑着。而這罪疚，却不光是在他使梅小珍「等待」這一件小事情上；那是一個電話就能贖回來的。如果他打電話給她：「小珍，聽佩任說，明天你們學校舉行畢業典禮。眞對不起，我最近竟忙得連這件最重要的事情都忘了；明天我來看你。」那麼，梅小珍就會說：「沒有關係，我沒有告訴你，只是想使你驚奇一下。」梅小珍就是這樣。她不會把一個人的過錯鐫在心上；別人對她說聲對不起，她就能把過錯全部抹掉。然而，明天，在她歡樂之後，他要送給她的，却是一件極其沉痛的禮物。他將說：「

小珍，我太對不起你了。我最近好久沒來看你了，這，實在是因爲我不敢面對你，但我又不能永遠瞞着你：我已經愛上沙雅琴了。」梅小珍會不會給他一個耳光，然後哭嚷起來。他自己也覺得對她很殘酷，但這却又是非說不可的。要是他跟梅小珍依然維持着情侶的關係，那他就無法從沙雅琴那兒得到任何溫柔與報酬。沙雅琴會說他不是眞心愛她。本來，像沙雅琴那樣的女人，恐懼的就是：失去愛情。明天，他是非對梅小珍說明眞相不可了，正如她的畢業典禮之結束她的學業一樣，他們的愛情，也得結束。在貴良未賣掉果園之前，他的確沒有想到今年夏天是他們分手的日子。爲了要勝過貴良，他對自己不也够殘酷的？因爲在這快要離開梅小珍的現在，他才確實知道他對她的愛情仍是十分旺盛。

佩任期待地望着他，似乎希望他立卽打個電話給梅小珍，但他沒有打。他坐在太師椅上，右臂凴着紅木長几。那些冷硬的古物，夏日裏，給他以一種涼爽的安慰，但也給他以一種孤寂的無助。梅小珍還沒來過他的新居。她以前曾告訴他：她畢業以後要來。現在看來，以後她是不會來了。如果以後佩任結了婚，難道就叫母親一個人住在這兒？因爲他知道，縱使他跟沙雅琴正式結了婚，母親也不會住到沙雅琴的屋子裏去的。

「哥哥！」

「你找朋友去玩吧，我心裏煩得很。」

佩任一氣，就眞的拿起陽傘，走了出去。克任還是坐着。這兒沒有院子。他卽使要到屋旁去散散心、兜幾個圈子也不能。他現在的問題是：怎樣跟梅小珍「話別」，使她在悲傷之餘，還能對他保留一份好印象，以及怎樣使梅小珍的悲傷能夠減輕。

他依然帶了禮物去看梅小珍，在第二天的早晨。爲什麼要這樣早呢？是對梅家表示自己身份的特殊以及自己慶賀的熱忱嗎？是自己對這最後一天有所留戀嗎？可不是？以後，縱然他跟梅小珍再度碰面時，也會像站在溪的兩岸，顯得遼遠而疏淡。還記得前年那個冬日的週末來看她時他內心的躊躇與驕傲。沒有愛上她時，曾相信自己絕不會愛上她；而愛上她時，又曾相信自己絕不會離開她，這一愛情的開始與結束，看來彷彿全是被別人所推動、所驅迫的。他今天帶去的禮物不是花朵，不是飾物，不是衣料，也不是書本，而是父親留下來的一對鷄血凍的印石；沒有綺麗與柔情，但見空白的石面與殷紅的血痕。這或許正可以看作他們的愛情所留下的殘蹟吧！

他按鈴。他突然害怕敲開這扇對他已經這麼熟悉的門。

他按鈴。是不是他按得不够重，還是屋裏的人根本不想來開門？但這又不是兩年前的那一次，他可不能怫然離去。他聽得出裏面正在忙碌。今天這個日子，梅小珍是應該忙碌的，應該快樂地忙碌的；他們全家都該快快樂樂地忙碌的。但是今天深夜，當窗戶都給關起來了以後，他們却會爲認識了一個像他這樣把他們的快樂挖掘一空的人而懊喪。

他按鈴。這一次按得很重、很久。發怒的大皮鞋的聲響移近來了。應該是梅老伯的。他準以爲是收報費的，或者推銷什麼清潔劑的，還未走到門邊，就嚷：「窮撳什麼，今天沒有空！」連門上的那方小孔也沒開開來，似乎料定來得這麼早的決不是什麼客人。他趕緊說：「老伯，是我，是克任，我一早來看小珍，向她道喜！」於是，打開門來的梅老伯慈和地笑着。今天，他要記住他們拋給他的任何友好的臉色，因爲以後，他們的臉色就不是這樣了。

「小珍，克任來了。小珍，小珍！」梅老伯孩子氣地嚷着。克任想到梅小珍確是等了他好幾天。「小珍是從來不挑剔衣服的，但今天一早就換了好幾件，沒有一件稱她的意；我們這才知道是因爲你最近沒有來看她。」

克任說：「我太忙，但我却是記在心上的。我以爲她準料得到我今天會來。」隨卽跨進客廳，高聲說：「小珍，我來了，我特地趕早來的。嗨，準備好了沒有？」他站在客廳中，穿着淡色的西裝，左上口袋露出一角白手絹。「嗨，我來了。我今天起來得好早呵，因爲昨天晚上，我克制着自己不打電話給你！」聽起來，他還是一個挺忠實的愛人！

「嗨，你等等，我換一件衣服。」梅小珍在裏面囘答。她現在終於決定要穿哪一件了。「嗨，昨天晚上，我也想打電話給你，結果沒有打。你等一等！」

梅卓然幽默地瞅了克任一眼：「嘻，現在我們放心了，所有的衣服看來都很美了。你等一等，我進去一下，小珍馬上會出來的。」

克任仍舊沒有坐下。他如今是這座屋子的過客。今天，梅老伯倒很識趣地沒有用話語串成的繩子來套他，否則，他懷疑自己是否能有耐心坐上十分鐘。雞血凍是裝在一隻硬盒子裏的，他趁空從褲袋裏掏出來，輕輕地放在小几上。那一對印石，是早年在大陸時父親的朋友送給父親的。以前，父親曾一度打算送給梅老伯，後來不知怎麼，又給擱了下來。他希望能靠這對印石暗示一下他們兩家的友情，不要因了他而全部毀滅。上一代是上一代的，年輕一代是年輕一代的。

他如今是這座屋子的過客。獨自站着時，那種感覺，尤其明顯。他連歇一下的情緒都沒有。幾分鐘的等待，不算多，怎能埋怨——梅小珍等了他幾天？——但他仍不知道站在哪裏最恰當。他不想幻想梅小珍打扮得美不美。那些是屬於以前的。如今，他只是一個過客，離去之後、將不再來的過客！

於是，並不很久，梅小珍出來了。「嗨，克任，你等得不耐煩了吧？」她笑着。她穿着一件淡黃跟純白相配的洋裝。她很好看，他不得不承認。她的笑容是純粹的笑容，宛如她剛才沒有鬧過彆扭、一早醒來就是這麼笑逐顏開的。她的臉很美，他也不得不承認。

他走過去，親熱地拉起她的雙手。（對不起，對不起，我是愛你的，但愛情不是我生命的全部！）她的指甲上已赫然搽上了銀紅！他無法十分相信自己的眼睛，便把她的手拉得更近些。他可不能迷糊得把沙雅琴的手移到梅小珍的身上去，好像、有時、在晚上、在淡淡的燈光下、當他望着沙雅琴的臉時就會迷迷糊糊地把梅小珍的臉罩了上去的那樣。

「你瞧，好不好看？好多同學早就搽了。昨天，我們去做頭髮時，她們硬催着我也搽上。我說，我的手指太粗、太短，你看呢？」梅小珍把十根手指伸得直直地，而且張得大大地，放在克任的眼前。那姿式太僵硬了，十片銀紅竟成了孩子亂塗在粉牆上的呆呆的紅點子，除了刺眼而外，看不出什麼飄逸的俏美來。梅小珍是個不適於濃妝的女孩。

但他還是提起她的左手，往自己的臉頰上擦了兩下。「怎會不好看呢？別人能搽，你爲什麼不能？我早想向你建議的。你沒看到四、五十歲的女人都在搽蔻丹吶，你幾歲？」

「但我的手却不配搽。媽以前就說過我的手像男孩的手。」

「我的看法却不一樣。我覺得你的手像愛讀書的女孩的手，平平實實，穩穩重重。不搽蔻丹時，好看，搽了後，也好看，因爲現在你正年輕。」克任握着她的左手。對不起，（對不起，以前我倒很少對你作過這種似是而非的讚美，因爲虛僞對愛情是種諷刺。今天，我的好話將會源源不絕，好藉此作些無能爲力的補償。）

梅小珍把她的左手縮回來，逐一地檢查着那五根手指。手指上，惟一缺少的似乎是枚訂婚戒。她轉過臉去。她看到了放在几上的那隻硬盒子。她馬上躍過去，攫住了牠。

「裏面是什麼？」

「一對印石。」

「準備刻你和我的名字的？」

這是難以回答的問話。他只說：「讓老伯來決定吧。五、六年之前，爸在世時就想把這對印石送給老伯的，現在就讓我來完成這個心願。我不是沒有到大街上去選購過別的東西，只是……

或許還是這……」

「你不用解釋，此刻，我已經愛上牠了；讓我來猜猜看——是不是象牙的？」

「不。是鷄血凍。」

「唷！」她打開盒蓋，用手指滑過那光瑩的石面，細看那滲在裏面的一塊塊的凝紅以及一絲絲的淡紅。血肉相連的石頭。美？不美？很難說。她對這方面沒有鑑賞力。她欣賞的只因爲那是克任的禮物。「太好了，克任；你送的，都很高雅。」

「希望老伯也能喜歡牠們。那裏面有先父對老伯的感情。」（對不起，對不起，以後你自會知道我這句話的涵義的。）

「嗨，克任，你知道，爸和媽今天也要去參觀我的畢業典禮呢。他們說，這是一件大事！」

「當然，當然要去，當然這是一件大事——哈，一件眞正的大事哪！」克任笑着。

梅小珍在客廳中轉了一個圓圈。她的快樂是堆煬旺的火。她現在正通身燦爛。

（對不起，對不起，小珍，你此刻儘情地快樂吧，儘情地把柴枝堆高吧。你是有權利這樣作的。）

於是，當梅卓然和梅老太太穿着赴宴的衣服出來時，他們四個人就在夏日的耀眼的明麗中趁車前去校園。不管克任笑得如何逼眞，但他內心却被自己的大事困壓着。他心中一再地說，對不起，對不起，小珍。他從來沒有這麼眞正地謙卑過，只因爲他對梅小珍編織不出什麼怨恨、憎嫌的理由。他唯有用梅小珍的寬弘來減輕自己背叛她的愆戾。他幻想着他的一聲「對不起」，就是她的一次饒恕。這樣，日後，在他的回憶中，倒還能留下一些交往時的甜蜜。哦，對不起，對不起，小珍，不管你塗上蔻丹的手比不上沙雅琴的纖美，但你仍是我遇見過的最可愛的女孩。今天，我之向你告別，將會奪去你的懽欣，然而，日後，當你幸福時，你又將會慶幸我倆今日的分袂。或許你不會這麼想，但我却指望你會這樣想。我清楚，我倆合在一起時，勢必同趨毀滅，而我倆分開後，却能各自存在。沒有人會知道那毀滅性的痛苦之掌握着我，正如我之掌握着筆一樣。你記得我的父親嗎？記得他說當年風雲際會時的那副遄逸神采嗎？或許，你對這些印象已然不深，但我却會牢記不忘。你注意到貴良那座興建的高樓嗎？或許你對這些並不在乎，但在我却是刻骨銘心。沙雅琴是我最後的一張王牌，而這也就是我今天爲什麼要告訴你「我已經愛上她」的原因。對不起，對不起，小珍，你一直給我很多，你從不計較我給你的要比較地少，希望你在最後這一次上也不計較。對不起，對不起，小珍，我愛你，但愛情並不是我生命的全部。或許我是一個自私的人！離開我該是你的幸運！小珍，恕我再向你說聲對不起！

整個上午，克任都極其正常地有說有笑。觀禮時，他坐在梅老伯的旁邊，完全是梅小珍未婚夫的模樣，然後，他爲梅小珍拍照，爲他們全家拍照，甚至爲他自己跟梅小珍拍照。（對不起，對不起，小珍，那幾張我倆合照的底片，你以後可以銷燬，但你單獨照的那幾張，却是挺美、挺美的，你應該保存起來。）雖然他的思想常常扯開去，但却能夠及時拉回，沒有洩示出他的神不守舍來。他精細、週到而大方，是情人，也是兄長。好幾次，梅小珍會驕傲地把他介紹給她的一些同學。比起來，她同學的男友不及克任多了。午飯，克任又堅持由他作東。他們舉杯慶賀着。氣氛的融洽使他們看來儼然一家人，分不清什麼主、客了。（對不起，對不起，小珍，我不是虛僞，我是誠心向你祝賀，希望你以後惦起每一件事情來時，不要給我加上「虛僞」的帽子。）

「哈，」梅卓然說，「克任比我年輕時老練得多。我們可以很放心地把小珍交給他了。」

梅老太太也接上來：「本來，大家就在等着小珍的這一天嘛！我們也不越俎代庖，你們兩口子自己商量好了，再告訴我們吧。」

克任說：「謝謝老伯和伯母對我的看重。我今天會跟小珍仔細商量的——我們會十分週密地商量的。我們要對一切加以適當的考慮。」

梅小珍嫣然地望着他。她通身仍在燦爛中，淡黃的洋裝像是用陽光製裁而成的。（小珍，希望你的燦爛是爲了你自己，而不是爲了我。我現在只能對你的爸這麼說：我對他們的一疊聲的對不起，等會仍得煩你去轉遞。）

「那對鷄血凍印石很好——確實很好，很實用。」梅卓然含蓄地說。

那兩位老人，在大街上跟他們分了手，這麼安然地把紛紛擾擾的問題丟給了他，克任預感到，今天這個下午是旣短又長的。安排牠需要一種技巧。依照一般的公式，應該是：他和小珍先去看一場電影；然後，到咖啡室去喝一杯冰咖啡，一邊聽音樂；然後，上小館子；然後，當黑夜來到後，他們再去參加畢業舞會，跳一場難忘的舞；然後，吻別！……

克任回過臉去看梅小珍。她說：

「克任，你看，我們是不是以伯母的意見爲意見呢？」

「我媽沒有任何意見。現在，老一輩人也開明得完全肯讓我們自己作主了。」克任停了停。

「我們把「商量」這個節目放到最後，怎樣？現在，我們去哪兒玩？」

「隨便哪兒都好，我今天覺得哪兒都美。或許我們應該買一大包糖果，到陋巷裏去分給那些孩子，讓他們也分享一點我們的快樂。」

克任看着她：天眞的小珍。她怎麼會有這種念頭呢？她是眞愛那些赤着脚、在夏天只穿一條黑汚汚短褲的小孩嗎？那麼，她又爲什麼會喜歡穿得挺括的他呢？或許，在她的心目中，許多人都是値得她愛的——只是那愛的性質不同而已。

「小珍，現在還只六月下旬，離聖誕節還早呢，你怎麼要扮聖誕老人了？」他半開玩笑地否定了她的提議。「我認爲，我們還是去看一場電影的好。」

「哦，不，不，今天我想活動、活動，你不要擔心我會累，我今天的精力可以參加八百米的賽跑。哈，你相信吧？」

「哈，可惜這兒不是運動場，要不，眞要叫你試試看。」克任也笑着，然後挽起了她的手臂。啊，天眞的小珍，你的精力是從哪兒來的呢？你以爲展呈在前面的是前所未有的坦道，但你却忘了，即使在超級公路上，不也時常發生車禍？

他們逛了一條街，又逛了一條街。在夏日的下午。梅小珍既不嚷熱，也不喊累；至多在經過開放着冷氣的百貨公司的門口時，他們彎進去，乘一會兒涼。克任幾乎是跟着她走，而且幾乎是拖着腿在走，因爲他已疲憊不堪了。

「怎麼，你今天穿的是新皮鞋？」梅小珍停下來問。

「不是，我昨夜沒有睡好。」

「爲了沒有打電話給我？」

「不只是爲這，還有別的事，許多別的事。小珍，有時候，許多事從四面八方湧過來，你除了接受牠們的安排而外，就沒有別的辦法。當然，我最近所遭遇到的事，也不是你所想像得到的。」

「哈，當然我是想像不到的。你知道，有時候，我根本就不去想那傷腦筋的事，所以爸常說我還沒有完全長大。」梅小珍那麼豪放地擺擺頭，讓她的濃濃的黑髮激起一股軟風，隨又興致高昂地笑了兩聲。「可不是嘛，誰叫他們給我取名小珍的，所以我是到老還是「小珍」呀，哈哈！」

「哈哈，那也不錯哪！」克任不得不附和着。（對不起，對不起，你沒想到那些你不想傷腦筋的事却正牽連到你。）

梅小珍繼續向前走去，克任跟她並肩而行。現在，在感覺上，是她在攙扶他了。她向他敍述着：她一直是那麼急於想畢業，急急於想離開學校，急急於想過一種獨立的生活，而今天，她却恍悟到最美好的地方是學校，最美好的日子是求學時代。無奈牠們却是這麼莊嚴地結束了——這麼無可挽回地結束了。

「至少，你還可以到國外去讀書。」克任突然說，突然得猶如一個衰老的病人竟然用力推開護士一樣。

梅小珍看了他一眼。說這話是什麼意思呢？難道說她不該有這種感觸嗎？任何人都可以對她說這句話，只有他不該說。這根本不是安慰而是反諷。

「你眞的可以再到國外去讀書。」克任重複着。「我相信你的好些女同學都要到國外去。你的成績這麼好，爲什麼不去？」

梅小珍又看了他一眼。她更糊塗了。他說這話到底是什麼意思呢？他似乎誠心在忠告她，但他就忘了剛才她父母的建議跟他自己的承諾嗎？

克任又說：「當我想到別的女孩出國深造時，我就想到你也應該去，尤其是今天，這種想法特別強烈；我可以說，今天的夏陽有多少炎烈，我這個想法就有多少炎烈。牠直透膚肌，刺入我的心靈……」

梅小珍截住他：「你眞的很累了嗎？我們找個地方歇歇去。克任，你或許已經熱得頭昏腦脹了。不該依我的意思一逕逛街的，我們找個地方好好歇歇吧。」

「我的確很累、很累，但是，當我不累的時候，我仍要這麼說：你應該出國深造去。對你來說，這是你該走的惟一的一條路，我已經想過了，我的確已經想過了。」

梅小珍望着他，宛似她在找路時凝視着拐角處的一支路標。那不是她熟悉的路標。牠是通往何處去的？是她期望的那個目標嗎？克任的臉色很難看。他中暑了嗎？他是從來不說糊塗話的。為什麼他忽然說起這種夢話來？那路標是通往何處去的？她懵懂得只望不要迷失。

「是的，是的。」克任又說。「是的，是的。你想到的總是最好、最美的，因為你是快樂的小珍。我羨慕你的胸襟。我們找個地方歇歇吧。我們不妨到那個果園裏去看看。那個原先屬於我家、後來又屬於貴良家、現今又屬於別家的果園，聽說業主馬上就要把那些果園砍掉了。」

「呵，我眞不忍想像那些樹一棵棵地倒下去的情景。」

「這是最後一次的機會，你再不去看，以後就找不到果園的痕跡了。我們還有軟片，我們可以拍幾張來留念。至少，我們還能抓住牠的一些豐采或容貌。」

一輛計程車馳了過來。他扶着梅小珍先上車，然後是自己。在各種動作上，他今天顯得特別溫存、體貼。他握着梅小珍的一隻手，像要永遠握着牠似的。（但她為啥偏偏要在這分離的日子塗上銀紅的蔻丹，讓他在記憶中烙下一個不褪的紅印？）陽光很兇，風就怯生生地躲了起來。車子在陽光下行駛，又似在樹林中行駛，因為在沉默的時刻，他眼前又是那批撥不開的枝葉。全是他們，全是牠們！他此刻之去那兒，是要讓小珍知道：全是牠們，全是牠們。他之對不起她，全是牠們逼的，貴良逼的，許許多多的人逼的，而他們却全裝成好人，他們全裝得一本正經，全推得一乾二淨，把所有的罪全堆在他的肩上，壓到他的心中。小珍，當我第一次載你來遊果園時，牠們可能就已心懷叵測地揷手在我們的中間了，只是我們沒有發覺吧了。我們是被玩弄了，我們是被害的傻瓜！小珍，我們都是不幸的人，我希望我那無數的堆砌起來的對不起，能使你的悲傷捲縮成一小片枯葉，碎裂在你以後的舒潤的草地上。

梅小珍說：「系主任希望我能留在母校當助教。他知道我不想出國，所以前幾天約我去談過話。我眞想不到有這樣好的機會。你想我該不該答應呢？」

「那是——讓我們等會再討論，好不好？我們把這件事放到歸途中來討論，好不好？」

「你今天有些特別。克任，你自己或許不知道，你今天有些特別。」

「噢，是這樣嗎？或許因爲今天是個特別的日子，小珍，你今天畢業了，不也很特別嗎？」

「樂天果園」的牌子已被摘下。他們在門前下了車。門正開着。克任跟梅小珍就走了進去。沒有犬吠聲；無風，因此也沒有樹葉的細語聲。有個中年人正站在紅磚小屋的門口。克任經常在這兒來往，所以他知道那個中年人是看守這個果園的，而對方也知道他是福華工業公司的業務部主任。

「俞先生，你可有什麼事呀？」

克任說，他們想在果園裏拍幾張照，他們想在這果園裏走一走。這是一個他們熟悉的果園，他們對牠的即將消失，感到無限依戀。看守人當然答應了。於是，克任跟梅小珍就向裏走去。在枝葉與枝葉之間，他替梅小珍拍了幾張照。有些小光點洒落在梅小珍的頰上，像一顆顆滾動着的透亮、耀光的淚，而她的兩眼却是笑着的。在他看來，這是一種特殊的表情。

「小珍！」

梅小珍在他的旁邊蹦蹦跳跳地走着，在果園裏，今天她像一個野女孩，她故意迸出一些怪叫聲，來表示心中的快樂。她瞅了他一眼，說：「軟片完了吧？」

「是的。」

「也差不多了，這樣，我們可以更輕鬆地在果園裏走一走。克任，你敢說你已經走遍了這個果園嗎？你已經撫遍了這兒的每一株果樹嗎？以及你已經仔細地數過這兒有多少棵樹嗎？」

「我可不是程老板和貴良，而且，在樹林中數樹，那簡直像在樹上數鳥，除非你是種樹的人。」克任停下來，倚着一棵李樹的樹幹。那樹在新春開過純白的花，在初夏結過艷紅的果，現在，花、果雖已不在，而碧綠依然沁人。「我們還是不要往裏走吧。有時候，身在林中，簡直像要迷失似的。」於是梅小診也停下來，倚到同一棵樹上，在樹幹的另一邊。

「小珍！」

「我們揀個日子，先訂婚吧。」

「小珍，你聽我說——」

「我們不要舖張；即使結婚，也不要舖張。我不講究這些。」

「小珍，你聽我說——」

「我完全知道。我不要出國去。我早說過了，如果我想更上一層樓，那我可以進這兒的研究所。」

「小珍，你聽我說——你一定要聽我說。你看到這些樹嗎？這些揮舞着無數條胳臂的樹，牠們早在我們相識之前存在，牠們早已不聲不響地挿身在我們的中間，好像此刻我們倚在一棵樹的兩邊一樣。我們靠得這麼近，但我却看不見你，你也看不見我。」

「但我可以摸到你。」梅小珍把手臂彎向後面，抓住克任的手。

「可是，小珍，那是沒有用的，我們還是看不見對方，我們還是無法完全接近。小珍，我想過了，這些日子來，我一直在想，一直……」

「你說吧，」梅小珍驚懼地說，「你說吧，你一直在想什麼？」

「我雖愛你，但却無法跟你結婚。」

梅小珍一聲尖叫，衝向前面，抱住另一棵樹的樹幹。克任也衝過去，站到她的後面。

「小珍，這種決定，不僅使你傷心，我自己也同樣傷心，但我沒有辦法。小珍，你只要看看這片曾經屬於我家的果園，只要看看貴良那座正在興建中的高樓，只要看看我家客廳中的古玩和紅木太師椅，你就能淸楚我的痛苦了。」

梅小珍衝向另一棵樹：「我不要想，也不要聽。我現在才知道你是一個既自大又虛榮的僞君子。我，我的爸、媽——我們全家都待你這麼好！」

「我知道。我欠你的情，欠你們全家的情；我對不起你，對不起你們全家，我甚至對不起我媽。」

梅小珍猝然轉過身來，望着他：「伯母不知道？」

「是的。」

「你想跟哪一個女人結婚？」

「沙雅琴。」

「她能給你所需要的一切？」

「我想她可能。」

「這裏包不包括愛情？」

「我知道她是愛我的。」

梅小珍望着那些樹木；遠的，近的；近的，遠的。於是，一顆一顆淚珠像光點那樣，從她眼中滾下來，滴在這塊土地上——愛情在這兒成長，如今，又在這兒凋萎。她曾計劃得這麼好，像程老板對這個果園那樣，而今，全要放棄、全得重新開始了。

「克任，你說的對，我最好還是去國外讀個碩士回來。」

「我對不起你。我相信你會碰到一個比我好上不知多少倍的男人的。」

「我會對爸媽說，我自願出國去；如果獎學金的數目不多，就自己貼上一點，我爸還有這個餘力。」

「我對不起你。我知道，我對不起你。」

梅小珍的淚繼續淌着：「願你幸福，願你得到你想得到的一切。現在，你領我走出果林去吧。」

梅小珍擦乾淚，把她的手遞給克任。他們仍然友好地、一步步地向外走去；每走一步，他們就把前一步的脚印遺在身後——連看也不忍去看。

二七

佩任架着腿，坐在四方的沙發櫈上。額前留着劉海，左右兩邊長髮攏着兩頰，大紅襯衫，白色短褲，脚上，着一雙綴珠的高跟拖鞋。克任燃起一支煙時，她向他伸出手來。她的手指甲上什麼時候也搽上了銀紅？

克任猶豫着，最後還是遞了一支給她。

「來，打火機！」她又說。

克任又遞給了她。「什麼時候學會的？」

「最近。」

「女孩子爲什麼要學抽煙？」

「去跳舞的時候學的。他要我抽，我自然而然地抽了。」佩任口中的他是她那個同學的哥哥。「許多事，不要問爲什麼；許多事錯了，就是因爲錯了。」她昂着頭，噴着煙圈。此刻，她眼中的他，還不如那些煙圈。

克任氣憤憤地別過臉去，拿起几上的報紙。

佩任却又接着說下去：「其實，我要問你的比你要問我的來得多。媽今天去做禮拜，去的不是以前的那個教堂，這是爲什麼？」

「我不知道。」

「連我都知道，你會不知道？她不想看到梅伯母。她在責怪梅小珍忽然變心嗎？」

「我不知道。」

「你知道的。我也知道的。梅小珍怎會變心呢？只有梅老伯和梅伯母才會被她瞞騙過去，相信她自願去留學。那天他們懷着那樣的歉疚，登門來向母親賠罪，不過母親還是一個明眼人，心裏有數。要是你們兩人之間的愛情忽然起了變化，那變的是你，決不是梅小珍。梅小珍只是怕她的父母和我們的母親傷心，編了這個謊話罷了，但可憐的母親，却爲此無顏再見她的老友了。」

「佩任，你怎麼說起這種話來？」

「我爲什麼不說？我不像你那樣，不知道媽每天晚上都跪在床邊含淚禱告，我是親耳聽到、親眼看到的。你做了錯事，讓媽在心靈上負着罪疚。你現在還想爲自己辯護，希望我們都相信梅小珍的「供詞」。你錯了，哥哥。」

克任俯臉向着几面，暗紅的光滑几面像池靜水，他看得見自己惱恨的眼、抿緊的嘴。佩任有什麼資格責備他？如果媽沒有說出來，如果媽默許了他的過錯，那又何必要佩任來囉嗦？說他變了，難道她自己就沒在變？她以前豈是這副模樣的？翹着二郎腿抽煙，還像一個出身名門的女孩子！

克任霍地車轉身去，衝到佩任的面前，把佩任架起的右腿扳下來。「佩任，你無權逼問我的這些事情，即使我主動跟梅小珍分手，只要梅小珍沒有話說，不也圓滿結束了。我們還沒有訂婚，我沒有非要愛她不可的義務。我沒有什麼好讓別人指摘的。倒是你，你該徹底檢討檢討你自己的言談舉止。如果你面前有塊大鏡子，你瞧瞧你自己的那副調調兒還像淑女不像？」

「誰是眞正的淑女？誰又是眞正的紳士？」佩任歇斯底里地笑着，頑強地重又把右腿架在左腿上，還毫不在乎地抖了幾下。「你，還是我那位同學的哥哥？依我看來，我雖然不配，你們又何嘗配？你呀，我自己的哥哥，逼着我去跟他接近，說他是個眞正值得愛的上流社會的男人，而他呢，確是上流得極，他喜歡我會跳舞，喜歡我會抽煙，甚至喜歡我會喝酒。記得有一天我回來得很晚、很晚嗎？在午夜之後，在淸晨之前，只因爲那一晚，我們跳舞，抽煙，又喝酒；只因爲那一晚，是我畢業典禮的前夕，他說要大大地爲我慶祝一番，我也想在第二天重新開始，並且很快跟你談判，因爲我不想跳舞、抽煙和喝酒。我不喜歡那樣的男人。」

「我也不喜歡聽你說這種話。你要改，隨時都可以改；你不必把責任推到我的身上，或者別人的身上。在這兒，在此刻，沒有人強迫你抽煙或者別的什麼。」

「我痛恨那次跳舞，我痛恨那次喝酒！」佩任尖叫着，邊把手中的香煙摔在打過蠟的拼花地板上。「我痛恨你和他，你們這些假紳士！」

「佩任，你有點失常。」

「你認爲我瘋了，是不？哈，許多事，我還比你看得清楚呢。我再囘過頭來談談梅小珍。前幾天，我上她家去看她，她明明在家，却躲着不肯見我；好幾次，我打電話給她，她明明在家，却不肯接聽；爲什麼？一句話，怕她自己一不小心，在我面前漏出眞情來！表面看來，她連跟我也絕了情，但昨天，我們湊巧在街上碰見了，我却一把抓住了她的手。我說：小珍，我們不談哥哥的事，我想，我倆仍是朋友、非常好的朋友；她聽了，竟流下淚來。我們到植物園裏坐了半天，我們沒有談什麼，因爲事情已經清楚；所有的隱瞞或解釋都成了多餘。」

「好啊，既然你全清楚，你這會兒又何必在我面前嘀咕？要說媽今天上教堂的事，本來，上帝無處不在，上哪個教堂都一樣，她又何必認定以前的那一個。她早晚要換，現在趁機換一個，不也很好？」

「哈哈，彷彿理由又站在你的那一邊了。哥哥，你永遠是對的，永遠，永遠！錯的是媽、是我、是梅小珍、是程老板、是貴良以及其他許多許多的人。你是不錯的聖人，不敗的英雄！」佩任站起身，嗒拉嗒拉地走到窗邊。「無怪乎媽連勸都不想勸你了。」

「媽不像你那樣嘴碎。媽是有風度的老人家！」

電話鈴響了，兩個人都望着話機，兩個人都無心去接。鈴聲管自響着，然後，自找沒趣地驀的沉了下來。

佩任斜倚着窗子，右手擰着窗帘，一次又一次地。「可能是沙雅琴。」

「什麼？」

「昨天深夜，她打電話來，你已睡了，是我接的。我不想喊醒你。」

「她說些什麼？」

「她問你去了哪兒？我說你在睡覺，於是她就把電話掛斷了。」

「你怎麼不早說？以後凡是沙雅琴來的電話，都由我親自來接。」他慌慌張張地繫上領帶，向門口疾走。「我要到深夜才囘來，不必等我。」

「你跟她去玩橋牌嗎？」佩任躍過去，拉住他。

「反正我們有事要商量。」

「那麼，這是完全眞實的了？」

「你聽，你沒頭沒腦地在說什麼話；別纏人了，我有事。」

「你跟沙雅琴的事是完全眞的了？好一陣了，我就聽到別人在談論；那時，我不相信，因爲我怎麼也不相信你會犧牲梅小珍的愛情！我沒有說沙雅琴是壞人，貴良一直說她是個待人很好的上司，但你是眞的愛她嗎？愛她甚於愛梅小珍嗎？」

「你別管，我高興愛誰就愛誰；我有自由；你既然這麼說，我今夜就不囘家了。」

「你已有好多次晚上不回家的記錄了，現在還假惺惺什麼？你去吧，有一天，她會發覺，你不僅欺騙了梅小珍，也同樣欺騙了她！」

克任急急奔下樓梯，把佩任的聲音，把佩任的身影抛得遠遠的。他覺得她已不是佩任、已不是他以前的妹妹。有時候，她眼中的光灼灼如火；有時候，她眼中的黑雲濃厚如夜；而以前，她的雙眼却是澄潔如澗水。她心中到底有了什麼變化？要是她不愛那個同學的哥哥，她乾脆另外去找別個同學的哥哥吧。她有許多同學，總有許多同學的哥哥。他只不過逼着她離開貴良，可沒有逼着她非要愛上她那個同學的哥哥不可。他只是叫她見識見識別的男人，並不是叫她只見識見識那個男人。她永遠無法明白他那兜着圈兒轉的思想。譬如說，她就無法瞭解他放棄梅小珍、選擇沙雅琴，對於他的事業具有越級跳的效果，對於家庭的聲譽具有穩如磐石的貢獻。或許媽正在傷心，但那是漲潮時期所難免的。不久之後，潮水退去，她的悲哀也會被帶走。有一天，她會坐在太師椅上，像二十幾年前、一帆風順時的父親那樣地微笑着，並且滿懷信心地宣佈：對我們俞家來說，又是一個新的時代開始了！現在，她對上帝禱告、向上帝贖罪，以後都將得到加倍的恩寵，因爲她有一個不甘平凡的兒子！

這種想法，使克任踏進沙家時的心情更加懽欣。沙雅琴正趁空在辦事室裏處理業務。他走過去，在她的鬢髮上輕吻了一下。

「這次眞是來晚了。聽佩任說你昨夜曾打了一個電話給我。」

「是的，因爲我一直在等你。有一段日子了，你每個週末都在這兒消度，所以昨天你沒來我就覺得很冷清。這個電話，打得太魯莽一點吧？」

「沒有，眞的沒有，只是不知道佩任說話和氣不和氣？我倒是擔心她這個沒見過世面的黃毛丫頭，不懂禮貌，得罪了你呢！」

「啊，聽你妹妹的聲音，我就知道她是個好女孩子，無怪乎以前貴良在我面前總是誇獎她。」

「好女孩子！簡直是從何說起！要說貴良誇獎她，只因爲貴良自己……嗯，說眞的，貴良能見過幾個好女孩子？佩任以前確實很乖，脾氣也挺好，什麼都順着我。自從她——自從她，呀，不說也罷；反正現在的脾氣壞得很，動不動就跟我頂嘴！」克任走出來，給自己調了一杯冰果汁，然後拿着杯子回到辦事室。「雅琴，我們不要談佩任了，談起她我就冒火，體溫直線上昇！」

沙雅琴把正在處理的一些事情推到一邊，抬起頭來，笑咪咪地：「幹嗎生這麼大的氣？自己的妹妹嘛！昨夜，我打過電話之後，才記起來，你前一天已經告訴了我：你不準備來，因爲老太太最近有點不舒服。我也眞是——反正，等一個人，等慣了，就是這樣；明明知道他不可能來了，但就是不肯死了這條心！」

「剛才你有沒有打電話去我家？」

「沒有。我乾脆一早就料理事情，還寫了一封信。我兒子昨天又有信來，說是已經參加了夏令營，因爲獃在家裏，也沒有伴兒好玩。其實，孩子跟着爸爸，總是怪可憐的。只有父親和兒子的家，總不是一個完整的家，所以，我在這封信裏，反而勸孩子隨時替爸爸留意，爲他介紹一個女朋友。這種作法，太洋派了，是不？」

「我猜想，你主要還是在爲孩子着想。」

「你完全說對了。」她坐到他身邊來。「有時，爲了孩子的事，我也老往壞處想。譬如，有一年，他出痲疹，我就擔心他爸爸沒照料好，他會得肺炎。有一次，他打棒球，摔壞了腿，我叫他拍了很多走路時的照片來，怕他沒醫好，以後成了瘸子。還有，現在，他是上中學了，我老是想，不要因爲家裏沒有人點督他而不好好用功，以後成了一個不長進的人！他爸爸如果能娶個三十多歲的老小姐，那麼，我就可以安心了。」

「呀，你的顧慮也太多了。做爸爸的當然會好好地帶自己的兒子的。他也不能馬馬虎虎地娶個女人來，萬一那個女人不愛你生的那個兒子呢，那怎麼辦，對不？」杯中淡綠色的果汁已只剩下一小半。「剛才你還有一些什麼事沒有處理好？我不躭誤你，你先辦吧。」

「沒有什麼，只是給朋友寫信。香港的。」

「是業務上的朋友？」

「不，是跟老朋友話家常，連帶談業務。不急。」沙雅琴拿起桌上的一杯冰紅茶。「我們到起居室裏去坐，舒服些。」

起居室裏有矮矮寬寬的淡綠色的長沙發，有可以擱脚的淡綠色的沙發櫈，有嵌在牆上的書架，有掛在牆上的維納斯誕生的畫；本身就具有一種蜜月的情調。他們把杯子放在矮几上，對坐着，又玩起蜜月橋牌來。最簡單的遊戲。他們邊玩，邊談。沙雅琴問克任：老太太是不是舒服一點了？這一天，她一直很不安。老太太的不舒服可能是因爲知道了他跟梅小珍的感情吹了。克任却堅決地說是不可能。他母親完全清楚，這兩年來，他跟梅小珍的感情始終沒有再進一步，分手是必然的事，何況梅小珍要出國去。他說得如此認眞，還臚舉了他所知道的、×大的許多外文系女生出國的實例。留學的狂熱推動着她，愛情是拉不住她的，又何況，他們並不眞正地相愛，並不像他跟她——沙雅琴那樣。沙雅琴傾聽着，並且微笑着。她說，她願意相信，絕對願意相信。他們玩着蜜月橋牌，他們一輩子要玩蜜月橋牌。然後，沙雅琴又問：他們什麼時候正式結婚、度蜜月呢？克任回答，就在不久之後吧，總得週詳地計劃一下，因爲結婚是件大事，是人生的另一開始，可不是？

「你向老太太側面提起過我倆的事沒有？平日，她對我的印象怎樣？」

「不錯。雖然我平日提起你的機會不多，但她總說你很能幹。再過幾天，等媽身子完全康復後，我就打算跟她詳談我倆的事，你說怎樣？」

沙雅琴抽起煙來。「你一直拖延着，不敢對她說，是不是怕她反對？」

「我想媽不會反對；眞的，我想她不會反對。或許會感到意外，但不會反對。」他緊緊地捏着手中的紙牌，一再地，幾乎是跟自己搏鬪似地，強調母親不會反對。這次的牌很好，是個好預兆。他要贏得這局牌。非贏不可！

「你怎能這樣自信？我對這倒一點也沒有自信。我甚至不敢對四海旅行社的李叔叔說。怕他阻止我。我也不敢對兒子說。我想，老太太一定會反對，原因是我離過婚，年紀又比你大。可是現在，我們已經這樣接近，還有什麼辦法？」有着銀紅指甲的手指無可奈何地輕彈着煙灰。

「我想，媽是不會這樣想的；萬一她要反對，我倆也要結婚。我們早有自主的權利。媽是明理的人，所以也就不會爲難我們。」

「你要說得技巧一點、婉轉一點。」沙雅琴心神不定地把紙牌蓋在腿上。「我自信很能說話，從不退縮，但是這件事情，我又怎能自己上門去說呢！我以前曾是一個有口皆碑的好女孩子，現在，我眞怕人家罵我一聲蕩婦，因爲我相信，我還是以前的我。而且，我也不願你們母子鬧得不愉快。」

「我媽待人一向很和善，所以你和我都不必害怕。」克任說。他也把紙牌放下來。眞的，該怎樣對媽說，才是好的開始呢？倘如媽和佩任果眞相信了梅小珍的話，那他倒可以理直氣壯地說：媽，既然梅小珍已經不愛我，那我現在自然只好去愛別的女人了。於是他可以把沙雅琴抬出來，說：這個女人雖然年紀大了些，但却婉麗華貴，幹練過人。媽總會有些不滿意，但因爲他正淪在「失戀」中，所以絕不會想再讓他失戀一次。反正禍是梅小珍闖的呀，他愛上沙雅琴也是不得已呀。媽還能說什麼？然而，現在，所有的變化，媽和佩任全都一清二楚。一提起來，彷彿把梅小珍趕走的就是沙雅琴；嘿，沙雅琴是個……是個蕩婦！或許媽眞會這麼怒氣冲冲地說，誰知道？他眞該運用非常、非常巧妙的技巧把媽的想法改變過來，然後，讓她站在他這一邊。他要告訴她……是的，他會告訴她的；並且還要告訴她：他又要換一個工作了——一個更好的、獨當一面的工作。

他們重又玩牌，把沉重的話題扔開。他們討論着將去哪兒度蜜月？環島旅行，太不够味，也似乎太小家子氣；乾脆到香港和日本去一趟，順便連絡一下業務。沙雅琴決定今後要把許多業務交給他。啃，她要到處玩玩，重過年輕的日子。近年來，她害怕自己快要沉淪在深而小的錢孔裏了。然而，他該怎麼辦呢？劉老那邊的工作還絆着他；乾脆辭掉算了，早晚總得辭掉的。

克任玩着蜜月橋牌，心裏却忙着各種計劃。有一天，憑他倆的才具，他們的事業要擴展得多遠就多遠，說不定，以後，他也可能像劉老那樣，經常來往於香港、日本與臺灣之間。啃，啃，那樣愉快的旅行，他將永不厭煩。他現在已經蠡測到，而且幾乎看得到，他歇脚的都是當地一流飯店的貴賓套房。那種會使他目眩的中國古典式或西洋式的豪華與堂皇。而當他悠閒地站在自己套房的門口時，却看見隔壁的套房裏走出來一個熟悉的身影：呀，原來是劉老！他就住在他的貼鄰。劉老握住他的手，喚他小老弟。他說：劉老，我請你吃飯，這次，讓我作東吧。

「那麼，這樣好不好？趁劉老這次回臺灣以後，我就當面向他請辭。」這局牌，勝利的是沙雅琴。有一、兩次他還是讓着她，因爲她的勝利就是他自己的勝利。

「好啊。當面鑼，對面鼓，你總得跟他說淸楚，否則，幹得好好的，爲什麼突然要辭去？還以爲心裏有什麼疙瘩了，對不對？說眞的，劉老是很看重你的。我想，你要不要再考慮考慮？如果你對那邊工作覺得很有興趣的話，就不妨留下來，我們自己的事業，你就暫時兼理、兼理。」

克任馬上回答：「那總不太妥當，別人會以爲我利用劉老的時間，辦理自己的私事；萬一有人在劉老面前搬弄一下，我跟他的交情，不就完了？要末，我一心一意辦劉老的事，要末，我一心一意辦我們自己的事；混在一起，往往吃力不討好。」

沙雅琴洗着牌，一次又一次地；洗好後，就一逕放到長沙發的中央，看去像是一方有花紋的硯臺。兩個人靜靜地對坐了一會，然後，沙雅琴問：

「那你決定辭了？」

「是的。」

於是，他們又玩着蜜月橋牌，那麼悠然地、親暱地玩着；把往後的日子全揉在紙牌裏，那麼有次有序、有花有紋的。

克任知道，他再不跟母親提起沙雅琴的事，已是不可能了。他原想等到「梅小珍事件」冷却之後、等到母親的憂戚漸趨平復之時再告訴她的。他相信，同一件事情，提及的時間不同，反應和效果也就不一樣。可是，他現在只得選擇「惡劣的」時刻，因爲，假如他不提早，佩任就會搶先在母親的面前戳穿他的秘密。

可是，他總得製造一個機會、一個開始。他不願意晚上跟母親談論這種事。最近，她的睡眠很不穩，她曾叫佩任替她買過兩次安眠藥。以前，每天，從早到晚，她總要喝上六、七杯濃茶，而現在，她却已經把晚上的那一、兩杯減去了。

那天大清早，羅勃李像是睡飽了，沒事做，打了一個電話給他：「哈囉，威爾遜！」唱大花臉的嗓子嘛！

「喂，羅勃李，媽還在睡呢，你幹嗎這麼早就打電話來了？而且，我也早已不幹導遊這一行了，威爾遜這個名字，請你奉送給別人，好不好？」

「那怎麼可以？你不是威爾遜是誰？威爾遜，聽說劉老這兩天又要來臺灣了，是不是？」

「哈哈，你的消息簡直比我還靈通！你是不是想上機場去接他？告訴你，他現在已是老臺灣了，不需要什麼導遊了。」

「我哪兒會糊塗到這個地步，我只是提醒你，別忘了在他的面前爲我美言幾句！威爾遜，我們是老朋友啊！」

老朋友！哼，那只是你剃頭擔子一邊熱罷了。如果你肯爲我着想，就不會成全貴良的事了；我算定貴良還得窮上半輩子，偏偏半路上殺出你這個老鴉般的羅勃李來。我算是栽在你的手裏。

「當然，當然。只是劉老也不是一個耳根很軟的人。喂，你替貴良辦好了這件大事，有沒有在他跟前討功勞？」

「介紹費不撩是功勞的酬報？等他造好了高樓以後，我自然也要去看看是否有比導遊更好的職務。我會毛遂自荐的。」

「羅勃李，你眞了不起。今天上機場時，小心點兒，千萬別錯過另一個劉老啊！」

「威爾遜，我告訴你一個消息：我聽說沙雅琴不久就要改嫁了。你猜猜看，對象會不會是劉老？」

「簡直胡思亂想！劉老在日本有太太，沙雅琴怎麼肯？」

「那麼，會是誰呢？沙雅琴的眼光這麼高，差一點的，她哪看得上眼？」

「那麼，你就養養神，別瞎猜；到時候，等着瞧吧。」

克任擱上電話後，簡直是又氣、又驚、又喜。遲睡的母親已被吵醒，隔着牆，問他：

「克任，誰的電話？」

「羅勃李！」

「什麼事？」

「閒聊一陣。羅勃李就是那副德性。」他旋開未上鎖的彈簧門，走進母親的臥室去。芥子色的窗帘濾去了窗外晨陽的炫麗，只映現一片淡淡的昏黃。微光中仰臥的母親仍像在熟睡似的。他怔了一怔。在這一剎那，他驚怖地想起了那永遠熟睡的父親。他後退兩步，硬把那個形象排斥出去。隨即，他聽見母親在說：

「克任，把窗帘拉開一點吧，我不會再睡了。」

他牽着繩子，小心地把窗帘拉開一尺多，讓陽光像水那樣地湧進來。回頭去看母親，發現她床頭的梳妝檯上有半杯剩水，有一片剩下來的安眠藥。她昨晚仍是靠着藥物入睡的。

「媽，你睡得還好吧？」

「差不多。以前，聽別人說，年紀大了，慢慢就不大想睡了；當時，我不信，現在，却不由得我不信。」俞老太太的話分明是爲克任帶給她的傷感掩飾。她沒有排斥他、責罵他。爲什麼呢？是因爲一個受創的心靈無法再來承受憤怒的襲擊，還是生怕重提舊事會把傷感一再地刷新？她仍用慈母的眼神望着兒子：兒子，你到底知道什麼才是眞正幸福和快樂的人生嗎？

克任埋下了頭。永遠睡着了的父親的形象再度向他猛撲。他懍懍地抬起頭。母親正對他微笑。她的微笑裏有許多她不願直言的話，她微笑裏的愛與憂凝結在她不褪的額際皺紋上。他陡然發覺她蒼老了許多、消瘦了許多；一層灰黃敷在她那一向秀雅、白皙的臉上。

「媽，有些事最好還是不要去操心。」他在床沿坐下來。「你最好去打打牌，散散心。我看要在這兒四鄰找幾個牌友，應該不難。說不定玩玩牌、說說笑笑，上床就能呼呼大睡。」

「你看到我這些年來玩過多少次牌？」

「不上十次。」

「好了。如果我是一個喜歡玩牌的人，早已玩過幾百、幾千次了。」她坐起來，讓枕頭墊着背。「我愛清靜，也愛朋友，但朋友却不是很快就能交上的。譬如說，你父親，一輩子交了多少朋友，最後，却只剩下程老板和梅老先生。你想得到嗎？」

提起他們兩人，克任沉默了一會。佩任這時端來了一杯剛沏好的龍井。俞老太太叫她把窗帘再拉開些。

「哥哥，剛才羅勃李跟你說些什麼，彷彿提到了沙雅琴？」

「他嘛，瞎猜。聽說沙雅琴要再婚，他以爲對象是劉老。」他對佩任瞟了一眼，又說：「媽，你知道沙雅琴是誰嗎？」

「我怎會不知道？這一年多來，我不是老聽到你們提到她嗎？她是貴良以前的上司，一個很能幹的女人。」

「能幹、有錢、大方。媽，你要不要看看她？我邀她來家裏吃一頓飯，怎樣？」

「你要請她吃飯是一回事，要讓我看看倒是不必。差了一大截年紀，說怎麼，都很難談得投機的。」

「媽，她可是很平易、很健談，跟什麼人都湊得起來。我敢擔保你會喜歡她。」

「她是名女人，人緣又好，我個人喜歡不喜歡她有什麼關係？我最近精神很差，我想，假如你光想請她吃一頓飯的話，那還是上館子的好。」

克任決定鍥而不捨。「媽，她確實是個好女人，學識、容貌、性情都好。喏，媽，你不信，我這兒還有她的一張照片，你可以瞧瞧！」

克任以魔術師的快速手法，從袖珍簿裏抽出一張沙雅琴在庭院裏攝的近照，把牠遞到俞老太太的手中，但俞老太太却像被催了眠似的，僵呆在那兒。

「媽，她實實在在是個好女人。」

照片從俞老太太的手中滑落到薄被上。俞老太太閉上眼睛。「克任，媽沒想到。」

「媽，她實在是個好女人！你不信，可以去問旅行社的李經理，羅勃李，還有貴良，甚至劉老，或者別的人。」

俞老太太仍閉着眼睛：「我眞的沒有想到——沒有想到。」

「媽，我說的話，你難道一點也不信？你只要看過她，你就會知道她絕不是什麼交際花那一類的女人。她是一個賢妻良母，離婚是不得已的，是她丈夫主動的。」

「我只是說你；我沒想到你竟這樣卑鄙。」俞老太太睜開眼來，瞋視着他：「你是企圖她的財產？你眞的愛她嗎？你連梅小珍都可以說丟就丟，難道你眞會愛上比你大上十來歲的女人！克任，你把婚姻當作兒戲！」

「媽，我這次是經過鄭重的考慮，然後才決定的。梅小珍有前途，我不能拖累她。我想，我跟沙雅琴倒是很相配。她是一個好女人，她很愛我。」

「你年輕嘛。你出賣青春！」俞老太太望着窗口。「你是騙子。你騙所有的人，劉老，梅小珍，你自己的母親——你在朋友家裏玩橋牌嘛——你騙佩任，騙梅家兩老，騙貴良，騙程老板，現在又去騙沙雅琴！」

「媽，你怎麼能這樣說？我完全是爲這個家、爲你、爲佩任、爲已去世的爸的聲譽。」克任挺挺地站在光亮中，像個鬪士。誰說他不是在爲一個信念而奮鬪？

「你是爲你自己的驕傲！克任，別再欺騙你自己了。你走吧。我希望最近不要看到你。你不要以爲我們母女倆沒有你就活不下去。我們會過得很好的。佩任馬上會找到一個工作。她不必去拉各種人事關係。她已去某個機關考試過，而且已有眉目。我早告訴過你：我不怕吃苦，我們不怕吃苦！你走吧。」

克任慢慢往外退。「媽，你完全誤會了，我完全是爲這個家。有一天，你會知道的。有一天，你會完全知道的。你今天叫我走，多狠心！因爲，有一天，你會知道……」

俞老太太猛地轉過臉來，用手指着門。「你走，你走，你有更好的地方可以去，我不留你。我狠心？我不是狠心，我是太傷心了。」

克任挺直地、緩慢地往後退。媽到底是個老式的女人。她一下子接受不了她沒有想到過的新的計劃。她誤會了我。有一天，她會明白、並且接受的，猶如住一座新屋，她一時適應不來，但終究會適應的。我相信，有一天，有一天……

他退到房門之外，退到客廳之外，退到母親和妹妹的生活之外……

二八

如今，克任是從家中退出來了。意外嗎？或許並不；難過嗎？或許也不是眞的難過。他從這扇門出來，可以從另一扇門進去；他只有從母親那兒出來，才可以整個踏進沙雅琴的生活中去。每週一次閃閃躱躱的相聚，已使他覺得厭煩。這些日子來，他要瞞住母親、佩任，瞞住梅小珍、梅老伯、梅伯母，甚至要瞞住劉老以及其他許多許多識與不識的人，怕他們會告密，或者傳播秘聞。現在，他是能够坦蕩蕩地面對一切了。他只感到自己像突然脫去了一件太緊的衣服那樣，週身舒暢了許多。他的確是什麼都沒帶，自己空着的雙手可不是證明？但他並不發愁，他要的，沙雅琴都有、都會給他。他以前沒有的，沙雅琴也有、也會給他。他帶一身閃耀的青春上沙雅琴那兒去。媽剛才是怎麼說他的？出賣青春？媽的話怎麼也會這麼尖酸？他相信沙雅琴還不是那麼飢渴的女人，她欣賞他的青春，却也同樣欣賞他的才幹，而他的才幹是被劉老一再誇獎過的，貨眞價實，絕不是自吹自擂出來的。想到不久之後，在事業上，他又不得不跟劉老分手，這倒眞的叫他依依不捨呢！

在沙家的門前停下來，他端詳一下很具氣派的深綠大門。以後，他要把這扇大門旁邊那方「

沙寓」的金字名牌，換上「俞寓」。沙雅琴跟他兩人是眞正地結合了，那時，許多識與不識的人，都會當面或背後對他流露出歆羡之忱來。羅勃李將是第一個，而且，當然也是最熱烈的一個；他幾乎可以聽到羅勃李的滾燙的聲音：威爾遜，你是世界上最最幸福的、最最快樂的、最最値得妒忌的人！

他隨身帶着沙雅琴給他的門鑰。當鑰匙在鎖孔裏發出咯嘞的清響時，他想他開的是扇幸福之門。他飛騰的喜悅使他像孩子般地跑向屋裏去。看見沙雅琴正坐在低低的窗檯上用她簡單的早餐，一邊觀賞着放在那兒的一盆黃金葛，他喚了她一聲：雅琴！沙雅琴轉過頭來，迎他以一臉的笑。他走近她。她穿着半透明的晨褸，領子敞得很大，他就挨在她的旁邊坐下，俯下臉，在她裸露的後頸上深深地吻了一下。沙雅琴說：「今天你來得意外地早，又顯得意外地高興，是爲什麼？」他乾脆摟住她的腰，答：「以後，我們可以每天在一起了。」

杯中的巧克力牛奶已給喝完，碟子裏還剩下一片土司。沙雅琴把杯、碟全推到花盆那一邊去，拍拍他的手，說：「我才吃飽呢，把手臂放鬆一點。到底是爲什麼事？是不是已把我倆的事照實跟老太太說明白了？」

他把手從她的腰際放開，又用牠圍住她的肩頭。「可不是，今早跟媽談過了。媽答應我從今天起跟你住在一起。媽說，既然我們已經這麼要好了，我就該住到這兒來，省得來回的跑。媽眞好說話。」克任保留着他們母子倆談話的主題，却把細節全部竄改了。他不能削減自己的光彩，也不能令沙雅琴難堪。

「老太太眞是好脾氣。她眞的一點也沒有罵我？一點也沒有罵你？」沙雅琴用兩手把蓬鬆的頭髮統統掠到耳後去，上身也就依在克任的胸前。「你們怎麼談的？我倒很想聽聽看。你且從頭說起，我叫女佣替你弄份早餐來。」

於是，克任親暱地牽着沙雅琴的手，走到起居室去（把早餐拿到起居室裏來吧）。他們並肩靠在沙發上。他開始用他磁性的男低音、用他誠摯的臉部表情敍述着那走了樣的情節，但他却說得很美、很感動，也很逼眞。他說到母親看見照片時的驚喜、母親對她的賢淑幹練的讚許，也因此，母親瞭解了爲什麼他無法去愛梅小珍。她深深地信服了他的眼力；她惟一遺憾的只是他不該把這件事隱瞞得這麼久，因爲這實在是不必隱瞞的。

沙雅琴幾乎陶醉在他的敍述中。那末，他母親對於他們的婚期可有什麼意見和指示呢？克任開始喝着巧克力牛奶、吃着火腿土司，輕鬆地說，這嘛，她說，我們年紀也都不小了，一切可由我們自己作主，她不會干涉；只是她最近身子很差，正在靜養，如果能夠等些日子，當然最好。是的，我想那不會很久的，是不是？有一天，當母親打電話來、叫我去看她時，那就表示她的身子已然復元了。

沙雅琴沒有任何懷疑。爲什麼要懷疑呢？一切不都是合情合理的？而她，既已跟他同居，又何妨再延一些日子。婚禮僅僅是種形式，雖然她是極其重視這一形式的，但牠早晚只差這麼一段時間，她總得遷就點兒，不能叫老太太心裏難過。她說：「那麼，我們就慢慢兒地準備吧。反正我倆的事，接近一點的朋友，怕誰都知道了。」

克任笑着：「我相信，誰知道了，誰就在羨慕我，說我是前世修來的福，哈，哈！」

克任就這樣地在沙雅琴的家裏住下來了。朋友們縱然很快地都知道了，但在這個陸離的都市裏，多的是這類的事件，當事人本身既已不閃躲，別人也就覺得稀鬆平常了。克任在最初的個把月中，仍在劉老的公司裏幹他的業務主任，但他已經不能把心整個放在公司業務的策劃上，或者說，他對這個工作，已沒有了很濃的興趣。坐在福華工業公司業務部的辦公室裏，他的思想恒常傾注在如何運用沙雅琴的資財建立起他倆的事業的藍圖上。那塊畑怎樣地被處理才能發揮最大的經濟價值？以高價賣掉——賣價要比貴良的高，然後加上她的股票、公債、美鈔和存款。沙雅琴當然還不會對他公佈她的財產清單。在這方面，她跟她的待人一樣，爽朗中仍保留着一些含蓄。她只告訴他一些大概，讓他以後眞正執行業務時再去明瞭牠們的詳細情況。要說比他大上十來歲的沙雅琴會把她所有財產的支配權全交給他，那是不可能的，但他可以向她建議、跟她商討，然後由他行動。事業是他倆拓創的，而她又是他的妻子。

劉守愚先生因爲給許多事絆住了，延遲了好些日子才返國來。他聽取生產方面與業務方面的簡報。他發覺克任所訂的業務計劃，不够切實，不够周密，宣傳上也不够普及，不够積極，而最令他驚奇的，則是克任對自己部門的有些工作竟然並不清楚。會議在傍晚結束，劉老邀他一個人到他下榻的百樂門飯店裏去商談。

兩人同上汽車。車子在傍晚的都市的鬧街上行駛得很慢。今天上午才下機的劉老或許由於午後有過一次小睡，此刻毫無倦態，他笑意洋溢地向克任道及他們夫婦首次回國時在機場上碰見了他、承他陪着同逛臺北市區以及各地名勝古蹟的情景。他在未來之前，倒確實沒有想到在這兒投資設廠的事，而既來之後，却又忘不了這塊常綠的土地。現在，他在這兒爲自己創立了另一個事業，也爲祖國的繁榮貢獻出一點棉力，以後，當自己眞的年邁力衰了，這兒更是他這片落葉歸宿的所在。

劉老的親切如昔，克任的溫恭也如昔。他們同上百樂門觀光飯店，同進那間跟他倆都有深遠交情的貴賓套房。克任已不再會爲那裏秀麗的色彩而目眩。劉老伸出右手：「你坐，克任；在這兒，你是客人。」克任則說：「劉老，你先請坐；到哪兒，你都是長輩。」說話仍是那麼得體。待劉老落座之後，他才不慌不忙地坐下來。

劉老點起煙斗，環視了一下套房，隨即愉快地說：「這兒彷彿是我在臺灣的家，我每次來，牠總是那麼熟悉地等着我。推進門來，一切都沒改變，好像在我離臺期間，沒有別的人來住過一樣。」

「我也喜歡這間套房。」克任說。「當得上富麗堂皇。」

「以後，你們結婚時，不妨把新房設在貴賓套房裏，既簡便，又華美，眞可以說是一舉兩得。梅小姐畢業了吧？」

「是的。」

「那麼，你們的婚期也該快了。」劉老嘴角啣着煙斗，笑着看他。「我早說過，別忘了請我喝杯喜酒呵！」

克任膝頭上放着公文皮包，兩手不斷地把牠捏着、擰着。他期期艾艾地說：「劉老，不瞞你說，我跟梅小珍的感情吹了。她成績好，很快就要出國去。」

劉老的煙斗幾乎掉了下來。他用煙斗的嘴敲着桌面：

「怎麼一回事？是誰的錯？」

「我們兩人自願分開，各奔前程。」

「無怪乎——呵，你一定很傷心，無怪乎你最近的工作效率要比以前的差。我不知道你心裏有煩惱。克任，我對你說，你的痛苦，我同情，但公司的業務，却也馬虎不得。幸而，工廠的產品還未上市，否則，推銷的技術一有問題，產品往哪兒銷去？商場如戰場，落後一着，只好認輸！所以我今天特地要你來這兒，商談商談未來的業務方針，你回去後，再把那個計劃好好地修改一番。我知道你是有才幹的。你只是一時的心情不佳而已。」

「劉老，謝謝你的栽培，我很慚愧，沒有把你交待的事情做得盡善盡美。」

「沒有關係，幸虧時間上還來得及。經我們今天仔細研討過以後，我相信是能夠把牠做得很好的。」

「劉老，謝謝你看重我。我想今天還是——劉老，我想我們今天還是不必研討了。」

「你的意思是——」

「劉老，謝謝你錯愛了我。我想一定還有比我更有才幹的人來接替我的位置，我現在正式向你請辭。」

劉守愚先生愣了一愣，還以爲是自己說了克任幾句，克任不下了臺，羞愧交集，才請辭的。他正想慰留他時，但克任却已從皮包裏把早經寫好的辭呈遞給了他，他這才知道事情已成定局。克任早有離職的決心，業務計劃上的疏漏，根本不是由於他的心情不好，也不是由於他的才能不够，只是他對這一職位已經不感興趣而已。

「你決定了？」

「是的，請劉老原諒。」

「你是想出國留學去？還是想到一個較大的公司裏去？」

「都不是。我只是想去幫沙雅琴的忙，代她經營她的業務。」

「唷，沙女士？」

「劉老，過一陣，我還要請你喝喜酒，是我和沙雅琴的。」

「唷，」劉老微笑起來。「現在，我才完全明白過來，原來是這麼一回事。我恭喜你們。」

「謝謝你，劉老。」

套房裏，色彩流麗，暮色猶未漫入，但精巧的壁燈却已撒下一片淡光。劉老的雙眼是廣漠的牧場，掠過的是一批批騎馬騁馳的年輕人，英勇、健壯、矯捷與機伶，但也有刁猾、寡情、輕率與狂戾。世上儘有那羣桀驁不馴的野馬，鶩馳、躍騰、長嘶，但世上也總不乏那些意圖征服一切的年輕人。問題是他是否是個眞正的騎師！

「克任，讓我向你進句忠言：你要自我珍重阿！」

一句最簡單、最懇摯、最有用、但也可能最無用的臨別贈言。這難道就是水晶貓的酬報嗎？

克任告辭出來。觀光飯店已成燈光世界了。夜總會的音樂招呼他進去，然而沙雅琴的等待却又催着他回家。正在遲疑之際，在通道上，他碰上了一對熱情的眼、一隻滾燙的手、一串蹦跳的聲音：

「哈囉，威爾遜。今天好運氣，咱們哥兒倆又碰上了。」

克任要躲也躲不開，想逃也逃不掉，心裏直嘀咕：誰是好運氣？我遇到你可是壞運氣！我討厭你那股高聲大叫、幫人扶己的熱情勁兒。你幫了貴良多少的忙，你拿了一筆好大的介紹費，可就沒有想到我差點兒被這件事逼瘋。幸好我這個人也還有點小聰明，此路不通，改走他道，總不能眼睜睜地站在原地呀。我現在辭去了劉老公司裏的職位，你或許會覺得可惜，但我呢，對這，却已味同嚼蠟了。你是消息靈通人士，我跟沙雅琴的事，你當然早已知道。知道了就好。我們也不想隱瞞。我跟沙雅琴的關係，畢竟不像你跟太妹的關係。我們是過一陣就要結婚的。等我母親的心情好一點兒，我們要歡歡喜喜、熱熱鬧鬧地結婚。就是這麼一回事。

克任後退一步，很有風度地、輕輕地揑了揑對方的幾根手指。「怎麼，還是來這兒陪客人！」語氣中，似乎已把導遊人員看得低了一截，而且隱約地流露出：你幹這一行怎麼老是幹不出頭的？曾幾何時，我跟在你的後面，而今，我……羅勃李，千萬別再歸因於命、於相了。

羅勃李笑嘻嘻地，根本沒有體會到克任的諷刺。「可不是，我剛陪幾位客人從梨山回來。那幾位洋客人，帶了小型的電影攝影機去，不知道捕捉了多少鏡頭回來，眞可以說是不虛此行了。威爾遜啊，你今天獨自來觀光飯店，沒有跟沙經理一起來？」

「我不是來這兒玩的，剛才，我是在跟劉老談話。現在正想回去呢。」

「噢，原來如此！」羅勃李雙眼一瞪，嘴巴微張，他的驚愕樣兒總比別人的來得厲害些，但也只這麼一眨眼功夫，他就重又微露笑意了：「那麼，既來之，則安之，這會兒，咱們哥兒倆去咖啡廳裏喝一杯；等一會，再撥電話給沙經理，請她在西餐部進餐；這樣安排，再好沒有了吧？」

「謝謝，我想不必了。雅琴喜歡在家裏用飯；她忙了一天，也希望休息、休息，說不定這會兒她正等着我呢！」

羅勃李瞇細着眼，這麼斜斜地瞟了他一下。「唷，威爾遜，你們好親熱呵。 也眞是的，有了她，連朋友都不要了；不過，我倒的確佩服你、羡慕你。這些年來，這個圈子裏的一些老光棍、中年光棍以及年輕光棍，有幾個不在心裏打過沙經理的主意。不論學識、容貌、財富，她哪一樣比人差，也就是因爲這些，所以要親近她，眞是談何容易？好多人，還沒探訊問息，就知道情況不利，自動罷兵。威爾遜啊，也不知你有一些什麼特殊的魅力，讓她看上了你？」

「也不是我有什麼特殊的魅力，只是我們有緣。」

「對，對，你跟劉老有朋友之緣，跟她有夫妻之緣。你那一位密斯梅呢，你不愛她，她倒沒有鬧得投河奔井的？」

什麼都要打聽。眞是越聽越煩。假如梅小珍果眞鬧得要投河奔井的，他今天還能在這兒逍遙自在？他望着電梯，說：「哎啊，她怎會是這樣的一個人？她有感情，有理智，更有理想，她原就打算出國去；我沒有什麼對不起她，你可不要胡亂編織呀。尤其是在雅琴面前，如果你說這種話，那簡直是蓄意誹謗！」

羅勃李趕忙拍着他的肩膀。「我只是隨便問問罷了，你怎麼就說得這麼嚴重起來？而且，我們相處得已有這麼久，你倒該知道我並不是一個口沒遮攔的人；我不會這麼魯莽的。」

克任直望着羅勃李。「這嘛，我倒還不太能够相信你。你總還記得以前介紹貴良的事吧？」

「啊，這筆陳年爛帳還提牠幹嗎？威爾遜，我根你是什麼交情，你儘管放心好了。我在沙經理面前，在任何人面前，絕對不會說句對你不利的話。你跟沙經理這麼恩愛，此刻，免得她在家裏空等，我也不勉強你去喝咖啡了。不過，有一件事，我不妨告訴你：自從你有了她之後，在臺北這個上流社會圈裏，你的名字已經不脛而走了。」

「唷？」克任說，然後又添上一句：「我們準備秋天結婚，然後到國外去走走。」

克任向電梯走去，羅勃李也跟他同行。他說他反正沒事，就陪他到底樓，送他上車吧。至少在這一小段時間內，咱們哥兒倆還可以再聊幾句。想當初，咱們哥兒倆一起辦公，常常同進同出，如影隨形……現在哪，難得碰面一次，難得聊上一會，眞是白雲蒼狗，今已非昔哪。我吶，一見到你，就巴不得留住你，不讓你走哩，但這怎麼可能，因爲現在，威爾遜啊，你不僅是個忙人，而且是位叮噹響的聞人啦。

羅勃李的話又長、又熱、又膩，夏天裏，讓人聽了直冒汗，尤其是從有冷氣的飯店裏走出來，哄的一下，整個人就像被扔進熱水鍋裏，而耳畔的語聲也就更像飛機低掠時的嗡——聲，險些兒把人擊昏過去。克任慌忙跳上一輛計程車；跟羅勃李揮別時，懶得連手都不想多擺一下。

克任這樣匆匆忙忙、昏頭昏腦地回到家裏，更感到那屋子的安樂愜意、沙雅琴的體貼溫存了。沙雅琴並沒急着問他什麼，待他洗完了臉出來，就叫女佣端上兩片西瓜。她坐在他的對面，跟他談着瑣事：剛才李叔叔打電話來，聊了一會家常。這位她前夫的舅舅、她童年時好友的長輩，一直非常關心他倆的生活，或許過些日子會來看他們。他很開明，對他們的事從未說過一個「不」字。克任慰懌地點點頭。她又告訴他，她行裏的那位打字小姐，知道貴良並不愛她，所以已經接受另一個男人的約會了。克任說，那是對的，總不能把感情浪費在一個對她了無感情的男人的身上。貴良的爲人哪，貴良的眼光哪，啊，不說也罷。接着，他們吃晚飯；飯後，就坐到起居室裏。兩人又玩起蜜月橋牌來。這時，她才悄悄地問他：他跟劉老談過辭職的事沒有？劉老的反應怎樣？他說，劉老很吃驚。劉老開始還以爲他是因爲受到批評而請辭的呢。說眞的，最近，他對公司裏的工作，根本沒有費過一點心。沙雅琴停下牌來，有點責怪地望着他。她說，他的這種做法是不智的。他在決定辭職之前，應該表現得特別出色，好叫人長存「故人」之思。

克任也停下牌來。他覺得很不是味兒。他今天聽劉老的責備猶有可說，怎麼連她也派起他的不是來。她沒有想想，他是爲了她、爲了她的事業，才這樣的呀。不過，他的慍然的沉默却馬上被沙雅琴發覺了。她露着笑，拍拍他的手，叫他不要介意。她說，她只想告訴他，在商場上，信用和人緣還是很重要的。她明白他完全是爲了她，她很感激，十分感激；說得克任心頭的不快全消融了。他們收起紙牌，去客廳裏看電視。克任邊看邊翻着Life，發現沙雅琴今天又接到了兒子從美國寫來的一封信。

「他很喜歡寫信。」克任說。

「誰？」

「你的兒子。」

「噢，是的，因爲我是他的媽媽，而且，因爲他很孤獨。」

「他不快樂？」

「我想，總難免有一點兒。我每次讀他的來信時，總希望他快點長大，快點長大，快點長大。」沙雅琴霍然停住，但她的激動却已躍呈在臉上：「希望他快點長大得可以去愛一個好女孩，那我也就可以放心了。」

克任說，那孩子長大後一定會愛上一個好女孩的，跟他媽媽一樣好。然後，他望着那畫報。以前曾經夾在畫報裏的那些信，都給放到哪兒去了？他沒有問她，也不想看牠們的內容。對那個少年，他雖然沒有妒忌，却也產生不了愛心。

沙雅琴抓住克任的胳臂：「你想，我要不要把我們的事告訴他？我還沒有勇氣提呢！」

「你怕刺痛他？認爲一個女人是不該再婚的？」

「不是，只是我們的關係現在還沒有明朗化。」

「那麼，以後再提也不遲。等我們結婚之後，你寄一張照片去。他生活在美國，對這種事，不會大驚小怪的。」

「是的，我希望他也能够了解我的孤寂。」

看完了一個節目，才八點；向窗口望望，月色很好。在都市裏，能在自己的家裏享受月色，倒也是福氣哩。他們各自拿了一把紙扇，走到前院裏，並肩坐在樹邊的一隻石櫈上。樹不大，影也不濃。兩人用扇子趕着蚊子。克任想起了自家老屋的那個小院子以及母親鬱悶地坐在那兒看星星的那個晚上。他快有一個月沒去看母親了。他總以爲她這次也會很快地原諒了他，跟以前原諒他做了錯事的那樣。她會打電話來，叫他回去，重新商談。近半個月來，他一聽到電話鈴聲，就認爲是母親打來的。誰知母親也是這麼固執的？按說，做妹妹的應該勸勸母親，但佩任爲了貴良的事，怕已把他看作冤家了。最近，聽別人說起，佩任已經找到了一份工作。這樣看來，她們彷彿預備跟他長期對抗下去。

「這院子眞美。」克任說。

「以前，我曾聽貴良談起，你家的老屋也有一個院子。」

「是的，不過，很小、很小，搭了花棚以後，連轉身的餘地也不多了。我早跟你說過，我想把牠賣掉；五十坪左右的土地，說怎麼也值四十來萬吧，足足可以買戶新的公寓了，但媽不肯。一聽說要賣，她就光火；老年人就是這樣，有什麼辦法？我又不好意思拗着媽獨自作主。」

「你最近去看過老太太沒有？她身體怎樣？」

「噢，當然，當然囉，我去過兩次；她好多了。她問起我們什麼時候結婚？我說，慢慢來，等她康復了，才能主婚哩。」他又抬頭去看天空。月亮像張閃光的圓形金屬片，只是不知被誰粗心大意地剪去了一隻角。不知母親今晚是不是也在望月亮？她的窗口是不是見得到月亮？他明天是不是要去看她一次？倘若她曉得他已辭去了公司裏的職位，是不是會更生氣？

沙雅琴用扇子輕拍了幾下腿，像是突然想起了什麼似地說：「今天下午，我碰見了貴良。」

「哪兒碰見的？」

「是他到行裏來看我。」

「噢，他現在有了錢，好活躍呵。他是不是又想跟你談論他的計劃？他的嘴好甜，又是請教這樣、請教那樣的，我勸你別理他那一套！」

「你爲什麼這樣討厭貴良？我倒覺得貴良蠻不錯，即使有錢了，但還是沒有改變他做人的態度。只是昨天，他滿腔心事，幾次想跟我說一件事，却始終沒有說出來。我問他，是不是錢的問題；他回說不是。我想，他的困難，只有你知道，只有你幫得了他的忙。他說，他能不能來看你一次？我代你答應了。」

克任驀地站起來：「你不該答應的，我不要見他，不要見他！」

沙雅琴姁姁地說：「爲什麼呢？告訴我，爲什麼呢？你跟他也是多年的老朋友了，爲什麼要這樣討厭他？他又有什麼困難？告訴我，克任！我願意知道原因，我也願意幫他解決困難。」

「我不願見他！」克任只是重複着。「我不願見他！」

然而，第二天上午，當他跨出大門的當兒，貴良却一把拉住了他。

「俞少爺！」

「別纏我，貴良。你敢愛上我的妹妹，我跟你還有什麼交情？」

「但我是眞心愛她的，我不會虧待她的。我求你不要再攔着她，好不好？以前，她偷偷地來看我，但這一個多月來，她却根本不肯見我一面。我去看她，她躲起來；我在街上遇見她，她就逃開去。爲什麼她要這樣呢？是你攔着她嗎？俞少爺，你恨我，你儘可以打我幾下出出氣，但我求你不要攔着她。我絕對不會叫你坍臺的。這一輩子，我會永遠記着你的情。」

克任冷笑了幾聲：「貴良，你別語無倫次的。你看我這一陣一直住在這兒，怎攔得了她？她要是眞心愛你，憑她的脾氣，縱使刀槍擋在她的前面，她也要衝出去看你的。貴良，你清醒、清醒，佩任已經愛上了別人，已經愛上了她同學的一個哥哥！」

「唷，不，不，我知道，她並不愛他。她以前告訴過我，她一點也不愛他。她只是想逃開你的逼問。你別騙我。我知道她眞的一點兒也不愛他。」

「但現在，她却的確愛上了他。女孩子的感情，誰料得到？我勸你快死了這條心！」

「我相信她沒有變；她是愛我的。她知道我做這一切，全是爲了她。我想，這中間一定有什麼不對勁兒了。我要跟她好好地談一談，我要明白是什麼原因使她避着我。卽使她已不再愛我，她也可以對我明說，用不着躲着我。我不會說她、怪她、罵她，但她得讓我知道原因……」貴良還想說下去，但克任却已不耐煩地擺脫開他，跳上一輛計程車，遠去了，留下他無助地望着大街上的行人與車輛。

二九

克任驀地驚醒過來，電話鈴聲像老式救火車的鈴聲那樣，慌慌張張地、連續不斷地響着；牠一定已經響了好一會，以致黑暗中，滿屋子都像掛滿響鈴似的。克任免不了冒起火來：誰打來的電話？是什麼驅使那個缺德的心急鬼揀上這個安安靜靜的晚上？就沒想想看，叫一個剛從夢中醒來的人去撞一屋子的鈴聲該有多難受。現在幾點了？兩點，還是三點？連床頭檯燈的按鈕都摸不着。全是那鬼電話鈴催得他心慌意亂的。好容易被他按亮燈，一看錶，才只兩點半。怎麼連拖鞋也躲起來了。就穿上雅琴的拖鞋吧。這電話多半是雅琴的，但雅琴說過，他是她的機要秘書，什麼事，先經過他，總不會錯。

電話鈴依然響個不停。他跌跌撞撞地走向客廳去。來了，來了，拜託，拜託，少響幾下吧。克任邊拉壁燈，邊把話筒摸到手裏。

哪一位呀？你有什麼事，快點說吧，我是俞克任，如果你要跟沙雅琴說話，就跟我說好了。

我是你的娘，你聽清楚了沒有？我是你的娘！我告訴你：你快來，佩任出了事，此刻在××醫院裏。

佩任？醫院？她自殺啦？還是撞車啦？媽，她沒有什麼危險吧？

我不知道。上帝保祐她！你快來，快來！……最後，從聽筒裏，只湧出一片抽噎聲。

滿屋子的鈴聲已然退去，滿屋子的抽噎聲却在瀠洄澎湃。呵，呵，佩任到底發生了什麼事？到底是自殺還是撞車？爲什麼媽就不說個清楚？佩任深愛着媽，她是不會自殺的，而且，也沒有什麼嚴重得非得自殺不可的！是爲了貴良嗎？我這一陣來，的確沒有攔過她，她如有我那樣的勇氣，就先跟貴良同居好了，或者說，先偷偷結婚好了。誰阻礙了她！不，我相信她不會自殺，她不是一個厭世的女孩。那麼，出了什麼事呢？上帝呀，萬能的上帝呀！假如你果眞是萬能的，假如你想製造一個奇蹟，那你現在就該告訴我！

他扶着牆壁，踉蹌而行，邊把客廳裏的燈統統開亮。媽的嗚咽聲在燈光中消失了。媽此刻一定在急診室的外面祈禱，因爲如果她不祈禱的話，她就會一直哭個不停了。她要抓住上帝，把痛苦的重量全移到祂的肩上。然而，我該怎麼辦呢？我去仰靠誰呢？我的心似在漩渦裏打着轉，昏亂得什麼似的。我簡直記不起來皮鞋放在哪兒？我的長褲和香港衫呢？我的皮夾和手帕呢？噴，謝謝你，雅琴，你起來啦。謝謝你把我要穿的和要帶的全遞給了我。我正想找牠們。我在發抖嗎？我自己不知道。怎麼，你喚了我幾遍了？我一點也沒聽見。我不知道自己在想什麼。雅琴，媽說佩任出了事，你想她到底出了什麼事？她此刻到底怎樣了？她是一個好妹妹，雖然她跟我爭吵過，但我仍得承認她是一個好妹妹。以前，她從不跟我爭吵，以後，我也不要再跟她爭吵了，只要她這一次平安無事！如果我虧待過她，我會向她道歉，只要她這一次化險爲夷。呀，車子呢？我忘了叫車子了。我也記不起車行的號碼了。雅琴，雅琴，你替我打個電話到車行去。怎麼，你剛才已經替我打了？我一點兒也不知道。

他什麼都帶在身上了，甚至連原子筆、身分證和私章，只消去門外等車子就行。夏日的凌晨，風像從水上吹來，而整個的臺北市則像一個大湖。沙雅琴站在他的旁邊，他一會兒轉向馬路這一端看看，一會兒又轉向馬路那一端看看。沙雅琴低聲說：要是我也能去，那就好了，或許我能幫得上你一點忙。他沒有回答，她也不要他回答。他倆都知道她不適於在這個時候去。如果她正式是他母親的媳婦的話，或是佩任的朋友的話，那她當然應該去。而現在，她跟他的母親和妹妹都壓根兒扯不上關係。她是巴望盡一點力的，但却使不出來。

「佩任的事過去之後，我們就結婚。婚後，我接媽和佩任來住幾天。」克任說：「佩任今天一定不會有什麼事的，一定不會有什麼事的。呵，上帝，她一定不會有什麼事的！」

「你要趕快打電話把她的情況告訴我。克任，你記着，你要趕快打電話給我。」沙雅琴同樣也是焦急不安。

「是的，是的，我會打電話告訴你，我不會叫你久等的。她一定很快就好了，很快，很快；或許我一到醫院，她就會坐起來，有說有笑了。」

車子來了，克任一個人走了上去。他說了醫院的名字——剛才在慌忙中，不會聽錯醫院的名字吧？假如聽錯了……怎麼搞的，他今天怎麼會這樣不信任起自己的記憶來了？不會聽錯的。他閉上眼睛，想鎮定一下自己。他得記住，他去那兒，不是去製造紊亂，不是去製造悲痛，而是去注入一股安定的力量，因爲他是他們家庭中惟一的男人。他對自己說：我要鎮定，我要鎮定，我要鎮定！因爲這件發生於黑夜的事，本身就像一個夢，黎明來到時，也就是噩夢消失的時候；過去得這麼迅速，就如晚上睡下去，一覺醒來，已是亮閃閃的晨曦了。然而，怎麼搞的，他的心就是安靜不下來。佩任在他的眼前笑着，佩任在他的眼前哭着，佩任在他的耳邊喚着：哥哥，哥哥。佩任尖嚷着：你害了我，你害了我！我害了你什麼，佩任？他問；佩任，你不能這樣含血噴人！是的，我對你聲色俱厲過，我對你吹毛求疵過，但那都是爲你的幸福着想，並沒有存心害你的意思。你眞的是爲了貴良嗎？我想不是，因爲這一個多月來，我根本沒有攔阻過你。貴良說我攔着你，那是不眞實的。我沒有攔你，我連看都沒有去看過你們一次。或許我應該去看看你們的，看看我走了以後，家裏有什麼改變，但我沒有去，因爲我在等待媽的回心轉意。有好些日子了，我都在等待媽的電話，這不是假話，是千眞萬確的事實，但我並不喜歡她今天會來這樣的一個嚇人的電話。佩任，你沒有事吧？我相信媽在祈禱。媽一直很虔誠，她的祈禱定會上達天聽。佩任，你靜下來，我不是來跟你拌嘴的，我以後再也不會跟你爭吵了。

司機把他送到他說的那個醫院的門前。他現在忽又興起了一個希望——急診室裏冷清清的，沒有人。沒有佩任，沒有母親。是母親跟他惡作劇，叫他體味一下他忽略了的母、子、兄、妹之情，叫他趕忙回頭，回頭對她們賠不是。好的，媽，我瞭解你的苦心。我會負荆走到我家的門前，在闃寂的黑暗中，靜候幾個鐘頭，然後敲開家門……

可是，當他轉過身、跨進醫院的大門、向亮着紅燈的急診室的那個方向走去時，他才發覺事情是眞實的。急診室裏，燈光輝耀，人影幌動。他不由自主地跑起來，跑到走廊，在一處安放着長椅的半明半暗的地方，他看見一個正在跪着禱告的老婦人。

她是他的母親！

媽！媽！

克任，你來了。

媽，佩任出了什麼事啦，吃了安眠藥，還是撞上了車子？

都不是，都不是。可憐啊，我的心肝。她一直沒有跟我說，一直不敢跟任何人說。可憐啊，我一直沒有注意她。她吐過兩次，我一直沒有想到這一點。我昏了頭，只以爲她剛開始工作，太勞累了。我的好女兒，我的乖寶貝。她最近一直對我說，媽，我不想嫁人了，我賺錢養你，我一輩子跟你在一起，我不想嫁人了。

克任把母親扶了起來，坐到椅子上。她的手冰冰冷的，但她的額角却貼着汗濕了的髮絲，她的眼睛盯住地面，沒有看他。

媽，我還是不懂。佩任是不是自殺？

不是。她是不肯自殺的，她愛我。她還年輕，怎麼肯死呢？她只是沒有告訴別人，自己吃了藥。她很年輕，她以爲這是很簡單的，只要吃了藥，就可以解決。可憐的孩子，她不肯對我說，也不敢對別人說。她吃了草藥，不料流血不止。晚上，她尖叫起來，我跑進去一看，床上已是一大灘血！

現在，克任總算有點明白過來了。他混身哆嗦。事情怎麼會是這樣呢？怎麼會是這樣呢？他跑到急診室的門口，拉住了一個走出來的護士問：我的妹妹怎麼樣了？沒有危險吧？血止了吧？護士看了他一眼：我不知道。大夫正在替她急救。她的血流得很多。她不應該吃那種藥的。你們家裏沒有人注意到這件事？

我們都沒想到。我可以進去看看她嗎？她能說話嗎？她沒昏迷過去吧？

我不知道，讓我進去問問大夫看。

那個護士進去了，只是沒有馬上出來。克任站在門口，擰着衣襟，他回頭看看坐在那邊椅上的母親，她又緊閉着雙眼在祈禱了。啨，佩任是不該吃那藥的，她怎會傻得這樣？如果她不要那個孩子，至少現在有比吃草藥要安全得多的辦法。她爲什麼不跟媽說？那孩子是誰的？貴良的？她同學的哥哥的？還是別人的？那混蛋的貴良說我攔着不讓她見他，而現在，她却有了孩子，這是怎麼一回事？是他倆在兩個月之前、在他自己還未住到沙家之前、某一天裏發生了這件事？然後，佩任發覺自己並不愛貴良，連帶也不要這個孩子，於是，她跟媽說，她不想嫁人了……

先生，護士走出來說，你的妹妹還沒脫離險境，大夫已經爲她輸了血、爲她動了手術，你可以進去看她，但她不能說話，不能激動。她的血還未完全停止。

克任跟着她走進去。佩任躺在急診檯上，攔胸掛着一塊白布。她閉着眼，臉孔像用灰色的薄紙剪成的。佩任，我來了、你沒什麼吧？他說。她緩緩地睜開眼，那樣疲乏的眼神。克任的心一下子沉到井底裏去。嘀，不要這樣，不要這樣。不要這樣，上帝，我求祢，保祐她！

佩任，你會沒事的，佩任，你不要說話。我和媽都在你身邊。你會沒事的！

哥哥！她搖搖頭，然後又閉上了眼睛。貴良來了沒有？我對不起他。

護士叫克任出來。他還未走到母親身邊，就看見貴良從外面衝了過來；他一把抓住了貴良。他們兩個又要求走進急診室去。

佩任，我來了，我是貴良。我來了，佩任，是我。

佩任費力地睜開眼來，眼神比剛才更疲乏。貴良陡然撲到急診檯邊，臉貼在她的手上。

我對不起你，佩任微弱地說。我無臉見你，但現在，我快要走了，你不會怪我吧？

強壯的貴良像孩子般地哭了起來。

你不要哭，貴良，我也沒有哭。我知道我要完了。我一點兒也不愛那個同學的哥哥，你要相信我。

佩任，你會好起來的。你不要胡思亂想。你知道我是不會怪你的。我怎會怪你呢？我是這樣地愛你。當初，要是你肯讓我跟你見面談談，就不會發生這種事情了。

佩任搖搖頭。可惜現在來不及了。現在全完了。我沒有想到，我只是不要別人的孩子。

佩任，妹妹！你會好起來的、好起來的。一切全會過去。哥哥，你不會再恨貴良了吧？不要恨他，不要恨別的人，也不要恨你自己。她說得很低、很慢。她年輕的生命在漸漸地離她遠去。

大夫搖搖頭。俞老太太被克任扶着走進來。她像痳痺了似的，用自己的臉痴痴地貼着佩任的臉。佩任的眼睛幾次費力地睜開來，又幾次無力地閉上了。她的嘴唇蠕動着：媽！

天色幽沉，彷彿有一股風自湖上吹來。這像是夢境，但一切又是這麼眞實。一幅白布覆蓋住曾經嘻笑過、叫嚷過、痛哭過、憤怒過的佩任。他憶起了彌留時的父親。可是，佩任不像父親。她還太年輕、太年輕，她不該死的；她眞的不該死的，他從未想到她會這樣，會離他們而去。母親痛哭着，貴良啜泣着，而他却在默默地流淚。他無權像他們那樣嚎咷，而他却有權比他們更其悲慟。爲什麼事情會是這樣呢？佩任，爲什麼你不愛那個同學的哥哥而又會失身於他呢？而出事以後，爲什麼又瞞着母親，而又躲着貴良呢？佩任，我的妹妹，我的可憐的妹妹，爲什麼你不多活半小時、多活十分鐘？爲什麼你不把事情說淸楚就遽爾走了？這不是你平日的性格。你近年來改變了很多；是我逼着你改變的嗎？我到現在還是不明白，爲什麼你會愛貴良而我會恨貴良？爲什麼我們兄妹兩個人所看到的竟是兩個不同的世界、所想的竟是完全不同的事情？佩任，我的妹妹，我惟一的妹妹，我曾這麼蠻橫地打過你，但現在我連叫你還手的機會都不可能有了。你恨我嗎？我知道你是不會恨我的，你在臨死之前，都不肯說句「恨我」，因爲我是你的哥哥。

他扶着母親。他甚至不敢勸慰。虛弱的母親因極度的悲痛幾乎昏厥過去。醫生替她注了葡萄糖，給她服了一顆鎮定劑，囑他還是先送老年人囘家休養要緊。母親雖勉強停止哭泣，但她蓬亂的頭髮、紅腫的眼睛、灰青的臉色以及乏力的雙腿，却使她看來全然像個身罹重病的人。他扶着她，在右邊；貴良也扶着她，在左邊。他們要扶着她走上停在醫院門外的那輛汽車裏去。這是一條長長的短路。她無法邁動她的雙腿，他們扶着他、拉着她，一寸一寸地走。她不斷地去望太平間。啲，那門裏躺着一個已經不會喚她的女兒！貴良說：伯母，你要保重，佩任的後事，我會料理齊全的，請放心好了……話猶未了，便又開始哭起來。母親側過頭，靠到貴良的肩上。他也說：媽，媽……但喚了兩聲，他仍不知怎樣接下去。唉，囘家之後，他將怎樣勸媽呢？還是什麼都不說，等過些日子，讓他好好地向她請罪。但這件事，又豈是請罪所能贖囘來的？媽將永遠不會原諒他了。他自己這會兒走路也有點跌跌撞撞的。他想了想，才對貴良說：貴良，依你自己的意思辦好了，錢的事——貴良說：你怎麼老是記得錢？——話只說到這兒。他們跨出大門。凌晨的天空黝黑如岩洞，風又吹過來了。那邊是岩洞，這兒是大湖，這不像是個平日所見的世界。媽，願你在夢中，願我也在夢中；夢醒後，我答應把佩任嫁給貴良。媽，或許只有在我不恨他時，我自己才會快樂起來。媽，讓佩任不是眞的死去，我不願她死。可能這會兒她正好好地睡在家中自己的床上。媽，媽……

司機打開了車門。他對貴良看了一眼，他們更加小心地把母親攙上後座去，然後，他自己跨了上去。他從窗口半探出頭來，又說：貴良，佩任的事……

你放心好了。我比你更愛她。今天，誰能把她救活，我是不惜花光我所有的錢的。伯母身子太差，你要細心照料她呵！

貴良，雅琴一直在等佩任的消息，你抽空替我打個電話給她。

他回過頭去。母親又閉上了眼睛。她是在禱告嗎？還是她連祈禱的力氣也沒有了，只在休息？車子開了。啊，就在這輛車子的後座上，在兩個鐘頭之前，不就坐着閉上兩眼的佩任？佩任坐在母親的旁邊，就如現在母親坐在他的旁邊那樣，只不過幾小時的工夫！有時，你覺得生命很堅韌，有時，却又覺得生命太脆弱！佩任喚：媽，媽……她一定也沒有想到自己會離去。她年輕得太天眞，她年輕得只想重新開始……她年輕得令你不肯相信她已消逝。而這會兒，眼前是衰邁的母親，她的生命似被佩任携走了大半。

到了公寓門前，靠着司機的幫助，他才把母親攙挽着、抬抱着，走上樓梯去。母親喘噓地訴說着她不該搬家，她本來就不喜歡這個新居，不喜歡這累壞人的樓梯。她愛有院子的老屋，有許多記憶的老屋，有許多熟悉的鄰居的老屋。他們像攀登玉山那樣地攀登着樓梯。他們終於到達了二樓的住所。司機離去後，他又扶着母親到臥室的床上躺下。夜色褪去，兩幅窗帘的縫隙上貼着一條白亮亮的帶子。母親很想睡去，她必須休息，但睡覺對她已不容易。我要吃一顆安眠藥，她說。他服侍她吞下一顆紅色膠囊的丸藥，然後悄悄地退出來。

他的心亂得像一大堆經常被顧客們翻動着的廉價品；老天，誰要買些去？但有一件事，他是業已成竹在胸的：他絕不讓母親參加佩任的葬禮，怕她承受不住。母親睡了一覺後，彷彿也已經想開了，只寂寂地、寂寂地躺在那兒，既不號哭，也不呻吟。有時，她還冷靜地指點一些事情：佩任該穿上那件她心愛的淺藍軟緞禮服，她的棺木不妨講究一點，其他可別舖張。貴良如果硬要負擔這筆喪葬費用，也不必跟他過分爭執，因爲貴良心裏難過，只想藉此盡點心意。那兩天裏，他差不多寸步不離地陪着母親。梅老太太和梅小珍來了，程老板和秀玉也來了；他們的勸慰和他們的淚跟母親的感激和母親的淚，融合在一起。母親拉着梅小珍的手，久久不放。他的心好亂，他別過頭去。他知道母親的感受：一個女兒已經夭亡，一個兒子早就迷失。她從未直接對他談過「迷失」一類的話，但她的眼神却袒呈了她對他的看法。

但他眞是這樣嗎？他不承認，也不否認。

佩任的喪禮很莊穆，雖然參加的人並不多，但每一個都是深愛她的朋友，連沙雅琴也送來了一個黑玫瑰綴成的大花圈，表示她的哀悼。喪事過後，克任仍留在家裏陪着母親。反正公司裏的差使已經辭了，沙雅琴那邊的事也不急。把創痛正新的老年人交給一個新來的年輕女佣，未免大殘酷，也太不穩當了，而且，他也還想趁機跟母親談談，向母親陪罪，請母親答應他跟沙雅琴的婚事，並且接她去那兒同住，享享晚福。他每天跟沙雅琴通兩、三次電話，也會抽空去看過她兩次。她總是勸慰他，叫他別急。他也高興母親的身子在逐漸復原。母親自不能下床行走，到現在已能坐在太師椅上看上半天的書報，體力委實已經增強了不少。他曾擔心母親會一病不起，如今，這份憂慮，總算淡去了。晚上，女佣回去後，他就陪着母親：他們母子倆常常只是默然而坐。

那晚，母親問：「克任，你向公司請了幾天假？我看你在家裏也有十天了，該去上班了。」

「沒有關係，只要媽康復，我就放心了。」

「請久了，也不好。我這兩天在想，住在這兒太寂寞，過一陣，我們把這座房子退了，再搬回老屋去住吧。」

「媽，老屋太舊、太黯了。」

「我不喜歡跑這樓梯，因爲以後，我還是要把佣人辭掉，自己上菜場，那邊，我樣樣都熟。」

「媽，我接你到雅琴那兒去住吧，那邊屋子大，又舒適，也不用跑樓梯。現在，佩任不在了，你換個環境，心裏也會舒暢些。」

「不，不。我要回老屋去。」

「媽！」

「你們準備什麼時候結婚？」

「媽，就等着你替我們作主。」

母親嘆着氣：「克任，現在，對你的話，我不知能够相信多少？你們兩個，論年紀，都不算小了，什麼事也都已自己作了主，還要我替你們的婚事作主幹嗎？克任，媽是一個不喜歡聽假話的人。」

「媽，我這話可完全是眞的。雅琴認爲……媽，雅琴並不比梅小珍來得差，媽，她處處爲我着想，媽，你怎麼一點也不相信我？」

母親搖搖頭，沉默下來。好久，她才說：「你們要什麼時候結婚，就什麼時候結婚吧，只是我不能去參加，我也不能住到沙家去。」

「媽，但你一個人怎麼能在老屋裏住下去？我怎麼能安心？」

母親悽笑着：「爲什麼不能？我在那邊不會寂寞的。」

「媽……」

「你明天上班去吧，不必爲我的事作太多的打算。」

「媽，我上不上班根本沒有關係，我早已辭了劉老那兒的工作，以後，我要幫雅琴處理業務。」

母親驚怔了一下，然後若無其事地笑了。「你看，你又瞞着我做了一件事。」克任想解釋，母親却擺擺手，阻止他：「別說了，你是不得已，是不是？我知道你的意思。」

「媽，我只希望你能瞭解我。」

母親平靜地笑着，並且還慈藹地拍拍他的胳臂：「你也別解釋了。所有的，我全清楚；所有的，我全了解。沙雅琴一定待你很好、很好，是嗎？但你最近好久沒去看她了！」

「白天，我抽空去看過她兩次。」

「夜晚呢？」

「沒有，我願意在這兒陪媽一直到媽身體很健、很健以後。」

母親又笑了：「她在那邊等着你呢！妳瞧，我今天身體不是已經很好了？今晚，你到她那兒去宿吧。我不會怪你的。你們年輕，正是恩愛得很的時候。眞的，我勸你，今晚還是去她那兒吧。我不會怪你的。」她對他端詳了一會。「明天早上遲一點來看我。女佣要到八點多才上工。」

「媽……」

「我不會怪你的，你放心地去好了。我替你理兩件衣服，你瞧，我連衣服都能理了，不是跟以前一樣清健了？」她在屋子裏轉了兩圈，最後，把掛在衣帽架上的香港衫遞給了他，連同一隻裝着內衣的旅行袋。「去吧，我不會怪你的。去吧，走得好，好好地走路；一個人走路千切要小心、要小心！」

「媽，你是不是已經有點歡喜雅琴了？」

「現在已經九點多了，這點，等以後再說吧。等會我就要去睡，你可不要打電話來吵醒我。」

她理理他的衣領，掠掠他的頭髮，像對一個上學去的孩子那樣，輕輕地把他推到樓梯口，而他却毫無主意地拎着旅行袋。我們母子已經完全和好了，是的，應該是的。媽剛才說，她完全了解。媽已經漸漸地喜歡雅琴了！媽已經相信雅琴是個好女人。是的，是的，我或許撒過許多次謊，但這點却像屋柱一樣堅實。媽是絕對可以相信我的。她現在慷慨地要我去雅琴那兒，這不表示她已開始對我信任了嗎？他拎着旅行袋，一級一級往下走；走到樓下，他再一次地回過頭去。他的拾級而上的目光跟倚在梯口的母親的順級而下的目光碰撞在一起。「媽，我走了。」他說。母親用她的目光以及用她的手臂同時揮着，像惜別一個遠道來訪的客人。

又是夜晚！

感覺中，白天彷彿要比夜晚來得多，但一個璀燦的夜晚或者一個驚怖的夜晚却又似乎抵得上十個貧瘠的白天。那題加減的算術，他永遠算不清楚。今天，母親使他的夜晚變成瑰麗。今天，他的豐盛的喜悅也會使雅琴的夜晚變得旖旎。他口袋裏有兩個家的門鑰，收起了明天早上要用的那一把，摸出了此刻要用的這一把。

沙雅琴正在起居室裏看書，瞧見他，像瞧見一只大黑貓似地吃了一驚。他說：「今晚，是媽叫我來的。」她幾乎是哄着我來的，說你在等我。她身子剛剛恢復過來，就又爲我們設想了。」他把內衣放到臥室的五斗橱裏去後，又回到沙雅琴的身邊來。

「倘如她晚上要喝水什麼的，誰服侍她？」

「媽堅決地說她已經很好了。她的確已在屋子裏到處走動。今晚，看她的樣子，甚至還想送我下樓哩。」

他把脚擱到沙發櫈上，屁股就深陷在軟墊中。多少天來第一次的鬆散使抽屜裏的紙牌也被揖忘了。

「佩任不該死的。」

「是的，太令人傷心了。」

「葬禮過後，媽沒再向我提起佩任，但我不相信她就這麼輕易地把這件事摒到心外去了。」

「我想老太太是最明理的老人家，她不願增加你心理上的重擔。」

「我不知道。事實上，這十天來，她很少跟我說話，今晚是說得最多的一次。或許母親是對的。今天，我們也不必再談佩任的事了，就說到這兒爲止吧。」

他們不久就上床去；他們不能專談已逝的人，專談生命的脆弱以及死亡的無情。今夜，應該是個可以抵上十個白天的夜晚。

「我們什麼時候結婚？」沙雅琴問。這個問題常在躺在床上的時候出現。

「媽今天又說，隨我們的意思。她說她還沒有完全恢復，決定不參加我們的婚禮了。」

沙雅琴緘默了一會。「克任，你愛我嗎？」

「是的，我愛你！」

「你愛我什麼呢？」

「我就是要愛你；不愛你就不會跟你在一起。」他吻她，吻得她不得不相信他正愛着她。

過了一會，沙雅琴又說：「克任，老太太不喜歡你愛我吧？」

「沒有這回事，你別瞎猜。」

「我知道，她不喜歡我；沒有我，你不會拋棄梅小珍。梅小珍是個好女孩，你以前是愛她的。」

「胡說。我沒有眞正愛過她。」他又吻她，要她相信她是在胡說。

沙雅琴閉着眼，用手指抓着被單，痛苦地：「我一直怕我做錯了事。我一直怕……，一直惶惑不安！」

他又吻她。「不要胡思亂想。你看，我十天不在你的身邊，你就怕我不愛你了，怕自己做了錯事。雅琴，以後，我又可以每天跟你在一起，因爲媽的身子好起來了。啊，啊，你沒有看到，她今天對我有多好，她幾乎是哄着我來看你的，她不可能不喜歡你，對不對？我是眞的愛你的，媽也相信我是眞的愛你的。你要放寬心。在這件事上，我們倆都沒有錯。」

沙雅琴睡去了。他也睡去了。他開始睡得很好，但後來，他又聽到了連續不斷的鈴聲。滿屋子都掛着響鈴嗎？噢，不，不是，是電話鈴聲。爲什麼總是揀夜晚打電話來？他只躺在那兒，怎麼也撐不起來。誰來拉他一把、推他一下？喔，這次，他可不能儘讓電話鈴響着。他的右手順着床邊往外摸。喏，電話就在這兒，在床頭！那麼，雅琴又加裝了一個。他現在可以坐起來了。他對着話筒大聲叫：什麼事？你有什麼事？你有什麼事？有沙澀的聲音傳到耳中，他辨得出是母親的。母親說：快來，佩任又出事了，她撞了車！

什麼，撞了車？她不是幾天前才出院回家的？我馬上來，馬上！可是，怎麼，他的鞋子呢？他的長褲呢？他的皮夾呢？他只有一把鑰匙在褲袋裏，那是汽車的鑰匙。他發覺自己在開車，車子像湖上的汽艇那樣，往前直衝，一個臉色灰敗的女人從路旁橫閃過來，他煞不住車，像輾麵餅那樣，車輪就從她身上輾了過去。他尖叫着，跳下車來，一個老婦人沙嗄地哭泣着，她用力抓住他，他才認出他是母親。她說：你沒有看到嗎？她是佩任！你沒有看到嗎？她是佩任。他撲了過去，瞧見佩任渾身都是鮮血！

克任醒了過來。他的鼻子裏還有血的腥味，他的手上還有血的黏熱，他的眼前還有血的紅光。他到底在哪兒？在醫院裏？看守所裏？噢，不是，他是在雅琴的旁邊。這兒是安全的溫床。可是，佩任呢？佩任已在十天之前的夜晚死了，而剛才，在夢中，她却又被他撞死了。噢，不要讓他做這樣可怕的夢！不要讓他做殺死親人的兇手！做什麼夢都可以：爬山攀嶺、被緝逃亡、坐船觸礁，飢寒交迫……但却不要讓他做這樣可怕的夢。佩任不是他殺死的，佩任不是他殺死的！不是！

他通體黏濕，鹹鹹的腥味，血的腥味。那血是從哪兒來的？他坐起來，突的伸手按亮了床頭燈。噢，不是血，而是汗。可不是，那只是黑夜中的噩夢！他又悄悄地把燈捻熄，輕輕地躺下了。然而，那種腥味却又來了，今夜，那夢竟要連接下去？那夢箍住他，像網羅住了一條魚。他感到那夢巨大無邊，不僅罩住了他頭上的天空，而且還要罩住他的一生。不要，他對自己說，我要醒來，我要起來。他掙扎着。他的確又醒了過來。他除去了頭上那頂網狀的睡帽；任何網，他都不要。他不要睡去。那驚懼的夜，抵得上十個白天。我要起來，雖然我昏昏沉沉，但是我還是要起來。

然而，他並沒有起來，他又沉下去了。那張網覆住他的頭，他無法浮上來。他仰起臉，從網眼中去看天空。那天空青白得如同佩任的臉。他別過頭去，看到網眼外面站着母親。他喚：媽，媽，請你快拿剪刀來，把我頭上的那張網剪開。媽，你要快呀。母親沒有回音，只悠悠地微笑着，抬頭去看天空，他也貼着網眼去看天空。此刻，天空上泛現了無數閃亮的星星，許跟有一天晚上母親坐在老屋庭院裏所看到的一樣，而那個晚上，當母親看他時，他自己也像成了星星。他喊：媽，你不要老看星星，你拿剪刀來，把我頭上的網剪開，我受不了！

他重又掙扎着，醒了過來。眼前還有星星的微光，手臂上還有網勒的隱痛。我要醒來，我非要醒來不可，他想。他在還未昏沉下去之前，就猝然光着脚板踩到地板上。一下涼蔭蔭的感覺使他欣悅。呵，我終於醒來了，終於起來了。我不再做夢，不再看到血，或者看到網；我現在已經完全清醒了。我要抽一支煙。我確實已經完全清醒了。

他拿起一支細白的煙，湊近那朵由打火機培育出來的紅花。當紅花凋落時，沙雅琴在床上翻了一個身。她問：「克任，你起來抽煙嗎？」

「是的。」

「是不是有什麼心事？」

「沒有，只是醒來了一會，想抽一支煙。」

「那麼，抽完了，快再睡吧，怕才過午夜呢。」

他們沒有再說話。沙雅琴也沒有在床上輾轉。他坐在窗邊，雖然在黝黑中看不到她，但却聽得見她那均勻的呼吸。她又睡去了，他想，誰都喜歡在晚上有場甜睡，因爲夜是衞護睡眠的神。但今天的夜，却使我害怕。雅琴，今夜，你沒有夢嗎？還是夢裏的情景都是快樂的？爲什麼你剛才不主動地走下床來，跟我坐在一起？我需要你來作伴，那麼，我就可以把我可怕的夢告訴你，或者跟你談些快樂的事情，剷去那糾纏在我腦子裏的夢的根鬚。我們可以親熱地挨着，送走半個夜晚。雅琴，我需要這樣，但，你不會知道，因爲我沒有對你說，而這會兒，我又不能把你從熟睡中喚醒，因爲明天，大通行裏的業務仍等着你去處理。

他抽着煙，看着牠那細白的身子在給他的安慰的過程中漸漸縮短。朋友，他對煙支說，我今天才發覺你是人類的良伴，因爲只要我喜歡上你，你總能隨侍左右，爲我解除寂寞、憂傷、懊悔、恐懼……你知道我剛才做過什麼夢嗎？我不要那種夢。現在，我要抽第二支的你。沒有你，我怎能再在這兒坐下去！

煙，又熄了。在黑夜中，任何房間似乎都差不多。昨夜，他是在另一個家裏，在公寓裏。而此刻，他同樣也能覺得自己是在母親的臥室裏。每晚十點，他總要服侍母親吞下一顆紅色膠囊的安眠藥，然後才從房裏退出來。她每晚非安睡上七個鐘頭不可；她需要休息。中午，她只能打幾分鐘的盹，雖僅短暫的朦朧，但她總說，她在做夢。她做了一些什麼夢，他當時可沒有問。他希望她做的不是惱人的夢。今晚，那兒只剩下一顆丸藥。她是九點半吃的，還是十點吃的？她服下以後，很快就入睡了嗎？今晚，她待他多好，幾乎是哄着他來的。她爲什麼要哄着他來？要哄着他離開她？是不是因爲她要獨個兒留在屋子裏？慢着，他對這點可得細細地想一想！

譬方說，我是母親。我站在客廳的窗邊，看着已下樓的兒子穿過街道，跨上計程車，逐漸遠去。現在，我只一個人在屋子裏，我年老，而且命運多舛，因爲女兒慘遭不幸，而兒子……兒子所做的事，都不稱我的心。我已把悲哀凝澱在下面，使表面看來仍很平靜。佩任的死把我僅有的歡笑摧毀。我對塵世已無太多的留戀。今天，我又察覺兒子瞞着我做了一件事：他已悄悄辭去了劉老公司裏的職務。他總是這樣：自以爲是！

克任顫慄地點起了另一支煙。不，不，媽，你不能懷着這種想法，你不能對我這樣絕望。我對你說過，我要跟雅琴聯合起來，創造事業。你千切不能這樣想！他把大半截煙支擺在煙灰缸上，讓牠燃燒。

我這樣說沒有錯，他老是自以爲是，他老是提及他以後的事業，他老是要我住到沙家去；我肯嗎？現在，他們還沒有結婚，而以後，即令他們結婚了，我也不願住到那邊去，因爲這不是他自己建立的家。我不阻止他們結婚，但我要回老屋去。我最近這樣地渴想老屋，渴想自己的安息。剛才，我哄他離開。我送他到樓梯口，我委實想送他到樓下，因爲如今他雖然使我傷心，但他畢竟是我愛過的兒子；如今我雖然對他不再懷抱希望，但我對他的愛却仍未完全失去。今晚，是最後一次送他了，我本來不願失去這個機會，但我又不願讓他知道。他有時非常敏感，只要略微透露一點形跡，他常會驀地警覺。但我已然無力長久地負荷這種創傷！兒子，不要說我殘酷；這正是我所能尋求到的最終的平靜。求上帝寬恕我！

克任用手指捏熄了那紅紅的煙頭。他一點也不覺得手指的灼痛。他的汗水蠕滑過他的面頰。媽，晚上，你總不會晚上回老屋吧，你走路還不挺穩呢。你總不會爲了要獨自行動而哄我離開吧？媽，無論如何，你不能這樣無情。我知道佩任的死使你悲慟，我承認佩任的死是因我而起，但這是意外，而不是我有意的安排。媽，你要我怎樣贖罪，我就怎樣贖罪，但你今晚萬萬不能到老屋去，你不能打最壞的主意，我求你，求你！你不會的，是吧；你不會的，是吧！

我非去老屋不可，我已試過我的脚力了，我今晚可以慢慢地走下樓梯去。我在這兒很孤寂，老屋裏有孩子的爸在等着我，還有佩任，她也喜歡那兒，我們三個人可以在那兒團聚。在那兒，我們住了也快二十年了，以後，我們要永恒地廝守在一起。誰說沒有永生呢？上帝，不管我是怎麼個死法，我相信你會憐憫我，引我去永生之門。我已十分寧靜，沒有懊喪，也沒有恐懼，我只知道比我早走一步的丈夫和女兒正在那兒等我、迎我。讓我穿上最心愛的衣服，佩上最出色的首飾，梳梳頭，挽上皮包。可別忘了老屋的門鑰。老屋裏有蛀了的大床，衣櫥裏還有硬墊被和舊被單。讓我穿上沒有漏絲的尼龍絲襪。可別忘了門鑰，也別忘了手電筒。

媽，媽，媽，你眞的要去，眞的要去？克任跪倒在窗畔。他現在看到母親了，眞的看到她了，看到她在公寓裏的每一個動作。她戴上手錶，把剩下的一粒藥丸和老屋的門鑰放到皮包裏。她穿着滾黑邊的寶藍緞旗袍，披了一件黑色縷花的短外套，襟上扣着一枚翡翠如意的胸針；頭髮也給梳得整整齊齊的。她走到客廳裏，依依地撫摸着那些古玩，那張紅木長几，那四張紅木太師椅，然後，她走了出來，鎖上了門。（媽，媽，媽，我眞的留不住你？眞的留不住你！）她很謹愼地一步一步走下樓梯去，然後，休息了一會。她走了一小段路，彎進了一家藥房，然後走出來，趁上了計程車。於是，停下來，回了車子，又彎進了一家藥房。然後，出來時，又攔住了一輛車子，去第三家藥房（媽，那紅色的「薩康納爾」是強烈的安眠藥。媽，我以前是一直不敢在你旁邊同時留下三顆的，你今天竟買了這麼多！）最後，趁車來到老屋的門前。她付了車費後，又抽出十塊錢給司機做小帳。她叫司機亮着手電筒，親自撕去了那張「吉屋招租」的紅紙條，開了鎖，打開了院門。她向司機揮揮手，車子走了，她再走進去，打開屋門。她微笑着。她回到家了，回到眞正的家了，那兒有她親愛的家人等着她。她開亮了臥室裏的電燈，微笑地在床上舖墊被、床單，盛了一杯冷水，平躺下去……

「克任，克任！」沙雅琴在床上喚他。「你抽好了煙沒有？」

「我抽完了，抽完了。」

「那麼，爲什麼不再睡覺？你在哪兒？怎麼，你在哭？你爲什麼要哭？」

「我沒有哭，我只是怕。我今夜做了許多可怕的夢，想到許多可怕的事。或許我眞的哭過了。我全身是汗。我現在睡不着覺。」

「那麼，快把電燈開亮，去洗個澡。我起來，替你弄杯熱牛奶。克任，你在哪兒？」

克任緩緩地從窗邊站起來。他的雙腿已頻痲痺；他蹣跚了幾步，拉亮了檯燈，然後坐到床上。他喘息着：「我看見媽死了！我看見媽死了！」

沙雅琴搖着他：

「克任，克任！你說什麼？你說淸楚些，你不是做夢吧？」

「我這會兒看到媽吃了安眠藥，躺在老屋的大床上，死了。」

「克任，你說這會兒才看到，還是你來這兒的時候已經看到了？」

「是這會兒，不是我來的時候，她那時還是挺好、挺好的，」克任用手蒙住兩眼。「我不要看，但我又非得看下去不可。我求她不要去，但她偏要去。」

「條冷毛巾覆在他的額上。他睜開眼。此刻，全室燈光通明。他說：「我一定要說淸楚一點，我不是說我現在看到，我是說我現在才推測到：在十點左右，媽上老屋去；她哄着我離開，只因爲她要上老屋去。」

「克任，我扶你到客廳去，你先打個電話到公寓去，看看有沒有人來接。如果沒人來接，我們就馬上行動。」

客廳裏的電燈也給開亮了。咖啡壺裏的牛奶已給溫熱了。克任仍然恍恍惚惚的。他坐下來，沙雅琴把話機搬到他的腿上，然後把牛奶放在他旁邊的小几上。

他躊躇着。他喝了幾口牛奶。他是不是在做夢？不是。他在做過惡夢之後才被幻象迷住了。燈光很亮，熱牛奶使他的神經稍爲鎮定下來。他要冷靜地想一想。他的幻象起因於那些惡夢。那時，他是處在極不安穩的恐懼狀態中，而現在，他似乎不大相信母親會去老屋自殺了。當然，他不妨打個電話給母親去，證實她的安然無恙。然而，現在是夜晚兩、三點鐘，該不該去吵醒她？要是她被吵醒後，就此無法入睡，又該怎麼辦？

「雅琴，媽關照過我，說是不要打電話去吵醒她，她是要吞下一粒安眠藥才能入睡的。」

「那怎麼辦？你又這麼不放心。」

「我想，那些究竟只是幻想，我現在好多了。我怎麼能去吵醒她呢？明天，我再勸勸她看，勸她來這兒同住，要不，我就請個特別護士照料她。」

「那麼，你是說——」

「媽送我的時候還面露微笑呢。她一點也沒有哀傷的樣子。」

克任把話機放到小几上，然後喝牛奶。

「你想不想再睡一會？」

「我想再睡一會，我很疲倦，但我也希望能夠服一粒鎮定劑。」

「可惜我這兒沒有。」

克任在沙雅琴的陪伴下畢竟又睡去了，但他却醒得很早；大約六點左右。他急忙下床，穿好衣服，抹了一把臉，吃了一杯牛奶和一些餅干。

沙雅琴還躺在床上，問他：「你這會兒要上哪兒去？」

「回家去看看媽，我還不放心。」

「那很對。你見到老太太後，馬上打電話告訴我，也好叫我放心。」

克任趁上了計程車。他的手裏捏着公寓的門鑰。這一下，看到母親，就可以放心了。這樣的夢，這樣的幻象，他希望以後永不再來。倘如他每天非得吞服鎮定劑才能避免做夢的話，他是寧可吞服的。公寓就在前面了，但他的心却紊亂起來。他跳下車，奔上樓梯。是不是拿錯了門鑰，怎麼老是塞不進鎖孔裏去？老天，他的手又在顫慄了。他急什麼？媽不是好好地睡在裏面嗎？門鎖終於被開開了。他衝進去，大聲地喚：媽，媽，我來了，我來了！媽，媽！他推開母親臥室的門。

媽！媽！媽！媽！床上的棉被疊得好好的，哪兒有媽的影子？椅子上放着媽換下的衣服。他打開衣橱，媽最心愛的那件寶藍緞的旗袍不見了，黑色鏤花的短外套也沒有了，還有，那皮包也沒有了。媽！媽！他望着空空的床，坐到地板上，哭了。媽，媽，媽！你畢竟上老屋去了。昨夜我想的沒有錯。我畢竟是你的兒子，我終於知道了你想做的一件事，然而，我却知道得太晚了。

克任趁車到老屋去。老屋的門虛掩着。他很容易地衝了進去。他看見母親平靜地睡在大床上。

而她的左側，却正是父親從前睡覺的那個地方。

三〇

應該算是一個晴天，早上太陽還出來過一陣呢。只是陽光如淡黃的玻璃紙似的，耐不住西北風的吹呀拂的，不多久就散去了。克任站在「沙寓」的門前，拉拉淺灰色的風衣，仰頭看去，天是蛋青色的，也有一些冰裂紋；嘿，一隻巨大的倒覆的古瓷盆！他不由得苦笑起來。

他把雙手揷到風衣袋裏去。這樣的天氣總使他有滄滄溧溧的茫然感覺；或許站在寒風裏都有這種感覺吧。側過身去，他看得到門邊還掛着「沙寓」的牌子，而這，他是隨時可以拆下來、換上「俞寓」的。他曾如此渴望過，但如今，他却依舊保留着那塊牌子，縱使他已作了這座房子的眞正主人。

他在寒風裏站着。近些日子來，他常常這樣。他一下子決不定去哪兒才好。他又不能老在這座房子裏欵着。他突然覺得屋子太大了，卽使他已加入了頗佔地位的紅木長几和太師椅。他仍把一些古玩擺在長几上。在那蛋青色的古花瓶裏，他會每隔兩三天換上一束新的白色康乃馨，現在則是白色的大菊。在某種心境下看去，那白色的大菊就如新品種的白色康乃馨。

風很冷，但那裝有暖氣的大屋，也同樣是冰冽冽的。他有時覺得太靜、太空，簡直願意在屋子裏掛上成串成串的響鈴，讓敞開的窗子招來不安份的風，擊起丰滿的、迴蕩的清越鈴聲，或許，在那鈴聲裏，他可以重溫童年時代放鷂子的樂趣；重溫聖誕節前母親在老屋裏佈置聖誕樹的歡樂氣氛。晚上，坐在起居室裏，抽屜裏縱使仍然放着那副撲克牌，但一個人又怎麼能玩蜜月橋牌呢？起居室裏有張沙雅琴剛從美國寄來的她和兒子的合照，但信却是她的兒子寫的：親愛的叔叔……。

他不能在這兒佇立太久，來往行人的詫異的目光對他會比冷風更爲峻銳。他穿過馬路，走到對街去。附近有家純吃茶，是他跟沙雅琴曾經去過多次的幽美場所。夏天裏，綠色爲主的燈光使那兒成爲一座海中的別墅；冬日裏，橘紅色的情調令他猶如置身在家的爐火邊。近些日子來，他每天早上都要去那兒，一個認識他的服務生總用笑容端來一杯牛奶和一客點心。「俞先生，沙經理有信來吧？」說話時顯得關切而機靈。附近好些熟悉沙雅琴的人都知道她去了美國，但也只知道她是去美國探探親、料理一下業務就回來的，因爲她向旁人透露的就僅只這麼一點點，爲他的面子，也爲她自己的名譽。

可是，今天早上，他已在那邊用過早餐，此刻總不能再去一次。他循着馬路走，在一家很大的鐘錶行的橱窗前停下來。他一隻一隻地看：中心是郎琴、奧米茄，圍繞着牠們的是勞力士、漢密爾頓、天梭、慕凡陀、西瑪、愛爾琴……他手上戴的是只漢密爾頓，是沙雅琴送給他的。她待他實在很好。她臨走前曾對他說她從未想到她會離開他；他自己又何嘗這樣想過。母親意外的死亡，使他再也不敢傷及別人的感情。他曾發誓：要深深地、深深地愛着沙雅琴，像一個男人所能愛的那樣，同時，她也是他惟一能依賴、求助、傾訴的最親密的人。母親死了。母親沒有留下一句遺言，或許，她和佩任的死亡就是她的遺言。他曾跪在母親的墓邊，向母親默禱、懺悔；他承認他曾有意以及無意地做了許多錯事，他只祈求母親保祐他以後不要再做錯事。要在血猶未止的創口上建立起新的生活，首先就得全心全意地去愛沙雅琴，不管沙雅琴日後會有多大的改變。而事實上，在那段極度哀愴的時日裏，他是靠着愛她以及被她所愛來減輕痛苦的。那時，他曾想，她是他的一根惟一可以永久扶持的手杖。

鐘錶行裏的一隻標準大鐘是九點四十一分，他看看自已腕上的錶，却是九點四十四分。他想把牠撥準，却又打不起勁兒。他懶散得好久都沒有核對時間了。他不必上班，也沒有任何約會，快幾分或者慢幾分，甚至快一兩個鐘點或者慢一兩點鐘點，又有什麼關係？現在，時間對他已然起不了什麼作用，他儘可以在白天睡覺，晚上出去，但夜都市對他同樣失去了意義。有一個星期六的下午，他走到一家咖啡室裏，坐在一羣比他年輕的青年人的左近，聽他們高談濶論，聽他們談論着苦悶、快樂與理想；然後，他們散了——看電影去了，跳舞去了，看書去了。他却還是坐在那兒。他在那兒吃了簡單的西餐。然後，又是一批比他年輕的青年人來了，談論着同樣的話題。最後，他們離開了，他還是沒有走。他不知道他們可曾注意到獨坐一旁的他沒有？

他突然決定去看一次貴良——貴良現今租住於正在興建的高樓的對面的二樓上——並且彎到

巷子裏去看看老屋，檢查一下一秋的風雨把牠損壞得怎樣了？或許，他得僱工去修理修理，因爲有一天，他要搬到老屋裏去住。那畢竟是他自己的家。他曾用青綠的生命汁塗抹過那個地方。

他離開鐘錶行，往前走，因爲站牌就在不遠。他何必一定要坐計程車。他現在有的是時間，坐坐公車又何妨？而且，坐公車也有一種小小的樂趣，你至少可以跟許多人在一起。當他往前走時，驀地有「一個人從一家店舖裏急急地走出來。他的衝勁十足的聲音向他的耳膜直射：

「哈囉，威爾遜，好久不見了。」

克任停下步來。他們確是好久不見了，羅勃李依然故我，而羅勃李眼中的他——米色的羊毛衫、咖啡色的英國呢料的西裝、近乎全新的淺灰色的風衣，雖然瘦了些，但仍洒脫而高雅——或許也沒有變。羅勃李的眼睛有時兼具兩個極端：雋銳與遲鈍。

「你好啊——忙啊！」克任的微笑很公式。

「忙囉，當然忙囉，整天地馬不停蹄，怎麼不忙？今天上東部，明天到南部，上午登山岡，下午下湖潭。啊呀，怎麼有你老兄那樣舒服，可以坐在家裏享福！」羅勃李滔滔不絕，右手搭着他的肩頭，雙眼細看着他。驀然，他神秘地笑了：「威爾遜，沙經理走了，你可寂寞啦！」

不知怎麼回答；不知羅勃李知道的有多少？既然不好回答，他就只好點點頭。

羅勃李把頭湊近了些，故意加重了神秘的氣氛，但語音却沒降低多少：「威爾遜，眞人面前不說假話，你也不用瞞我。這次，沙經理爲了兒子，狠起心腸，丢下你走了；這件事，我早就知道了。」

「知道了就好。她愛兒子，而且兒子也確實需要她。我不怪她。她總得選一條路走走啊。」

「對呀，就是這句話嘛：她既然走了，你也不必難道。這次，她雖然離開了你，但你也沒吃虧什麼，聽說，她把那座大房子送給了你，而且，或許還有一些現款。威爾遜，你眞會坐享其利呀！」他把頭更湊近些。「咱們哥兒倆，說句老實話：沙經理爲人不錯，不過，究竟是個半老的徐娘了。風度翩翩的你，久戀她什麼，兩人好過一陣，這時分手，最好不過。威爾遜，臺北多的是漂亮、年輕的妞兒，最近，你看上了一個沒有？」

克任懶懶地搖着頭。

「去看呀，去追呀，憑着你的條件——我替你介紹一個，好吧？呱呱叫的，不會比密斯梅差。」

「謝謝你。我最近還沒有這種心情。」

「那麼，如果你以後需要的話，我隨時都願意爲你効勞。嘿嘿，威爾遜，你可是一點也沒有變，我敢發誓，你一點兒也沒有變！」

克任像遇上一輛供競選用的宣傳車一樣，恨不得用手掩住兩耳。幸而羅勃李畢竟是個忙人，說到這兒，就跟他bye-bye了。他惟恐羅勃李靈感一起，再回轉身來纏他，就趕緊低下頭，穿向對面的站牌去。一輛汽車急急地駛來，險些兒把他撞倒。他在危境中本能地向後退了兩步，然後，奔到站牌那塊安全地帶上。對這種事，別人固然無動於衷，他自己也同樣無動於衷——反正沒有撞上嘛，然而，如果眞的撞上了，如果他就這樣被撞死了，他想，一些愛講閒話的以及相信命相的熟人就一定會說沙雅琴是生就的尅夫命。事實俱在吶：她的前夫，一個多月前在美國因車禍喪命，而她的情夫，現在又是慘死輪下……

公車還沒有來。他前面有一個人，後面也有一個人，他就夾在中間。此刻，他很安全。他也可以算是死裏逃生吧。沙雅琴的前夫，那孩子的父親，誰知不是在匆忙中、僅因分秒之差而送掉性命的。母親死後，他曾跟沙雅琴商洽好，等滿了百日之後，他們就結婚。後來，他們又討論着：他們該在結婚之前打個電報告訴她的孩子呢，還是該在他們度完蜜月回來之後再打？驀然間，有一天上午，她接到了一份她兒子從美國拍來的電報；然後，下午，那對把土地賣給她的夫婦也從美國打來了長途電話，兩者都報導了同一件慘事。但那位太太却向沙雅琴提出了一個問題：以後，那孩子怎麼辦？他現在倔強而悲傷地獨自住在自己的家裏，誰都無法親近他。他從未看到沙雅琴有這麼焦慮過。她什麼事都不想做，一心只望到兒子那邊去。四海旅行社的李經理——他也是同樣地傷心——來看她，她就托他辦理出國探親的一切手續。

車子來了。克任跟着前面的人走上車去。還好，有座位，因爲此刻不是上下班的時間。現在去，總碰得上貴良吧。要是他不在興建中的大樓前督看的話，那就是在租住的房子裏。或許他可以邀貴良一同去老屋裏看看，那兒有舊桌子、舊櫈子，拂去灰塵，兩個人儘可以坐下來談談。貴良說過，他不嫌那老屋，縱使那座新樓蓋好了，他也依然喜歡那座他從小就熟稔的老屋。那是一種令人震撼的情感，因爲他知道，惟有深愛着曾經住在這屋子裏的人的人，才懂得愛牠。沙雅琴的屋子很美，他跟她一起生活的那些日子也很美，但這份回憶總抵不上對老屋的回憶來得豐沛，正如他們半年的愛情之抵不上她對兒子的十年的思念來得強烈一樣。是她沒有掙扎過？不，她偎着他哭過，但她的淚却冲不掉她的決心。她請他原諒她，因爲她的兒子只有她這個母親，而他却還可以有別的妻子。何況，她畢竟是個中年的婦人了，做一個母親會比做一個新娘更適合。他能說什麼？他只想問她：她爲什麼不把兒子接回來跟他們同住？但他始終沒有說出口。難道思維縝密的她會沒有想到這一點？他不相信。只是她考慮得太週詳了，想到她這個逐漸長成爲少年的兒子跟她這個年輕的丈夫之間日後很可能發生衝突，那時，她失去的，將不只是一方，而是雙方；何況，守住一個兒子的愛，可能要比守住一個比她年輕的丈夫的愛來得可靠。因此，他並沒有要求她留下或者回來，而且，他還眞的原諒了她，就如他原諒了他自己一樣。她說，克任，我把這座房子的產權轉移給你，作爲紀念，請你不要拒絕。我清楚，我眞心愛過你，而你也眞心愛過我。牠就算是一件愛情的紀念品吧。

克任在那個他十分熟悉的招呼站前下了車，走幾步，就看到那個街口了。鷹架之間，五層高樓已經砌起，但也只見粗陋的外部與空洞的內部而已。

克任再走過去，有一個人向他迎來，穿着褐綠色的夾克，戴着白色的冑狀帽，雙手拍着衣服上的塵沙，然後，他摘下肯狀帽。「哈，俞少爺！」

「貴良，我這會兒就是來看你的，你忙吧？」克任握住貴良的手。貴良的手並不很乾淨，但克任却不復介意這些了。

「不忙，不忙，橫豎沒事，又住在對面，所以隨時走到這兒來東瞧西看。我的眼力比你好，老遠就看到你了。俞少爺，你找我有什麼事吧？」

「沒有什麼事，只是來找你聊聊天。貴良，我今天想了又想，以後，我決定回到老屋裏來住。」

「沙經理決定不回來了？」貴良神色凝重。

「是的。她不回來了。她的兒子比我更需要她。」克任嘆了一口氣。「她是對的，我不怪她。」

「那你一個人住在那邊，確是太冷清了。」

貴良拉着克任的手，穿過對街去。他想請克任去他租住的地方坐坐談談，但他們走到門前，克任就霍然停住步，轉過身來，再度望向那正在興建中的高樓。

「那樓很高，完工之後，一定非常漂亮。」克任說。

貴良沒說話，只慼然地搖搖頭，然後跟克任一樣，凝望那高樓。他想起了佩任，他就是為她而蓋新樓的。而當堂皇的大樓落成之日，他又往哪兒去找佩任呢？那麼，這座大樓又有什麼用呢？或許，有一天，他會再找一個女孩，讓她住在高樓上，但她已不是他眞正、深深而又深深地愛着的那一個了。

克任終於問：「最近，你去看過你爹沒有？」

「我每隔一星期總要回去看望他一次，不過，我爹自從參加伯母的葬禮之後，好久沒上市區來了。前兩天，我回家時，他還問起你哩。他很惦念你，俞少爺。」

「喚我克任吧，貴良。」

貴良感激地笑了笑。「我爹眞的很惦念你呢！」

「那麼，貴良，我不上樓去了。我本來想去看看老屋，我也決定隔天再去。現在，我還是先上果園看你爹去。」

「可是，那兒有段公路，很不平坦，而且，下車到果園，還得走上兩、三里路。」

「沒有關係。眞的，沒有關係，貴良。我早想去看看程老板了。我想，他看到我去，一定會很高興。」

「是的，爹看到你，一定會很高興的，俞少——克任。」

克任知道貴良也一定盼着他去看程老板。風很冷，山邊的風可能更冷些，但，這些，他都不在乎。他匆匆跟貴良分了手，就穿過馬路，越過公車的招呼站，到另一條街上去搭那開往偏僻山村去的客運汽車。在陰森的天氣裏，車子似乎來得特別慢。他一再安慰自己，要耐心，要耐心。

好久之後，他終於坐在車子上了。車上的乘客並不多，大半都是來自樸實農村裏的人。有些，在賣去了農作物的空了的籮筐中還裝着一些花布、毛巾、肥皂、香燭、魚蝦……回去。車子駛得不快也不慢。這是一條他從未走過的道路，對他來說，那是一塊處女地。路兩旁的收割了的稻田中，不是種着蔬菜，就是長着綠肥，平實中散發着天然的秀美。天空雖然低沉，田野却仍曠廓而遼邈。車子越往裏駛，山村的情調就越濃厚了。一個個用竹子圍着的果園也常顯現在眼前。車子繼續行駛，蒼灰迷濛的山巒漸漸地呈露出輪廓來，青了，青了，然後又綠了，綠了。克任不時探問着那個車掌小姐。他終於在一個豎在田野旁邊的招呼牌前跳下車來；回頭看看，在這兒，下車的，只有他。

車子開走了，他猝然記起來，他忘了向貴良探問果園的地址和位置，好在綠山就在前面，他就順着通往綠山去的小路前進。秀玉不是說過他們的新果園就在山邊嗎？沒有地址和位置也沒關係，但是當他走了四、五分鐘後，却發現前面有個三岔路口。每一條路都是通向山麓，而在山脚下，又都是許多許多看來都差不多的果園。

天很陰沉，山風愈來愈冷了。沒有太陽，他昏昏然地簡直辨不出這時是中午還是下午。他只痴定定地望着那葱翠、蒼翳的山巒。

他已迷失了，他不知道前面的路該怎麼走？

一九六九年（民國五十八年）三月完稿於彰化溪州

沉默的天堂鳥——童真

司馬中原

遠在十年前，我就從港臺各地的刊物上，經常讀到童眞的作品，最先從作品上認識了童眞。她的作品一向都有著特殊的風格，可以明顯看出她嚴肅的創作精神，因此我就在心裏想著有這樣一位朋友。

後來香港有位朋友寫信給我，提到過，在當代的文壇上，童眞的作品是相當有份量的。同時，在海外的一些雜誌上，我所撰稿的地方，童眞也在撰稿。這位朋友告訴我，童眞居住在南部的橋頭鎭，我卻一點也不知道。因爲在所有的文藝性集會上，很少見到她。

除了作品外，她的沉默是出乎尋常的，可以說很少參加文藝性的集會，當時由於潛沉於創作的關係，我所接觸的文壇上的朋友也非常少，在我所認識的朋友裏面都不認識童眞。又過了好幾年，我讀到童眞的作品愈多，對她的敬仰也愈深了。

五年前，文協南部分會，開年會的時候，我曾到會去找她，年會是在大貝湖開的。風和日麗的晴朗天，我們坐在湖心一個招待所裏談天。當時我就問一位朋友：

「哪位是童眞？」

「那位女士就是童眞。」那個朋友就笑指著我的對面說：

我發現當時童眞女士也正朝我微笑著。我立刻上前去告訴她，我對她的仰慕，她說著同樣的話，同時介紹了她的先生——對翻譯和理論都有很深造詣的陳森先生。他們夫婦都有著溫和有禮，誠懇熱情的氣質，使我非常傾慕。

在荒僻的南部地區，寫文章的朋友不多，在作品上互相切磋的朋友更少了。他們那時候住在橋頭鎭台糖宿舍區，距我的住處鳳山並不遠，所以我們有很多互相往還的機會。當時我寫作的環境差，不但孩子多，而且經濟窘困。童眞女士的寫作環境則非常的理想。他們寫作環境理想，也並不是在經濟上的，而是在於家庭的和睦和互諒互助，陳森兄很能夠爲太太安排舒適的寫作環境。他一直不求聞達，所以他們夫婦在時間上沒有一般社會上那樣的衝突。他們的時間都是用在閱讀，談心和創作上。

他們的居所前後都有很大的庭院，卻長滿了亂蓬蓬的荒草，在我個人總覺得這些庭園太荒蕪了。

「有那麼大的庭院，不去整理，實在太可惜，假如我有時間的話，倒很願意來你們這兒當園丁。」我說。

「我們不是不感到荒蕪，而是沒有時間用在整理庭園上。」童眞笑著說。

「那麼你們忙些什麼呢？」

「陪你這樣的客人談天，我覺得比整理花木重要得多。」童眞又笑說。

童眞是個最忠於藝術創作的人。她的聲音是從沈默中發出來的，也就是說她的作品就是她思想的聲音。

慢慢我發現，我愛上了他們家的客廳，愛上了他們住處安謐、寧靜的氣氛，以及她那一群活潑潑的寶寶們。當我能抽出閒暇時，總是在傍晚搭車去他們那兒，享受她的好菜和醇酒，清清靜靜談著些文學上的問題，也交換了很多創作上的意見。很多年來，眞正能夠使我感覺到從談話中受益的也就是同他們夫婦在一起了。

由於創作的風格和見解的相同，使我非常留戀他們那個地方。一個有月亮的夜晚，我們曾從客廳談到餐廳，從餐廳再談回客廳。告別時，他們夫妻送我到糖廠的招待所，我們在明朗的秋月下，在扶疏的花木叢中，忘其所以的一直談到深夜。離開時，才發現火車和汽車都沒有了，我看看錶已經到了深夜一點鐘，我又忘了帶車錢，祇帶著一身的興奮和愉快，就這樣踏著月光走了將近二十多公里的路，直到天亮，才回到家裏去。

童眞不但寫得一手好的文章，在家庭中更是個好妻子，好母親。她對於子女的教育同照顧都是那樣的溫柔、慈祥。具有深厚的愛心。

文壇上的朋友大半知道他們夫婦是以好客聞名的。踏進她家的門眞如到了蒙古，祇要「有朋自遠方來」，夫妻兩個就會放下筆來，忙得團團轉，甚至丟開工作，用很長的時間陪著朋友聊天。

童眞的一手菜是跟著名廚師學來的，您踏進她家，都有大啖的機會。他們離開南部遷到中部，我遷來北部也離開南部。彼此天南地北，相隔很遠，雖然涎垂三尺，久欲去潭子盤桓，但也抽不出時間來了。

有些朋友寫過介紹童眞的文章，把她比作袖珍美人，也有的過份誇張地說她體重僅有三十多公斤，但那祇是遊戲文章而已，童眞雖是小巧型的，也不至於眞的能作「掌上舞」罷。他們夫妻對朋友雖是非常的敦厚、誠懇、熱情，但他們實在是有著嚴肅的一面，對於人生的忠實，對於作品的不斷尋求的態度最使人敬佩。

童眞從事創作，已有十多年的歷史了，十多年來除了勤勉創作之外，她從沒爲自己呼喊和標榜過什麼。如果說童眞是一隻鳥，那麼她該是隻沈默的天堂鳥，她只在作品裏面發出清脆悅耳的鳴叫，決不像一些麻雀，總是吱吱喳喳地洋洋自得。早先，好像曾有人說過一個笑話：說作家王爾德，編劇上演，觀衆非常稀少，有些人就問他：

「你的戲情形如何？」

「戲是非常成功，但是觀衆卻失敗了。」王爾德說。

要是把這個笑話引用在童眞的作品上，正是同樣情形。

童眞不是個多產的作家，她每天大部份的時間沈浸在創作裏面，所出版的也不過是薄薄的幾本書。從她「古香爐」「黑煙」到「愛情道上」到「爬塔者」，「霧中的足跡」、「彩色的臉」，以及最近所寫的「車轔轔」同「夏日的笑」這幾部創作，我們可以看出她的作品在不斷的進步，我個人總是在想：一個作家最難得的就是能夠不斷地否定自己以往的成就，朝更高處去攀越，如果不是這樣，光是一部又一部地出產同樣作品的話，那就是一個文匠了，也就是說沒有不斷的引昇，那些作家失去了創作的原始動力，也就是殭化，停頓的訊號。在這方面，溫柔而纖巧的童眞是無比嚴肅，無比堅韌的。

假如以單純的商業價值去看，童眞的幾本書可以說是毫無商業價值的，大部份的讀者都不能夠接受她的作品，在這方面，童眞可以說是有些兒寂寞。但，我想不但是童眞，任何一個有深度的作家，都有著耿介的性格，不會去迎合大衆的口味。事實上，她忍受得住這種寂寞，從來沒有把這種寂寞掛在心上，她心裏所想的祇是讓寂寞幫助她，使的作品，在寂寞中悄悄生長，使它發出更深厚、更悅耳的聲音。

雖然我們不常相聚，但我總有一種奇怪的情感，就是當我在思想，在寫作的時候，我們的精神、我們的思想都會在一束燈的圓光下相遇相契。我想，這些眞純的友情，對於童眞是很重要的，像現在遠在美國的聶華苓，像我們這些在臺北的朋友，隨時都在記掛著她，記掛著她的創作，這種彼此間無聲、無形的鼓舞與激勵，對於彼此都有很大的幫助。不管是我個人，或是童眞，或者是其他的朋友，每有新書出版的時候，一定要先寄給對方，並且誠意地接受對方的批評。這些批評的嚴格，會嚴格到出乎意外的程度，我個人有很多作品，都接受過童眞所給我的意見。

在創作上，童眞的立足點站得非常的穩。她對於文學的認知也是非常的深。她的作品從不在皮相上求新，而是在實質上、深度上、表達上，求精、求深、求新。所以她的作品，無論站在傳統的，或是現代的角度上去看，都是夠穩實的。她的生命經歷，比起一般作家並沒有什麼特殊的地方，她早年在浙東鄉土上的生活，算是東方閨閣的生活。後來雖然經歷過民族整體的離亂，但是她並沒有實際地接觸那些廣泛的各階層的生活。從少女到主婦，她的生活面廣度和深度都嫌不夠，由於她創作的心意堅韌，因而她作品的表達面盡量地拓廣，同時她能夠兼持熱愛，不斷地吸取生活知識，溶入她的生活，再發而爲文。

我個人覺得對於時代生活的認識，實在是創作最重要的基礎，因爲我們單有概念是不夠的。童眞也深深明瞭這點，最可貴的是，她在作品中處處流露著她對整個民族人群生活的關心和那種純粹的母性之愛。童眞雖然在這方面使人稱讚，但是，我覺得文學作品除了內容同取材，表達的深度也佔著很重要的部份。這一部份正是童眞和我們共同追求著的。

生活在當代的作者群，在創作生活中感覺到最痛苦的就是藝術與生活的雙重重擔，同時落在一個人的雙肩上面，顧慮到現實的生活，就妨害到藝術的精度，顧慮到藝術的精度，就會使現實生活的壓力加倍深重。童眞雖有著家庭，有著這麼多子女，爲他們的教育與求學要分去不少心血，同時一個女作家，無論她的家境怎樣，總是有很多瑣碎的家務去待她親自的操心料理。由於陳森兄很能爲她安排，使她能夠長久保持著一個安定的，不爲柴米焦愁的理想寫作環境，所以她在生活顧慮上應該是比較少。也正由於這樣，這些年來，她作品的進步是飛躍的。在「霧中的足跡」、「車轔轔」這兩部長篇裏，她所表露的技巧使我自愧不如，我相信她這一部長篇近作——「夏日的笑」，一定會有更好的表達，使我去領會，去學習。

自他們遷居到中部潭子鄉後，我們差不多也有將近四年的時間沒見面了。我對於他們夫婦的懷念，好像懷念著遠去美國的聶華苓大姊一樣。在夜晚，我常會面對著攤開的稿紙，任思緒像游絲般的遠行，從回憶當中去想念他們。

憶及在大貝湖初次同他們夫婦見面的景況，以及我在他家非常靜雅的客廳裏所閒談的問題，眼前便會浮起她的影子，她從作品的拓展中把她帶領著走出了閨閣，走向了這一個廣大的社會。但是她的人還是保有著東方的閨秀風格，高雅的氣質和溫文的談吐。在她的話語裏面可以揀拾到很多靈明的透徹的觀念，在在地給我啓發。也許中國古語說得對「一瓶不響，半瓶叮噹」。我想他們夫婦所以能夠固守沈默的原因，也許是他們認識文學這條道路是非常的遙遠，非常的艱難罷？等於我們在爬山一樣，除了懷著某種慍服什麼的心情，含蓄虛心地朝上爬外，那裏還有餘閒去眩示自己呢？我們想征服什麼，結果總是被山征服了。擁抱文學也正這樣，我們總是想不斷地攀援，不斷地引昇，不斷地去征服，但是最後我們還是被文學征服了。

我不敢說，童眞目前的作品，達到了如何如何高的水準，至少，她這種耐得寂寞和在寂寞當中不斷追求的精神，給我太多的鼓舞。

童眞的身體不太紮實，由於過份勤勉創作的關係，有一度時間幾乎患上了肺病，但是後來她寫信說：她的病已經慢慢地轉好了。更由於她常常夜晚伏案爲文，以致她的腰部常有酸疼的現象。一般的東方人由於營養，生活同體格的關係，創作年齡都比西方人要短，同時中國的文字，不像西方拼字母的那種方式，可以坐下來就打字，必須要一筆一筆地澆著心血寫在稿紙上，所費的功夫也比較大，我們希望童眞在創作之餘，還是要避免過份的操榮，同時盡量地注重身體的保養，使得她能夠有那樣的精神，那樣的體力支撐著，使她創作年齡有一般比較長久的時間。這樣她才能夠有充份的精力，去完成她龐大的創作的構想，使得那些構想，都變成一部部擲地有聲的作品，給我們這座荒涼的文壇帶來更多清新的、悅目的聲音。這就是我個人恒在祝福著並且盼望著的。

童眞，這隻沈默的天堂鳥，她仍會在以後的很多作品裏發出她的鳴唱，我懇切地希望很多青年朋友們能夠進入她的作品，細心地去體會，去體會到一個精心創造的藝術品同贋品之間不同，同目前粗製濫造的那些所謂「閨閣派的小說」完全不同；我覺得世界上最好聽的聲音就是思想的聲音，這種聲音，在童眞的作品裏面是充份流露著的，就好像我幼時讀著張愛玲的作品一樣，也許童眞沒有張愛玲那樣高的才華，但是她比張愛玲更有耐心，她在不斷地鍛鍊著她的功力，有一天，她的功力自會補足她才華的不足；在文學藝術越來越蓬勃發展的今天，一些比較精煉的藝術作品，應該逐漸被廣大的讀者群所喜愛，童眞的寂寞不會太久了。

鄉下女作家童真

夏祖麗

鄉下人總是要比城裏人早起的。住在彰化溪州西螺大橋邊的女作家童眞就是一個早起的人。二十多年來，她早已習慣了在早晨五點半就起床了。起床後總是先整理那一百五十坪大院子，她在那裏種植了十幾種果樹、三十幾種花草；在每一季氣候沒有明顯變化以前，那些屬於這個季節的花草果樹都已經盛開了。她家的春天總比別人家的先來到。

童眞很喜歡一個人靜靜地觀察那些花草。她認爲它們在早上看起來有早上的色調，晚上又有晚上的光采。一枝花草從盛開到凋謝就像喜怒哀樂的人生一樣。

早上，弄完了早飯，送走了丈夫和兒女去上班、上學後，她就提著菜籃去買菜。鄉下的青菜便宜又新鮮，都是農婦們挑著自己種的菜去賣。她總喜歡多撿幾種菜買回家，吃起來特別清香好吃。

每天買完菜回家時，都要經過一大片草坪。雖然家就在眼前，但每次仍忍不住要在誘人的綠坪上休息一下。這一大片地原是台灣糖業公司的糖廠，後來拆掉了，就種了許多樹木、花草，整理成一個公園。

她每天煮飯、燒菜的時候，也就是她構想小說的時候。她說，那時，她的手在忙，心裏卻有空，就把平時看到或聽到的一些人物和事情拿出來想，把它編成一個故事。一邊燒菜，一邊想，也使枯燥漫長的廚房生活變得有趣而短暫。也許有人會想她大概常會把菜燒焦了吧！不然，多年來的主婦生活已經把她訓練得一走進廚房就輕巧俐落起來了。一個小說故事構想好了，她又會在廚房裏思考用怎樣的人物來表現這個故事的主題和思想。故事中的主角和主要配角出來了，她才開始寫。寫好了，再修改。她的小說都很合情合理，讀者很容易接受。

她不喜歡寫大綱。她的第一本長篇小說「愛情道上」是先寫大綱，然後再寫成的，她自己不很滿意。後來她就不寫大綱了。

童眞是不習慣坐在書桌前構思的。每當她坐在書桌之後，就開始寫。她是一個愛乾淨的人，家裏的地板總是刷洗得很乾淨，窗戶擦得光亮，她的書桌卻是亂得不得了。桌上是什麼東西都有，有稿紙、有東歪西倒的墨水瓶、藥罐、有廢棄的痱子粉罐，這塊見不得人的地方卻是她的小天地。每當她搬一次家，她就把桌上的那些亂七八糟的東西都丟掉，把書桌好好地整理一番，但是沒有多久又恢復了亂七八糟樣子了。別人看來越是亂，她卻越覺得有秩序，這似乎也是許多作家的毛病之一。

每天下午是她一個人的天下。她喜歡先小睡片刻，起來後靜靜地坐在客廳看書，有時看倦了，她就到院子裏或公園裏去散散步，那裏有許多參天的大樹，有時她可以在那兒坐上半天。這種享受是她這幾年才有的，從前，因爲孩子小，她就沒有這份清閑，現在，兩個大兒子和一個女兒都離開家到外地去唸大學，小兒子也是整天在學校裏。

晚上八點到十一點是童眞寫作的時間。她寫稿子從不熬夜，也不抽煙或喝茶，只是要絕對的靜。鄉居的生活倒很能滿足她的這種習慣，因爲鄉下人沒有什麼娛樂，大家都睡得很早，不到十點鐘已經是寂靜無聲了。這使她能安心寫作，也是她一直到現在寫得很勤的原因之一。

她的丈夫陳森在台灣糖業公司工作，也經常翻譯英美小說和文藝理論的文章。二十多年來，童眞一直隨著丈夫住在台糖公司的宿舍裏，從花蓮光復、高雄橋頭、臺中潭子到現在的彰化溪州，一直沒有在大都市裏住過。

鄉居的生活使得她很少與外面的人接觸。也許是這個緣故，她到現在仍說一口寧波話。她自己常開玩笑地說：「我的寧波話說得太好了，所以國語說不好。」有時，她的「阿拉寧波」話一出口，就連她的兒女都不太聽得懂呢！

語言上的隔閡也許就是她不善交際的原因之一，遇到生人就會有些木訥。如果你和她靜靜地、慢慢地聊，你又會發覺她是個很會聊天的人。她的那口硬綳綳的寧波官話倒也相當吸引人。

童眞本人給人非常「鄉下」的感覺，她描寫起都市來卻什分道地，寫盡了都市百態，她是一個很善於描寫都市生活、都市人的作家。

她說：「我難得到臺北去一次，每去一次對都市生活的改變都特別敏感，我想這也許是我自己隔了一個距離去看都市，反而比生活在都市裏的人感受得深。」

「我喜歡都市生活的某一部分，比如聽音樂會、看話劇、看畫展；但是我更喜歡鄉下的生活，也許我已經是鄉下人了。」

常看童眞的小說會發覺她也很善於描寫人物，她把人物刻劃得很深入透徹。問到她是怎樣去構思一個人物的？她說，小說中的人物是虛構的，卻要很細心地去揣摩，想像某種性格的人會穿什麼樣的衣服，會說出怎樣的話？然後很自然地把這個人物發展下去，能讓人覺得他們是在日常生活中常會見到這種人。她認爲人物是小說中最重要的部分，一個人的家庭背景會影響到他的心理，心理又會影響到他的性格行爲，描寫一個人物時，要把各方面都寫出來，這個人才會立體化。小說中的人物總要比普通人特別一點，如把普通人寫進小說去，總要把他化妝一下。

她的生活圈子有限，她寫作的題材卻很廣。她是怎麼樣去發掘題材的呢？她說：「嗯！一個小說家能寫出這麼多種不同的人物、不同的生活，倒並不一定非要去親身經歷；他可用自己敏銳的感觸、廣博的同情心、豐富的想像力和哲學的基礎來把主題深刻化，用有力的故事深深地打動人心。

「當然，如果描寫自己熟悉的生活或人物會更眞實，更成功些。我的『夏日的笑』有幾章是描寫監獄的生活，『寂寞街頭』，有幾章是描寫工廠的生活，我曾多次到監獄和工廠裏去參觀。小說家的感觸總是要比一般人敏銳的，有時，一件事情在表面上看起來很平淡，卻有它的不平凡之處，這也就是小說的題材。」

說到這裏，她好像想起了一件事，就笑了起來說：「我的腦子常常會胡思亂想，有時我在炒菜時忽然會想到客廳裡的傢俱擺設該換換了，等我的先生回來了，我就把這意見告訴他，但我的那些突如其來的想法往往會被他否決掉。我認爲我這種喜歡東想西想的毛病有時對寫作卻是有益的。我覺得豐富的想像力是一個小說家絕不可少的。」

曾經看過童眞寫的一個短篇小說「僅有的快樂時光」，文中是描述一個得了癌症去醫院求診的老人的故事，她把醫院的氣氛和老人的心情都抓得牢牢的，讓人讀後非常感動，問她在怎樣一個情況下寫成這篇文章的，她說：「有一年，我右手的兩隻手指有點小毛病，不能寫字，就常到醫院去照鈷六十。我在醫院裏遇到了一個得了癌症的鄉下老人，他知道他自己快死了，卻對生死看得很淡，他那種表情和那種對人生的看法給了我很深的感觸，我就以他爲主角，寫了那篇『僅有的快樂時光』，後來，很多人都告訴我他們喜歡這篇文章。你說我把醫院的氣氛和老人的心情捕捉得很成功，我想主要是那件事情留給了我很深的印象。」

童眞覺得短篇小說比長篇小說更能表現不同的形式，寫過長篇後，寫短篇是一種調劑。

她覺得寫長篇很苦，前面寫得好，後面也要好，不然，前面就等於浪費了。她寫作時也常會遇到困難，她不怕難，卻喜歡難，她覺得越是困難處，也越能表現技巧，也就是最能拿出一點東西來。

目前，童眞已經出版了六本長篇小說、五本中篇小說、四本短篇小說集。她的作品在結構和形式上都很新，她認爲藝術貴在多變，如果老寫某一種形式的小說，就會讓讀者覺得枯燥，她寫作時總是儘量嘗試各種形式。她希望變新，但絕不勉強自己去變，或變得離譜。她說：「福克納曾經說過『人不要超越別人，要超越自己』，我希望自己能夠做到這一點，那我在寫作上就會更進一層了。」

女作家童真

鍾麗慧

有人說，婚姻是女人生命的分水嶺。女作家童眞女士的寫作生命就是開始於婚後，因爲她的另一半陳森，是位翻譯家，經常翻譯英美小說和文學評論文章。更重要是陳先生認爲她是「一塊『可琢之玉』」。

夫婿知其爲「可琢之玉」

童眞曾寫過：「現在想來，我是大大地上了他的當，以致二十年來（時爲民國六十年）我苦苦追求，熬夜來捕捉那個飄忽的夢——像在春三月的田間捕捉那隻翩飛的七彩粉蝶。」其實，她已捕捉了七彩粉蝶，擁有五本短篇小說集、五部中篇小說、七部長篇小說的創作成果。

童眞如同大多數的作家，先從散文著手，爾後才從事小說創作。民國四十年開始寫短篇小說，當時她隨任職臺灣糖業公司的夫婿住在花蓮縣光復鄉。自幼孱弱的她總是寫寫病病，或是邊寫邊病。

四十四年底，以「最後的慰藉」這個短篇小說，獲得香港「祖國週刊」徵文的「李白金像獎」。這個獎鼓勵她更勤奮地創作。

四十五年，舉家遷往高雄橋頭，她「在搖滿鳳凰木綠影」的小書房裏寫下很多短篇、中篇。

四十七年五月，由高雄大業書店出版第一本短篇小說集「古香爐」，收有十四個短篇小說：「古香爐」、「最後的慰藉」、「春回」……等等。作者在後記裏說：「有幾篇著重於心理嬗變過程的剖解；有幾篇著重於人物的刻畫；有幾篇著重於闡釋小小的眞理。主題是以發揚人性爲基點，而以發揮人性、追求人性光明爲終點。」

在此同時，臺北自由中國社也出版了她的第一本中篇小說集「翠鳥湖」。

四十九年八月，由臺北明華書局出版第二本短篇小說集「黑煙」，收有「黑煙」、「熄滅了的星火」、「穿過荒野的女人」等十四篇。

司馬中原曾說：「嚴格起來，『黑煙』只是童眞試煉作品的綜合。那一時期，作者自知她龐大的創造野心與其內在經驗世界的周極不成比例，形成過重的荷負、過巨的精神壓力；但她仍像一隻蜘蛛，在風暴中綴網。

「她初期的短篇作品，恆以其理想的生存境界爲中心，欲圖構建成一圈圈縱橫柔密的閃光的環繞。她精神的質點與作品的價値，全建立在內發的眞誠上。她創作的道路，不是單一的直線，而是一面綜錯的網。

「以『黑煙』言……她已經把她思想的觸角探入煙雲疊壓的歷史，探入熙攘喧吸的大千世界，雖未直入中心，亦已觸及邊緣。

「在早期，童眞的短篇作品就顯示出現代感覺和淡淡的現代色彩了。『黑煙』所收各篇，就氣韻說，是清麗典雅的。」

民國五十一年，完成第一部長篇小說「愛情道上」，於民國五十二年六月，由高雄大業書店出版。

童眞自述：「很多人的第一部長篇彷彿都有自己的影子在，而我卻沒有……。但它卻帶給我一個好處：寫了它，就使我有膽量寫第二部。」

這第一部長篇小說，是她先寫好大綱，再依大綱慢慢寫成的，她自己不很滿意。此後，她就不寫小說大綱了。構思完成，確定所要表達的主題、幾個主角的性格和職業，以及幾十個字能夠說完的故事，就動筆了。

司馬中原說：「『愛情道上』一書，童眞取其最熟悉的浙東小鎭——章鎭爲背景，那兒是她安度童年的家鄉，也是她早期經驗世界的中心，人物活動其間，實應充滿色彩濃郁的鄉土風情。」

民國五十一年是童眞豐收的一年，除了在「中華日報副刊」連載「愛情道上」外，一口氣在香港出版了四本中篇小說集——「黛綠的季節」（友聯書報雜誌社）、「相思溪畔」（環球圖書雜誌社）、「懸崖邊的女人」（鶴鳴書業公司），和「紅與綠」（虹霓出版公司）。

民國五十二年十一月，由臺北復興書局出版第三本短篇小說集「爬塔者」，收有的十九篇是「爬塔者」、「溪畔」、「眼鏡」、「花瓶」……等。

小說如東方的錦繡

五十三年，童眞又搬家了，仍搬到小鎭上——臺中潭子。在這個新家她著手寫第二部長篇小說「霧中的足跡」，以自流井爲背景。

「霧中的足跡」頗獲司馬中原的青睞，他前後讀了九遍才撰寫評論。司馬中原認爲：「『霧中的足跡』是童眞極爲堅實的產品，一幅精緻的東方的錦繡；她自其經驗世界的深微處作小角度的切入，托現出一些已逝時代中常見的眞實人物。像揹負著男性傳統優越感而又渴求眞實愛情的文岳青，企圖以本身勇氣摒除傳統囿限、追求理想愛情的林範英，叛逆社會不合理壓力、顯彰獨立自我的江易治，接受新教育薰陶、感受新舊觀念衝突、而實際身受其痛的林範強，純情而天眞、涉世不深的許舒英，質樸不文的長春和小梅……她把這眞實人物放置在自流井產鹽地這樣眞實的背景上，任他們按照各自本身的意識去決定他們自己的命運和歸宿。

「這樣嶄新的手法運用於長篇作品，是一項空前的嘗試，因它破除了傳統的『架構』方法。『霧中的足跡』不是刻繪愛情的『故事』，而是那一時代人生的顯形。在書中，童眞隱退了，她既非旁述者，亦非代言人；她唯一繪出的，就是她所親歷的時空背景，她把那些眞實人物，融在那樣的背景當中。『霧中的足跡』所表達的愛情悲劇，不是出諸童眞的臆想，而是出諸時代的壓力；不是出諸外在的行爲，而是出諸內在的意識；不是限於悲劇的主人，而是所有那一時代人物的無告的沈愴。」

童眞自己也說：「我寫『霧中的足跡』的動機，無非是想抓住那個時代的情景、人物、思想、衣飾……給那個時代留下一角剪影而已。」

在創作「霧中的足跡」的同時，童眞也寫了不少短篇小說，於民國五十四年八月，由臺中光啓出版社出版「彩色的臉」一書，收有「彩色的臉」、「風與沙」、「一個乾燥無雨的下午」、「黑夜的影子」等十二篇。

司馬中原曾說：「『彩色的臉』一書，使童眞獲得極高的評價，被譽爲成功的現代作家，這評價正是她初期碰索的結果。」

其實，在那一時期她還有許多短篇小說作品發表，直到民國六十三年七月才結集成書——「樓外樓」，由臺北華欣文化事業中心出版，共收有「樓外樓」、「純是煙灰」、「僅有的快樂時光」、「夜晚的訪客」等十一篇。

其中「樓外樓」是她最喜歡的作品。她說：「我常喜歡把好幾層涵義同時編織到一個短篇裏，乍看是這樣，但底下卻可能還有一些。……『樓外樓』，『表面』只是一個人爲了愛妻去追求一座新樓，而最後卻寧可爲了獲得新樓而把妻子拱手讓人，但『底下』卻是把追求新樓作爲追求理想的象徵；一個人，幾經挫折，追求的雖仍是那個目標，但本質卻已改變。

人生的悲哀就在這裏。至於物慾與情慾的無法滿足以及兩個同業因機遇的不同而『昇』、『降』有殊，則只是另一些涵義而已。」

另外，「純是煙灰」是侯健教授頗感偏愛的小說，他說：「它揉合了悲天憫人，在不動聲色的斂抑裏，渲染出濃重的感傷色彩。故事是民國三十八年大動亂的餘波。周少勃和玉茹，是亂離中共患難的一對，卻因爲少勃的傳統——不忍說是舊——道德的束縛，不敢乘人之危，錯把愛情認做自私，以致自誤誤人。少勃的錯誤婚姻，從自敘與烘托兩種方式裏逐漸透露。方法仍是斂抑的——比較狄更斯處理孝女耐兒之死或『紅樓夢』及『花月痕』裏面，黛玉和韋痴珠之死，和海明威的『戰地春夢』中凱西之死，就可以了解這種方式的特質。『我』和少勃，都是舊了的人，大約也可以說是小人物，他們有濃厚道德執著，卻也有持久不變的感情——友情和愛情。題目的『純是煙灰』大約是人生一切的最終譬喩。『昨夜有風』始，『今夜沒有星辰』應當是『昨夜星辰昨夜風』和『如此星辰非昨夜』的綜合。前者是李商隱，『此情可待成追憶』的李商隱；後者是黃仲則，落拓潦倒的文人。這一切是人生的諷刺？……而對小人物所遭遇的自我衝突，價值與行爲上的衝突，表現得餘意盎然，而其人性是美麗的。

女作家林海音則喜歡「僅有的快樂時光」一篇。「僅有的快樂時光」寫的是患癌症的老人，在醫院遇到同病相憐的老人，後來兩人結伴同遊，共享僅有的快樂時光，小說中另穿揷小孫女的理想和願望，代表充滿希望的年輕生命。

童眞說：「這篇主要寫老年人不畏怯死亡，以及兒女忙碌，同病相憐的老人結伴同遊，追求晚年的快樂時光。」

很多文友或讀者都讚美她把醫院的氣氛和老人的心情捕捉得很成功。她說：「有一年，我右手的兩隻手指有點小毛病，不能寫字，就常到醫院去照鈷六十。我在醫院裏遇到了一個得了癌症的鄉下老人，他知道他自己快死了，卻對生死看得很淡，他的那種表情和那種對人生的看法給了我很深的感觸，後來，我就以他爲主角，寫了那篇『僅有的快樂時光』。我想主要是那件事留給了我很深的印象。」

直到今天，童眞仍自信這篇短篇把老人的心理揣摩得很仔細。

五十六年元月，光啓出版社又出版了她的十八萬字的長篇小說「車轔轔」，她從五十四年新春執筆，到第二年三月才完成，五月開始在「新生報副刊」連載。

「車轔轔」中有三位女主角：白丹、紀蘭、史小曼。白丹是個善良、單純的好女孩，但不知道自己追求的是什麼；紀蘭是最有理想的一個，不顧一切阻力追尋她的理想，她喜歡戲劇，是個熱心的贊助者；史小曼則談不上理想，但懂得抓住機會追求物質享受。

童眞述說創作「車轔轔」動機：「那時，因爲有感於文壇的捧『角』之風甚盛，文藝眞僞不分，也少價値觀，我雖出身商業世家，總認爲在商固可言商，在文卻也只能言文，這觸發我構思一部以描繪這一代的迷惘、慾求、堅韌與職責爲主題的長篇，於是，我就開始撰寫『車轔轔』。『車轔轔』對那一期間的藝文界有批判，也有建議；據我所知，當時似乎還沒有一部作品這麼犀利地指向那一方面的。」

五十八年二月，高雄長城出版社出版了她的第四部長篇小說「夏日的笑」，文長達四十四萬字。這部小說自五十五年六月動筆，至五十六年六月才完稿。她說：「寫作經年，無日或息，熬白了半頭黑髮。」足見其嘔心瀝血之苦。

「夏日的笑」甫出版不久，「現代學苑」雜誌的「書刊評介」欄，由老松執筆說：「在幾乎分不出『文藝』與『言情』的現今文藝創作裏，這是一本值得推薦的文藝小說。內容以一個平實而健康愛情故事爲主幹，並以三種不同的愛情方式去陪襯它，場面十分熱鬧。」

同年五月，臺北立志出版社出版了童眞的第五部長篇小說「寂寞街頭」。她曾爲了書中有幾章描寫工廠的生活，多次前往工廠參觀。這部二十八萬字的長篇小說，著手於五十六年十月，至五十七年十月完稿。她說：「該文前半部寫於臺中潭子，完成於彰化溪州。西晒的房間，夏日苦熱，整天以電扇助涼，卻因此患上了風濕痛。」

儘管病痛纏身，體重總維持四十來公斤，她仍寫作不輟。

五十九年九月，臺北立志出版社出了她的第六部長篇小說「寒江雪」，二十八萬字。意寓人生在追求目標的過程中，得失無常，禍福難料。

六十三年十月，她又完成第七部長篇小說「離家的女孩」，十六萬字，曾在「中華日報副刊」連載，尚未出版。

寫了十一部小說

數一數童眞女士筆耕二十餘年的成績，共創作了五本短篇小說集、五本中篇小說集、七部長篇小說。

六十六年，她再搬回臺中潭子定居，因爲健康情況不佳，而不再從事心力交瘁的小說創作了。她說：「現在儘有時間欣賞別人的作品了。」

對於自己的小說作品，童眞自剖說：「不光是寫故事。寫小說不是寫故事，我寫的是人物、我的見解、我的人生觀……但不明白地說出來，讓讀者自己去細細地讀，慢慢地體會。」至於寫作的態度，她說：「我專心專意地寫，不爲名利。因此今天，再回頭看我小說，我完全沒有後悔。」

她的好友司馬中原稱她爲「沈默的天堂鳥」，司馬中原說：「童眞從事創作，除了勤勉創作之外，她從沒爲自己呼喊和標榜過什麼。如果說童眞是一隻鳥，那麼她該是隻沈默的天堂鳥，她只在作品裏發出清脆悅耳的鳴叫，絕不像一些麻雀，總是吱吱喳喳地洋洋自得。」

又因三十多年來，她總住在鄉間小鎮——花蓮光復、高雄橋頭、臺中潭子、彰化溪州，直到現在定居臺中潭子，而且她又很少參加文藝界聚會，因此，又被夏祖麗封爲「鄉下女作家」。

這位民國十七年出生於浙江商業世家的女作家，在結婚前從未有當作家的志願，她回憶當年說：「入學而後，我最突出的功課不是國文而是數學，因此，我在日後攻會計的姊姊的勸導下，遠豎在前方的標牌上，寫的也是工程師，而非寫作家。」後來，她自覺身體不適於工程鉅任，面臨抉擇的關鍵，卻遇到她的業餘翻譯家丈夫，她憶述：「當時，陳森是以才子型的姿態出現的，他能寫論文，能譯小說，但卻理智得不會寫小說。不會的，總是最好的，他就把這個無法實現的理想建築在我這個瘦女人的身上，認爲我是一塊『可琢之玉』……」

幸虧有陳森先生這位掘玉礦的人，否則，文壇將失去一塊璞玉。

一九八五年四月（民國七十四年四月）

一個具有三種年齡的女人

陳森

說她像個女孩子也好，說她像個中年的黃臉婆也對，甚至說她像個老婦人也沒有什麼不是；反正，在我看來，她是兼具三種年齡的女人。

他的父母給了他一個很有筆名味兒的姓、名——童眞。有時，我想，或許，正因爲這個姓名，促使從小學開始，數學成績一直遙駕其他各科成績之上的她從事於耍筆桿的活兒。她有一顆不怕上當、何妨糊塗的心，有雙能夠數清大樹高處葉子的年輕眼睛，有在熟人面前毫不克制的笑聲，當她在家裏跟孩子們一道歡笑時，外人很難分辨出那笑聲裏還摻雜著一個屬於孩子的母親的。那時，她就很像一個女孩子。但她瘦弱，時常鬧些小病，感冒發熱，腰酸背痛，這時，她就臉也不洗，頭也不梳，懶拖拖地一邊做事，一邊埋怨我不會替她買菜、燒飯，孩子們不會幫她洗衣掃地，那種嘮叨勁兒以及憔悴模樣，就像一個令人厭煩的黃臉婆。而近五、六年來，她接連寫了五個長篇，把一頭烏髮寫成花白，再配上一身暗色的衣著，從背後望去，幾次被人認爲是老太太。然而，在某個冬日，她竟能覆上頭巾，頂著冷風，興致勃勃地趕去看她那個寄宿中市，就讀高三的大兒子；後來，兒子回家說，同學們硬說那天去看他的是他的大姊！

童真作品目錄

書名	類別	出版者	出版年月
①翠鳥湖	中篇小說	自由中國社	民國47年
②古香爐	短篇小說集	大業書店	民國47年
③黑煙	短篇小說集	明華書局	民國49年
④黛綠的季節	中篇小說	香港友聯公司	民國51年
⑤相思溪畔	中篇小說	香港環球出版社	民國51年
⑥懸崖邊的女人	中篇小說	香港鶴鳴書業公司	民國51年
⑦紅與綠	中篇小說	香港霓虹出版社	民國51年
⑧愛情道上	長篇小說	大業書店	民國52年
⑨爬塔者	短篇小說集	復興書局	民國52年
⑩霧中的足跡	長篇小說	長城出版社	民國54年
⑪彩色的臉	短篇小說集	光啓出版社	民國54年

⑫車轔轔	長篇小說	光啓出版社	民國56年
⑬夏日的笑	長篇小說	長城出版社	民國58年
⑭寂寞街頭	長篇小說	立志出版社	民國58年
⑮寒江雪	長篇小說	立志出版社	民國59年
⑯樓外樓	短篇小說集	華欣文化中心	民國63年
⑰離家的女孩	長篇小說		

童真作品評論索引